펠릭스는 돈을 사랑해

펠릭스는 돈을 사랑해

열두 살 소년이
돈과 경제 원리를 이해하기까지

니콜라우스 피퍼 지음
고영아 옮김

비룡소

이 글이 세상에 나오도록 해준
발트라우트와 다비트를 위하여

펠릭스는 돈을 사랑해

1판 1쇄 펴냄 – 2000년 10월 16일 1판 45쇄 펴냄 – 2023년 6월 16일
2판 1쇄 펴냄 – 2023년 11월 10일 2판 2쇄 펴냄 – 2024년 5월 23일
지은이 니콜라우스 피퍼 그린이 최나미 옮긴이 고영아 펴낸이 박상희
펴낸곳 (주)비룡소 출판등록 1994. 3.17.(제16-849호)
주소 06027 서울시 강남구 도산대로1길 62 강남출판문화센터 4층
전화 02)515-2000 팩스 02)515-2007 홈페이지 www.bir.co.kr
제품명 어린이용 반양장 도서 제조자명 (주)비룡소 제조국명 대한민국 사용연령 3세 이상

FELIX UND DAS LIEBE GELD by Nikolaus Piper
Copyright © 1998 Beltz Verlag, Weinheim und Basel
Programm Beltz & Gelberg, Weinheim
All rights reserved.
Korean Translation Copyright © 2000 by BIR Publishing Co., Ltd.
Korean translation edition is published by arrangement with Beltz Verlag through Bestun Korea Agency.

ISBN 978-89-491-8734-1 44850/ ISBN 978-89-491-9000-6 (세트)

· 차례

1. 돈이 돈을 번다

펠릭스 블룸이 부자가 되기로 결심한 것은 어느 월요일 새벽, 정확하게 말해서 5월 4일 새벽이었다.

곤히 자고 있던 펠릭스는 변덕스러운 봄철 소나기가 우르릉 쾅쾅 소리를 내며 내리기 시작한 바람에 단잠에서 깨어났다. 밖에서는 빗줄기가 요란한 소리와 함께 미친 듯이 퍼붓고 있었다. 번개가 치자 벽에 이상한 무늬가 어른거리더니 곧이어 우르릉 쾅쾅거리는 천둥소리가 귓전을 때렸다. 아직 어둑어둑한 방 안은 어쩐지 으스스해서 저절로 소름이 오싹 끼쳤다. 펠릭스는 창문으로 다가가 커튼을 젖히고 바깥을 내다보았다. 가로등 불빛에 비친 테라스는 물이 가득 고여 웅덩이가 되어 있었다. 마당 잔디밭에는 빗물이 넓은 도랑을 이루어 비탈길 아래 덤불 속으로 흘러 내려가고 있었다. 새벽 5시를 알리는 교회 종소리가 들려왔다. 펠릭스는 침대로 돌아가 자리에 누워 빗소리에 귀를 기울였다.

다시 잠이 들기 위해서 펠릭스는 숫자를 세는 방법을 써보기로 했다. 그래서 크라이스 시내로 가는 열차의 발차 시각을 차례대로 중얼거려 보았다. 잠이 안 올 때에는 그렇게 해서 효과를 본 적이 여러 번 있었기 때문이다. 6시 28분, 6시 58분, 7시 28분, 7시 58분, 8시 34분. 하지만 9시 34분까지 세고 나자 그다음은 어떻게 되는지 생각이 나질 않았다. 그래서 이번에는 소수를 가지고 시도해 보았다.

소수란 자기 자신과 1 말고 다른 숫자로는 나누어지지 않는 숫자인데, 펠릭스네 수학 선생님 말로는 이 세상에 소수가 몇 개나 존재하는지는 아무도 모른다고 한다. 선생님은 또 자꾸만 새로운 소수가 발견된다는 말도 해주었다. 그 말을 들은 다음부터 펠릭스는 언젠가는 자기도 소수를 하나 발견하는 것이 꿈이었다. 펠릭스는 머릿속에 떠오르는 소수를 나지막이 웅얼거리기 시작했다. 1, 2, 3, 5, 7, 11, 13, 17, 19, 23, 29, 31, 37, 41, 43, 47, 49······. 49에 이르렀을 때 49가 7로 나누어진다는 사실이 생각났다. 그래서 펠릭스는 소수를 세는 것도 포기하고 말았다.

머릿속에 온갖 생각이 복잡하게 뒤엉켜 있어서 다시 잠이 들기는 어차피 틀린 노릇이었다. 어젯밤에 일어난 일 때문이었다. 저녁 식사 때에 엄마랑 아빠는 펠릭스에게 지나가는 말처럼 올해는 여름휴가를 갈 수 없다고 말했다. 이렇다 저렇다 설명도 없이 그냥 돈 때문에 여름휴가를 못 간다는 것이었다. 엄마는 펠릭스에게 말했다.

"너도 이젠 알 건 알아야 돼. 우린 여름휴가를 갈 형편이 안 된단다. 돈이 없어. 이 얘긴 이걸로 끝내자. 방학 때 아무 데도 안 가는 집도 알고 보면 얼마나 많은데." 그러더니 잠시 후에는 지금 있는 차를 새 차로 바꿔야 한다는 얘기며, 지붕도 손을 봐야겠다는 얘기를 늘어놓았다. 아빠는 이번 여름휴가를 내년 여름에 대신 가면 되지 않겠느냐고 펠릭스를 달랬다. 말도 안 되는 소리였다. 그게 무슨 위안이 된단 말인가! 펠릭스는 화가 나서 아빠 얼굴에 대고 "절약해라, 절약해라, 정말 우리 집에선 만날 절약하라는 소리밖에 안 해요!" 하면서 악을 썼다. 그러고는 자기 방으로 달려가 방문을 안으로 잠가버렸다.

사실 펠릭스는 엄마 아빠한테 별로 불만이 없었다. 다른 집 엄마 아빠에 비해서 특별히 더 나쁜 점은 없었으니까. 그렇지만 펠릭스 생각에 자기 엄마 아빠한테는 아주 고약한 결점이 하나 있었는데, 그건 두 분 모두 돈 문제라면 언제나 머리끝까지 신경을 곤두세운다는 점이었다. 항상 무언가를 위해서 돈이 필요한데, 바로 그 돈이 없었고 그래서 싸움이 벌어졌다. 펠릭스가 기억하는 한 엄마랑 아빠 사이에 큰소리가 오간 것은 언제나 돈 때문이었다. 돈이 부족하다면서 서로 상대방을 탓하는 일이 거의 날마다 되풀이되는 일과였다. 펠릭스 아빠는 툭하면 "우린 그렇게 할 형편이 안 돼."라고 말했다. 그러면 엄마는 "당신이 집안 살림 돌아가는 사정에 조금이라도 더 신경을 쓰면, 얼마든지 그렇게 할 형편이 될 수도 있을 거라고요." 하고 대꾸했다. 그다음에는 대부분 두 분이 서로 상대방을 향해서 소리를 지르기가 예사였고 그러다 보면 그 불똥이 펠릭스에게까지 튀는 경우도 많았다. 한번은 펠릭스의 바지가 찢어져 구멍이 난 것을 보고서 엄마는 "넌 돈이 어디서 거저 생기는 줄 아니?" 하면서 야단을 쳤다. 엄마랑 아빠랑 그렇게 다툴 때마다 집안 분위기는 숨도 쉴 수 없을 만큼 답답했다. 그리고 그럴 때마다 펠릭스는 자기가 이 세상에 아무 필요도 없는 존재인 것 같은 기분이 들었다.

지금도 마찬가지였다. 여름 방학에 아무 데도 못 가고 집에만 있어야 된다는 사실 때문만은 아니었다. 펠릭스는 아무래도 엄마 아빠가 자기한테 무언가 감추고 있는 것 같았다. 왜냐 하면 방학이 시작하기 겨우 6주 전에 갑자기 여름휴가를 취소한다는 일은 아무리 생각해 보아도 두 분답지 않았기 때문이다. 여름휴가를 못 가는 까닭이 언젠가는 새 차를 사기 위해서라거나 지붕을 수리하기 위해서라니 말이나 될 법한 소린가? 엄마 아빠가 이렇게 갑작스럽게 휴가를 가지 않기로 결정한 데에는 분명히 다른 이유가 있을 것이다. 펠릭스는 자기가 이제 겨우 열두 살이라는 것이, 그래서 자기한테는 아무런 상의도 없이 어른들끼리만 결정해버리는 것이 정말 싫었다.

어떻게든 혼자 힘으로 돈을 벌어야겠다는 생각이 들었다. 그것도 아주 많이 벌어서 다시는 "우린 그렇게 할 형편이 안 돼." 하는 소리를 들을 필요가 없으면 얼마나 좋겠는가! 한바탕 요란하던 소나기가 이제는 잠잠해져갔다. 아직도 멀리서 우르릉거리는 천둥소리가 희미하게 들리긴 했지만, 무섭게 쏟아지던 빗줄기는 어느새 봄비로 바뀌어 고르게 내리고 있었다. 자기 힘으로 돈을 벌어야겠다는 생각이 펠릭스의 머리를 떠나지 않았다. 어떻게 해서든지 그렇게 하고야 말겠다는 굳은 결심이 가슴속에 단단히 자리 잡히는 게 느껴졌다. 언젠가 처음으로 3미터 높이 다이빙대에서 뛰어내렸을 때처럼. 그때 반 아이들 가운데 절반은 펠릭스가 이번에도 전처럼 겁이 나서 다이빙대에서 뛰어내리지 못하고 창피해하면서 사다리로 내려올 거라고 생각했다. 하지만 펠릭스는 마음을 굳게 먹고 그 높은 다이빙대에서 뛰어내리는 일을 해 내고야 말았다.

펠릭스는 부자가 되어야겠다고 결심했다. 부자가 되면 힘 있는 사람이 될 것이었다. 그리고 자유로운 사람이 될 수도 있었다. "네가 누구인가는 네가 무얼 가지고 있느냐에 따라 결정된다." 아빠가 입버릇처럼 하는 말이었다.

열두 살짜리라고 해서 혼자 힘으로 부자가 될 수 없다는 법은 없지 않은가? 아빠한테서 들은 얘기로는 유명한 사람들 중에는 열여덟 살에 벌써 회사를 차린 사람도 있다던데. 그리고 볼프강 아마데우스 모차르트 같은 사람은 열두 살에 이미 오페라를 작곡하지 않았는가? 곰곰이 생각해 보니 열두 살이면 정말로 뭔가를 시작할 때도 되었다고 할 만했다.

펠릭스는 자리에서 일어나 옷장으로 가서 보물함을 꺼냈다. 그건 사실 보물함이라는 단어가 무색할 만큼 오래되고 찌그러졌을 뿐만 아니라 너덜너덜 닳아 해어져서 가장자리를 열 번도 넘게 풀칠해 붙인 구두 상자였는데, 펠릭스는 그 안에 자기에게 소중한 것은 무엇이든 보관해 두었다. 거기에는 불가사리도 있었고, 미국에서 찍은 증기기관차 사진도 있었으며, 주머니칼과 나침반, 호루라기도 있었다. 심지어는 언젠가 빵을 먹다가 맨 처음 빠진 젖니를 넣어둔 봉지도 들어 있었다. 그리고 일기장과 돈이 있었다. 그 돈은 아빠가 매달 초 용돈으로 주는 20마르크(독일의 옛 화폐 단위, 1마르크=100페니히/옮긴이)짜리 지폐를 아껴 쓰고 모아둔 것이었다.

펠릭스가 세어보니 돈은 정확히 234마르크 37페니히였다. 물론 짐작했던 것보다 많긴 했지만 부자가 되기에는 어림도 없는 액수였다. 이 돈으로 무언가 할 수는 없을까? 아빠는 펠릭스에게 항상 구두 상자는 용돈을 보관하기에는 마땅치 않은 장소라고 말하곤 했다. "돈이란 적절하게 관리를 해야 해. 그래야 돈이 돈을 벌지." 펠릭스 나이 또래의 아이라면 예금통장 하나쯤은 가지고 있어야 한다든지, 그러면 이자*가 붙는다든지, 또 돈을 통장에 넣어두어야 집 안에 도둑이 들어도 안전하다든지 하는 말을 늘 하곤 했다. 그때마다 펠릭스는 아빠의 충고가 달갑지 않았다. 통장에는 적혀만 있지 진짜로 있는 것도 아닌데, 그런 돈이 무슨 소용이 있담? 돈이라는 건 만져볼 수 있어야 하는데. 게다가 돈 버는 일에 관한 한 아빠의 충고가 별로 신통할 것 같아 보이지도 않는데. 그래도 자꾸만 아빠가 한 말 한 구절이 펠릭스 머리를 떠나지 않았다. 그건 돈이 돈을 번다는 말이었다.

펠릭스는 마침내 큰 소리로 결론을 내렸다.

"좋았어! 난 부자가 되고 말 테야. 모두들 놀라서 눈이 휘둥그레 질걸."

---

* 이자: 돈을 빌리는 대가로 지불해야 하는 돈. 돈을 빌려주는 기간이 길수록, 그리고 그 돈을 돌려받지 못할 가능성이 클수록 이자는 비싸다. 돈을 저축하는 사람도 은행에 돈을 빌려주는 대가로 은행 이자를 받는다.

그런데 문제는 부자가 되는 일을 어떻게 시작해야 할지 도무지 감이 잡히지 않는다는 것이었다. 하지만 어쨌든 혼자서 이렇게 중대한 결정을 내렸다는 사실만으로도 대단한 일 아닌가. 엄마랑 아빠가 자꾸만 다투는 것이 돈 때문이라면 어떻게든 자기가 그 문제를 해결해볼 생각이었다.

펠릭스는 당분간 자기가 결심한 것을 아무한테도 말하지 않을 작정이었다. 말을 해보았자 비웃기나 할 것이 뻔하니까. 두고 보면 알게 되겠지.

어느새 환하게 밝아진 바깥에서 지빠귀가 재재거리며 아침을 노래하고 있었다. 멀리서 누군가가 차에 시동을 거느라고 달그락거리는 소리가 들려왔다. 펠릭스는 만족스러운 기분으로 다시 잠 속에 빠져들었다.

*

아침에 일어난 펠릭스는 아침 식사를 하는 자리에서 엄마 아빠가 여름휴가 문제를 다시 꺼낼 거라고 생각했다. 아니면 적어도 전날 저녁에 버릇없게 굴었던 자기 행동 때문에 단단히 야단맞을 각오를 하고 있었다. 그런데 두 분 다 아무런 말도 하지 않았다. 마치 아무 일도 없었다는 듯이 식탁에 앉아 ≪게네랄-안차이거≫ 신문을 펼쳐놓고 읽기만 할 뿐이었다.

펠릭스가 "엄마 아빠, 안녕히 주무셨어요." 하고 인사하자, 펠릭스의 엄마 아빠는 "펠릭스, 잘 잤니."라고 중얼거렸다.

펠릭스는 차가운 코코아 한 잔을 타고 빵에 잼을 바른 다음에 잠자코 빵을 먹기 시작했다. 그러고는 잠시 후 지나가는 말처럼 "아빠, 저 예금통장 하나 만들래요." 하고 말했다.

"음⋯⋯." 아빠는 별 관심을 보이지 않았다. 그러자 엄마가 조금 날카로운 목소리로 말했다.

"여보, 당신 펠릭스가 하는 말 못 들었어요? 통장을 만들고 싶다잖아요. 어쩌면 얘는 당신을 안 닮아서 돈에 관심이 있는지도 모르죠."

"알았어, 알았다고. 학교 끝나거든 신문사로 오너라. 아빠랑 같이 은행에 가서 통장을 만들자."

아빠는 더 이상 아무 말도 없이 다시 신문으로 고개를 돌렸다.

정말 이상한 일이었다. 아빠는 펠릭스가 왜 느닷없이 예금통장을 만들겠다고 하는지 의아해하는 기색도 없이, 그리고 엄마의 비꼬는 소리에도 아랑곳하지 않고 그저 신문만 계속 읽고 있었다. 집 안에 정말 무슨 일인가 벌어지고 있는 게 분명했다. 펠릭스는 정신을 바짝 차려야겠다고 생각했다.

사실 펠릭스 아빠는 직업 때문에라도 돈 문제에 관한 한 전문가가 되어 있어야 마땅했다. 왜냐 하면 펠릭스 아빠는 쉰슈타트 시의 일간지인 게네랄 - 안차이거 신문사에서 은행이나 공장, 돈 문제와 관련된 모든 기사들을 책임지는 자리에 있기 때문이었다. 다시 말해서 펠릭스 아빠는 신문사 경제부 편집장이었다. 그래서 펠릭스 엄마는 아빠랑 싸울 때면 아빠 직업과 관련해서 아빠를 비꼬

14

면서 쏘아붙이는 일이 많았다.

"당신, 그 잘난 생각을 신문에다 발표만 하지 말고 식구들 위해서 한번 써먹어봐요. 우리도 덕 좀 보게."

펠릭스 아빠의 사무실은 게네랄 - 안차이거 신문사 건물 2층에 있었다. 신문사 건물이 있는 곳은 시내 중심가에 위치한 널찍한 광장이었는데, 이름이 감자시장이었다. 거기서는 토요일마다 장이 서고 진짜로 감자를 팔았다. 그 광장에는 공중전화 박스 두 개와 주차장이 있었다. 쉰슈타트 시민 가운데 절반은 그 주차장이 너무나 보기 흉하다고 생각해서 없애 버리기를 간절히 바랐다. 하지만 나머지 사람들은 시내에서 쇼핑하는 동안 거기에 차를 세워두었다. 그러니 그 주차장은 앞으로도 한참 동안은 거기에 버티고 있을 것이었다. 주차장 옆에는 좁은 계단이 나 있었다. 그리고 그 계단 꼭대기에, 자그마한 보리수나무 숲 뒤쪽으로 15세기에 지어져 오랜 역사를 간직한 쉰슈타트 교회가 여유 있는 모습을 드러내고 있었다. 교회 바로 옆이 펠릭스가 다니는 칸트 김나지움이었는데 펠릭스는 그 학교 6학년 A반* 학생이었다. 교회에서 광장으로 이어지는 계단은 그 경사가 어찌나 완만한지, 자전거를 잘 타는 사람이라면 자전거로 그 계단을 타고 내려가 순식간에 광장에 이를

---

* 6학년 A반: 독일의 초등학교 과정은 4년이며 초등학교를 졸업하면 인문계 중·고등학교인 김나지움이나 실업계 학교로 진학한다. 김나지움은 9년 동안 다니게 되는데, 학년을 말할 때에는 초등학교 때부터의 학년을 포함하기 때문에 6학년은 교과 과정상으로는 우리나라의 중학교 2학년에 해당한다.

수 있을 정도였다. 물론 계단에서 자전거를 타는 것은 금지되어 있었다. 하지만 바로 그렇기 때문에 펠릭스한테는 자전거를 타고 계단으로 내려가는 것이 더 재미있었다. 아빠 사무실에 갈 때는 언제나 그렇게 하곤 했다.

게네랄 – 안차이거 신문사 건물은 붉은 빛깔을 띤 사암으로 지어진 건축물로 100년도 더 된 것이었다. 건물 정면에는 돌로 조각한 두 천사가 한자의 여덟 팔(八)자 모양으로 멋지게 장식되어 있었다. 펠릭스 아빠는 종종 그 돌 천사들을 가리키면서 말하곤 했다. "저게 우리 뮤즈란다. 저 천사들이 우리에게 입을 맞추면 영감이 떠오르거든." 펠릭스는 뮤즈가 무엇인지는 잘 몰랐지만 컴퓨터로 작업할 때 자기한테도 천사가 입을 맞춰준다면 근사할 것이라고 생각했다.

게네랄 – 안차이거 신문사 건물 1층에는 신문 발행소가 있었다. 거기서는 신문 구독을 신청할 수도 있고, 신문에 실린 기사가 잘못되었을 때에 항의를 할 수도 있었으며, 심지어는 신문 배달원이 독감에 걸려 자리에 눕는 바람에 신문이 제시간에 도착하지 않은 일에 대해서 불평을 할 수도 있었다. 그리고 신문에 광고*를 낼 수도 있었다. 예를 들어, 어떤 사람이 이사를 하고 싶은데 마땅한 집을 구하지 못한 경우 신문의 주택시장란에 "방 세 개짜리 집 구함. 쉰슈타트 시내 및 근교 원함"이라는 광고를 낼 수 있었다. 자기 차

---

* 광고: 자기 회사의 상품을 좋게 선전하기 위해 행하는 모든 노력. 신문 광고문이나 방송국과 극장의 광고 방송 등이 있다.

를 팔려고 한다는 광고가 있는가 하면 결혼식을 알리는 광고, 엘리 고모의 사망을 알리는 광고에 이르기까지 온갖 광고가 신문에 실릴 수 있었다. 신문 발행소에서 할 수 있는 일은 그 밖에도 또 있었다. 사람들은 거기에서 게시판에 꽂혀 있는 바로 그날 인쇄된 ≪게네랄 – 안차이거≫ 신문을 읽을 수 있었다. 신문 살 돈 2마르크를 아까워하는 사람들은 어디에나 있게 마련이었다. 그런 사람들은 작은 수첩을 들고 게시판 앞에 붙어 서서 자기한테 필요한 기사를 옮겨 적었다.

게네랄 – 안차이거 신문사 건물 안에 있는 근사한 것들 가운데 하나는 승강기였다. 그건 보통 승강기와는 달리 쇠사슬로 움직이는 승강기였는데 쇤슈타트시 전체에 딱 한 대밖에 없었다. 펠릭스는 아빠 사무실에 갈 때마다 1층에서 승강기를 타고 일단 지하실로 내려갔다. 지하실 벽에는 "안전 운행을 위하여 일단 내려주시기 바랍니다."라는 팻말이 걸려 있었다.

어두컴컴한 지하실에서 쇠사슬이 톱니바퀴 가장자리를 따라 삐걱거리는 소리를 내며 바로 곁을 스쳐 지나갈 때면 약간 소름이 끼쳤다. 펠릭스는 다시 그 승강기에 올라타 2층까지 가서 내렸다. 그러고는 정면에 보이는 우윳빛 유리문을 열고 안으로 들어갔다. 안에는 붉은 곱슬머리에 아주 큰 귀걸이 한 쌍을 달고 있는 아줌마 한 사람이 커다란 책상 앞에 앉아 있었다. 그 아줌마는 이름이 카롤라 막스인데, 신문사 경제부 편집실 비서였다.

"펠릭스로구나, 어서 와라! 오랜만이다. 그동안 잘 지냈니?"

카롤라 아줌마는 얼굴 가득 환한 웃음을 띠고 펠릭스를 반겼다. 카롤라 아줌마는 항상 그랬다. 펠릭스는 카롤라 아줌마가 기분이 나쁜 경우를 본 적이 한번도 없었다. 어쩌면 그건 아줌마가 결혼을 안 해서 남편이나 아이한테 투덜거릴 일이 없었기 때문인지도 몰랐다. 펠릭스는 카롤라 아줌마가 좋았다. 그리고 아빠 사무실에서 나는 냄새, 종이랑 먼지랑 향수, 그리고 바닥에 칠한 왁스가 온통 뒤섞여 나는 그 냄새가 좋았다. 여기만 오면 마음이 편했다.

펠릭스는 경제부 편집장 게롤트 블룸이라는 명패가 붙은 방문을 열었다. 사무실 안의 모습은 여느 때와 똑같았다. 여러 번 읽어서 구겨진 신문들이 바닥에 잔뜩 널려 있었으며, 펠릭스 아빠는 책상에 두 발을 올려놓고 어깨와 귀 사이에 전화기를 낀 채 통화를 하고 있었다. 그러고는 가끔씩 무릎에 펼쳐놓은 메모장에 무언가를 적고 있었다. 아빠는 그런 일, 다시 말해서 중요한 사람 몇몇과 통화를 하면서 메모를 하고 나중에 그걸로 기사를 쓰는 일을 '취재한다'고 불렀다.

펠릭스 아빠는 전화기에 대고 중얼거렸다.

"음, 그래요? 음, 음…… 그러니까 박사님 생각에는 크렙스강에서 물고기들이 떼죽음을 당한 것이 펄프 제지회사와 아무 관련이 없다는 게 확실하다는 말씀이십니까? 크렙스강에 오염물질을 방출할 만한 곳이 그 회사 말고 도대체 또 어디가 있습니까? 우리 신문사 인쇄국에서 폐수를 내보내기라도 했답니까?" 아빠는 비아냥거리는 말투로 물었다. 펠릭스는 아빠의 그런 말투가 질색이었다.

아빠의 통화는 계속 이어졌다.

"물론이지요, 샤하트 박사님. 당연히 그 수치를 측정했습니다, 중소기업 감독관청에서요."

잠시 후 펠릭스 아빠는 어처구니없는 소리를 들었다는 듯이 눈을 부릅뜨더니 아랫입술을 지그시 깨물었다. 그러더니 전화기에 대고 조금 언성을 높였다.

"이것 보세요, 샤하트 박사님. 저희 신문에 압력을 행사할 생각일랑 아예 마십시오. 모든 자료를 정확하게 분석하는 대로 이 사실을 기사로 쓸 작정입니다. 박사님께서 정 이렇게 나오시면 박사님 의견 없이도 기사를 내보낼 겁니다. 안녕히 계십시오."

펠릭스 아빠는 크게 한숨을 쉬더니 전화기를 내려놓았다.

"펠릭스, 너 점심은 먹었냐?" 아빠는 펠릭스에게 물었다.

펠릭스는 먹었다고 거짓말을 했다. 그러고는 크렙스강의 물고기한테 무슨 일이 일어난 건지 물어보았다. 아빠는 펠릭스의 질문에 놀란 얼굴을 했다.

"아니, 너 그 강에서 물고기가 떼죽음을 당했다는 얘기 못 들었냐?"

펠릭스는 그런 얘기를 전혀 들은 적이 없었다. 크렙스강은 쇤슈타트 북쪽에 있는 삼림지대에서 시작해서 구시가를 거쳐 공장 지대를 통과하는 하천이었다. 공장 지대에는 제지 공장인 펄프 제지회사가 있었다. 펄프 제지회사가 있는 곳을 지나고 나면 크렙스강은 더 이상 깨끗하지 않았다. 갈색을 띠며 고약한 냄새도 났다. 그래도 그 뿌연 강물 속에 물고기들이 살고 있었다.

아빠는 궁금해하는 펠릭스에게 설명을 해주었다.

"크렙스강 아래쪽 둑 있는 곳에 죽은 송어 떼 수십 마리가 떠올랐단다. 강물의 오염도를 측정해보니 허용 수치를 넘었다는구나. 거기에 오염 물질을 방출할 만한 공장이 펄프 제지회사 말고 또 있겠냐?"

"아빠, 그 기사 내일 쓰실 거예요?"

"내일 당장은 아니지만, 자료 수집이 끝나는 대로 쓸 작정이다. 자, 어서 나가자."

아빠는 남은 치즈 빵 조각을 얼른 입 안에 집어넣더니 카롤라 아줌마한테 한 30분 정도 나갔다 오겠다고 말하고는 펠릭스를 데리고 1층으로 내려갔다.

게네랄 - 안차이거 신문사 건물 바로 왼편에는 리알토라는 아이스크림 가게가 있었다. 가게 주인은 이탈리아 사람으로 이름이 주세페 잠피에리라고 했다. 여름이면 펠릭스는 여기서 아이스크림을 사 먹느라 용돈의 거의 절반을 썼다. 그건 잠피에리 부인이 직접 만드는 호두 아이스크림 맛이 기막히게 좋아서였기도 했지만 또 다른 이유는 그 집 딸 때문이었다. 그 여자아이는 이름이 잔나였는데 펠릭스네 반이었다. 펠릭스는 잔나가 약간 건방진 데가 있기는 하지만 예쁘고 또 같이 있으면 재미있는 애라고 생각했다. 그러나 유감스럽게도 잔나 역시 펠릭스네 반에 있는 다른 여자아이들과 마찬가지로 자기보다 나이가 많은 남자아이한테만 관심이 있는 모양이었다.

리알토 아이스크림 가게 옆이 크레디트 은행이었다. 펠릭스는 아빠와 함께 은행 창구 쪽으로 갔다. 창구 안쪽에서 은행 지점장인 피셔 씨가 펠릭스와 아빠에게 반가운 표정으로 알은척을 했다.

"아이고, 오늘은 아드님이랑 행차하셨군요. 펠릭스, 너 몰라보게 키가 컸구나! 이제 그만 커야지, 잘못하다간 우리 은행 천장에 부딪히게 생겼다. 그런데 제가 두 분을 어떻게 도와드릴까요?"

펠릭스는 어른들이 그냥 좀 넘어가지 않고 번번이 자기 키를 가지고 농담을 하는 것이 정말 싫었다. 왜냐 하면 그런 말을 들을 때마다 정말 피셔 씨 말처럼 천장에 부딪힐 정도로 키가 자라면 어쩌나 걱정이 되었기 때문이었다. 펠릭스는 기분 나쁜 표정을 짓지 않으려고 애쓰면서 피셔 씨에게 갈색 봉투를 내밀었다. 봉투 안에는 펠릭스가 그동안 모아둔 234마르크가 들어 있었다.

"예금통장을 하나 만들려고 해요."

"거 참 잘 생각했다." 피셔 씨가 선심이라도 쓰는 듯이 말했다.

"예금통장에 돈을 넣어두면 이자가 얼마나 붙어요?"

"보통예금통장의 경우 법정 해지통보를 지키면 이율이 연 2.5퍼센트란다. 234마르크를 저축하면…… 어디 보자…… 1년 후에는 이자가 5마르크 85페니히가 되지." 피셔 씨는 계산기를 두드려보더니 펠릭스에게 알려주었다.

"겨우 그것밖에 안 돼요?" 펠릭스는 실망한 목소리로 물었다.

"하지만 보통예금통장에 돈을 넣어두면 필요할 때 언제라도 찾을 수 있으니까 현금*이나 마찬가지지. 만약에 네가 좀 더 높은 이율을 원한다면 다른 방법도 있단다. 예를 들어 2년 동안 돈을 찾지 않고 신탁*하는 경우 이율은 연 4.5퍼센트나 되지. 그러니까 234마르크를 2년 동안 신탁하면 1년 후에는 이자가, 에…… 10마르크 53페니히가 붙고, 2년 후에는 그 이자에 또 이자가 붙어서, 원금 234마르크에 붙는 이자랑 이자의 이자*가 합쳐지면…… 돈이 전부 255마르크 53페니히가 되는구나."

피셔 씨는 계산기를 간간이 두들겨 가면서 친절하게 설명했다.

"세상에, 2년 후에도 고작 255마르크란 말이에요? 그래서 어느 세월에 부자가 되겠어요?" 펠릭스는 기가 막혀 소리쳤다.

제기랄! 부자가 되겠다는 계획은 일급비밀인데 어쩌다 보니 말이 튀어나오고 말았다. 펠릭스는 귀가 빨개졌다. 아니나 다를까 피셔 씨가 웃음을 터뜨렸다. 아빠도 따라 웃으면서 놀렸다.

"부자가 되겠다니, 아직 그런 생각을 하기엔 좀 이른 나이 아니냐?"

---

* 현금: ① 현재 가지고 있는 돈 ② 지불수단이 될 수 있는 화폐를 말한다. 화폐는 주화나 지폐, 화폐의 역할을 대신해주는 증권류가 있다.
* 신탁: 일정한 목적에 따라 재산의 관리와 처분을 맡기는 것을 말한다.
* 이자의 이자: 이자에 붙는 이자이다. 어떤 사람이 예금통장에 돈을 넣어두고 찾지 않으면 맡긴 돈에 대해서만 이자가 붙는 것이 아니라 그 이자에 대한 이자가 또 붙는다. 그래서 돈을 예금통장에 넣어 두고 찾지 않는 기간이 길면 길수록 전체 이자 수입은 늘어난다. 즉, 만일 일 년에 한 번씩 이자를 찾는다면 처음에 예금한 원금에 대해서만 이자가 생기지만, 이자를 찾지 않고 그냥 통장에 넣어둔다면 원금에 대한 이자와 이자에 대한 이자가 붙는다.

펠릭스는 어찌나 화가 났는지 눈물이 다 나올 지경이었다. 아빠한테도 화가 났고, 자기 자신한테도 화가 났다. 그리고 무엇보다도 이 엉터리 같은 은행 때문에 화가 나서 견딜 수가 없었다. 근사한 계획을 세웠는데 반나절도 지나지 않아 어른들의 웃음거리가 되고 말았다. 더군다나 일이 이렇게 되고 보니 자신이 생각하기에도 자기 계획이 우스꽝스러운 것 같아 견딜 수가 없었다. 피셔 씨는 펠릭스의 기분을 눈치챘는지 예금통장을 건네면서 펠릭스를 달랬다.

"너무 속상해할 것 없다. 잔돈 귀한 줄 모르는 사람은 큰돈도 못 모으는 법이다. 절약해서 저축할 줄 알아야 이다음에 부자가 될 수 있거든. 내가 예금통장을 처음 만든 건 일곱 살 때였지."

"그래서 아저씨, 부자가 되셨어요?"

잘난 척하는 피셔 씨에게 해줄 말이 생각나서 다행이었다. 펠릭스의 질문에 피셔 씨 입가의 웃음이 얼어붙었다.

"글쎄…… 어쨌든 난 아주 만족스럽단다." 피셔 씨는 얼버무리며 대답했다. 당황한 펠릭스 아빠는 얼른 펠릭스를 데리고 은행 출입문 쪽으로 걸어갔다. 피셔 씨는 두 사람을 바라보며 미소를 지었다.

펠릭스는 화가 나서 속이 부글부글 끓었다.

"어서 가자, 그렇게 뾰로통해 있지 말고." 아빠가 재촉했다.

"아빠는 거기서 저를 웃음거리로 삼으시면 어떻게 해요? 정말 너무하셨어요. 그리고 은행 이자라는 것, 알고 보니 순 엉터리예요. 그렇게 오래 기다리는데 그렇게 조금밖에 안 불어나다니."

"미안하다. 아빠가 사과하마. 널 놀리려고 그런 건 아니란다. 하긴 네 생각에도 일리가 있다. 무슨 일이든 어렸을 때 시작하는 게 좋지. 그리고 은행이 너한테 이자를 선물로 주는 건 아니다. 네가 맡긴 돈을 다른 누군가에게 빌려주어야 너한테 줄 이자를 벌 수 있거든."

"제가 맡긴 돈을 남한테 빌려준다고요? 전 아무 때나 제가 필요한 만큼 찾을 수 있는 줄 알았는데요."

"그건 맞는 말이다."

"하지만 어떻게요? 제 돈을 누구한테 빌려준다면서요. 그럼 은행에 제 돈이 없잖아요."

"은행에 있는 돈을 몽땅 빌려준다는 소리가 아니다. 예금한 사람이 필요하면 언제라도 찾을 수 있게는 해놓았지. 물론 네가 이다음에 찾는 20마르크짜리 지폐가 아까 네가 맡긴 그 지폐라는 보장은 없지만 말이다."

"그 정도는 저도 알아요. 아빠는 제가 뭐 바보인 줄 아세요? 저는 단지 이자가 훨씬 많이 붙을 거라고 생각했어요. 아빠도 그러셨잖아요, 돈이 돈을 번다고."

"그 말은 맞다. 은행이 사람들한테 돈을 대출*해주면 그 사람들이 대출한 돈을 가지고 일해서 돈을 버니까 돈이 돈을 버는 셈이지."

"은행이 사람들한테 무얼 해준다고요?"

"돈을 대출해준다. 자기에게 필요한 물건을 살 돈이 부족한 사람들이 은행에서 돈을 빌리는데 그걸 대출이라고 한다."

"하지만 아빠는 언제나 자기 형편에 맞지 않는 걸 사는 건 안 좋다고 하셨잖아요."

"원칙적으로는 그렇지. 그러나 예외라는 게 있는 법이다. 엄마랑 아빠도 지금 우리가 사는 집을 사기 위해 은행에서 돈을 많이 빌렸지. 그걸 부동산담보대출*이라고 한단다. 엄마랑 아빠는 빌린 돈에 대한 이자도 지불하고 또 빌린 돈도 조금씩 갚아 나가기 위해서 은행에 매달 얼마씩 돈을 내고 있다. 부담이 되긴 하지만 그렇게 해서라도 자기 집을 장만하는 것이 집주인한테 매달 꼬박꼬박 월세를 갖다 바치는 것보다 백 배 낫지."

"왜 집 살 돈을 모을 때까지 안 기다리셨어요?"

"충분한 돈을 모을 때까지 집 사는 걸 미루다간 엄마 아빠는 늙어 꼬부라지고 넌 다 큰 어른이 되게 생겼는데? 엄마 아빠는 그때까지 기다릴 생각이 전혀 없었단다. 우린 우리 귀염둥이가 아직 어릴 때 우리 집을 갖고 싶었거든." 아빠는 펠릭스의 머리를 쓰다듬었다.

펠릭스는 혹시 누군가 보고 있지 않은지 얼른 주위를 둘러보았다. 아빠도 참 주책이시지, 사람들이 쳐다볼지도 모르는데 날 쓰다

---

* 대출: 이자와 기한을 정하고 돈을 빌려주는 것을 말한다. 대출해준 사람을 채권자, 대출 받은 사람을 채무자라고 한다.
* 부동산담보대출: 집이나 땅 등 이동할 수 없는 재산을 부동산이라고 할 때, 이 재산을 약속의 보증물로 은행 등에서 돈을 빌리는 것을 말한다. 부동산 담보 대출은 가령 집을 산 사람이 대출 받은 돈을 갚지 못할 경우에 은행이 그 집의 소유권을 갖게 된다는 것을 의미한다. 이것을 '부동산을 담보물로 설정한다'라고 말한다.

듣다니. 내가 뭐 애긴가? 이러다간 나한테 뽀뽀라도 하려고 하겠네!

"아빠, 근데 은행에서 빌린 돈이 얼마예요?" 펠릭스는 조심스럽게 물어 보았다.

"한 25만 마르크 정도 돼. 너만 알고 있어라, 여기저기 얘기하지 말고."

"만약에 매달 갚아야 되는 돈을 못 갚으면 어떻게 되나요?"

"그런 일이 생기지 않도록 엄마랑 아빠가 잘 꾸려가고 있으니 년 걱정할 것 없다."

"그런 뜻이 아니고요, 전 단지 은행에서 제 돈을 빌려간 사람이 그걸 갚지 못하면 어떻게 되는지 궁금해서 그래요."

"그러면 피셔 씨가 그 사람한테 빌려간 돈 대신에 다른 걸로 갚으라고 말하지."

"그 사람한테 아무것도 없으면요?"

"그러면 은행은 파산*해서 문을 닫는 수밖에 없단다. 그렇지만 다행히도 실제로 그런 일이 일어나는 경우는 거의 없지. 그리고 만일 그런 일이 실제로 일어난다고 해도 다른 은행들이 파산한 은행을 도와주니까 네가 맡긴 돈에 관한 한 안심해도 된다."

펠릭스는 전혀 안심이 되지 않았다. 하지만 펠릭스가 불안한 것

* 파산: 회사가 파산했다는 것은 그 회사가 지불해야 할 대금을 결제할 능력이 더 이상 없다는 뜻이다. 다른 말로 '도산'이라고도 한다. 법원이 파산을 선고하면, 파산한 회사의 재산은 채권자들이 나눠 갖는다.

은 아빠가 짐작하고 있는 것과는 완전히 다른 이유 때문이었다. 은행이 어떻게 되든 펠릭스한테는 아무 상관도 없었다. 펠릭스가 불안해하는 이유는 혹시 엄마 아빠가 요즘 돈 문제로 특히 어려움을 겪고 있는 것은 아닐까 하는 걱정이었다. 여름휴가를 못 가게 된 것이 혹시 은행에서 빌린 돈으로 산 집 문제와 관계가 있는 건 아닐까? 아빠는 게네랄 – 안차이거 신문사 건물에 도착하자 정문의 돌 천사 아래에서 펠릭스 쪽으로 몸을 돌리더니 물었다.

"너 부자가 되고 싶다는 소리, 진심이냐?"

펠릭스는 심각한 표정으로 아빠를 쳐다보며 힘주어 고개를 끄덕였다. 펠릭스 아빠는 고개를 설레설레 저으면서 자기 사무실로 올라갔다.

2. 사유재산은 도둑질한 것이다

예전에 펠릭스는 자기가 외동아들이라는 사실 때문에 가끔 슬플 때가 있었다. 누나나 형 혹은 동생이 있었더라면 훨씬 좋을 거라고 생각했다. 자기 방에서 혼자 자는 대신에 잠들기 전에 서로 무서운 이야기를 속닥거릴 수 있는 사람이 있는 친구들을 보면 너무나 부러웠다.

하지만 이제는 더 이상 그런 생각을 하지 않는다. 혼자라도 괜찮다는 기분이 들었다. 혼자니까 귀찮게 할 사람이 없었다. 더구나 펠릭스한테는 페터가 있다.

페터 발저는 펠릭스와 가장 친한 친구로 같은 반이었다. 두 아이는 모두들 어쩌면 서로 그렇게 다를 수가 있을까 신기하게 여길 정도로 달랐는데도 아주 친했다. 펠릭스는 자기 반에서 가장 큰 아이였고, 페터는 두번째로 작은 애였다. 펠릭스가 별로 말이 없고 조용히 생각에 잠겨 있기를 좋아하는 반면, 페터는 잠시도 가만히 있지 못하는 성격이었다. 다시 말해서 페터는 항상 뭔가를 저지르지 않으면 심심해서 어쩔 줄을 모르는 아이였다. 페터는 펠릭스한테 "넌 내가 가끔 억지로 뭘 시켜야지, 안 그러면 꼼짝도 않을걸." 하고 말하곤 했다. 페터는 그런 애였다.

펠릭스는 자기 반에서 공부를 꽤 잘하는 축에 속했다. 그리고 열 살 때부터 안경을 끼고 있었기 때문에 반에서 '교수님'이라는 별명으로 불렸다. 펠릭스는 그 별명이 상당히 못마땅했지만 어쩔 수 없었다. 한번 어떤 별명이 붙으면 여간해선 없어지지 않기 때문이었다. 펠릭스와는 반대로 페터는 수학과 독일어 그리고 영어에서 낙제 점수만 넘으면 다행이라고 여길 만큼 공부를 못했다. 펠릭스가 체육을 싫어하는 반면에, 페터는 100미터 평영 대회에서 쉰슈타트 대표 선수로 뽑힐 정도였다. 이렇게 두 아이는 여러 가지 점에서 대조적이었다. 그런데도 그 두 아이는 아주 친한 사이였고 날마다 만나서 같이 놀았다. 그리고 두 아이 모두 학교 교향악단에서 연주를 했다. 펠릭스는 클라리넷을 불었으며 페터는 콘트라베이스를 연주했다. 학교 교향악단을 맡은 선생님은 페터를 '가장 큰 악기를 다루는 가장 작은 남자'라고 불렀다.

페터의 부모님은 베르크가에서 시내 중심가로 이르는 경사진 곳에 주유소를 하나 가지고 있었다. 거기서는 기름을 넣을 수도 있었고 세차를 할 수도 있었으며 신문이나 초콜릿 따위를 살 수도 있었다. 또 페터의 아빠인 발저 씨가 바퀴살이 빠졌거나 기어가 고장난 자전거를 손보아주기도 했다. 페터한테는 누나와 형이 있었다. 형 이름은 로베르트이고 열여덟 살이었으며, 누나는 이름이 파트리시아라고 했는데 열여섯 살이었다. 페터는 종종 누나와 형이 있다는 건 정말 성가신 일이라고 말하곤 했다. 하지만 진짜로 그렇게 생각하는 건 아니었다. 누나랑 형이 있어서 좋을 때도 많았으니까. 예를 들면 페터가 컴퓨터에 대해서 알고 있는 건 전부

로베르트 형한테서 배운 것이었다. 로베르트는 새로 산 휴대용 컴퓨터를 하나 가지고 있었는데, 페터는 그것을 자기 형만큼이나 잘 다루었다.

펠릭스네와 페터네 집은 가깝게 붙어 있어서 펠릭스는 자기 방에서 페터의 방 창문을 볼 수 있었다. 심지어는 펠릭스가 큰 소리로 휘파람을 불면 페터 귀까지 들렸다.

예금통장 사건이 일어난 후에 펠릭스는 페터에게 자신의 거창한 계획을 알려주기로 결심했다. 펠릭스 생각에 페터야말로 유일하게 자기 비밀을 함께 나눌 수 있는 믿음직한 친구였다. 다음 날 학교에서 두 사람은 만날 시간과 장소를 정했다. 점심시간 직후에 페터는 자전거를 타고 베르크가에 있는 펠릭스네 집으로 갔다. 페터는 평상시처럼 위아래가 붙은 푸른색 작업복 차림이었다.

"펠릭스, 안녕! 별일 없지?"

"응, 별일 없어!"

"우리 자전거 타고 벽돌 공장에 갈래?"

"좋아. 잠깐만 기다려, 얼른 가서 자전거 꺼내올게."

베르크가는 펠릭스네 집부터 서서히 경사가 높아지다가 100미터쯤 지나면 작은 빈터에 이르렀다. 그 다음에 쉰슈타트 숲이 있었는데, 숲 경계선에는 특별한 경우를 제외하고는 차들이 지나갈 수 없도록 차단기가 설치되어 있었다. 그리고 차단기 뒤편으로는 경사가 상당히 가파른 작은 오솔길이 위쪽을 향해서 나 있었다. 오솔길을 쭉 따라가면 오래된 십자가가 하나 서 있었다. 그 십자

30

가는 300여 년 전에 페스트*가 돌아서 도시 성곽 안쪽에 고립되어 있던 쉰슈타트 주민들이 페스트가 물러간 다음에 하느님께 감사 드리기 위해서 세운 것이라고 했다. 십자가 다음부터는 계속 내리 막길이었다. 자전거 페달을 밟지 않고도 길 아래쪽에 있는 벽돌 공장까지 굴러갈 수 있었다.

벽돌 공장은 펠릭스와 페터의 비밀 장소였다. 이곳은 벌써 오래 전부터 벽돌을 생산하지 않았다. 하지만 아직도 벽돌 굽는 데 사용했던 온갖 것들이 그대로 남아 있었다. 벽돌의 재료로 쓸 점토를 구하기 위해 파냈던 구멍에 빗물이 고여 작은 연못이 되었으며, 오리 떼가 연못가에 보금자리를 틀고 있었다. 그리고 예전에 점토를 운반했던 뚜껑 없는 화차가 잔뜩 녹이 슨 채 구부러진 선로 위에 서 있었는데, 바람이 세게 불 때면 덜그럭거렸다. 벽돌 공장의 건물 자체는 창문만 깨졌을 뿐 아직도 말짱했다. 건물 안에는 쇠붙이로 만든 낡고 지저분한 계단이 건물 꼭대기까지 나 있었다. 그리고 그 계단을 올라가면 작은 방이 하나 있었다. 펠릭스와 페터는 그 방을 '사장실'이라고 불렀다. 두 아이는 마음속으로 언젠가 오래전에 그 방에서 일했을 벽돌 공장 사장의 모습을 그려보았다. 그 방은 깨진 창문 하나 없을 정도로 상태가 괜찮았으며, 구석에는 바깥 날씨가 추울 때 불을 피울 수 있도록 원통 모양의 쇠난로가 자리잡고 있었다.

* 페스트: 페스트균에 의한 전염병. 흑사병이라고 하며, 고열과 두통 등이 생기고 피부가 흑자색으로 변한다.

펠릭스에게는 비오는 날 페터와 함께 '사장실'에 앉아 난로의 불꽃이 타오르면서 내는 소리에 귀를 기울이며 이야기도 하고 또 이다음에 자기네한테 어떤 일이 일어날지 잠자코 생각에 잠겨보기도 하는 것이 이 세상에서 제일 멋진 일이었다.

오늘은 벽돌 공장을 찾아오기에 안성맞춤인 날이었다. 전날 밤 펠릭스를 단잠에서 깨웠던 소나기가 주변의 더러운 공기를 깨끗이 몰아낸 것 같았다. 날씨는 여름이라고 해도 좋을 만큼 따뜻했다. 구름 한 점 없는 하늘에서 햇살이 내리쬐고 새들이 지저귀는 소리가 들려왔다. 쇤슈타트 숲은 싱싱한 풀빛으로 빛나고 있었다. 이런 날씨에는 아무리 우울한 생각도 저절로 사라지게 마련이었다.

목적지에 도착하자 두 아이는 벽돌 공장 옆에 있는 라일락 덤불 아래에 자전거를 숨겨 놓았다. 페터가 펠릭스를 힐끗 쳐다보며 물었다.

"너 무슨 일 있니?"

"엄마랑 아빠랑 또 돈 때문에 다투셨어. 핀란드로 여름휴가 가려던 계획이 물거품이 된 모양이야. 여름방학을 집에서 보내게 생겼어." 펠릭스는 힘없는 목소리로 대꾸했다.

"잘됐다."

"잘됐다고? 너 미쳤니?" 펠릭스는 어처구니가 없었다.

"네가 어디 안 가고 집에 있으면 방학 때 우리가 이것저것 재미있는 일을 같이 할 수 있으니까 잘 됐다는 말이야. 너희 식구가 핀란드로 여행가면 난 방학 내내 형하고 누나랑만 다녀야 되잖아.

그것보단 너랑 다니는 게 훨씬 좋은걸!"

펠릭스는 미처 그 생각은 못 했다. 그러고 보니 페터는 여름방학 때 식구들이랑 어디로 여행간 적이 없었다. 여름철이면 쉰슈타트를 찾는 관광객들이 특히 많기 때문에 여름방학 때 주유소 문을 닫고 어디에 놀러간다는 것은 있을 수 없는 일이었다. 페터의 아빠인 발저 씨는 항상 "주유소라는 직장에는 휴가라는 게 없는 법이다."라고 말하곤 했다. 펠릭스는 당분간 페터 앞에서 여름휴가 얘기는 꺼내지 않기로 했다.

"봄 날씨가 어쩐지 사람을 배고프게 만드는 것 같지 않니?" 페터가 느닷없이 소리쳤다.

"글쎄, 난 잘 모르겠는데……." 펠릭스는 대답을 얼버무렸다. 사실 페터가 무슨 생각으로 그 질문을 던졌는지는 뻔했기 때문이다.

벽돌 공장 앞쪽에는 크렙스강이 흘러 지나갔다. 강물은 아직 더럽혀지지 않아 무척 맑았으며, 한쪽에서 다른 쪽으로 건너뛸 수 있을 정도로 그 폭이 좁았다. 여기에는 진짜로 가재*가 살았다. 그래서 이 강 이름이 크렙스강일 것이다. 하지만 무엇보다도 여기에는 아름답고 큰 송어가 잔뜩 있었다. 그리고 페터는 고기 잡는 덴 선수였다. 페터는 맨손으로 송어를 잡을 수 있었다. 펠릭스는 페터가 맨손으로 송어를 잡는 것을 볼 때마다 도대체 어떻게 그게 가능한지 이해가 안 갔다. 다른 한편으로는 꺼림칙한 기분이 들었다.

---

* 가재: 독일어로 크렙스는 가재를 가리킴.

페터가 잡은 물고기가 내장이 뽑힌 채 풀밭에 던져져서 퀭하니 뚫린 눈동자로 자기를 쳐다볼 때면 그 물고기가 어쩐지 불쌍했다. 펠릭스가 여기서 송어 잡는 걸 꺼림칙하게 여기는 또 다른 이유는 그것이 금지되어 있었기 때문이었다. 쇤슈타트 남쪽에 사는 베커 씨가 여기서 낚시질할 권리를 돈 주고 샀기 때문에 그 사람을 빼놓고는 아무도 여기서 송어를 잡을 수 없었다.

"겁쟁이처럼 굴지 마. 베커 씨한테 들키기라도 할까 봐 그러니? 게다가 베커 씨만 여기서 낚시질할 권리가 있다는 건 사실 말도 안 돼. 우리 형 말대로 사유재산*은 도둑질한 거야." 페터는 펠릭스의 속마음을 읽기라도 한 듯 말했다.

페터의 형인 로베르트는 얼마 전에 아비투어*를 치렀는데 그럴 듯한 문구들을 많이 알고 있었다. 물론 그중에는 억지로 갖다붙인 것들도 섞여 있었지만. 펠릭스는 페터가 인용한 글귀를 듣고 웃음을 터뜨리더니 고개를 절레절레 흔들었다.

"사유재산이 도둑질한 거라면 이 세상에 있는 건 뭐든 도둑질한 게 되라고?"

"사실 곰곰이 따져보면 그렇지, 뭐. 잘 생각해 봐. 송어를 만든 건 누구니? 하느님이잖아. 그럼 하느님이 누굴 위해서 송어를 만드셨

---

*사유재산: 개인이 소유하고 있는 재산. 어떤 물건을 소유하고 있으며 그 물건을 마음대로 처분할 권리를 가지고 있을 때, 그 물건은 소유한 사람의 사유재산에 속한다.

*아비투어: 인문계 학교인 김나지움을 졸업할 때 치르는 시험. 학생들은 이 시험에서 받은 성적을 가지고 자기가 원하는 대학의 학과에 입학원서를 낸다.

겠어? 그야 당연히 배고픈 사람을 위해서지. 그리고 지금 여기 배고픈 사람이 누구니? 바로 우리 둘이잖아. 이렇게 간단한 이치라고." 페터가 우겼다.

"배고픈 사람이 모두 여기서 송어를 잡으면 송어가 한 마리도 안 남게? 그러니까 이 세상에 있는 물건들은 누군가 주인이 있어야지, 그렇지 않으면 금세 다 없어지고 말걸. 물건들이 없어지면 도둑질할 것도 없잖아. 내 말이 맞지? 아빠 말씀이 전에 학생들이 교과서를 사서 쓸 때는 잘 다루더니 요즘처럼 교과서를 시에서 빌려주고 나중에 돌려받고부터는 형편없이 다룬다고 하셨어. 모든 사람의 소유라는 건 결국 누구의 소유도 아니라는 것과 마찬가지라고."

"너 교수님이라는 별명 괜히 붙은 것 아니구나. 정말 말 잘하는데. 듣고 보니 네 말이 맞는 것 같아. 사유재산이 없이는 도둑질도 없다. 그런데 그 말 거꾸로 해도 말 되지 않니? 도둑질 없이는 사유재산도 없다. 우리가 여기서 송어를 훔치지 않으면 베커 씨는 이 송어가 자기 사유재산인지도 모를걸. 게다가 우리 엄마가 그러시는데 그 사람 술 취하면 자기 부인을 막 때린대. 그렇게 나쁜 사람은 좀 당해야 돼. 그러니 우리는 사실 정의의 사도라고. 안 그래?"

펠릭스는 아빠한테서 들은 대로 페터에게 금지된 행동을 하는 한 그 어떤 것도 정의가 아니라고 한마디 해주고 싶은 생각이 굴뚝같았지만 꾹 참았다. 안 그러면 페터가 자기를 정말 겁쟁이라고 생각할 것 같았다.

펠릭스와 페터는 살금살금 크렙스강의 가장자리를 따라 내려가기 시작했다. 둘 다 어떻게 해서든지 나뭇가지를 밟지 않으려고 조심했다. 나뭇가지가 뚝 부러지는 소리가 나면 송어 떼가 놀라서 도망치기 때문이었다. 두 아이는 잡목이 우거진 덤불과 갈대밭 그리고 산딸기 덩굴을 지나 마침내 아주 오래된 수양버들 한 그루가 서 있는 곳에 이르렀다. 수양버들의 뿌리가 서로 얽혀 있는 틈새에는 바닥이 움푹하게 파인 곳이 있었다. 그곳이 맨손으로 송어를 잡는 덴 최고였다.

펠릭스와 페터는 강가에 쭈그리고 앉아 수면을 주의 깊게 살펴보았다. 처음에는 물결이 일렁거리는 바람에 아무것도 보이지 않았다. 그러나 얼마 지나지 않아 페터가 속삭였다.

"쉬! 저 뒤에 굉장히 큰 송어가 있어. 너도 보이지?"

펠릭스는 강 위쪽으로 살금살금 스무 걸음쯤 걸어갔다. 그러고는 땅바닥을 발로 두 번 힘껏 찼다. 쾅쾅 소리가 났다. 두 아이가 눈독 들인 송어는 잽싸게 수양버들 아래쪽에 있는 웅덩이로 도망쳤다. 자기 딴에는 안전한 곳으로 피신한다고 생각했겠지만 바로 그것이 함정이었다. 페터가 그 웅덩이에 두 손을 담근 채 기다리고 있었기 때문이다. 페터는 눈 깜짝할 사이에 두 손으로 송어를 움켜쥐었다. 그러고는 파닥거리는 물고기를 물속에서 꺼내 주머니칼로 머리를 땄다. 두 아이가 잡은 송어는 페터 팔뚝보다 더 큰 놈이었다. 페터는 송어의 배를 가른 후 내장을 꺼내 근처에 있는 잡초 아래로 던져버렸다.

페터가 같은 방법으로 먼젓번 송어보다 조금 작은 것 한 마리를 더 잡은 다음에 두 아이는 벽돌 공장으로 돌아왔다. 그러고 나서 소나무 잔가지를 주워 모아 예전에 벽돌 공장 진입로였던 빈터에 모닥불을 피웠다. 나뭇가지가 탁탁 소리를 내며 제법 타오르기 시작하자 페터는 작업복 주머니에서 은박지를 꺼내더니 송어를 잘 싸서 모닥불에 올려놓았다. 이제 한가롭게 얘기를 나눌 시간이었다.

"나, 부자가 될 거야." 펠릭스는 곧장 본론으로 들어갔다.

"좋은 생각이야. 그런데 어떻게 부자가 될 거니?"

펠릭스는 페터에게 아빠랑 은행에 가서 예금통장을 만든 일과 은행에서 아빠 때문에 화가 났던 일들을 얘기해주었다. 페터는 펠릭스 얘기를 듣더니 큰 소리로 웃음을 터뜨렸다.

"너 지금 농담하니? 예금통장 하나 만든다고 무슨 수로 부자가 되니? 말도 안 되는 소리 작작 해라."

"일단 어떤 식으로든 시작을 해야 하니까 그랬지. 어쨌거나 아무것도 없는 것보단 낫잖아. 아빠도 그러셨는걸."

"아빠들이 하는 말이란 게 뻔하지, 뭐. 부자가 되려면 뭔가 아주 다른 방법을 찾아야 해. 예를 들면 접시를 닦는다든지……."

페터는 생각에 잠긴 표정을 지었다.

"접시를 닦는다고? 난 부자가 될 생각이지, 접시 따윈 닦을 생각 없어."

"너 정말 말귀를 못 알아듣는구나. 내 말은 집에서 설거지하라는 소리가 아니야. 집에서는 어차피 설거지를 하게 마련이고 안

하면 안 할수록 이익이지. 내가 말하는 건 호텔이나 식당 주방에서 뭔가 일거리를 찾을 수 있다는 얘기라고. 예를 들어 감자 껍질을 깎는 일 같은 건 어떨까? 아니면 아까 말한 대로 접시 닦는 일이라든지. 그래서 돈을 받으면 저금을 하는 거야. 그렇게 해서 돈이 모이면 공장을 하나 사는 거지. 그리고 또 돈을 모아 공장을 하나 더 사고. 그러면 나중에 백만장자가 되는 거야. 텔레비전에서 보니까 그러던데?"

"아무리 생각해봐도 잘될 것 같지 않은데. 게다가 바이세스 크라우스 호텔에는 식기세척기가 있잖아. 그러니 주방에서 설거지할 사람이 무슨 필요가 있겠니?"펠릭스가 미심쩍다는 표정을 지었다.

"접시 닦는 얘기 좀 관둘 수 없니? 그건 내가 그냥 예를 든 거야. 부자가 되려면 원칙이 그렇다는 얘기라고. 우선은 남들이 안 하는데 우리가 하면 돈을 받을 수 있는 그런 일거리를 찾아야 해. 그다음에 어떻게 할지는 그때 가서 생각해보자."

"우리? 너 지금 우리라고 했니?"

"당연하지. 넌 나 없이는 꼼짝도 못 하잖아. 그리고 나도 부자가 되고 싶어. 여자아이들은 돈이 있는 남자아이를 좋아하니까. 시간은 여름방학 내내 얼마든지 있어. 틀림없이 성공할 거야."페터가 펠릭스를 보며 다짐이라도 하는 듯한 얼굴로 말했다.

활활 치솟던 모닥불은 두 아이가 얘기를 나누는 사이에 조금씩 사그라져 이제는 벌겋게 타오르고 있었다. 페터는 송어가 골고루

익도록 송어를 싼 은박지를 뒤집었다.

"그럼 네 생각에 우리가 접시 닦는 일 말고 뭘 해야 돈을 벌 수 있을 것 같니?" 펠릭스가 페터에게 물었다.

"우리가 잘할 수 있는 일이 무언지 생각해 봐야지. 너는 뭘 잘하니?"

"수학."

"그건 소용없어. 수학을 잘한다고 해야 기껏 아이들 가르치는 일이 고작인데, 어른들이 자기 아이의 수학 과외를 우리 같은 학생한테 부탁할 리가 있니? 게다가 설령 누가 우리한테 그런 일을 부탁한다고 해도 난 같이할 수 없어. 나야말로 수학 과외가 필요할 판인데. 너 잘하는 것 또 뭐 있니?"

"클라리넷 부는 것도 돼?"

"얼마나 잘 부는데?"

"아주 잘 불지는 못해. 연습을 좀 해야 할 거야."

"그럼 그것도 안 돼. 다른 건 없니?"

펠릭스는 열심히 머리를 짜 보았다.

"잔디 깎는 일은 어때? 가브리엘 아줌마한테 그 집 잔디를 깎아드리겠다고 해볼까? 아줌마가 엄마한테 마당이 너무 커서 도저히 손볼 수가 없다고 말씀하시는 걸 여러 번 들었는데. 잡초가 우거져서 머리끝까지 닿을 지경이라고 하시던걸."

가브리엘 아줌마는 치과 의사인데 펠릭스네 옆집에 살았다.

페터는 펠릭스의 제안에 감탄했다.

"그건 괜찮은 생각인 것 같아."

"하지만 부자가 되려면 그걸로는 어림도 없어. 가브리엘 아줌마네 잔디가 아무리 빨리 자란다고 해봤자 여름방학 끝나기 전까지 기껏해야 세 번 정도밖에 못 깎을 텐데……." 펠릭스는 시무룩한 표정으로 말했다.

"머리를 좀 굴려봐. 마당에 잔디가 있는 사람이 너네 옆집 아줌마뿐이니? 잔디 깎을 데가 굉장히 많을걸. 로베르트 형 말이 크게 생각해야 한대."

"그렇다고 내가 어떻게 사람들한테 일일이 그 집 마당의 잔디를 깎아도 되냐고 물어보니? 더군다나 자기 집 잔디는 직접 깎는 사람이 대부분일 텐데."

"광고가 있잖아. 너 광고 생각 못 했지?" 페터는 신이 나서 소리쳤다.

"광고를 한다고?"

"그래! 넌 아빠가 신문사에서 일하시는데 신문광고 얘기도 못 들어봤니? 요즘에는 뭔가 하려면 선전을 해야 한다고."

"안 돼. 신문광고가 얼마나 비싼데. 작게 한 줄 내는 데만도 100마르크가 넘어. 아빠가 그러시던걸."

"너희 아빠 신문에 광고를 내자는 얘기가 아니야. 넌 우리 집이 주유소라는 사실 잊어버렸니?"

그제야 펠릭스는 페터가 하려는 말이 뭔지 짐작이 갔다.

"맞아. 너네 주유소 계산대 옆에 게시판이 있다는 걸 미처 생각하지 못했는걸. 사람들이 거기다 쪽지를 잔뜩 붙여놓잖아. 우리 엄마도 전에 내가 타던 헌 자전거를 파실 때 너네 주유소에 쪽지를 붙여놓으셨어."

"우리도 그 게시판에 쪽지를 붙이는 거야. 펠릭스 블룸과 페터 발저가 여름방학 때 쇤슈타트에 사는 사람들 중 원하는 사람들에게 5마르크를 받고 잔디를 깎아준다고 말이야. 어때, 괜찮은 생각이지?"

"그래, 괜찮은 생각인데."

펠릭스와 페터는 활짝 웃으면서 양손을 내밀어 손바닥을 마주쳤다. 두 아이가 구워진 생선을 막 먹으려고 하는데 갑자기 잡초 근처에서 나뭇가지 부러지는 소리가 났다.

"쉬, 누가 와! 얼른 도망가자." 페터가 속삭였다.

펠릭스는 모닥불에 얹어 놓았던 송어를 얼른 끄집어내려고 했지만 은박지가 너무 뜨거워 손가락만 데고 말았다.

"그런 바보 같은 짓 할 시간 없단 말이야!" 페터가 다급한 목소리로 외쳤다. 두 아이는 황급히 벽돌 공장으로 도망가 녹슨 유리문 사이를 비집고 안으로 들어갔다. 그러고는 잽싸게 계단을 뛰어올라가 '사장실' 안에 숨었다. 하마터면 들킬 뻔했다! 두 아이가 몸을 숨긴 직후에 잡초 뒤쪽에서 베커 씨가 어깨에 낚시 가방을 메고 나타나 두 아이가 있던 빈터로 걸어왔다. 베커 씨는 빈터에 피워진 모닥불을 보더니 화가 잔뜩 나서 고함을 고래고래 치기 시작했다.

"이런 못된 놈들이 있나, 숲속에서 불을 피우다니! 내 이 녀석들을 잡기만 해봐라, 단단히 혼을 내줄 테다."

사장실의 지저분한 유리창을 통해 펠릭스는 듬성듬성 난 백발 아래로 베커 씨 머리가 빨갛게 달아오른 것을 볼 수 있었다. 베커 씨는 곧바로 두 아이가 굽고 있던 송어를 발견했다.

"나쁜 녀석들, 다시는 여기서 몰래 송어를 잡지 못하도록 뜨거운 맛을 볼 줄 알아라. 개를 끌고 와서라도 네 놈들을 꼭 잡고 말 테다. 여기서 송어 잡는 건 나 말고는 아무도 안 되는데, 망할 놈들 같으니라고! 두고 봐라, 다음 번에는 총을 가져올 테니."

펠릭스와 페터는 어찌나 겁이 났는지 숨도 못 쉴 지경이었다. 당장이라도 베커 씨가 자기들을 찾으러 벽돌 공장 안으로 들어올 것만 같았다. 그러나 참으로 다행스럽게도 베커 씨는 아이들이 공장 안에 숨었을지도 모른다는 생각은 전혀 하지 못한 모양이었다. 베커 씨는 구둣발로 모닥불을 비벼 끈 다음 막대기를 가져와 송어를 싼 은박지를 꺼내 자기 낚시 가방에 집어넣더니 욕을 퍼부으면서 그 자리를 떠났다.

두 아이는 숨어 있던 자리에서 꼼짝도 하지 않고 얼마 동안 기다리다가 위험이 사라졌다고 생각되자 계단을 내려왔다.

"순 얌체 같은 아저씨야. 우리가 잡은 송어, 지금쯤은 맛있게 구워졌을 텐데." 페터가 약이 오른 표정으로 툴툴거렸다.

"사유재산은 도둑질한 거야." 펠릭스가 대꾸하며 타다 만 나뭇가지 사이로 아직도 조금씩 솟아오르는 연기를 바라보았다. 잠시 후 두 아이는 라일락 덤불 아래 숨겨 놓았던 자전거를 꺼내왔다.

오르막길이 계속되는 동안 펠릭스와 페터는 잠자코 페달만 밟았다. 언덕 꼭대기에 이르자 펠릭스가 물었다.

"우리가 정말 성공할 수 있을까?"

페터는 느닷없이 무슨 소리냐는 표정으로 펠릭스를 바라보다가 곧 씩 웃더니 자신만만한 소리로 대답했다.

"물론이지. 우린 꼭 성공할 거야!"

"우리가 진짜 부자가 될 거란 말이지?"

"그렇다니까. 백만장자가 될 거라고!"

펠릭스는 벅차오르는 기쁨을 더 이상 억누를 수가 없었다. 때는 바야흐로 봄철이었고 자기한테는 세상에서 가장 멋진 친구가 있었으며 근사한 계획도 있었다. 그리고 모든 게 잘될 터였다. 순식간에 상황이 이렇게 달라지다니, 펠릭스는 너무나 행복해서 목청껏 외치지 않을 수 없었다.

"와아아!"

페터도 펠릭스와 함께 소리를 지르기 시작했다. 두 아이가 지르는 소리가 온 숲에 울려 퍼졌다.

베커 씨는 아마도 숲속 가득 울려 퍼지는 고함 소리에 어찌된 영문인가 하고 놀라서 입을 다물지 못할 것이다. 펠릭스와 페터는 고래고래 악을 써가며 노래를 부르면서 시내로 돌아왔다.

그날 저녁 펠릭스네 식구는 그해 들어서는 처음으로 베란다에서 함께 저녁 식사를 했다. 느릅나무에서는 지빠귀가 지저귀는데 펠릭스한테서는 아직도 모닥불과 벽돌 공장 냄새가 났다. 넘어가는 저녁 해의 마지막 햇살이 식탁을 붉게 물들이고 있었다. 펠릭스가 마지막으로 남은 치즈 빵을 다 먹고 나자 엄마가 펠릭스에게 물었다.

"펠릭스야, 여행 못 가게 되었는데 방학을 어떻게 보낼지 생각해봤니? 할머니 할아버지 댁에 놀러가면 어떻겠니?"

"아니에요, 됐어요. 방학 때 심심하지 않을 거예요." 펠릭스는 얼른 대꾸했다.

엄마는 펠릭스에게 보이스카우트에서 가는 야영에 참가하고 싶지 않느냐, 아니면 슈바르츠발트에 사는 친척네 집에 놀러가는 건 어떻겠느냐는 둥 이런저런 제안을 했다. 하지만 펠릭스는 엄마가 제안한 어떤 것에도 심드렁한 얼굴을 했다.

"정말 됐어요, 엄마. 아무 데도 안 가고 그냥 집에 있을래요. 방학 때 페터랑 하기로 한 게 있거든요. 저흰 절대로 심심하지 않을 거예요."

"너희 둘이서 무얼 하려는 건지 내가 좀 알면 안 되겠니?" 엄마는 펠릭스의 생각이 자못 의심쩍다는 표정을 지었다.

펠릭스는 어떻게 말문을 열어야 할지 머뭇거렸다.

"저…… 별로 특별한 건 아니고요, 그냥 일을 좀 하려고 해요."

"방학인데 일을 하겠다고? 도대체 어찌된 영문이냐? 혹시 네가 부자가 되겠다는 것하고 무슨 상관이 있는 거냐?" 아빠는 펠릭스의 말을 믿을 수 없다는 듯이 물었다.

펠릭스는 빨개진 얼굴로 두 분한테 그날 오후에 벽돌 공장에서 페터와 의논한 일들을 이야기했다. 펠릭스의 말이 끝나자 아빠는 두 아이의 계획에 감탄했다.

"그것, 괜찮은 생각이로구나. 너희들 제법이다."

여간해서는 잘한다는 말을 하지 않는 아빠한테서 제법이라는 말을 듣는다는 것만으로도 사실 굉장한 칭찬이었다. 하지만 아빠와는 달리 엄마는 펠릭스의 계획에 선뜻 찬성한다는 게 내키지 않는 모양이었다.

"아직 열두 살밖에 안 된 아이들이 돈 버는 일에 나선다는 게 과연 좋은 일인지, 난 정말 모르겠다. 아빠들이 돈 문제를 제대로 해결하지 못한다고 해서, 애들이 그런 데 관심을 가진다는 게……."

아빠가 얼른 엄마의 말을 가로막았다.

"여보, 당신 말이 좀 지나치지 않소? 내 생각으로는 펠릭스가 일찍부터 정당한 노동의 대가로 돈을 번다는 게 어떤 건지 그 원칙을 배우는 게 좋을 것 같소. 그리고 돈을 벌기 위해 어느 정도 노력한다는 것도 결코 나쁠 게 없고. 펠릭스야, 아빠는 너희 계획이 아주 마음에 든다. 어쩌면 네가 돈 버는 일엔 우리보다 소질이 있을지도 모르겠구나."

엄마는 헛기침을 한 번 하더니 펠릭스를 쳐다보며 말했다.

"정 그렇게 할 생각이라면 우선 우리 집 마당부터 시작하는 게 어떻겠니? 잔디 깎을 때가 한참 지났는데."

"좋아요, 내일 당장 할게요. 그리고 다른 일도 좀 시켜 주세요. 제 방 청소도 하고 먼지도 닦고 가게에 심부름도 다녀오고……."

엄마는 어처구니없다는 얼굴로 펠릭스를 바라보았다.

"얘 좀 봐, 벌써부터 어떻게든 돈 벌 궁리만 하고 있네. 말도 안 되는 소리 하지도 말아라. 한 집안 식구라면 집안일 돕는 건 당연하지, 그런 일에 무슨 돈을 바라니? 집안일 하는 걸로 돈을 벌 생각이라면 엄마도 너랑 아빠한테 저녁 식사 준비해주는 데 5마르크씩 받을까? 빨래하고 다림질하는 것도 돈 받고. 우리 집이 탐욕의 소굴이 되면 좋겠니?"

펠릭스는 '탐욕의 소굴'이 무엇인지 궁금했지만 엄마한테 물어봤다간 괜히 핀잔만 더 들을 것 같아서 잠자코 있기로 했다.

"참, 아빠, 여자아이들은 돈 많은 남자만 좋아한다는 게 사실이에요?"

아빠는 펠릭스의 질문에 아무 대답도 하지 않았다. 대신에 엄마가 갑자기 웃음을 터뜨리며 물었다.

"느닷없이 왜 그런 생각이 들었니?"

"페터네 형 로베르트가 그랬대요."

"걔, 정말 엉뚱한 아이로구나. 엄마 말 좀 잘 들어보렴. 여자들이 돈 많은 남자만 좋아하는 게 사실이라면 너는 태어나지도 않았을

46

거야. 엄마가 아빠를 사귀기 시작했을 때 아빠가 얼마나 가난했는지 아니? 돈이 없어서 겨우 영화 구경이나 시켜주고 저녁은 아예 사줄 형편도 안 됐단다. 그 당시에 벌써 엄마가 번역 일을 하고 있었길래 망정이지, 안 그랬더라면 둘 다 학생 신분이었으니 그야말로 굶어 죽기 일보 직전이었을걸. 돈 많은 남자 어쩌고저쩌고 하는 얘긴 잊어버리렴."

잠시 후 엄마는 심각한 표정으로 펠릭스에게 다시 말을 건넸다.

"아빠가 너한테 페터랑 돈 버는 일을 허락한 것에 반대할 생각은 없지만 한 가지 절대 잊으면 안 될 게 있단다. 미국 격언인데 '행복은 돈으로 살 수 없다'는 말이야. 이 말을 꼭 마음속에 새겨두렴. 여보, 당신도 마찬가지예요."

"당신이 그런 말 할 자격이 있소?" 아빠는 퉁명스럽게 대꾸했다.

펠릭스는 어쩐지 분위기가 심상치 않게 돌아가는 것 같았다. 그래서 얼른 두 분 사이에 끼어들었다.

"그럼 여자들은 어떤 남자를 좋아해요?"

엄마는 아빠의 두 눈을 들여다보며 대답했다.

"여자들이 좋아하는 남자는 다른 사람한테 마음을 쓸 줄 알고 주의 깊은 남자, 친절하며 사려 깊은 남자란다. 그리고 현명하며 다정하고 잘생겨야겠지. 또 자기가 원하는 게 무엇인지 잘 알고 있어야 한단다."

"돈을 원해야 하나요?"

"난 머릿속에 오로지 돈 생각만 하는 남자는 질색이란다. 남자

47

라면 자기가 이 세상에서 해야 할 일이 무언지 알고 있어야지."

펠릭스에게 엄마의 대답은 의외였다. 엄마 말이 사실이라면 왜 항상 엄마랑 아빠는 돈이 부족하다고 불평을 하시는 걸까? 하지만 펠릭스는 자기 생각을 말하지 않는 편이 낫겠다는 결론을 내렸다.

어느새 사방은 어둑어둑해져 있었다. 펠릭스는 이제 그만 잠자리에 들고 싶었다. 펠릭스가 막 베란다 문턱을 넘어서는데 아빠가 펠릭스를 불러 세우더니 의미심장한 표정으로 말했다.

"참, 깜박 잊을 뻔했구나. 사업을 하려고 생각하는 사람은 몰래 낚시질을 해서는 안 된다. 사람들한테서 신뢰할 만한 사람이라는 평가를 받아야 하니까."

펠릭스는 부끄러워서 두 귀가 빨개지는 것을 느꼈다.

"아빠가 어떻게 알았는지 알고 싶을 거다. 아빠는 신문사에서 일하기 때문에 직업상 어떤 정보든지 제일 먼저 입수한다는 건 너도 알고 있겠지? 오늘 기사 마감 직전에 베커 씨가 잔뜩 흥분해서 사무실로 달려왔다. 쇤슈타트 숲에서 또다시 누군가 몰래 자기 송어를 잡았다고 하더구나. 누군지는 몰라도 잡은 송어를 숲속에서 구워 먹으려고 했다더라. 게다가 고래고래 소리를 지르기까지 했다면서 시에서 어떻게든 손을 써야 하는 것 아니냐고, 그리고 그러려면 우리 신문사에서 그 일을 기사로 내보내야 한다고 했다. 아니면 자기가 직접 총으로 문제를 해결하겠다고 하더라. 신문사 사람들이 베커 씨를 잘 달래서 집으로 돌려보냈다. 은박지에 싼 송어 두 마리 때문에 기사를 쓸 수야 없는 노릇 아니냐? 그런데 아빠가 집에 와보니 집 안에 매캐한 연기 냄새가 가득하더구나. 그래서 눈치를 챘다. 그냥 하는 소리가 아니다. 네가 혹시라도 송어를 몰래 잡다가 들키는 날엔 엄마 아빠한테 혼나는 걸로 끝날 문제가 아니다. 그러니 행여라도 이다음엔 오늘 같은 일을 다시 할 생각일랑 아예 말아라."

펠릭스는 더듬거리면서 송어를 잡은 건 자기가 아니라고 변명했으나 아빠는 들은 척도 하지 않았다.

"훔친 사람이나 그걸 도와준 사람이나 똑같이 나쁘다는 말이 있다. 속담이란 건 다 맞는 말이다."

펠릭스는 아빠한테 "하지만 사유재산은 도둑질한 것이라는 말도 있어요." 하고 말하고 싶었지만 꾹 참았다. 아빠가 지금처럼 훈계조로 말할 때는 가만히 있는 게 현명했다. 어떤 반응을 보일지 알 수 없었으니까.

아빠는 잠시 후 다시 말을 이었다.

"그리고 또 한 가지가 있다. 송어를 제대로 양념도 안 한 채 굽는다는 건 정말 큰 죄란다. 송어란 버터를 발라서 구운 다음에 얇게 저민 아몬드와 레몬즙을 곁들여 먹어야지, 그렇지 않으면 제맛이 안 난단다. 사업가가 되려면 생활하는 것도 격식을 갖추어서 해야 하는 법이야."

펠릭스는 마음이 놓인다는 듯 미소를 지었다. 사실 따지고 보면 아빠는 괜찮은 아빠였다. 물론 언제나 그렇다는 건 아니지만, 어쨌든 대부분의 경우에 그랬다.

3. 고객은 왕이다

다음 날 오후 발저 씨네 주유소에 있는 검은색 게시판에는 새로운 쪽지가 한 장 꽂혀 있었다. 눈부시게 하얀 그 쪽지에는 이렇게 적혀 있었다.

5마르크에 정원의 잔디를 깎아드립니다.
페터 발저, 펠릭스 블룸.
전화: 21 99 67/ 34 56 70

그 쪽지는 펠릭스가 자기네 집 다락방에 있는 컴퓨터로 친 것이었는데 펠릭스네 엄마는 영어책을 번역할 때 항상 그 컴퓨터를 사용했다.

펠릭스와 페터가 맨 처음으로 번 5마르크는 펠릭스네 집 정원의 잔디를 깎고 받은 것이었다. 두 아이가 잔디 깎는 일을 마치고 베란다에서 아이스티를 마시고 있는데 전화 벨이 울렸다.

잠시 후 펠릭스네 엄마가 베란다로 나왔다.

"정말 놀랐다. 방금 가브리엘 아줌마가 전화를 하셨는데 병원에 가시는 길에 기름을 넣으러 주유소에 들르셨다가 너희들이 붙인 쪽지를 보셨대. 지금 당장 잔디를 좀 깎아주었으면 좋겠다고 하시

더라. 헛간 문은 열어 놨고 그 안에서 잔디 깎는 기계를 꺼내면 된
단다.”

“내 말이 맞잖아! 광고를 해야 한다니까.”페터가 그것 보라는
듯이 우쭐댔다.

펠릭스와 페터는 바로 옆에 있는 가브리엘 아줌마의 집으로 건
너갔다. 그 집의 정원은 정원사의 손길이 참으로 절실히 필요해
보였다. 쥐똥나무 울타리는 몇 년 동안 한 번도 가지치기를 하지
않은 듯 제멋대로 우거져 있었고, 베란다에는 쐐기풀이 마구 자라
고 있었으며, 잔디로 덮여 있어야 할 풀밭에는 민들레가 노랗게
만발해 있었다. 삐걱거리는 헛간 문을 열어젖히고 안으로 들어간
펠릭스는 가브리엘 아줌마네 집에서 5마르크를 벌기가 결코 쉽지
않으리라는 것을 알았다. 잔디 깎는 기계가 잔뜩 그을음이 낀 채
거대한 괴물처럼 구석에 웅크리고 있는 것이 보였기 때문이다. 둘
이서 그 기계를 잡아끌자 근처의 벽에 세워져 있던 빈 과일 궤짝
들이 머리 위로 와르르 쏟아져 내려와 덮치는 바람에 두 아이는
얼굴에 거미줄을 뒤집어쓰고 말았다.

“시작부터 되게 재수 없네. 더러운 일을 하는 사람이 받는 특별
수당이라도 달라고 해야겠어. 완전 돼지우리잖아.”페터가 툴툴거
렸다.

“우리더러 일을 해달라고 부탁하는 고객 험담은 하지 않기야.”
펠릭스가 얼른 맞받았다.

“그래, 나도 알아. 고객은 왕이란 말이지, 아무리 이상한 짓을 해

도 말이야."

펠릭스는 잔디 깎는 기계를 작동시키려고 해보았다. 그러나 그
일은 여간 힘든 게 아니었다. 펠릭스가 시동 장치를 잡아당길 때
마다 기계는 힘없이 "부웅" 하는 소리만 한 번 내다가 멈춰버릴 뿐
이었다.

"내가 해볼게."

페터가 기계를 뒤집어 살펴보더니 다시 똑바로 세운 다음 나사
를 돌려 뚜껑 부분을 열었다. 그러고는 기가 막힌다는 얼굴로 신
음을 내뱉었다.

"기름이 없어! 가브리엘 아줌마도 참 대단하시다. 어쩜 이럴 수
가 있니? 우리 같은 전문가를 만났길래 망정이지 하마터면 잔디
깎는 일 시작도 못 할 뻔했잖아."

페터는 잽싸게 주유소로 달려가 10분 만에 벤진 통을 들고 돌아
왔다. 기름을 넣자 기계는 정말로 부릉부릉 소리를 내며 움직였다.
펠릭스는 단호한 표정으로 기계를 비탈길로 밀고 올라가 민들레
와 데이지 꽃을 사정없이 잘라버린 후 쐐기풀 덤불 사이로 돌진했
다. 기계는 덜커덕 소리를 내면서 연기를 내뿜기 시작했다. 펠릭스
생각에 일을 계속할수록 연기는 점점 더 심해지는 것 같았다.

갑자기 쾅 소리와 함께 모터에서 시커먼 연기가 뭉게뭉게 피어
올랐다. 그러더니 두어 번 윙윙거리는 소리가 난 다음에 기계는
멈춰버리고 말았다. 펠릭스는 아직도 연기가 모락모락 솟아오르
는 기계를 쳐다보고 나서 잔디를 절반쯤 깎다가 만 마당을 둘러보

왔다.

"너 혹시 기름 엉뚱한 데 넣은 것 아니니?" 펠릭스가 페터에게
물었다.

"넌 나를 대체 어떻게 보는 거니? 내가 그런 것 하나 제대로 못
할 것 같아? 우리한테 이런 고물로 잔디를 깎으라고 하다니, 말도
안 돼. 기계가 망가진 건 가브리엘 아줌마 잘못이라고. 그 아줌만
돈도 많이 버시면서 어떻게 이럴 수가 있니? 피해 보상이라도 받
아야겠어."

집에 있던 펠릭스 엄마가 "쾅" 하는 소리에 놀라 달려왔다. 무슨
일이 일어났는지 본 펠릭스 엄마는 어처구니없다는 듯 고개를 절
레절레 흔들더니 가브리엘 아줌마한테 전화를 하러 다시 집으로
들어갔다. 잠시 후 펠릭스 엄마는 입가에 이상야릇한 미소를 띠고
되돌아왔다.

"사업하는 사람이라면 누구나 명심해야 할 원칙이 있단다. 절대
로 남들은 자기보다 멍청할 거라고 생각하지 말 것! 가브리엘 아
줌마가 뭐라고 하셨는지 아니? 도대체 어째서 그 고물 덩어리를
꺼냈느냐고 깜짝 놀라시더라. 쓰지 않은 지가 10년도 넘은 기계래.
모터가 폭발하지 않은 것만도 다행이라고 하시면서 헛간 들어가
자마자 오른편에 새로 산 기계가 있는데 왜 그걸 안 썼느냐고 물
으시더라. 두 분, 이 말 듣고 난 소감이 어떠신가?"

펠릭스는 어른들이 이런 식으로 비꼬는 게 정말 싫었다. 그래서
아무 대꾸도 하지 않았다. 펠릭스 엄마는 두 아이를 쳐다보며 말

53

을 이었다.

"아, 참! 깜박 잊을 뻔했네. 너희가 고장난 기계를 폐품 수거장에 갖다주면 아줌마가 5마르크를 더 주시겠단다."

마당의 잔디를 다 깎고 고장난 기계도 고물장수한테 갖다준 후였다. 페터가 이 말만큼은 하고 넘어가야겠다는 듯 펠릭스에게 말했다.

"가브리엘 아줌마가 바보 같은 건 사실이지, 뭐. 그 고물 덩어리를 하필이면 우리 눈에 띄는 곳에 세워놓을 게 뭐람."

고장난 기계 때문에 고생한 일만 뺀다면 두 아이는 부자가 되기로 한 계획을 실천에 옮기기 시작한 첫날의 성과에 만족할 만했다. 하루동안에 15마르크를 벌지 않았는가! 펠릭스는 벌써 앞으로 얼마나 돈을 벌게 될지 몰래 계산해보았다. 1년이면 365일이니까 하루에 15마르크씩 벌면…… 5475마르크를 벌게 된다. 게다가 그날 밤에는 잔디를 깎아달라는 전화가 두 번이나 더 왔다. 한 사람은 쇤슈타트 시 남쪽 지역에 사는 모르는 어떤 아줌마였고, 다른 한 사람은 악보 파는 가게를 하는 아담 슈미츠 아저씨였다.

*

아담 슈미츠 아저씨는 약간 이상한 사람이었다. 그렇게 이상한 사람은 어느 도시에나 몇 명쯤은 있게 마련이었다. 쇤슈타트에 사는 사람이라면 아저씨를 모르는 사람이 없었다. 하지만 아저씨가 어디 출신인지, 가족은 있는지, 그리고 성격은 어떤지 아는 사람은 아무도 없었다. 슈미츠 아저씨는 쇤슈타트 남쪽 지역에서 제일 오래된 전통 목조 집 가운데 하나에서 살고 있었다. 1층은 아저씨가 하는 악기점이었고, 아저씨는 2층에서 혼자 살았다. 집 뒤쪽에는 과일나무가 여러 그루 있는 아주 넓은 마당이 있었는데 마당 바로 옆이 크렙스강이었다. 펠릭스와 페터는 전에 가끔 슈미츠 아저씨네 뒤뜰에서 사과나 버찌를 따먹은 적이 있었다. 페터는 그걸 아저씨한테서 과일을 '빌리는' 거라고 말하곤 했다. 다행히도 두 아이는 몰래 과일을 따먹는 동안 아저씨한테 한 번도 들키지 않았었다.

펠릭스는 몇 주에 한 번씩은 클라리넷 연주에 필요한 새 악보를 사러 슈미츠 아저씨네 가게에 갈 일이 있었는데, 그때마다 어쩐지 좀 무서운 기분이 들었다. 높이가 낮은 구식 출입문을 통과하면 가게 안은 어두컴컴했다. 트럼펫과 색소폰 그리고 여러 종류의 악보와 아주 커다란 드럼이 가게 안을 꽉 채우고 있었다. 물건값을 치르기 위해 계산대 앞으로 걸어갈 때면 마룻바닥에서 삐걱거리는 소리가 났다. 계산대 뒤에는 니켈 안경을 끼고 회색빛 턱수염을 기른 슈미츠 아저씨가 손님들을 기다리고 있었다. 무척 드문 일이긴 하지만 어쩌다가 가게 안이 기다리는 손님들로 붐빈다든지 할 때처럼 아저씨가 흥분할 일이 생기면 아저씨는 말을 더듬었다. 무슨 말을 하는지 알아듣기 어려울 정도로 심하게 더듬는 것은 아니었지만 그래도 짓궂은 몇몇 아이들이 '말더듬이 아저씨'라고 놀려댈 정도였다. 펠릭스도 언젠가 아저씨 얘기를 하다가 아빠 앞에서 말더듬이라는 말을 쓰는 바람에 아빠한테 된통 혼이 난 적이 있었다. 어찌나 심하게 야단을 맞았는지 그 후로 다시는 그 말을 입에 담지 않았다.

슈미츠 아저씨는 악기점만 하는 것이 아니고 쉰슈타트 올스타즈라는 악단에서 테너 색소폰을 연주했다. 그 악단은 쉰슈타트에 하나밖에 없는 대규모 악단이었기 때문에 가장 훌륭한 악단이었다. 페터의 누나 파트리시아는 쉰슈타트 올스타즈 악단이 칸트 김나지움에서 열린 학교 축제에 출연했을 때 슈미츠 아저씨가 연주하는 것을 들은 적이 있었는데 아저씨 연주가 '기막힌' 솜씨더라고 감탄했다.

펠릭스와 페터는 목요일 방과 후에 바로 이 슈미츠 아저씨네 집 잔디를 깎기로 되어 있었다. 두 아이가 항상 빽빽해서 잘 여닫기지 않는 출입문을 억지로 열어젖히자 출입문 위에 매달려 있는 종이 땡그랑땡그랑 소리를 냈다. 사실 출입문 위에 굳이 종을 매달아놓을 필요가 없었다. 가게에 손님이 왔다는 것은 종소리가 아니더라도 가게 마룻바닥이 삐걱거리는 소리로 충분히 알 수 있었을 테니까. 두 아이가 가게 안으로 들어간 지 얼마 지나지 않아 가게 뒤편에 있는 작은 방에서 슈미츠 아저씨가 나타났다. 아저씨는 계산대 뒤에 서서 팔짱을 낀 채 안경테 너머로 눈을 가늘게 뜨고 펠릭스와 페터를 바라보았다.

"아, 조경 회사에서 오기로 한 두 분이군." 아저씨는 깍듯이 인사를 했다. 그러더니 두 아이에게 자기를 따라오라고 말했다. 세 사람은 가게 뒷방을 통과한 다음 돌계단을 내려갔다. 계단 아래쪽에서 슈미츠 아저씨가 나무 문을 밀자 마당이 보였다. 마당에는 잡초가 잔뜩 우거져 있었다. 덩굴장미가 담을 뒤덮고 있었으며 관목 숲에는 나무딸기 덩굴이 사방으로 뻗어 있었다. 여기저기 활짝 피어 있는 민들레꽃 사이로 지난해에 심었던 다년생 화초들이 말라 비틀어진 채 모습을 드러내고 있었다. 오랫동안 아무도 이 마당에 신경을 쓰지 않았다는 것은 더 말할 필요도 없이 분명했다.

"이건 전에 닭장으로 쓰던 곳이다. 이 안에 보면 잔디 깎는 기계가 있을 거다." 아저씨가 두 아이에게 일러주었다.

페터는 눈으로 대충 마당의 넓이를 재보고 나서 제법 직업적인 일꾼 티를 내며 말했다.

"마당이 아주 넓은데요. 5마르크 가지고 될지 모르겠어요."

슈미츠 아저씨는 안경테 너머로 실눈을 하고 페터를 쳐다보더니 말했다.

"견적 비용*은 겨, 견적 비용이다."

"더, 더, 더럽게 똑똑하시네." 페터는 잔디 깎는 기계를 작동시키면서 낮은 목소리로 아저씨 흉내를 냈다.

거의 두 시간쯤 지나 두 아이는 일을 마치고 땀에 흠씬 젖은 채 빨갛게 상기된 얼굴로 품삯을 받으러 가게 뒷방으로 갔다. 페터는 그때까지도 기분이 풀리지 않았다. 가게 뒷방은 마치 동굴 같았다. 벽면은 천장까지 가득 쌓여 있는 악보와 책들로 온통 뒤덮여 있었

---

* 견적 비용: 어떤 일에 사용될 비용을 미리 어림잡아 계산하는 것을 '견적'이라고 한다. 일꾼은 이 견적에 따르기 때문에 견적 비용 이상의 돈을 요구할 수 없다.

으며 책상 위에는 서류가 산더미를 이루고 있었다.

두 아이가 들어서자 슈미츠 아저씨는 불고 있던 색소폰을 내려 놓으며 말했다.

"이런 세상에, 너희처럼 어린 두, 두 사람한테는 아무래도 좀 힘든 일이었나 보구나."

아저씨는 두 눈을 깜박거리면서 두 아이를 잠시 쳐다보더니 냉장고로 가서 커다란 레몬주스 병을 꺼내왔다. 그러고는 큰 유리컵 두 개에 주스를 가득 따라 두 아이에게 건넨 다음 물었다.

"너희들 내가 방금 연주했던 노래 아니? 곡명이 '이파네마에서 온 아가씨'라는 건데 요즘 내가 제일 좋아하는 곡이야. 이렇게 시작된단다. 딴 따라 딴 따라 딴따라라…… 어떤 젊은 브라질 아가씨를 위해 작곡된 거야. 이 노래 때문에 그 아가씨는 영원히 사는 셈이다. 딴 따라 딴 따라 딴…… 하지만 너흰 지금 이 노래엔 관심이 없겠지? 딴 일로 왔으니까 말야. 5마르크는 너희가 한 일에 비해서 좀 부족한 게 아닌가 걱정이 되는데. 어때, 내 생각이 맞지?"

"글쎄요……." 펠릭스는 무어라고 선뜻 대답할 수가 없었다.

"맞아요." 페터가 냉큼 대답하고 나서 아저씨 옆에 있는 팝콘 봉지를 바라보며 군침을 삼켰다.

슈미츠 아저씨는 펠릭스 손에 20마르크짜리 지폐를 쥐어주었다. 펠릭스는 미처 고맙다는 인사를 할 틈도 없었다. 왜냐 하면 아저씨가 페터의 눈길을 눈치채고는 얼른 말을 꺼냈기 때문이었다.

"아이고, 내 저, 정신 좀 봐. 너희도 조, 좀 먹으렴. 파, 팝콘은 내

58

가 제일 좋아하는 거란다. 너희도 그러냐?"

잠시 동안 세 사람은 모두 만족스러운 기분으로 팝콘을 먹었다. 얼마 후에 슈미츠 아저씨는 두 아이를 보면서 물었다.

"이렇게 돈을 많이 벌어서 뭘 할 거니? 여름방학 때 여행 갈 경비에 보태려고 그러니? 아니면 내가 물어보면 안 되는 일이냐?"

"물어보셔도 괜찮아요." 펠릭스가 재빨리 대꾸했다. 하지만 그렇게 말하면서도 자기가 진심으로 그렇게 생각하는지는 자신이 없었다.

"올해에는 여름휴가를 가지 않을 계획이에요. 저희 둘 다 아무 데도 안 가요."

"그럼 너희 뭔가 사고 싶은 게 있나 보구나. 컴퓨터 게임이든지, 아니면 다른 장난감이든지……. 그러지 말고 악기를 하나 장만하는 건 어때? 아주 싸게 나온 게 몇 개 있는데……." 아저씨는 무척 궁금한 표정이었다.

"아니에요, 됐어요. 저흰 그냥 돈을 벌고 싶어요. 나중에 필요할 때를 위해서요." 펠릭스가 대답했다.

"설마 너희 부자가 될 생각으로 이렇게 열심히 돈을 번다는 말은 아니겠지?"

펠릭스는 마땅한 대꾸가 떠오르지 않아서 꿀꺽 침을 삼켰다. 하지만 페터는 망설이지 않고 당당하게 말했다.

"물론 부자가 될 생각이에요. 백만장자가 될 거라고요."

"대단하구나, 대단해. 부자가 된다는 건, 아니지 참, 백만장자가 된다는 건 정말 흥미진진한 일이다. 그런 일이라면 나도 관심을 가질 만한걸. 그런데 대체 뭐 때문에 부자가 되고 싶은 거니? 이렇게 말하긴 좀 뭐 하다만, 너희는 아직 그런 생각을 하기엔 좀 어린 것 같은데."

"여자아이들은 돈 많은 남자를 좋아해요. 그리고 어쨌든 돈이 많아서 나쁠 건 없잖아요……." 페터는 아까보다는 다소 조심스러운 말투로 대답했다.

페터의 대답에 슈미츠 아저씨는 너털웃음을 터뜨리더니 팔짱을 끼고 안경테 너머로 눈을 깜박거리면서 두 아이를 바라보았다.

"여, 여자애들 얘, 얘기는 참 재미있는 생각이로구나. 그런데 도대체 언제 부자가 될 예정인데? 5마르크 받고 잔디 깎는 일을 하는 것만으로는 시간이 상당히 많이 걸릴 텐데."

"일단 무언가 시작하고 싶었어요. 하다 보면 다른 좋은 생각이 떠오를 거라고 생각했어요." 펠릭스가 대답했다.

"어쩌면 잔디 깎는 품삯을 올릴지도 몰라요. 다른 것들도 자꾸만 값이 올라가잖아요." 페터가 펠릭스의 말을 받았다.

"그렇게 해도 되겠지, 시장*에서 지금보다 높은 가격을 제공한다면 말이다."

"누가 지금보다 높은 가격을 제공한다고요?" 펠릭스가 이해가 안 간다는 표정으로 물었다.

---

* 시장: 공급과 수요가 모여 가격이 결정되는 장소이다. 원래는 실제로 장이 서는 구체적인 장소를 의미했으나, 지금은 상품을 사고파는 거래 관계 전체를 일컫기도 한다.

"시장 말이다. 너희들 시장이 뭔지 모르는 거니?"

"제가 아는 시장이라곤 감자시장뿐인데요." 페터가 어리둥절한 얼굴로 말했다.

"토요일마다 서는 알뜰장도 있어요. 그리고 저희 아빠는 항상 시장경제에 대해 이러쿵저러쿵 말씀하시곤 해요. 하지만 그게 저희랑 무슨 상관이 있지요?" 펠릭스가 덧붙였다.

"너희들 나이 정도 되면 시장처럼 기본적인 경제 개념들은 학교에서 일찌감치 배웠어야지. 여기 좀 더 있어도 된다면 좀 설명해 주마. 경제의 기초를 공부한다고 생각하고 들어볼 테냐?"

"그렇게 하는 게 부자가 되는 데 도움이 된다면요." 페터가 대답했다.

"내 생각엔 상당히 도움이 될 것 같다. 어쨌거나 이제까지 경제에 대해서 좀 알고 있는 게 누구한테 해가 된 경우는 본 적이 없거든. 자, 그러면 대체 시장이 뭐냐? 감자시장을 예로 들어 볼까? 토요일마다 감자시장에는 주변에 사는 농사꾼, 채소 장수, 소시지 파는 사람, 그리고 시장에서 장사하는 아줌마들이 모여든다. 감자나 배추, 달걀 그리고 갓잡은 생선이나 그 밖의 온갖 것들을 팔기 위해서지. 시장에 모인 사람들은 무언가를 제공하는 거란다. 말을 바꾸면, 그 사람들은 상품의 공급*을 담당하고 있는 거지."

"물론이죠. 하지만 그게 우리랑 어떤 관계가 있나요?" 펠릭스가 물었다.

"잠깐만 기다려봐라, 내가 설명해줄 테니. 토요일에 시장에 모이는 사람들은 팔 것을 제공하는 사람들뿐만이 아니란다. 무언가를 사려는 사람들도 시장을 찾지. 예를 들면, 가정주부 같은 사람들이 겠지……."

"아니면 토요일마다 시장에 심부름을 오는 아이들이거나요." 펠릭스가 슈미츠 아저씨의 말을 받았다.

"그리고 그 사람들은 모두 무언가 필요한 상품을 얻으려고 해. 그래서 장사하는 아줌마들한테 자기가 원하는 게 있는지 물어보지. 이렇게 사람들이 자기에게 필요한 상품을 얻으려고 하는 걸 상품에 대한 수요가 있다고 말한단다."

"무슨 말씀을 하시는지 알겠어요. 특히 건강식품 파는 곳에 사람들이 잔뜩 모여서 모두들 자기가 찾는 게 있는지 묻느라고 정신이 없던데요. 그러니까 그건 건강식품에 대한 수요가 많은 거죠?"

"맞다. 그럼 이제 다음 단계로 넘어가자. 시장에서는 어떤 일이 일어나고 있을까? 너희들이 알아듣기 쉽게 예를 들어 설명해주마. 너희들 달걀 한 개에 얼만지 아니?"

"지난 토요일에 중간 크기의 갈색 자연란을 한 개에 40페니히씩 주고 샀어요."

"좋다, 그럼 달걀 한 개에 40페니히라고 하자. 그럼 이제 어떤 사람이 시장에 와서 자기 달걀을 한 개에 1마르크씩에 팔려고 내

---

* 공급: 교환 또는 판매의 목적으로 시장에 상품을 내놓는 것을 말한다. 어떤 상품에 대한 공급과 수요가 같을 때, 즉 상품을 내놓는 비율과 상품을 사들이는 비율이 같을 때 그 상품 시장은 균형을 유지한다.

놓을 때를 가정해볼까?”

“당연히 안 사겠죠. 제가 바본가요, 그렇게 비싼 걸 사게요.”

“그럼 이번엔 자기 달걀을 1페니히에 팔겠다는 사람이 있다고 생각해보아라.”

“그 사람 달걀을 몽땅 산 다음에 그걸 40페니히씩 받고 되팔겠어요.” 페터가 대답했다.

“그것 보아라. 그리고 너만 그렇게 생각하는 게 아니기 때문에 자연란이 40페니히씩에 팔리는 거란다. 바로 이 40페니히가 자연란의 시장가격이라는 거야. 이 가격에 시장이 형성되어 있는 셈이지. 이 가격에 매매가 이루어질 때 달걀을 못 팔고 그냥 가는 사람도 없고, 달걀을 못 사고 그냥 가는 아줌마들도 없게 된단다.”

“그렇지만 저희 엄마는 시장에 너무 늦게 가시면 싱싱한 송어를 구할 수가 없다고 하시던데요. 생선의 시장가격이 맞지 않아서 그런가요?” 펠릭스가 물었다.

“아니, 그건 생선의 시장가격 때문에 그런 게 아니란다. 생선이란 다 팔지 못하면 두었다가 나중에 팔 수 있는 상품이 아니잖니. 그래서 생선장수는 그날 몇 명이 자기에게 와서 생선을 찾을지 알 수 없기 때문에 꼭 그날 팔릴 양만큼만 가져온단다. 가장 안전한 방법을 택하는 거지.”

“알았어요. 하지만 저흰 달걀을 팔려는 게 아닌데요. 송어를 팔 생각도 없고요.”

페터는 슈미츠 아저씨가 자기와 펠릭스에게 시장 이야기를 이렇게 자세히 하는 까닭을 짐작할 수 없었다.

"지금 너희가 하고 있는 일도 말하자면 시장에 무언가를 팔려고 내놓은 것과 같단다. 다만 너희가 파는 상품은 물건이 아니라 잔디를 깎아 주는 서비스인 셈이지."아저씨는 친절하게 설명을 계속했다.

"그렇다면 저희 시장은 어디에 있는 건가요?"이번에는 펠릭스가 물었다.

"요즘 세상에는 많은 상품들을 사고팔기 위해서 반드시 어떤 특정한 장소가 있어야 할 필요는 없단다. 그렇기 때문에 사실 어디에나 시장이 있다고 말할 수 있어. 상품을 제공하는 공급자와 그걸 사려는 수요자를 연결시키는 데 전화 한 통이면 충분한 때도 종종 있지. 혹은 너희들처럼 주유소 게시판에 붙여 놓은 쪽지 한 장으로도 공급과 수요가 연결될 수도 있잖니. 다시 말해서 우리가 생각할 수 있는 어떤 것이든지 그걸 위한 시장이 존재한다고 볼 수 있어. 그것이 악기든 이발하는 일이든 아르바이트든 혹은 돈이든 말이다. 잔디 깎는 일도 마찬가지야. 그리고 그 모든 것에는 시장가격이 형성되어 있단다."

"하지만 잔디를 깎아 주고 5마르크를 받기로 한 것은 저희가 그냥 생각한 건데요."펠릭스가 말했다.

"그럼 너희가 잔디 깎는 일의 시장가격을 제대로 알아맞힌 셈이로구나. 안 그랬더라면 나 같은 수요자가 그 일을 해달라고 부탁하는 일은 없었을 거다. 한 가지 더 말해 줄 것이 있다. 내가 아는 한 너희들이 잔디 깎는 일에서는 쇤슈타트 시장을 독점*하고 있다. 다시 말하면 이 쇤슈타트에서는 너희들이 잔디 깎는 서비스를 제공하는 유일한 공급자인 셈이다. 그렇기 때문에 너희와 같은 일을 하는 사람들이 또 있는 경우보다는 지금처럼 너희만 이 일을 하는 경우가 너희 일에 대한 품삯을 원하는 대로 결정할 수 있는 가능성이 좀 더 높지."

"누가 잔디 깎는 일 한다고 나서기만 하면 가만 안 있을 거예요." 페터가 힘주어 말했다.

"너희가 잔디 깎는 서비스 시장의 유일한 공급자로 있는 동안은 품삯 인상을 시도해 볼 수는 있겠지. 하지만 나라면 그렇게 하기전에 신중하게 검토해 보겠다. 가격을 인상하는 일은 고객의 기분을 상하게 만들거든. 그리고 기분이 상한 고객은 조만간 더 이상그 상품을 사려 하지 않는단다. 이건 믿어도 돼. 실제로 그런 경험을 한 적이 한두 번이 아니거든."

"아저씨는 이런 일에 대해서 정말 잘 알고 계시는 것 같은데요." 페터는 다소 감탄한 표정으로 말했다.

"아마 그, 그럴 거다." 슈미츠 아저씨는 페터의 말에 기분이 무척 좋은 모양이었다.

"아저씨, 대학에서 경제를 전공하셨어요? 저는 아저씨가 음악하시는 분인 줄 알았는데요." 펠릭스가 물었다.

---

* 독점: 한 기업가가 아무런 경쟁 상대를 갖지 않을 때, 즉 특정 상품을 혼자서 공급할 때 그 사람을 독점자라고 말하며 상품 판매를 독점하고 있다고 말한다.

"음악을 하지. 하지만 아, 아버님께서 음악가란 품위 있는 직업이 아, 아니라고 생각하시는 통에 하, 할 수 없이 대학에서는 경제학으로 학위를 받았단다. 하지만 이 얘, 얘긴 이제 그만 하자."

"그럼 아저씨 생각에는 우리가 돈을 더 벌려면 어떻게 하는 게 좋겠어요? 잔디 깎는 일에 5마르크보다 더 받으면 손님이 줄어들 가능성이 있으니까 위험하고, 그렇다고 해서 그냥 이대로 계속 5마르크를 받으면 돈을 버는 데 시간이 너무 많이 걸리잖아요." 페터가 물었다.

"그럼, 잔디 깎는 일만 할 게 아니라 다른 일도 좀 하는 건 어떻겠냐?"

"무슨 일이요? 저흰 팔 달걀도 없고 생선도 없는데요."

"머릿속으로 한번 잘 찾아봐라. 꼭 대단한 게 아니라도 괜찮아. 뭔가를 사려고 하는 사람이 있는데 이제까지 그걸 팔 생각을 아무도 못 한 그런 것이라면 돼. 어느 유명한 경제학자가 물을 예로 들어서 이 사실을 설명한 적이 있었단다. 물은 너희도 알다시피 가장 평범한 재화*라고 할 수 있잖니. 어떤 사막에 오아시스가 있는데 거기에 샘이 있다고 가정해보렴. 만일 그 샘의 물이 그 사막에 사는 사람이 모두 쓸 수 있을 만큼 충분하다면 그 물은 아무런 가치가 없어. 물론 그 물이 아주 소중하긴 하지만 충분히 있는 이상 아무도 그 물을 팔아서 돈을 벌 수는 없는 거지."

---

* 재화: 사람의 욕망을 만족시키는 물질.

"당연하죠. 누구든지 물이 필요하면 샘에 가서 직접 퍼오면 되잖아요." 펠릭스가 말했다.

"바로 그거다. 이제 그 사막에 몇 달에 한 번씩 오는 장사꾼 행렬이 있다고 생각해보자. 그 사람들이 오면 사막에서 며칠간 머무는데 그 기간 동안에는 사막에 사는 사람 수가 보통 때보다 세 배로 늘어나게 돼. 그러면 갑자기 물이 부족하게 되겠지? 그렇게 되면 물은 가치가 있게 되고 사막의 주민들은 물을 팔아서 돈을 벌 수 있게 될 거야. 중요한 것은 어떤 상품을 사려는 사람은 많은데 그 상품은 제한되어 있어야만 한다는 점이지. 그러면 아주 단순한 상품으로도 돈을 벌 수 있단다."

"그러면 우리가 할 만한 게 뭐가 있을까요? 많은 사람들한테 필요한 일이라야 하잖아요. 그런데 대부분의 일은 어른들이 직접 하는걸요. 집 청소나 자전거 손 보기, 정원에 있는 나무의 가지치기나 고양이 먹이 주기, 혹은 요리나 구두 닦기……." 펠릭스가 말했다.

"구두 닦기라고? 그래, 그건 어떻겠니?" 슈미츠 아저씨는 두 아이를 번갈아 가며 바라보았다.

"생각해볼 필요도 없어요. 펠릭스가 그냥 한번 말해 본 거예요. 저는 제 구두도 안 닦는걸요." 페터가 대답했다.

"하지만 미국에는 거리마다 구두닦이가 있단다. 여기서도 돈을 주고 구두를 닦아달라고 부탁할 사람들이 있음직한데."

바로 그때 누군가 가게에 들어왔는지 출입문 위에 있는 종이 울리는 소리가 났다. 슈미츠 아저씨는 가게로 나갔다.

"구두를 닦으라고? 말도 안 돼." 방에서 나가는 아저씨를 쳐다보며 페터가 목소리를 낮춰 투덜거렸다.

펠릭스는 생각에 잠긴 채 온갖 물건들로 꽉 들어찬 방 안을 둘러보았다. 어디에나, 책상 위와 방바닥만이 아니라 심지어는 창문턱에까지도 책이 잔뜩 쌓여 있었다. 마당 쪽으로 난 창문은 사용하지 않은 지가 오래되었는지 창문의 문고리와 책장 사이에 쳐진 가는 거미줄이 햇살에 반짝이고 있었다. 펠릭스는 책장에서 구식 나무 사진틀에 끼워져 있는 사진 한 장을 발견했다. 검은 턱수염을 기른 남자 옆에 아기를 안은 젊은 여자가 있는 사진이었다. 사진 속의 남자는 젊었을 때의 슈미츠 아저씨처럼 보였다.

"아저씨한테도 전에는 가족이 있었단다."

어느새 방 안으로 돌아왔는지 등 뒤에서 슈미츠 아저씨의 목소리가 들려왔다.

"그럼 지금은 가족이 다 죽었나요?" 펠릭스가 물었다.

"아니다, 그렇지 않단다. 내 아내는 내가 자기보다 색소폰에 더 관심이 있다고 생각해서 날 떠났지. 하긴 그 생각이 완전히 틀린 건 아니었을지도 몰라."

"그럼 그분은 지금 어디 계세요?"

"프, 프랑크푸르트에 살고 있단다. 우리 딸 사라랑 같이. 걔 나이가 지금 열두 살인데……."

"저희랑 나이가 같네요."

"거 참 대단한 우연이구나. 그건 그렇고……. 우리가 어디까지 얘기를 했더라?"

슈미츠 아저씨는 팝콘 한 봉지를 새로 꺼내 와서 식탁위에 올려 놓았다.

"구두 닦는 일은 절대로 안 할 거예요." 페터가 힘주어 말했다.

"물건을 사다 주는 심부름은 어떨까요? 저는 물건 사는 일이 재미있어요. 토요일에 엄마 심부름으로 감자시장에서 장 보는 일 같은 것 말이에요." 펠릭스가 제안했다.

"글쎄, 나라면 아침에 빵집까지 갈 필요 없이 아침 식사로 갓 구운 빵을 먹을 수만 있다면 정말 좋겠는데."

"그럼 빵집 주인 뮐바하 아저씨한테 혹시 빵을 배달할 사람이 필요한지 물어보면 되겠네요." 페터가 눈을 반짝이며 물었다.

"그것 정말 좋은 생각이다. 너희들 앞으로 뭔가 하겠구나. 빵 배달하는 아이들이라, 40년 전만 해도 이곳에 그런 아이들이 있었지."

"우리가 정말 그런 일을 할 수 있을 것 같니?" 펠릭스가 불안한 표정으로 페터에게 물었다. 펠릭스는 심부름을 해주고 돈을 번다는 것이 자기가 생각해낸 계획이었는데도 어쩐지 자신이 없었다.

"겁쟁이 같은 소리 하지 마. 한번 해보는 거야. 아주 그럴 듯하게 말이야. 빵 배달하는 일이 구두 닦는 일보단 훨씬 낫겠다."

페터는 자신만만한 얼굴이었다.

"하지만 학교에 가야 하잖아!" 펠릭스는 여전히 미심쩍은 표정이었다.

"걱정 마. 토요일이랑 일요일만 하면 돼. 어차피 어른들이 푹 자고 싶어하는 건 주말뿐인걸. 분명히 잘될 거야.”

“네 생각이 그렇다면 한번 해보지 뭐.”

펠릭스와 페터는 슈미츠 아저씨한테 작별인사를 하고 가게를
떠났다. 가게 밖으로 나오자 길거리에서 페터가 말했다.

“내 말이 맞지? 우리는 엄청난 부자가 될 거야! 잘 되면 슈미츠
아저씨한테도 돈을 좀 드리자. 한 100만 마르크 정도.”

“우리 아빠가 일이 어떻게 될지도 모르면서 김칫국부터 마시면
안 된다고 하셨어.” 펠릭스는 신이 나서 떠드는 페터를 보며 조심
스럽게 말했다.

✳

그날 저녁 펠릭스가 집에 돌아오니 아빠가 벌써 집에 와 있었
다. 아빠는 어두운 표정으로 식탁에 앉아 내내 아무 말도 하지 않
았다. 펠릭스한테 그날 하루동안 학교에서 있었던 일을 물어보지
도 않고 엄마랑 말도 안 하고 그냥 잠자코 식사만 할 뿐이었다.

펠릭스는 한참만에 용기를 내 물었다.

“아빠, 저한테 화나셨어요?”

“아니다. 너한테 화난 일 없다. 너하고는 정말로 아무 상관도 없
는 일이란다. 그저 신문사에서 좀 언짢은 일이 있어서 그래.”

펠릭스의 엄마는 그 말을 듣더니 고개를 가로저으며 말했다.

“여보, 당신 아들도 이젠 어린애가 아니에요. 벌써 의젓한 청년
이라고요. 그러니 펠릭스한테도 사정 얘기를 해주는 게 어때요?”

"네 엄마 말이 옳은 것 같구나. 그래, 아빠 신문사에서 상당히 안 좋은 일이 있었단다. 나만은 절대로 그런 일을 겪게 되지 않을 거라고 이제까지 굳게 믿었었는데. 너 며칠 전에 아빠 사무실에 찾아왔을 때 일 기억하니? 아빠가 펄프 제지회사 사람하고 통화했던 일 말이다."

"그럼요. 크렙스강의 물고기들이 떼죽음을 당했다고 말씀하셨 잖아요."

"그래. 그사이에 우리는 펄프 제지회사에서 허용치를 훨씬 넘는 유해 물질을 방출하고 있다는 증거를 입수했단다. 그쪽 기술자 한 사람이 양심의 가책을 느끼고 우리 신문사에 전화를 걸어왔다. 출처를 밝히지 않는다고 약속하면 모든 사실을 털어놓을 각오가 돼 있었지. 심지어는 회사측 자료를 증거로 제시하기도 했단다."

"잘됐네요, 아빠가 쓰시려고 생각했던 기사를 드디어 쓰실 수 있게 됐잖아요. 그럼 내일 아침 신문 1면에 또 한번 아빠 이름이 크게 나오겠네요."

"그렇지가 않으니까 문제지. 리스트 씨가 펄프 제지회사에 관해 아빠가 쓴 기사를 싣지 말라는 지시를 내렸다."

"뭐라고요? 어떻게 그런 뻔뻔스러운 행동을 할 수가 있어요?"

프리츠 리스트 씨는 펠릭스 아빠가 일하는 게네랄 – 안차이거 신문사의 편집국장이었다. 펠릭스가 아는 한 이제까지 리스트 씨가 펠릭스 아빠가 하는 일을 못마땅하게 여긴 적은 한번도 없었다. 그리고 펠릭스 아빠 역시 리스트 씨에 대해서 불만을 말한 적이 없었다.

"리스트 씨는 왜 아빠가 쓰신 기사를 신문에 내지 못하게 했어요? 그 기사가 좋지 않다고 생각하셨나요?"

"내가 쓴 기사가 괜찮은지 어떤지에 대해서는 아무 말도 없었다. 그저 우리가 요즘 같은 상황에서는 그런 내용의 기사를 신문에 실을 처지가 못 된다고 하시더라."

"그게 무슨 뜻이에요?"

"리스트 씨 말에 따르면 펄프 제지회사는 ≪게네랄 - 안차이거≫ 신문에 정기적으로 광고를 할 뿐만 아니라 이 지역에서 가장 중요한 위치에 있는 사용자*라고 한다. 그리고 펄프 제지회사 사장인 샤하트 씨는 상공회의소*에서 영향력이 대단한 인물이라고 하더구나. 그래서 당분간은 펄프 제지회사에 대해 비판적인 글을 쓰는 데 상당히 신중해야 할 필요가 있단다. 그래서 내일 아침 신문 1면에는 아빠가 쓴 기사 대신 올 여름 날씨가 어떨지, 그런 기사가 실리게 되었단다."

"그런 일이 일어났는데 잠자코 넘어가실 건 아니죠?" 펠릭스는 분개한 표정으로 물었다.

"아빠가 무슨 행동을 할 수 있겠니? 그렇다고 아빠가 쓴 기사를

---

* 사용자: 사람들에게 일을 제공하고 그 대가로 보수를 지급하는 기업이나 사람을 말한다. 고용주라고도 한다.

* 상공회의소: 상공회의소법에 의해 조직된 지역 종합 경제 단체이다. 상공업을 하는 사람이나 기업 모두 가입한다. 지역 상공업에 대한 조사 통계, 정보 자료 수집 등 지역의 상공업 발전에 관련된 모든 사업을 담당한다.

리스트 씨한테 집어던질 수는 없는 노릇 아니냐. 그렇게 했다간 신문사에서 쫓겨나 실업자가 될 판인데."

"그럼 어때요. 엄마가 번역 일을 좀 더 많이 하시고 아빠가 집에 계시면서 집안일을 하시면 되잖아요. 게다가 지금은 저도 돈을 좀 벌고 있잖아요."

"그렇게 생각해주다니 고맙구나. 하지만 세상살이가 그렇게 간단한 게 아니란다." 아빠는 생각에 잠긴 표정으로 펠릭스를 바라보았다.

나중에 펠릭스가 침대에 누워 있는데 아빠가 펠릭스 방에 들어와서 침대 가장자리에 걸터앉더니 펠릭스가 어렸을 때 그랬던 것처럼 펠릭스의 손을 잡았다.

"아빠, 정말 그 기사 일 말고는 아무 일도 없는 거죠?" 펠릭스는 조심스럽게 물어보았다.

"그럼, 그럼. 아무 문제 없단다. 다만 신문기자로서는 자기 기사가 실리지 않게 된다는 게 속상한 일이라서 그런 것뿐이란다. 그런 일이 생기면 아무래도 이런저런 생각이 들게 마련이지. 그것 말고는 정말 아무 일 없으니까 걱정하지 말아라."

4. 하인첼 꼬마들 & Co

아무 일 없다는 건 거짓말이었다. 펠릭스 아빠는 마치 사람이 완전히 달라진 것처럼 행동했다. 펠릭스한테 거의 아무 말도 하지 않거나 어쩌다가 말을 할 때면 펠릭스를 정말로 쳐다보는 게 아니라 멍하니 앞만 바라볼 뿐이었다. 펠릭스가 무언가 얘기를 해도 듣고 있는 것 같지 않았다. 아빠는 아침이면 어두운 얼굴로 출근했다가 저녁때면 더욱 어두운 얼굴로 집에 돌아왔다. 펠릭스는 걱정이 되어서 견딜 수가 없었다.

이럴 때 무언가 다른 데 신경 쓸 일이 있다는 게 다행이었다. 슈미츠 아저씨와 대화를 나누었던 바로 다음 날 펠릭스는 페터와 함께 빵집 주인 뮐바하 아저씨를 찾아가서 빵 배달을 할 수 있는지 물어보았다.

"빵을 배달하겠다고? 너희들이 말이냐?"

뮐바하 아저씨는 두 아이가 혹시 장난으로 그러는 건 아닌지 알아내기라도 할 것처럼 펠릭스와 페터를 지그시 노려보았다.

"예. 빵 배달 심부름꾼으로 일하려고 해요. 전에도 그런 아이들이 있었다고 하던데요." 펠릭스가 대답했다.

"빵 배달 심부름꾼이라고? 정말 그런 일을 할 자신이 있다는 말이냐?"

뮐바하 아저씨는 손가락으로 계산대 위를 탁탁 치기 시작했다. 그러더니 잠시 후 환한 얼굴로 두 아이를 바라보았다.

"굉장한 생각이로구나. 진짜 빵 배달 심부름꾼이라! 예전처럼 말이지. 내 장담하는데, 분명히 성공할 거다! 빵만 파는 게 아니고 서비스도 파는 거야."

뮐바하 아저씨는 밀가루가 묻은 넓적한 두 손을 비비면서 혼잣말로 중얼거렸다.

"그러니까 말이지…… 해야 될 테고…… 그러고 나서는…… 할 수 있을 게고……."

아저씨는 볼펜을 꺼내서 종이에 무언가를 쓰더니 자랑스러운 표정으로 그 종이를 펠릭스와 페터에게 내밀었다. 종이에는 이렇게 적혀 있었다.

일요일 아침에 빵을 드시고 싶지 않으십니까? 갓 구운 빵을 댁으로 직접 배달해드립니다! 이 새로운 서비스인 빵 배달을 원하시는 분은 토요일 오후 1시까지 저희 빵집으로 신청해주십시오. 전화 주문도 받습니다.

빵집 주인 요한 뮐바하 드림

"사람들이 빵 배달을 원하는 건 토요일 아침이 아니라 일요일 아침이다. 어때, 그래도 하겠니?" 아저씨는 펠릭스와 페터를 쳐다보며 물었다.

"예." 두 아이는 즐거운 표정으로 대답했다.

*

일요일 아침 6시에 펠릭스와 페터는 빵집 앞에 도착했다. 마침 뮐바하 아저씨가 가게 문을 막 열었을 때였다. 아저씨는 두 아이에게 큰 소리로 아침 인사를 건넸다. 쪽지를 가게 유리창에 겨우 하루밖에 안 붙여놨는데도 빵 배달을 원하는 주문이 삼십 건 이상이나 되었다고 했다. 아저씨는 두 아이가 각자 열 군데 정도 배달할 수 있을 거라고 생각해서 주문을 이십 개만 받았다고 말했다. 나머지 사람들에게는 더 이상 주문을 받을 수 없다고 말했다고 했다.

"각자 주문 열 개 이상은 어렵다. 어쨌든 너희는 아직 어린애 아니냐."

뮐바하 아저씨는 커다란 빵 바구니 두 개를 이미 준비해두었다. 빵 바구니에는 맛있는 냄새가 나는 빵이 담긴 봉지가 열 개씩 들어 있었다. 아저씨는 펠릭스와 페터에게 빵 배달을 원하는 사람들의 주소가 적힌 쪽지를 쥐어주었다. 두 아이는 빵 바구니를 자전거 짐칸에 단단히 고정시킨 다음 각자 자기가 맡은 곳을 향해 출발했다.

펠릭스는 그렇게 이른 일요일 아침에 밖에 나와 돌아다닌 것은 생전 처음이었다. 지빠귀들이 노래하는 소리만 빼놓고 도시 전체가 온통 고요 속에 잠겨 있었다. 펠릭스가 빵을 배달한 고객 대부

76

분은 아직 실내복 차림이었다. 사람들은 집까지 따끈따끈한 빵을 배달해준다는 것이 참으로 근사한 일이라고 생각했다. 그래서인지 펠릭스에게 빵값만이 아니라 팁까지 주었다. 대부분 팁으로 1마르크를 주었으며 어떤 아줌마는 5마르크짜리를 주기도 했다. 아침 9시 반이 되자 펠릭스와 페터는 배달을 끝내고 빵집으로 돌아왔다. 뮐바하 아저씨는 일찍 나오느라 아침 식사를 대충 해결했던 두 아이에게 속이 가득 찬 소라 빵과 맛있는 건포도 빵을 실컷 먹도록 해주었다. 펠릭스와 페터가 두번째 아침 식사를 마치고 나서 아저씨는 두 아이에게 빵 배달 한 번에 1마르크씩 쳐서 모두 20마르크를 주었다.

그날 오전에 두 아이는 팁까지 합쳐서 모두 47마르크나 구두 상자 안에 저금할 수 있었다. 펠릭스는 그 돈이 한나절 일해서 번 돈치고는 믿을 수 없을 정도로 많은 돈이라고 생각했다.

✳

여름방학이 될 때까지 펠릭스와 페터는 잔디 깎기와 빵 배달을 계속했다.

일요일 아침마다 두 아이는 마치 오래전부터 그 일을 해왔던 것처럼 7시만 되면 빵 배달하는 일을 시작했다. 가끔 마당의 잔디를 깎아달라는 전화가 걸려오면 그 집에 가서 잔디를 깎아주었다. 구두 상자 안의 돈이 점점 불어나고 있는 동안 쇤슈타트 시민들은 두 아이의 이상한 행동을 주목하기 시작했다. 두 아이의 수학 선생님인 바실리우스 뢰벤슈타인 씨는 어느 날 오후 페터네 주유소에 기름을 넣으러 왔다가 페터 아빠에게 물었다.

"도대체 그 애들이 다음에는 무얼 할 계획인가요?"

페터 아빠는 자기가 어떻게 알겠냐는 듯이 어깨를 한번 들썩였다. 그러고는 요즘 아이들 어쩌고저쩌고하면서 뢰벤슈타인 씨가 학교 선생이니 그런 문제라면 자기보다 더 잘 알고 있어야 하지 않겠느냐고 반문했다. 펠릭스네 옆집에 사는 치과 의사인 가브리엘 아줌마는 펠릭스 엄마에게 펠릭스가 요즘 돈 버는 일에 너무 집착하는 것처럼 보인다고 말했다. 펠릭스 엄마는 한숨을 쉬며 대꾸했다.

"맞아요. 돈의 위력에 사로잡힌 거죠. 이게 그저 한때이기만 바랄 뿐이에요."

방학식 날 두 아이가 학교에서 돌아와 가방을 구석에 팽개치고 구두 상자 안의 돈을 세어보았더니 그동안 모은 돈이 287마르크나 되었다. 펠릭스가 은행에 예금한 돈보다 많은 액수였다. 펠릭스와 페터는 날아갈 듯한 기분이었다. 때는 바야흐로 여름이었고 날씨는 따뜻했다. 그리고 이제부터 방학이 아닌가! 펠릭스는 자기랑 페터가 머지않아 진짜 부자가 될 것이라는 확신이 들었다.

물론 벌써 돈을 좀 써도 될 만큼 부자가 된 것은 아직 아니었지만, 펠릭스와 페터는 방학이 시작된 것을 축하하기로 했다. 그래서 리알토 아이스크림 가게에서 마음껏 쓰려고 구두 상자에서 20마르크를 꺼냈다.

두 아이는 자전거를 타고 감자시장까지 간 다음에 크레디트 은행 앞에 있는 주차금지 팻말에 자전거를 묶어놓았다. 그러고 나서는 우쭐대는 걸음걸이로 아이스크림 가게 계단을 올라갔다. 페터는 어떻게든지 자기 실제 키보다 커 보이려고 애썼다. 두 아이는 자리를 잡은 후 차림표를 살펴보았다. 사실 펠릭스와 페터가 식탁에 앉아 정식으로 주문하기는 이번이 처음이었다. 전에는 늘 다른 아이들처럼 가게 주인 아줌마한테 가서 직접 아이스크림을 주문해서 그 자리에서 받아오곤 했었다. 주인 아줌마는 대체 무슨 영문인지 모르겠다는 표정으로 두 아이를 바라보더니 잠시 후 다른 사람의 주문을 받을 때와 마찬가지로 두 아이에게 무얼 원하느냐고 물었다. 페터는 호두 아이스크림 두 알과 산딸기 아이스크림 세 알에 생크림을 얹고 초콜릿을 뿌려달라고 주문했다. 펠릭스는 그 가게에서 이제까지 주문 받은 것 중에서 제일 큰 호두 아이스크림을 원했다. 알이 일곱 개나 되는 호두 아이스크림을 주문했던 것이다.

"이다음에 우리가 부자가 되면 매일 이렇게 살게 될 거야."

주문을 하고 나서 페터가 펠릭스를 보며 말했다. 펠릭스는 정말 그렇게 되면 얼마나 좋을까, 하고 머릿속으로 그려보고 있다가 누군가 말을 거는 바람에 꿈에서 깨어나고 말았다.

"안녕, 자본가* 양반들. 아이스크림 맛있게 드시기 바랍니다."

---

* 자본가: 자본을 소유한 사람을 일컫는다. 자본이란 투자되는 돈을 가리킨다.

두 아이가 주문한 아이스크림을 식탁에 내려놓은 것은 가게 주인 아줌마가 아니라 두 아이와 한 반인 아줌마의 딸 잔나였다. 펠릭스는 두 귀가 빨개지는 것을 느꼈다. 그리고 귀가 빨개지지 않도록 할 방법이 없다는 것 때문에 화가 났다. 잔나는 이루 말할 수 없이 멋지게 보였다. 잔나의 머리카락은 약간 어두운 색을 띤 금발이었는데, 그 아이는 그 가운데 몇 가닥을 완전히 초록색으로 물들인 다음 한가운데를 진분홍 리본으로 묶고 있었다. 그리고 몸에 꼭 끼는 청바지 위에 배꼽이 드러나 보일 정도로 짧은 티셔츠를 걸치고 있었다. 펠릭스와 페터는 놀라서 말문을 열지 못할 지경이었다.

"너희들 보기에 내 머리 모양이 어떤 것 같니?" 잔나는 팔짱을 꼈다.

"내가 보기엔 초록색인데." 페터가 얼른 대답했다. 펠릭스는 속으로 자기가 대답했더라도 그보다 더 나은 말은 떠오르지 않았을 거라고 생각했다.

"내 머리가 초록색으로 보인단 말이지? 참 친절하기도 한 대답이로구나. 내 머리가 참 멋있다든지 아니면 내 머리처럼 아름다운 머리는 본 적이 없다든지 하고 말해주면 어디가 어떻게 되니? 하긴 너희들 나이의 남자애들한테 그런 걸 기대한 내가 바보지. 그건 그렇고, 어때? 너희들 사업 말이야."

"잘돼가고 있어. 네 눈에도 그렇게 보이잖아."

펠릭스는 잔나에게 대답하면서 아이스크림이 담긴 잔을 가리켰다. 잔에 가득 쌓아 올린 호두 아이스크림은 서서히 녹기 시작해 가장자리로 흘러내리고 있었다. 펠릭스는 자기가 좀 잘난 척한 것처럼 느껴졌다.

"그래? 너희들 돈 좀 벌자마자 이렇게 쓰겠단 말이지. 너희 회사 분위기를 새롭게 할 필요가 있는 것 같다."

"회사 분위기를 새롭게 하다니, 그게 무슨 뜻이니?" 펠릭스가 어리둥절한 표정으로 물었다.

"내 말은 너희 회사에 제대로 된 사람이 필요하다는 뜻이야."

"네 생각에 그런 사람이 누군데?"

펠릭스는 잔나에게 의심스러운 눈길을 던졌다.

"바로 나야."

잔나는 펠릭스와 페터가 어처구니없다는 얼굴로 멍하니 쳐다보자 좀 더 도전적인 자세를 취했다. 두 손을 옆구리에 올리더니 발끝으로 바닥을 툭툭 차기 시작하는 게 아닌가!

"너희들 갑자기 벙어리라도 됐니? 이렇게 괜찮은 제안을 했으면 뭐라고 친절한 대꾸 한마디쯤은 있어야 하는 거 아니니? 아니면 너희 같은 자본가들은 보통 사람은 더 이상 상대도 안 한다는 얘기니?" 잔나가 따져 물었다.

"생각 좀 해봐야겠어. 우린 사실 아무도 필요 없는데……."

펠릭스는 잔나의 비위를 건드리지 않으려는 듯 조심스럽게 대답했다.

"너희들 눈에는 내가 아무나처럼 보이니? 우리 할머니가 어떤 사업이든지 여자가 한 명은 있어야 한다고 하셨어."

"할머니들 얘기는 필요 없어." 페터가 퉁명스럽게 잔나의 말을 잘랐다.

하지만 잔나는 전혀 개의치 않는 얼굴로 "테스타 디 카볼로." 하고 중얼거리더니 입을 다물었다. 아마도 펠릭스와 페터가 그 이탈리아어가 무슨 뜻인지 묻기를 기다리는 모양이었다. 두 아이한테서 아무 반응이 없자 잔나는 직접 그 말을 번역했다.

"바보 멍청이. 나만한 사람을 구하기도 쉽지 않을걸. 잔디 깎을 줄 알지, 빵 배달도 할 수 있지. 그리고 어쩌면 너희는 짐작도 못하는 다른 일들도 몇 가지 할 수 있고. 잘 생각해봐, 한 번밖에 없는 기회니까. 너무 오래 생각하지 않기 바란다. 잘못하다간 후회하게 될걸."

말을 마친 잔나는 휙 돌아서더니 빠른 걸음으로 두 아이의 식탁을 떠나 부엌 안으로 사라졌다.

펠릭스와 페터는 서로 바라보았다.

"내 참, 별일이 다 있네." 페터가 말했다.

두 아이는 잠자코 아이스크림을 떠먹기 시작했다. 어느새 절반 정도가 녹아 있었다. 그래서 조금 떠먹다가 나머지는 잔을 입에 대고 후루룩 마셔버렸다.

"쟤, 약간 어떻게 된 것 같다." 펠릭스는 페터만 들을 수 있게 목소리를 낮춰 말했다.

페터는 잔뜩 찌푸린 얼굴로 뭐라고 툴툴거리더니 입가와 턱에 묻어 있는 아이스크림을 손등으로 닦았다. 그러고는 펠릭스처럼 작은 목소리로 살짝 말했다.

"하지만 예쁘긴 되게 예쁘잖아."

두 아이는 계산을 마치고 아이스크림 가게를 나왔다. 벽돌 공장으로 가기 위해 자전거에 올라타면서 페터는 펠릭스에게 의기양양한 표정으로 말했다.

"그것 봐, 내가 뭐랬어? 여자애들은 돈 많은 남자애들을 좋아한다고 그랬잖아."

*

펠릭스와 페터는 자전거를 타고 크렙스강 계곡을 달려 내려갔다. 자전거 속도가 어찌나 빨랐던지 맞은편에서 불어오는 바람이 두 귀에 부딪히면서 휙휙 휘파람 소리를 냈다. 벽돌 공장 앞에 있는 라일락 덤불 아래에 자전거를 숨겨놓은 후 공장 안 철제 계단을 올라가 사장실 문을 열어젖힌 두 아이는 기절할 정도로 놀랐다. 방 안에 있는 나무 궤짝 위에 누군가 앉아 있는 게 아닌가! 바로 머리카락 몇 가닥을 초록색으로 염색한 여자아이, 다름 아닌 잔나였다. 놀라서 몇 초 동안 말도 못 하고 있다가 페터가 먼저 입을 뗐다.

"너 여기서 대체 뭐 하는 거니? 그리고 우리 비밀 장소는 어떻게 알아냈니?"

"이게 무슨 비밀 장소니? 너희가 크렙스강 계곡을 지나 이리로 왔다는 흔적이 여기저기 있던데. 라일락 덤불 뒤의 잔디는 납작하게 눌려 있고 공장 주변엔 모닥불 피운 표시가 역력하더라. 내가 뭐 베커 아저씨처럼 멍청한 줄 아니? 그 아저씨는 온 시내를 누비면서 누가 자기 송어를 몰래 잡았다고 투덜거리기만 하고 그게 누군지 알지도 못하잖아. 하지만 내가 만일 송어를 몰래 잡는다면 너희보다는 좀 더 감쪽같이 할 거야."

잔나는 말을 마치고는 잠시 의미심장하게 침묵을 지켰다. 도대체 어디서 그렇게 도저히 상대가 안 될 정도로 말을 잘하는 법을 배웠는지 모를 일이었다.

"너희들 내 제안에 대해서 생각해봤니?" 잔나는 두 아이를 번갈아 가며 바라보았다.

"우리가 안 된다고 하면 어떻게 되는데?" 펠릭스가 물었다.

"날 안 끼워주면 너희만 손해지, 뭐. 그리고 여기서 몰래 송어 잡은 일 말인데……."

"너 지금 우리를 협박하는 거니?" 페터가 언성을 높여 따졌다.

"애는 내가 무슨 협박을 한다고 그러니? 하지만 다른 각도에서 보면, 글쎄…… 사람들이 뭘 물어볼 때 계속 아무것도 모르는 척하는 게 쉬운 일은 아니야."

"그러니까 결국 협박이잖아."

"협박이라기보다는 이렇게 말하는 게 어떠니? 내가 계속 아무 것도 모르는 척하는 데 대한 작은 대가라고."

펠릭스는 잔나의 건방지고 뻔뻔스러운 태도가 얄밉다기보다는 오히려 대단해 보였다. 물론 그렇지 않더라도 잔나가 무척 마음에 들었지만.

"너 우리에 관해서 뭘 알고 있니?" 펠릭스가 잔나에게 물었다.

"전부 다. 무엇보다도 너희가 부자가 되려고 한다는 걸 알고 있어. 그리고 사람들이 너희가 하는 일을 보고 너희를 정상이 아니라고 생각한다는 것도 알고 있어."

"비정상인 건 우리가 아니라 그 사람들이야. 그런데 넌 우리가 비정상이라면서 왜 우리랑 같이 일하려고 하니?" 페터는 기분 나쁘다는 표정을 지으며 물었다.

"내가 언제 너희가 비정상이라고 그랬니? 난 너희들을 비정상이라고 생각한 적 없어. 솔직히 말하면 아주 조금 이상하다고 생각했을지는 몰라도. 하지만 그래서 오히려 너희가 멋있다고 생각했는걸. 내 말 좀 들어봐. 나도 부자가 되고 싶어. 우리 할머니가 여자도 돈이 있어야 한다고 하셨어. 그래야 남자한테 의지할 필요가 없대."

펠릭스는 이게 도대체 어떻게 된 영문이냐고 묻는 듯한 눈길로 페터를 쳐다보았다. 그러나 페터는 펠릭스의 시선을 눈치채지 못한 척 시치미를 뗐다. 여자애들은 돈 많은 남자애를 좋아한다는 말이 누구한테나 해당되는 말은 아닌 모양이었다.

잠시 후 페터가 물었다.

"우리가 만일 너를 받아들인다면 넌 우리 사업을 어떻게 도와줄 건데?"

"너희랑 같이 일도 하고 또 내가 너희 사업에 힘이 될 수도 있을 거야. 어쨌든 나도 아이스크림 가게를 하고 있으니까 사업가라고 할 수 있잖아."

"아이스크림 가게를 하는 건 네가 아니고 너희 엄마잖아." 펠릭스가 조심스럽게 이의를 제기했다.

"그게 그거지, 뭐. 아무튼 너희들 빵 배달하는 일도 좀 더 계획적으로 해야 해. 일손이 하나 더 늘면 돈도 더 벌 수 있지 않니?"

"하긴 뮐바하 아저씨도 그렇게 말씀하셨어."

"당연하지. 그리고 우리 닭을 몇 마리 쳐서 달걀을 내다 파는 장사도 하는 게 좋겠어."

"무슨 장사를 하자고?" 펠릭스와 페터는 이구동성으로 외쳤다.

"달걀 장사. 아주 간단해. 우리 아이스크림 가게 뒤에 마당이 있는데 굉장히 커. 엄마가 전에 거기다 야외 아이스크림 가게를 열려고 하셨거든. 그런데 그렇게 안 되는 바람에 그 땅이 지금은 놀고 있어. 그러니까 마당 헛간을 닭장으로 개조하고 울타리만 튼튼하게 고치면 얼마든지 닭을 칠 수 있어."

"어디서 닭을 살 건데?" 펠릭스가 물었다.

"주말에 열리는 장에서 사면 돼. 지난번에 보니까 어떤 아저씨가 병아리를 팔더라. 그리고 달걀은 우리 아이스크림 가게 리알토에서 팔면 돼. 달걀 한 개에 40페니히 받으면 될 거야. 우리가 닭을 열 마리 키우고 닭 한 마리가 하루에 달걀을 한 개씩 낳는다면 일주일 수입이 28마르크가 되는 셈이지. 어때, 진짜 괜찮은 장사 아니니?"

펠릭스는 놀라서 입이 점점 더 벌어졌다.

"그리고 또 있어. 너희들 부기*가 뭔지 아니?"

"아니, 그게 뭔데?"

"너희들이 날 끼워주면 가르쳐줄게."

페터는 펠릭스를 쳐다본 다음 잔나에게 말했다.

"잠시 우리끼리 회의를 해야겠어."

그러고는 펠릭스의 팔을 잡고 사장실 밖으로 끌어내더니 철문을 닫았다.

"넌 쟤 어떻게 생각하니?" 페터가 속삭였다.

"왜 그런진 모르겠지만 마음에 들어."

"그건 나도 마찬가지야. 하지만 상당히 뻔뻔스러운 데가 있어."

"혹시 그게 사업에 도움이 되지는 않을까? 어쩌면 부자가 되기 위해서는 뻔뻔스러워야 하는지도 모르잖아……." 펠릭스는 동의를 구하는 표정으로 페터를 바라보았다.

"네 생각이 그렇다면 나도 찬성이야." 페터가 씩 웃으며 말했다.

"하지만 내 생각에는 잔나 말을 너무 쉽게 들어주는 건 안 좋을 것 같아. 너무 쉽게 쟤 말대로 하면 우리가 하는 일이 뭔가 특별하다는 생각을 못 할 수도 있잖아. 시험 같은 걸 보면 어떨까?"

---

* 부기: 기업에서 돈의 수입, 지출 등을 일정한 방식으로 정리해 장부나 컴퓨터에 기록하는 방법. 기업의 현재 재정 상태와 더불어 돈을 얼마나 벌고 썼는지를 정확하게 파악할 수 있다.

"시험이라고? 펠릭스, 너 정말 기발하다. 시험이라면 나한테 맡겨, 좋은 생각이 있으니까." 페터는 무슨 꿍꿍이속이 있는지 낄낄거렸다.

펠릭스가 동의하자 두 아이는 문을 열고 안으로 들어갔다.

"잔나야, 우리 제대로 기분 좀 내면서 의논을 계속하는 게 어떻겠니?" 페터는 한참 동안 주머니를 여기저기 뒤지면서 속으로 킬킬거렸다. 그러고는 작업복 주머니 안에 팔꿈치까지 손을 집어넣더니 커다란 은색 통을 하나 꺼냈다. 뚜껑을 돌려 통을 열고는 굵다란 암갈색 시가* 하나를 꺼냈다.

"너희들 정말 비정상이로구나. 그것도 조금이 아니라 상당히." 잔나가 말했다.

"우리 이제 진짜 자본가답게 이 멋진 아바나 시가를 피우는 거야. 너도 우리더러 자본가라고 했잖아."

페터는 시가를 코에 갖다대더니 두 눈을 지그시 감고 흠흠거리며 냄새를 맡았다. 그러고는 펠릭스와 잔나에게 물었다.

"설마 겁이 나는 건 아니겠지?"

"마 스타이 찌토 투. 바보 같은 소리 말고 불이나 붙여!"

잔나는 전혀 당황한 기색이 없었다.

펠릭스는 갑자기 몹시 불편한 마음이 들었다. 페터가 잔나를 어떻게 시험해볼 계획인지 미리 말해주었더라면 더 좋았을 텐데. 일

* 시가: 담뱃잎을 통째로 돌돌 말아서 만든 담배.

이 이렇게 된 이상 시험 대상이 된 것은 잔나만이 아니라 펠릭스 자신도 마찬가지였다.

페터는 주머니칼을 꺼내더니 시가의 끝부분을 자른 다음 불을 붙였다. 그러고는 "이렇게 하는 거야." 하면서 펠릭스와 잔나를 바라보았다. 잠시 후 달콤한 향내와 함께 담배 연기가 사장실 안에 피어올랐다. 페터는 거드름 피우는 듯한 표정을 지으면서 모락모락 연기가 나는 시가를 펠릭스에게 내밀었다. 펠릭스는 입술 사이에 시가를 물었다. 그리고 갑자기 입에 씹히는 시가 가루를 어떻게든 혀 밑에 집어넣으려고 애썼다. 그래서 나중에 살짝 뱉어낼 작정이었다. 펠릭스는 담배 연기를 들이마신 순간 갑자기 기침이 나올 것 같았다. 펠릭스는 숨을 멈추어 보려했지만 터져나오는 기침을 도저히 막을 수 없었다. 그래서 캑캑거리는 소리와 함께 연기와 시가 가루를 방 안에 내뱉고 말았다. 잔나는 그럴 줄 알았다는 듯이 잠자코 미소를 짓더니 펠릭스 손에서 시가를 받아들고는 연기를 한 모금 마신 다음 침착하게 천장을 향해 내뿜었다. 그러더니 아바나 시가 맛이 교무실을 연상시킨다고 말했다. 그 말에 모두들 한바탕 웃음을 터뜨렸지만 펠릭스는 더욱더 불편한 마음이 들었다.

"너희들 여기에 올 때마다 이렇게 하니?" 잔나가 두 아이를 번갈아 보며 물었다.

"항상 그런 건 아니고 특별한 일이 있는 경우에만 그래." 페터가 얼른 대답했다.

"고맙구나, 나를 특별한 경우에 끼워주어서."

말을 마치자 잔나는 다시 아바나 시가를 피웠다. 그러고는 점점 더 말이 많아지더니 자기 집 얘기를 했다. 자기 엄마랑 아빠는 벌써 몇 년째 따로 살고 있다는 얘기며, 엄마랑 할머니는 아이스크림 가게만이 아니라 스키장 리프트도 가지고 있는데 그 스키장은 알프스산 어딘가에 있다는 얘기를 늘어놓았다. 아이스크림 가게가 문을 닫는 겨울철이면 잔나네 엄마는 스키장이 있는 산으로 가고 잔나는 할머니랑 둘이서 쇤슈타트에 남아 있는다고 했다. 그리고 할머니랑 둘이 있을 때는 자기한테 식탁 예절이니 뭐니 하면서 잔소리할 사람이 없어서 좋다는 얘기도 했다.

세 아이는 얘기도 하고 시가도 피웠다. 사실대로 말하면 얘기한 건 주로 잔나였다. 점점 더 신이 나서 떠들어대는 잔나와는 반대로 펠릭스는 점점 더 조용해졌다. 배 속이 점점 이상해졌기 때문이다. 처음에는 조금씩 쿡쿡 찌르는 것 같더니 좀 지나서는 찌르는 게 자꾸 심해졌다. 그러더니 마침내는 통증이 배 속 전체를 꽉 채웠다. 그때 막 잔나는 자기 엄마가 쇤슈타트에 안 계실 때 자기가 저지른 일들을 신나게 떠벌리는 참이었다. 펠릭스는 당장 화장실에 가지 않으면 배 속에서 내장이 어떻게 되기라도 할 것처럼 도저히 참을 수가 없었다. 그래서 벌떡 일어나 부리나케 계단을 달려 내려갔다. 때마침 라일락 덤불 뒤에 도착한 덕분에 가까스로 돌이킬 수 없는 사태를 모면할 수 있었다.

펠릭스가 창피한 기분으로 두 귀가 빨갛게 달아오른 채 천천히 계단을 올라가고 있는데 이번에는 페터가 잔뜩 굳은 얼굴로 계단을 뛰어 내려왔다. 페터는 한마디도 하지 않고 허겁지겁 계단을 달려내려가 공장 문을 열고는 밖으로 사라졌다. 펠릭스는 속으로 '좋은 친구란 무슨 일이든지 함께하는 법이야.' 하고 생각했다.

펠릭스가 방 안으로 들어가자 잔나가 말했다.

"너희들 시가 오늘 처음으로 피워본 모양이로구나. 포르카 미제리아, 신경 쓰지 마. 몇 년 있으면 익숙해질 테니까."

"말이야 쉽지. 그런데 너는 왜 항상 이탈리아어로 욕을 하니?" 펠릭스가 궁금하다는 표정으로 물었다.

"우리 엄마가 나더러 그렇게 하래."

"너희 엄마가 너더러 욕을 하라고 하신단 말이야?"

"아니, 그게 아니고 내가 꼭 욕을 해야겠으면 이탈리아어로 하래. 그래야 독일 사람들이 못 알아듣는다고."

펠릭스는 '포르카 미제리아'가 무슨 뜻인지는 몰라도 아주 안 좋은 욕처럼 들린다고 생각했다. 비록 이탈리아어를 모르긴 해도. 어쨌거나 이제는 가만히 앉아 있어도 배가 아프지도 않고, 또 더 이상 억지로 시가를 피우지 않아도 되어서 다행이었다.

잠시 후 페터도 돌아왔다. 펠릭스와 페터는 마주 보며 고개를 끄덕였다. 그러고 나서 펠릭스는 가능한 한 정중한 태도로 잔나에게 말했다.

"우리 사업을 함께하게 된 걸 환영한다. 널 받아들이기로 했어."

"솔직히 말해서 참 웃기는 시험 아니었니? 특히 너희들한테." 잔나가 두 아이에게 말했다.

펠릭스가 헛기침을 했다. 페터는 작업복 주머니에서 콜라 깡통을 하나 꺼냈다. 세 아이는 돌아가며 콜라를 마셨다. 그러고 나서 잔나가 물었다.

"이젠 뭘 하지?"

"송어 잡으러 가자." 페터가 제안했다.

잔나는 페터의 제안을 한마디로 묵살했다.

"말도 안 되는 소리 하지 마. 난 부자가 되고 싶은 거지, 인디언 놀이 따윈 생각 없어. 부기가 뭔지 가르쳐줄게."

"그게 뭔지 정말 기대되는데." 페터가 약간 비꼬는 듯한 표정을 지으며 말했다.

"두고 봐."

잔나는 청바지 뒷주머니에서 구겨진 작은 단어장 한 권과 볼펜 한 자루를 꺼냈다. 그러고는 단어장을 펼치더니 첫번째 면 전체에 수평으로 선을 하나 그었다.

"부기는 모든 수입과 지출을 매번 정확하게 기입하는 거야. 우리 엄마가 하시는 걸 봤는데 아주 간단해. 이제까지 너희들 수입이 전부 얼마였니?"

"287마르크야." 펠릭스가 대답했다.

"괜찮은데."

잔나는 수평선 아래쪽에 그 숫자를 적었다. 그러고 다시 물었다.

"여태까지 어디에 얼마나 썼니?"

"아이스크림 사 먹는 데 19마르크 80페니히 썼어."

펠릭스가 대답하자 페터가 얼른 덧붙였다.

"그리고 시가 사는 데 2마르크 50페니히 들었어. 그건 예상치 못했던 지출이야."

"알았어."

잔나는 두 가지 지출도 기록했다. 단어장에는 다음과 같은 표가 그려졌다.

"이런 것쯤은 남아 있는 돈을 세어보아도 알 수 있겠다." 펠릭스가 약간 실망한 얼굴로 말했다.

"우린 지금 부자가 되려는 거잖아. 백만 마르크를 벌었다고 생각

현금 출납	
〈수입〉	287.00
〈지출〉	
아이스크림	−19.80
시가	−2.50
잔액	264.70

해봐. 그걸 무슨 수로 일일이 세어보니?" 잔나는 펠릭스를 한심하다는 표정으로 바라보았다.

"그건 맞는 말이야." 페터가 끼어들었다.

"그런데 참, 너희들 돈은 어디에 두니?"

"펠릭스 방에 있는 구두 상자 안에." 페터가 대답했다.

"구두 상자 안에 넣어둔다고? 어떻게 그렇게 바보 같은 짓을 하고 있니? 당장 예금통장 하나 만들어야겠다. 안 그러면 자기도 모르는 사이에 자꾸 쓰게 돼. 너도 아까 시가가 예상치 못했던 지출이라고 말했잖아."

"알아. 하지만 예금통장에 넣어둬봤자 이자가 형편없이 조금 붙

는단 말이야."

"구두 상자 속에 있으면 이자가 더 많이 붙기라도 하니?"

잔나는 날카로운 목소리로 쏘아붙였다.

"알았어, 예금통장을 만들면 될 거 아냐." 페터가 잔나를 달랬다.

"그리고 우리 계약서*도 하나 쓰는 게 좋겠어."

"계약서라고? 뭣 때문에? 도대체 그게 뭔데?" 페터가 물었다.

"이제 우리가 회사를 하나 차린 거나 마찬가지야. 그리고 어떤 회사든지 계약서가 필요해. 중요한 건 뭐든지 거기에 적혀 있거든. 사원으로서 지켜야 할 원칙 같은 걸 적어 놓는 거야. 우리 경우에는 예를 들면 회사의 수입은 우리 모두의 소유라는 걸 분명히 써 놓아야 할 거야."

"벌써 그렇게 하기로 약속했어. 그러니까 굳이 그걸 어디에 따로 써놓을 필요는 없을 것 같은데." 펠릭스가 말했다.

"서로 믿는 건 좋지만 분명히 해놓아야 할 건 처음부터 서류상으로 확실하게 기록해두는 게 더 좋아."

잔나는 말을 마치자 단어장에서 한꺼번에 종이 두 장을 뜯어냈다. 그러고는 볼펜을 들어 무언가를 막 쓰려다가 갑자기 무슨 생각이 떠올랐는지 동작을 멈추고서 펠릭스와 페터를 쳐다보며 말했다.

---

* 계약서: 이해관계가 대립되는 두 사람 또는 두 집단이 서로의 이익을 보호하기 위해 서로의 의무를 기록한 문서이다. 이를테면 근로자와 고용주는 근로계약서를 쓰고, 집을 사는 사람과 파는 사람은 주택 매매 계약서를 쓴다.

"우리 아직 회사 이름도 못 지었잖아."

"회사 이름이 꼭 있어야 되니?" 펠릭스가 물었다.

"당연하지. 이름이 없는 회사가 어디에 있니? 이름이 있어야 회사가 알려지지. 우리 엄마 아이스크림 가게도 정확하게 말하면 이름이 음식물 판매업소 리알토야."

"제지 공장 이름은 펄프 제지회사고."

"골치 썩일 것 없이 그냥 우리 이름을 따서 블룸 및 발저 회사로 할까?" 페터가 제안했다.

"넌 생각한다는 게 기껏 그 정도니? 그리고 내 이름은 빠졌잖아." 잔나가 핀잔을 주었다.

"하지만 블룸과 발저 및 잠피에리 회사라는 이름은 너무 길어."

"그래. 그러니까 뭔가 다른 이름을 생각해 봐. 우리 일과 관계가 있는 이름이어야 해."

"빵과 잔디는 어때?" 페터가 물었다.

"회사 이름으로는 너무 웃겨." 잔나는 한마디로 잘라 말했다.

"너희 생각에 하인첼 꼬마들*은 어떻겠니?"

펠릭스가 조심스러운 표정으로 잔나와 페터를 바라보았다.

"옛날 옛날에 하인첼 꼬마들이 있었지. 쾰른은 그때 세상에서 가장 살기 좋았지." 페터는 자기가 기억하고 있는 구절을 큰 소리로 읊었다.

---

* 하인첼 꼬마들: 밤에 몰래 나타나 일을 대신해주는 요정.

"하인첼 꼬마들이라고? 하지만 그 꼬마들은 남자 요정이잖아. 그럼 난 어떻게 하니?" 잔나가 소리쳤다.

"그렇다고 회사 이름을 하인첼 아가씨들이라고 할 수는 없잖아. 그럼 나랑 펠릭스가 뭐가 되니? 아무래도 그냥 하인첼 꼬마들이 좋겠어. 옛날이야기에 나오니까 누구나 알 테고. 난 펠릭스 제안에 대찬성이야. 회사 이름을 그렇게 정하면 사람들한테 알려지기 쉬울 것 같아."

"이름을 하인첼 꼬마들과 Co라고 하면 되잖아." 펠릭스는 기분이 상한 것처럼 보이는 잔나를 달래려고 애썼다.

"그러니까 내가 Co란 말이지?"

"그렇다니까."

"Co가 무슨 뜻인데?"

"우리 아빠가 언젠가 가르쳐 주셨는데 영어 컴패니언(Companion)의 약자래. 동료들이라는 뜻이라고 하셨어."

잔나는 잠시 생각한 다음 말했다.

"컴패니언이라고? 괜찮은 것 같다. 너희들 말대로 하자."

그러고 나서는 뜯어낸 종이에 뭔가 적더니 펠릭스와 페터에게 보여주었다.

하인첼 꼬마들 & Co 회사 계약서

"하인첼 꼬마들 다음에 있는 이상하게 꼬부라진 표시는 대체 뭐니?"

펠릭스가 궁금하다는 듯이 물었다.

"& 말이니? 그건 사업하는 사람들 사이에서 '그리고'라는 말 대신 쓰는 거래. 우리 엄마가 그러셨어."

"그렇다면 좋아."

세 아이가 서로 다투어 자기 생각을 말하느라 한참 동안이나 옥신각신한 끝에 겨우 회사 계약서가 작성되었다. 대부분의 중요한 생각들을 제시한 것은 뭐니뭐니 해도 역시 잔나였다.

하인첼 꼬마들 & Co 회사 계약서

- 아래에 서명한 세 사람은 쇤슈타트에 하인첼 꼬마들 & Co 회사를 설립하는 데 동의한다.
- 회사의 사원은 정당한 노동을 통해 회사의 재산을 지키고 늘리는 데 최선을 다할 의무가 있다.
- 회사 사원의 모든 수입은 회사 재산에 포함되며 회사 재산은 회사 사원의 공유재산으로 한다.
- 하인첼 꼬마들 회사의 사원은 근검 절약할 의무가 있다.
- 회사의 사원은 쇤슈타트 내에서 행하는 어떤 활동이든지 회사에 불명예가 되는 일이 없도록 해야 한다.
- 회사의 모든 지출은 회사 자체의 부담으로 한다.
- 회사의 사원이 다른 회사를 위해 일할 경우 그 사원은 하인첼 꼬마들 회사에서 해고된다.

• 회사의 소재지는 크렙스강가의 예전 벽돌 공장으로 한다.
• 회사의 경리는 펠릭스 블룸이 담당한다.
• 하인첼 꼬마들 회사 사원 중 한 명이라도 요청할 경우 회사의 임원 회의를 소집할 수 있다.

모두가 각자를 위해, 각자가 모두를 위해!

7월 20일 쇤슈타트에서
잔나 잠피에리, 펠릭스 블룸, 페터 발저

계약서의 마지막 문장은 페터가 언젠가 보았던 영화에서 따온 것이었는데, 모두들 그 문장이 자기네가 새로 세운 회사에 알맞은 표어라는 데 의견을 일치했다. 펠릭스는 회사의 '임원 회의' 어쩌고저쩌고 하는 부분은 조금 웃긴다고 생각했다. 왜냐 하면 자기네 셋을 빼놓고는 회사에 아무도 없었기 때문이다. 하지만 페터와 잔나는 그래도 그 조항을 넣어야 한다고 우겼다. 회사에는 모름지기 '임원 회의'라는 게 있게 마련이고 또 앞으로 회사가 어떻게 될지는 아무도 모르는 일 아니냐는 주장이었다.

5. 돈이란 약속이다

진짜 방학이 시작되는 날이라고 할 수 있는 월요일이 되었다. 도시 전체에 먹구름이 잔뜩 끼어 있었다. 날씨는 춥고 아침부터 비가 내렸다. 펠릭스의 아빠는 아침 식사를 하면서 밖을 내다보고는 중얼거렸다.

"아무래도 오늘 중으로 그칠 것 같진 않은데. 다시 침대에 들어가 잠이나 잤으면 딱 좋겠는걸."

펠릭스와 페터는 아담 슈미츠 아저씨를 찾아가기로 하였다. 어차피 날씨 때문에 다른 할 일도 없었거니와 이 기회에 아저씨한테 잔나를 소개하는 게 좋겠다는 생각이 들어서였다. 슈미츠 아저씨는 두 아이가 빵 배달로 얼마나 성공을 거두었는지 이미 알고 있었다. 일요일마다 두 아이한테 빵 배달을 부탁하고 아이들이 빵을 가져오면 팁을 두둑이 주었기 때문이다.

슈미츠 아저씨는 잔나를 보더니 웃으면서 펠릭스와 페터를 놀렸다.

"야, 너희들 대단하다. 벌써 한 명이 늘어난 모양이지."

"예, 저희들 회사를 하나 차렸어요." 두 아이는 입을 모아 자랑했다.

"하인첼 꼬마들 & Co 회사예요." 잔나가 덧붙였다.

"저런, 정말 진도가 빠르구나. 거 봐라, 내가 너희들 성공할 거라고 하지 않았니."

가게 뒷방은 지난번보다 더 심하게 어질러져 있었다. 책상 위에는 서류 더미가 잔뜩 쌓여 있었으며 그 한복판에 새로 산 커다란 모니터 하나가 자리를 차지하고 있었다.

"이번에 새로 들여놓은 컴퓨터란다."

"근사한데요. 지금 작동되나요?"

페터는 새 컴퓨터를 바라보았다.

"글쎄, 아직……." 아저씨가 머뭇거렸다.

"아저씨가 다 설치하시고 나면 컴퓨터로 게임 한 번만 해도 되나요?"

"내가 이 놈의 컴퓨터를 설치할 수만 있다면, 그래도 되겠지. 하지만 그게 아무래도 어, 어려울 것 같구나. 여태까지 씨름을 했는데도 도무지 소용이 없다. 생각 같아서는 이걸 판 회사에 당장 돌려보내고 싶은 심정이다."

펠릭스는 방 안을 둘러보았다. 슈미츠 아저씨가 컴퓨터 때문에 속이 탈 지경이라는 것을 충분히 짐작할 수 있었다. 바닥에 있는 프린터는 산더미처럼 쌓인 악보에 파묻혀 잘 보이지도 않았다. 사방에는 빈 상자가 어지럽게 널려 있었고, 컴퓨터 본체는 선이 한 개도 연결되지 않은 채 책상 아래쪽에 놓여 있었다.

"저희가 한번 해볼까요?" 페터가 물었다.

"물론이지. 너희들 컴퓨터 만질 줄 아냐?" 슈미츠 아저씨는 반색을 하며 물었다.

"그럼요." 페터는 자신 있는 목소리로 대답했다.

밖에서 가게 출입문 위에 있는 종이 울리는 소리가 났다. 아저씨는 서둘러 가게로 나갔다.

"너 정말 컴퓨터 설치해본 적 있니?" 펠릭스는 미심쩍다는 듯이 페터를 바라보았다.

"내가 직접 해본 적은 없지만 형이 하는 걸 본 적이 있어. 게다가 지금 이건 우리 회사의 명예가 걸린 문제라고."

페터는 나사돌리개를 가져오더니 우선 모니터와 자판의 선을 컴퓨터 본체에 연결시켰다. 그다음에는 프린터와 마우스를 연결시켰다. 모든 게 아무런 문제 없이 착착 진행되는 것처럼 보였다. 교회종이 열두 번 울렸을 때, 펠릭스는 '파워(Power)'라고 써 있는 단추를 눌렀다. 모니터 화면이 밝아지기 시작했다. 페터가 의기양양한 목소리로 외쳤다.

"야, 드디어 작동된다!"

"너희들 정말 벌써 다 설치했단 말이냐?" 방에 돌아온 슈미츠 아저씨가 놀랍다는 듯이 물었다.

"물론이죠. 아주 간단했어요. 선을 제대로 꽂기만 했는데 되던걸요. 아저씨가 아마 선을 잘못 꽂으셔서 작동이 안 되었던 모양이에요." 페터는 다소 뽐내면서 말했다.

"그런 모양이로구나. 난 원래 기계 만지는 데는 도통 아는 게 없단다."

"기계를 전혀 다룰 줄 모르신다면서 컴퓨터는 뭐 하러 구입하셨어요?" 잔나는 이해가 안 간다는 표정을 지었다.

슈미츠 아저씨는 그 점은 미처 생각하지 못했다는 듯한 얼굴을 했다.

"좋은 질문이로구나. 누구나 컴퓨터를 한 대쯤은 가지고 있으니까 별 생각 없이 그냥 나도 하나 들여놓았단다."

그러더니 잠시 망설이다가 덧붙였다.

"아니다. 사실은 컴퓨터가 있으면 많은 일들을 좀 더 손쉽게 처리할 수 있지 않을까 해서 그랬지. 가게 장부 정리하는 거나 계산서랑 편지 주고받는 거나……. 아무튼 여러 가지로 시간이 절약될 거라고 생각을 했다. 시간이 돈 아니냐."

"저희 엄마도 항상 그렇게 말씀하세요." 잔나가 맞장구를 쳤다.

아저씨는 팔을 벌려 가게 쪽을 가리키면서 말을 이었다.

"가게에 있는 물건들을 생각해봐라. 거기 있는 바이올린이나 다른 현악기들, 트럼펫, 드럼 그리고 온갖 악보들은 거기에 그냥 놓여 있는 한, 죽은 자본이나 다름없다. 어떻게든 빨리 팔아서 다른 데 투자를 해야 한단다. 컴퓨터로 잡다한 업무 처리를 하면 시간이 절약되고 그 시간에 가게 물건을 파는 데 좀 더 신경을 쓸 수 있게 될 테니 결과적으로 돈을 좀 더 벌 수 있을 거라고 생각했다."

"정말 이상하게도 어른들 중에는 컴퓨터를 다룰 줄 모르는 분들이 의외로 많은 것 같아요." 페터가 말했다.

슈미츠 아저씨는 멋쩍은 미소를 띠면서 페터를 쳐다보았다.

"나는 그야말로 진짜 커, 컴맹이란다. 너희들 이왕 일을 시작한 김에 이 소프트웨언지 뭔지 하는 것도 좀 깔아줄 수 있겠냐?"

"알았어요, 해드리죠."페터가 대답했다.

펠릭스는 소프트웨어를 싼 플라스틱 껍질을 벗기기 시작했다. 옆에 가만히 서 있던 잔나가 슈미츠 아저씨한테 물었다.

"어른들은 왜 자꾸만 시간이 돈이라고 말하는 거죠? 이해가 안 가요. 원래 시간은 돈의 반대가 아닌가요? 돈을 벌 때는 시간이 없고, 시간이 있으면 돈이 없잖아요."

"그래? 하지만 생각해보렴. 만약에 내 가게에 기타 한 개가 있는데, 그 기타가 반 년 동안 아무한테도 팔리지 않은 채 자리만 차지하고 있다면 그 기타는 나한텐 돈만 드는 셈이지. 그리고 여름에 너희가 아이스크림 가게에서 부지런히 움직인다면 너희가 더 일하는 시간만큼 더 많은 손님들에게 아이스크림을 팔 수 있게 되니 더 많은 돈을 벌 게 아니냐? 그러니까 시간은 곧 돈이지."

"하지만 저는 그래도 제가 옳다고 생각해요. 만약 여름에 날씨가 아주 무더워서 아이스크림 먹으려는 사람들이 줄을 서서 기다릴 정도라면 저희가 돈은 많이 벌지만 시간이 없게 되죠. 그리고 만약 8월 내내 장마가 지속된다면 아마도 그 반대 현상이 벌어지겠죠."

잔나는 아저씨의 의견에 수긍할 수 없는 모양이었다.

방 저쪽에 있는 컴퓨터 앞에서는 페터와 펠릭스가 새로운 소프트웨어의 설명서를 놓고 소곤소곤 이야기하고 있었다. 그러고는 자판을 몇 번 두드리더니 다시 소곤댔다.

"음…… 난 그렇게는 생각해본 적이 없구나. 어떻게 보면 네가 맞는 것 같기도 하지만, 어떻게 보면 또 그게 아닌 것도 같고."

슈미츠 아저씨는 알쏭달쏭하다는 표정을 지었다.

"이런 제기랄!" 페터가 갑자기 외쳤다.

"빌어먹을 놈의 고물 덩어리."

펠릭스도 화가 잔뜩 난 목소리로 고함을 쳤다.

화면은 언뜻 보기에는 정상인 것 같았다. 단지 아까 있던 색과 영상들은 다 없어지고 숫자들 몇 개만 온통 뒤죽박죽 나열되어 있었다.

"이거 또 멈춰버렸네. 이 소프트웨어 도저히 실행이 안 돼요. 완전히 잘못 사셨나 봐요." 페터가 말했다.

"뭘 잘못 사?" 잔나가 물었다.

"이거 말이야." 펠릭스가 짜증난다는 듯 컴퓨터 화면을 손바닥으로 탁탁 치며 대답했다.

"이제 그, 그만 내버려둬라. 스위치 끄고. 너희들도 해결 못 하는 게 있다니 조금 위안이 되는구나." 아저씨가 펠릭스와 페터를 보며 말했다.

두 아이는 그제야 화면에서 눈을 뗐다. 아이들의 눈동자는 초점 없이 흐리멍덩해 보였다.

"얘들아, 너희 뭐 좀 마셔야겠다. 아무것도 마시지 않으면 뇌가 말라버린단다." 슈미츠 아저씨가 말했다.

"전 아직도 이해가 안 가요. 그러면 시간은 곧 돈인가요?" 잔나가 물었다.

"아니면 그 반대일까?" 슈미츠 아저씨가 덧붙였다.

펠릭스가 물 한 잔을 들이키고는 심드렁한 얼굴로 말했다.

"별걸 다 궁금해하시네."

페터는 완전히 딴 데 정신이 팔렸는지 엉뚱하게도 "침묵은 금이다."라고 중얼거렸다.

"더럽게 잘난 척하는 놈." 잔나가 말했다.

"너야말로 더럽게 잘난 척한다." 페터가 질세라 맞받아쳤다.

"돈이란 그것 가지고 왈가왈부하라고 있는 게 아니라 벌려고 있는 거야. 우리 아빠가 그러셨어."

"그래서 너희 아빠가 돈 많이 버시니?"

잔나는 비아냥거리는 어조로 물었다.

"아니."

"그것 봐. 난 궁금한 게 또 있어. 아저씨, 원래 돈이랑 금이랑 서로 관계가 있나요?"

"그렇게 생각할 수도 있겠지." 슈미츠 아저씨가 말했다.

"하지만 그런 생각이 맞는 건 아니다. 돈은 '가치가 있다'라는 말에서 나온 건데, 무언가 가치 있는 것, 그것이 바로 돈이란다."

"금은 가치가 없나요?"

"금도 물론 가치가 있지. 어쨌든 금을 가지고 있으면 돈으로 바꿀 수 있으니까. 하지만 시간을 가지고 있어도 돈으로 바꿀 수가 있단다. 예를 들면 너희가 요즘 하는 일처럼 잔디를 깎을 수 있는 시간 말이다."

"아니면 컴퓨터를 고칠 수 있는 시간이요." 잔나가 꺼 놓은 컴퓨터 화면을 보며 말을 이었다.

펠릭스는 헛기침을 하며 말했다.

"우리 아빠는 항상 돈이 돈을 번다고 말씀하세요. 그러니까 어떤 시간 동안 돈으로 일을 해서 돈을 벌면, 시간이 곧 돈이 되는 거잖아요."

잔나가 감탄했다는 듯이 휘파람을 불며 말했다.

"역시 교수님답군."

페터가 자기의 파란색 작업복에서 10페니히짜리 동전을 하나 꺼냈다.

"나는 너희들이 도대체 왜 그러는지 모르겠어. 이게 바로 돈이야. 그런데 이해가 안 될 게 뭐가 있어?"

슈미츠 아저씨도 자신의 호주머니에 손을 넣더니 갈색 단추 하나를 꺼냈다.

"그럼 이건 뭐지?"

"그건 단추죠."

"그건 나도 안다. 하지만 이건 왜 돈이 아닐까?"

"그 위에 돈이라고 안 씌어 있잖아요. 그리고 단추는 플라스틱으로 만든 것이고요."

"그러면 내가 만약에 금속으로 된 단추 한 개를 책상에 올려놓고 그 위에 '10페니히'라고 써놓는다면 그것은 과연 돈이 될까?"

"참 이상한 질문도 다 하시네요." 잔나가 말했다.

"나는 단지 너희들에게 돈이 과연 무엇인지에 대해서는 대답하기가 무척 힘들다는 것을 보여주려고 했을 뿐이다. 예전에는 은이나 금으로 돈을 만들었지만 지금은 구리와 니켈, 그리고 종이로 만들지. 내가 어디선가 읽었는데 아프리카에서는 전에 조개와 소를 지불 수단으로 사용했다고 하더라. 하지만 그게 불편했던 모양이지, 지금은 그렇게 안 하는 걸 보면."

"돈 자루에서 소를 꺼내 지불하면 재밌겠는걸?"

페터는 씩 웃으며 말했다.

"인류는 이미 수천 년 전에 돈을 발명했어. 돈이 있어야 거래가 훨씬 더 활발하게 이루어지고 또 재산을 보관하기가 쉽다는 사실을 깨달았거든. 하지만 인류는 20세기에 와서야 비로소 자기네가 발명한 이 돈이란 것이 과연 무엇인지 그 의미를 이해하게 되었지. 그러나 나는 아직도 가끔 인류가 돈이 정확하게 무엇인지를 정말로 이해했는지 의문이 생긴단다."

"그럼 돈이란 대체 무엇이죠?" 잔나가 끝까지 캐물었다.

"돈이란 약속이지."

"약속이라고요? 그런 생각은 전혀 해보지도 못했지만 무슨 뜻인지 알 것 같네요." 펠릭스가 말했다.

슈미츠 아저씨는 세 아이가 모두 자신의 말을 제대로 이해할 수 있도록 생각할 시간을 주기 위해서인지 한참 있다가 다시 말을 꺼냈다.

"내가 만약 너희들에게 10마르크짜리 지폐를 준다면, 그것은 곧 너희들에게 이 돈으로 무언가를 사도 된다고 약속하는 거지. 물론 말로 직접 표현하는 것은 아니지만 말이다. 페터와 펠릭스는 이 컴퓨터를 작동시키기 위해 내게 시간을 투자했으니⋯⋯."

"글쎄요⋯⋯." 잔나가 말했다.

"어쨌든 페터와 펠릭스가 시도는 해보지 않았니. 그 대가로 나는 너희들한테 이 세상에 있는 물건 중 일부를 갖게 해준다고 약속하는 거지. 그리고 그 약속을 문서로 나타낸 것이 바로 이 지폐란다."

"그런데 만약 저희가 아저씨의 약속을 믿지 못한다면 어쩌죠?" 페터가 물었다.

"그럼 내가 도로 가지마." 슈미츠 아저씨가 웃으며 말을 계속했다.

"당연히 너희들은 나를 믿지. 너희들은 나를 전혀 모른다 하더라도 나를 믿을 거다. 그것이 바로 돈의 신기한 점이다. 약속이 지켜진다는 것을 보증하는 게 약속을 한 사람이 아니라 바로 돈을 찍은 사람이란다. 우리의 경우에는 바로 프랑크푸르트에 있는 독일 연방은행*이지. 여기 지폐에 씌어 있잖아. 독일 연방은행에선 돈이 너무 많이 발행되지 않도록 관리를 한다."

"그럼, 만약 돈이 너무 많이 발행됐다면 무슨 일이 일어나지요?" 펠릭스가 물었다.

"그렇게 되면 사람들은 서로에게 자기가 지킬 수 있는 것보다 더 많은 약속을 하게 되는 셈이지. 그럴 경우 그 약속 하나하나의 가치, 그러니까 돈의 가치는 떨어지게 되고. 물가가 올라가게 되는데 그런 현상을 인플레이션*이라고 한단다."

"그런데 이번에 돈이 새로 발행되잖아요. 그러면 어떻게 되죠? 모두들 돈의 가치가 떨어질까 봐 걱정하는 것 같던데요." 잔나가 물었다.

"유로화(유럽연합의 법정 화폐)의 가치는 유럽 중앙은행에서 보증한단다. 그곳에서 일을 잘 해내면 유로화는 마르크와 똑같은 가치가 있게 되지."

슈미츠 아저씨는 잠시 말을 멈추고 아이들을 빙 둘러보더니 아이들에게 물었다.

"이야기 하나 해줄까? 우리가 지금 쓰고 있는 돈이 어떻게 해서 생기게 되었는지에 관한 이야긴데……. 어때, 들어볼 테냐?"

아저씨는 아이들이 대답하기도 전에 서둘러 방을 나갔다.

"꼭 학교 같잖아."

페터가 별로 내키지 않는다는 표정을 지으며 소곤거렸다.

---

* 독일 연방은행: 독일의 국립은행으로, 프랑크푸르트에 있다. 국립은행은 한 국가의 중앙은행으로서, 화폐를 발행하고 은행과 정부의 재정을 관리, 감시하며 국가의 통화량과 경제성장률을 결정한다. 그러나 독일 연방은행의 국립은행으로서의 업무는 1999년 1월 1일부터는 유럽 중앙은행이 담당하고 있다. 우리나라의 국립은행 업무는 한국은행이 담당하고 있다.

* 인플레이션: 시중에 유통되는 돈이 많아질 경우 생산되는 상품이 똑같은 속도로 많아질 수 없기 때문에 돈의 가치는 점점 떨어지게 된다.

잔나는 그사이 벌써 방에 돌아온 슈미츠 아저씨가 행여라도 들을세라 페터를 보며 '쉬!' 소리를 냈다. 아저씨는 양손에 물 한 병과 팝콘이 담긴 큰 봉지를 들고 있었다.

"어지간히도 손재주가 없는 어떤 남자아이 이야기다. 내가 방금 지어 낸건데, 옛날이야기라면 으레 그렇듯이 '옛날 옛적에'로 시작한단다. 그러니까 옛날 옛적, 수백 년 전에 열두 살 난 어떤 남자아이가 지중해에 있는 제노바라는 도시에 살고 있었어. 그 아이 이름을 그냥 주세페라고 하자."

"이탈리아어로 이름이 주세페면 보통 페포라고 불러요." 잔나가 끼어들었다.

"페포? 그거 좋구나. 페포는 재단사 프란체스코와 그의 아내 파울라의 외동아들이었다. 프란체스코는 항구 바로 옆에서 작은 양복점을 하고 있었지. 페포네는 수입이 보잘것없었고 페포는 자기 아버지처럼 수공업을 하는 사람들이 모여 사는 동네의 골목에서 자랐단다. 그 당시 아이들 대부분은 페포와 비슷한 처지였지. 그런데 이 페포라는 아이는 정말로 손재주가 없었단다. 다른 아이들은 열두 살이 되면 웬만한 일들을 척척 거들었는데 페포만은 예외였어. 빵집 주인 아들은 반죽을 했고, 목수집 아이들은 목공소에서 나무 부스러기들을 쓸어 냈고, 베틀로 천 짜는 일을 돕는 아이가 있는가 하면 무거운 짐 나르는 일을 떠맡은 아이도 있었어.

하지만 페포는 무얼 하든 서툴러서 아무 일에도 도움이 안 됐단다. 아버지가 바늘꽂이에서 바늘을 가져오라고 시키면 바늘에 손이 찔려 피가 나기 일쑤였지. 언젠가 한번은 시의회 의원에게 조끼를 갖다주라고 심부름을 보냈더니 가다가 넘어져 조끼를 다 찢어버리는 바람에 페포 아버지는 옷을 다시 만들어야 했단다. 그뿐만이 아니었어. 일을 보러 시장에 가면 페포는 혼자 생각에 잠겨 있다가 과일 가판대를 엎어버리는 일도 한두 번이 아니었단다. 그래서 모두들 페포를 원래 이름은 제쳐 놓고 '서투른 아이'라고만 불렀단다."

잔나가 끼어들었다.

"조포네요. 지독하게 솜씨가 없는 서투른 사람을 일 조포라고 불러요."

"좋아, 그럼 걔를 조포라고 하자. 페포의 아버지인 프란체스코는 날이 갈수록 자기 아들이 점점 더 못마땅했단다. 페포가 자기 아버지 일을 좀 거들까 해서 양복점에 나가면 페포 아버지는 페포에게 '넌 도무지 손재주라곤 없으니 여기 있어 봤자 전혀 도움이 안 되는구나.'라고 말하곤 페포를 쫓아버렸지. 그리고 저녁에 잠자리에 들 때면 아내 파울라에게 '하느님도 너무하시지. 하나밖에 없는 아들인데 하필이면 왜 저런 조포로 태어나게 해 주셨을까?'하면서 불평을 했단다. 파울라는 하나밖에 없는 자기 아들을 무척 사랑했기 때문에 프란체스코가 페포를 쓸모 없는 아이라고 탓할 때마다 마음이 아팠단다. 페포를 감싸려는 말을 한마디라도 하고 싶었지만 남편이 워낙 다혈질이라서 감히 엄두를 낼 수가 없었지.

페포가 열네 살이 되던 날, 페포 아버지는 페포를 불렀다. '페포야, 네가 태어난 후부터 지금까지 너 때문에 걱정이 끊일 날이 없었다. 넌 옷 짓는 일은 말할 것도 없고 다른 수공업에도 재능이 없으니 큰일이다. 이대로 가다간 부모 돈이나 축내는 신세밖에 더 되겠느냐? 그러니 이제는 너 혼자 세상을 헤쳐나가야 할 때가 된 것 같다.'"

"아버지들은 원래……."

페터가 한마디 하려는 순간 잔나가 팔꿈치로 옆구리를 찌르는 바람에 말을 멈추었다.

슈미츠 아저씨는 계속해서 말했다.

"페포가 집을 떠나려고 대문을 나서자 페포의 어머니는 울음을 터뜨리고 말았지. 하지만 당사자인 페포는 전혀 슬프지가 않았단다. 만날 아버지한테 꾸중 듣는 것도 지쳤고 또 넓은 세상에 나가게 되었다는 사실이 매우 기뻤거든. 페포의 아버지는 페포에게 그 당시 제노바에서 사용되던 금화인 두카트 한 닢을 주었고 어머니는 빵 한 덩어리와 치즈 한 조각, 그리고 올리브가 가득 들어있는 주머니 한 개를 주었다. 그러고는 그것들을 모두 큰 천에 싸서 나무 막대기에 묶었지. 페포는 나무 막대기를 짊어지고 금화를 조끼 호주머니에 넣은 후 길을 떠났단다.

마침 그 당시에 제노바에는 오래전부터 서로 종류가 다른 화폐를 교환해주는 상인들이 머무르고 있었어. 그 환전상들은 멀리 산을 넘어 모데나, 베르가모와 그 밖의 여러 도시에서 온 사람들이었지. 그 사람들은 제노바의 시장에 탁자와 벤치를 세워놓고 돈

바꿔주는 장사를 했단다. 제노바 사람들은 그 사람들을 '이 방케리'*라고 불렀지. 이 환전상들은 피렌체 지방의 동전과 독일의 옛 화폐 단위인 탈러뿐만 아니라 아라비아의 금화 그리고 그 밖의 다른 나라 돈도 제노바 돈으로 바꾸어주었다. 그 사람들은 손님이 동전을 가져오면 그 안에 금이나 은이 얼마나 섞여 있는지 측정해서 각기 다른 동전들을 서로 어떤 비율로 교환해야 할지를 알아내는 방법을 썼지.

페포는 제노바 시내의 거리를 여기저기 기웃거리다가 환전상 한 사람을 만나게 되었다. 아차, 내가 깜빡한 게 하나 있구나. 손재주라곤 도통 없는 페포도 딱 한 가지는 잘하는 게 있었는데, 그건 바로 계산을 하는 일이었어. 덧셈과 뺄셈, 곱셈과 나눗셈을 할 줄 아는 것은 물론이고, 제곱근이 무언지도 벌써 알고 있었단다. 심지어 원의 넓이도 구할 줄 알았지. 그 당시에 그것은 아주 특별한 재주라고 할 만했다. 페포는 이 도시 저 도시를 떠돌아다니던 프란체스코파 승려에게서 이미 몇 년 전에 계산법을 배워 능숙하게 할 수 있었단다. 하지만 안타깝게도 페포의 아버지는 그 재주엔 전혀 관심이 없었지.

어쨌든 페포는 그 환전상이 일하는 것을 한동안 유심히 쳐다보았어. 벨벳으로 만든 웃옷을 입은 상인들만이 아니라 찢어진 신발을 신고 머리가 헝클어진 수공업자들도 환전상에게 와서 돈을 바

* 방케리: 독일어로 Bank에는 벤치라는 뜻과 함께 은행이라는 뜻도 있다.

꾸었단다. 그 사람들은 자기의 두카트와 리라, 그리고 다른 금화들을 환전상 앞에 놓았다. 그러면 환전상은 금을 재는 저울 위에 그 돈을 올려놓고는 거위 깃털로 만든 펜으로 책상에 숫자 몇 개를 긁적거린 다음 제노바 화폐인 두카트로 바꾸어주었지. 페포는 환전상인 방케로의 자리가 마음에 들었단다. 뭔가 비밀스럽고 조용한 분위기가 좋았거든. 온통 시끌벅적한 고함 소리와 채소 파는 아줌마, 가축을 파는 아저씨들로 가득했던 자기 고향 시장 바닥하고는 비교가 안 될 정도였지.

얼마 지나지 않아 환전상은 어떤 아이 하나가 자기 가게 앞에서 자기가 일하는 걸 계속 지켜보고 있다는 걸 알았단다. 그래서 페포를 불러 물었지.

'야, 꼬마야. 너 계산할 줄 아니?'

'물론이죠.'

환전상은 동전 한 무더기를 페포 앞으로 밀며 말했어.

'그러면 어디 해보렴. 이게 얼마지?'

페포는 앉아서 동전들을 열 개씩 쌓아놓은 후 그것들을 다 세어보았지.

'피렌체 리라 176개하고 두카트 1개, 그리고 이상한 금화 1개와 단추 1개인데요.'

'야, 굉장한데!' 환전상은 놀라움을 감추지 못했다.

'네가 원한다면 내 조수로 일하게 해주마. 잠자리와 식사는 우리 집에서 제공하고 성탄절과 부활절, 그리고 카니발 때에는 두카

트 반 개를 보너스로 받게 된다.'

페포는 환전상의 제안이 마음에 들었다. 그래서 환전상의 조수
가 되었지.

이제 페포에게 행복한 시절이 찾아왔다. 장이 서는 날이면 환전
상의 책상에 앉아서 동전을 세며 향료와 옷감을 팔러 먼 곳에서
온 상인들의 이야기에 귀를 기울이며 지냈단다. 더 이상 페포가
손재주가 없다고 흉보는 사람도 없었고 페포를 조포라고 부르는
사람도 없었지. 상인들은 평범한 서민의 아들이 그렇게 계산을 잘
하는 걸 보고는 감탄했다. 페포는 계산 실력을 발휘해서 사람들을
깜짝 놀라게 하는 게 재미있었단다. 예를 들면 페포는 큰 교회 바
닥에 깔린 타일 중 하얀 것이 몇 개고 까만 것이 몇 개인지도 계산
해낼 수 있었다. 그래서 시장 사람들은 페포를 '수의 마법사'라고
불렀지.

어느 날 부유한 상인 한 사람이 환전상을 찾아왔다.

'저는 장사를 하러 멀리 여행을 할 계획입니다. 시리아와 페르
시아에서 가져온 귀중한 옷감들과 인도에서 가져온 향료 그리고
금 세공품들을 프랑크 왕국과 부르군트왕국에 가져가서 팔 생각
입니다. 거기서는 제가 가진 물건들을 구경도 못 했을 겁니다. 물
건을 팔아 생기는 돈을 장부에 정리해줄 사람이 하나 있으면 아주
편할 것 같습니다. 그래서 댁의 조수가 저와 함께 갈 수 있도록 허
락해주십사 하고 부탁을 드리러 왔습니다. 여행이 끝나면 두 분
모두에게 사례를 두둑이 하지요.'

상인은 환전상에게 두카트 열 개를 주고는 페포와 함께 길을 떠났단다.

정말 긴 여행이었어. 상인은 열 대 이상의 마차에 짐을 가득 싣고 육로를 따라 갔단다. 두 사람이 여행한 길은 우리가 요즘 다니는 길처럼 제대로 닦인 도로가 아니었어. 해가 비치면 먼지가 풀풀 날리고 비가 내리고 나면 도랑으로 바뀌는 마차 길이었지. 더군다나 당시에는 도둑들이 많아 그다지 안전하지 않았기 때문에 무장한 기수들도 몇 명 동행했단다.

일행이 가장 먼저 도착한 도시는 리옹이었는데 지금은 프랑스 땅이지. 상인과 페포는 가져간 비싼 비단과 다른 옷감들을 아주 많이 팔았어. 리온의 시민들은 화려한 옷감들을 보자 눈이 휘둥그레질 정도로 감탄했거든. 그러고는 상인에게 많은 돈을 주고 옷감들을 사갔지. 페포는 큰 장부에 수입을 적어 넣었고 번 금화들은 궤짝 안에 보관했단다. 상인은 페포에게 모든 수입과 지출을 두 번씩 써서 장부 정리하는 방법을 알려주었다. 그 방법은 몇 년 전에 이탈리아의 승려인 루카 파치올리가 만들어낸 것이었는데 복식부기*라고 한단다. 지금까지도 쓰이고 있는 방법이지."

잔나가 궁금증을 참지 못하고 끼어들었다.

"왜 두 번씩 쓰죠? 그냥 한 번만 쓰면 왜 안 되나요?"

"전체적인 재정 상태를 한눈에 알아볼 수 있게 하기 위해서지.

*복식부기: 기업의 수입·지출을 포함한 거래상의 모든 과정을 두 번씩 적는 방법으로, 복식부기가 사용되는 가장 중요한 회계 방법으로는 대차대조표와 손익계산서가 있다.

너 부기라고 들어본 적은 있니?"

"물론이죠." 잔나가 대답했다. 그러고는 단어장을 꺼내 슈미츠 아저씨에게 첫 장을 보여주었다.

"이건 거의 복식부기나 다름없는걸. 약간만 바꾸면 되겠는데."

슈미츠 아저씨는 볼펜을 꺼내 단어장의 다음 장에 표를 하나 그리더니 왼편에 '차변'이라고 쓴 다음 오른편에는 '대변'이라고 썼다. 그러고는 표의 왼쪽 칸 아래에 '현금 264마르크 70페니히'라고 적었다. 그것이 하인첼 꼬마들 회사가 이제까지 벌어 들인 총수입이었다.

"그리고 오늘 너희들이 컴퓨터를 설치해서 받게 되는 20마르크를 더하면……."

"왜 20마르크죠? 아까는 10마르크라고 하셨잖아요."

펠릭스는 슈미츠 아저씨에게 처음 약속했던 금액을 상기시켰다.

"다음에 와서 이 컴퓨터를 제대로 작동시킨다는 조건으로 내가 20마르크를 주기로 하마."

슈미츠 아저씨는 잠시 후 단어장에 만든 표를 아이들에게 보여주었다.

"자, 무언가 눈에 띄는 게 있느냐?" 슈미츠 아저씨가 물었다.

차변			대변
현금	264.70		
수입	20.00	잔액	284.70

세 아이 가운데 펠릭스가 제일 먼저 입을 열었다.

"양쪽 칸에 적힌 금액이 같네요. 아저씨께서는 저희가 현재 가지고 있는 돈과 수입을 '차변'이라고 하셨어요. 그러고는 그것들의 합을 '대변' 아래에 다시 한번 써 놓으셨어요."

"그래, 그렇게 같은 금액을 두 번씩 쓰기 때문에 복식부기라고 한단다. 그리고 그런 계산을 통틀어 현금 출납*이라고 하지."

"모든 계산은 이탈리아어로 콘토라고 해요." 잔나가 말했다.

"하지만 독일어 '콘토'는 복식부기로 기록한 계산만을 가리킨단다. 복식부기에서 가장 중요한 점은 반드시 왼쪽 칸 아래에 있는 총액과 오른쪽 칸 아래의 총액이 항상 같아야 한다는 점이지. 양쪽 칸의 금액이 서로 맞아 떨어질 때에만 '결산했다'고 말한다. 약간 이해하기 힘들겠지만 '차변'과 '대변'이라는 용어는 거기서 나온 것이란다. 양쪽 칸 중 한쪽 금액이 부족한 경우 복식부기 계산을 결산하기 위해서는 부족한 부분을 채워넣어야 한다. 예를 들어 너희들처럼 지출한 돈은 없고 20마르크가 생긴 경우 우선 왼쪽에 수입을 써넣은 다음에 왼쪽 전체 금액과 같은 금액을 오른쪽에 적지. 그리고 이 금액을 잔액*이라고 한단다. 그리고 너희들도 보다시피 이 방법은 대변 밑에 씌어 있는 금액이 너희들의 구두 상자에 있는, 그러니까 너희들이 현재 가지고 있는 총액을 가리킨다. 하지만 반대로 너희들이 구두 상자에 있는 돈보다 더 많이 지출한다면 잔액이 차변 밑에 씌어 있게 되는데 그건 너희들이 누군가에게 그만큼 돈을 갚아야 된다는 뜻이란다."

---

* 현금 출납: 수입과 지출을 숫자상으로 서로 대비시키는 것을 가리키는 경제 용어이다.
* 잔액: 현금 출납을 기록할 때 수입과 지출의 항목을 계산하고 남은 금액이다.

"아저씨 설명을 들으니까 쉬운 것처럼 들리는데요?" 잔나가 말했다.

"실제로 쉽단다. 그렇기 때문에 모든 회사들은 이 방법에 따라 장부 정리를 하고 있지. 너희들이 이것을 이해했다면 벌써 경제의 절반은 이해한 셈이다."

"그런데 복식부기 때문에 아저씨 이야기에 나오는 그 페포라는 아이는 어떤 이익을 보았나요?" 펠릭스가 물었다.

"복식부기 덕택에 페포는 언제나 수입이 얼마나 되는지 그리고 어디에 얼마나 돈을 썼는지 한눈에 알아볼 수 있었지. 물론 그렇게 하기 위해서 페포는 장부를 여러 개 기록했단다. 예를 들어 너희가 언젠가는 구두 상자 대신 예금통장에 돈을 저금하게 되는 경우를 생각해 보자꾸나."

"그렇지 않아도 그럴 계획이에요." 잔나가 슈미츠 아저씨의 말을 받았다.

"너희들이 만일 200마르크를 저축한다고 가정한다면 너희들의 장부에는 아래와 같이 씌어 있어야 한다.

여기서 중요한 것은 잔액이란다. 그것은 구두 상자에 돈이 얼마나 남았는지를 보여주지. 동시에 새

차변		대변	
현금	284.70	예금	200.00
		잔액	84.70

로운 장부가 하나 생기게 되는데, 그건 바로 너희들의 예금통장이 되는 거고 거기에는 이렇게 씌어 있게 되지.

200마르크는 양쪽에 기록 된단다. 복식부기의 원칙을 지켜야 하거든. 그래야만

〈예금통장〉

차변			대변	
현금	200.00	예금		200.00

자기가 어디에 얼마나 돈을 썼는지 항상 분명하게 알고 있게 되지. 페포도 마찬가지였단다. 페포는 상인의 수입과 지출을 관리하기 위해서 장부를 여러 개 기록했다. 향료의 재고를 파악하기 위한 장부, 일꾼들의 임금에 대한 장부, 생필품의 구입에 관한 장부 등이었지. 그렇게 한 덕분에 페포는 상인의 수입과 지출을 늘 정확하게 파악하고 있었어. 그리고 다른 상인들은 그렇지 못했기 때문에 페포를 데려간 상인은 경쟁자들보다 훨씬 더 많은 수입을 올리게 되었지. 두 사람은 마지막 목적지인 프랑크푸르트에 도착해서 남은 물건들을 모두 팔고 무장한 기수들에게 임금을 지불한 다음 돌아갈 준비를 했단다. 두 사람은 돈이 가득 들어 무거운 떡갈나무 궤짝을 마차에 싣고 갔어.

'무장한 사람들의 보호 없이 제노바까지 간다는 것은 조금 위험하지 않을까요?' 페포가 상인에게 물었지.

'그런 염려는 할 필요 없다. 우리 마차에 돈이 얼마나 많은지 누가 짐작이나 하겠느냐? 그리고 나한테 무기도 있으니 걱정 말렴.' 상인은 자기가 차고 있는 검을 가리키며 말했단다.

그래서 두 사람은 마차를 끌 마부만 한 사람 고용해서 길을 떠났어. 여러 날 여행을 한 끝에 숲이 울창한 곳에 다다르게 되었지. 그때 비가 내리기 시작했고 길은 금방 질척거리는 진창으로 변했

지. 마부가 아무리 채찍질을 해대도 마차를 끄는 두 마리 말의 걸음걸이는 점점 느려졌단다. 날은 이미 어두워졌고 길이 움푹 패여 있는 바람에 더 이상은 갈 수가 없게 되었지. 마차의 바퀴가 바퀴축까지 진흙 구덩이에 깊숙이 빠졌거든. 페포와 마부는 횃불에 불을 붙이고는 근처에 있는 튀어나온 암벽 아래 비를 피할 만한 곳이 있는지 찾아보았단다.

세 사람이 암벽 아래에 앉아 쉰 지 한 시간쯤 되었을 무렵 갑자기 나뭇가지 부러지는 소리가 들렸다. 너무 순식간에 일어난 일이라서 무기 생각을 할 겨를도 없었지. 요란한 옷차림을 한 남자 다섯 명이 나타나 순식간에 페포 일행을 에워쌌단다. 산적들은 하나같이 알록달록한 모자를 쓰고 수염을 길렀으며, 검과 단도로 무장하고 있었다. 산적들 중 키가 가장 큰 사람이 입을 열었다.

'안녕들 하시오! 이걸 어쩐다, 정말 딱하게 되었군. 그런데 저 근사한 궤짝 속에는 대체 무엇이 들어 있을까? 한번 들여다봐야겠는걸.'

'손 치워!' 상인은 소리를 지르면서 자기의 검을 빼려고 했지. 하지만 도둑들이 말없이 무기를 빼어들고 자기를 겨누는 걸 보고는 대항해봤자 승산이 없다는 걸 깨닫고 체념하였단다.

산적들이 마차에서 궤짝을 들어 내 바닥에 내려놓은 후 두목이 음침한 목소리로 말했다. '이 숲은 우리 것이다. 다음부터 여행할 때는 그 점을 명심하라고.' 두목이 말을 마치자 도둑들은 궤짝과 모든 무기들을 가지고 숲으로 사라졌지.

페포와 상인은 완전히 빈털터리 신세가 되어 숲에 털썩 주저앉았단다. 도둑들이 일행에게 남겨준 것이라고는 두 마리 말과 마차가 전부였지. 다행스럽게도 페포는 자기 아버지한테서 받은 두카트 한 개를 주머니 속에 가지고 있었어. 그 돈으로 제노바까지 가는 데에 드는 식비와 말의 사료비를 댈 수 있었단다. 마지막 날 밤 멀리 파도소리가 들릴 정도로 제노바에 가까워졌을 때 페포가 갑자기 상인을 쳐다보며 말을 꺼냈어.

'그렇게 많은 돈을 가지고 인적이 드문 곳을 지나간다는 것 자체가 참으로 미련한 짓이에요. 힘들게 번 돈을 빼앗기기만 하잖아요.'

상인이 한숨을 쉬며 대답했다.

'그래, 옳은 말이다. 하지만 어쩌겠느냐? 장사꾼 생활이란 게 다 그런 거란다. 우리는 리옹에서 돈을 벌지만 쓰기는 제노바에서 쓴단다. 그러니 돈을 제노바로 운반해야 할 게 아니냐?'

'꼭 그렇다고만은 할 수 없어요. 제노바에도 리옹처럼 돈이 있잖아요.' 페포가 반박했지.

'하지만 제노바에 있는 돈은 우리 것이 아니잖니?'

'그렇긴 하지요. 하지만 우리가 번 돈을 리옹의 환전상에게 가져갈 수 있잖아요. 그럼 리옹의 환전상은 우리에게 자기가 받은 돈의 액수를 적은 영수증을 주는 거예요. 그러면 우리는 그 영수증을 가지고 제노바의 환전상에게 가서 돈을 받는 거지요.'

'그런데 제노바의 환전상은 우리한테 영수증을 받고 돈을 준 다

음에 우리가 준 영수증으로 리옹에서 돈을 받는다는 것을 어떻게 믿지?'

'환전상들끼리 서로 약속을 하면 되잖아요.'

'그럼 제노바의 동전들이 다 떨어지면 어떻게 하지?'

'그렇게 되면 환전상이 리옹에서 돈을 가지고 와야겠지요. 하지만 아저씨도 아시다시피 그런 일이 생기는 경우는 거의 없잖아요.'

상인은 잠시 묵묵히 페포가 말한 방법에 대해 생각해보는 눈치였다. 그러더니 솥뚜껑만 한 손으로 페포의 등을 치며 말했단다.

'야, 그거 정말 기발한 생각이로구나! 그렇게 되면 더 이상 위험하게 동전을 운반할 필요 없이 영수증만 주고받으면 되겠는걸? 진짜 기막히구나. 네 생각대로만 된다면 우리는 많은 돈을 벌게 될 거다.'

제노바에 돌아오자마자 상인은 곧바로 페포가 전에 일했던 환전상을 찾아갔어. 환전상도 두 사람의 이야기를 듣고는 귀가 솔깃해졌지. 상인과 환전상은 공동으로 은행을 하나 세우기로 했단다. 그리고 돈 대신에 주고받는 쪽지는 '방카 노타'라 부르기로 했지. 두 사람이 세운 은행의 첫 번째 지점은 리옹에서 문을 열었고 지점장으로는 페포가 임명되었다. 페포는 상인의 예쁜 딸과 결혼하여 검은 머리가 파뿌리가 되도록 행복하게 살았단다. 이것이 지독하게도 손재주가 없었던 어떤 아이에 얽힌 이야기의 결말이다."

슈미츠 아저씨는 등받이에 등을 기대고는 손으로 팝콘을 한 움큼 집어 입에 넣었다.

"아저씨가 해주신 이야기 중 어디까지가 실제로 있었던 일이에요?" 펠릭스가 물었다.

"글쎄, 이 이야기는 내가 방금 지어낸 것이라서 페포라는 이름을 가진 그런 아이가 진짜로 있었는지는 모르겠구나. 하지만 내가 그냥 꾸며낸 게 아니라 실제 그런 일도 아주 많았단다. 예를 들면 최초의 환전상들이 이탈리아 사람들이었다는 것은 사실이야. 그건 이 이야기에 나오는 단어들을 보면 알 수가 있지. '콘토(Konto)' 와 '잔액(Saldo)'은 너희들도 이미 알고 있겠지. 은행이라는 뜻을 가진 독일어 '방크(Bank)'라는 말은 실제로 이탈리아어 '방케리(bancheri)'라는 말에서 나온 것이다. 그리고 '방카 노타(banca nota)'는 결국 지폐를 의미하는 독일어 '방크노테(Banknote)'가 되었지. 그런데 어떤 환전상이 자기가 발행한 쪽지인 방크노테를 돈으로 바꿔주지 못한 경우가 있었어. 화가 난 고객들은 그 환전상의 은행을 때려부쉈지. 그리고 부서진 은행을 이탈리아어로……."

"방카 로타(Banca rotta)라고 해요." 잔나가 재빨리 대답했다.

"그래, 맞다. 독일어로는 방크로트(Bankrott)라고 하는데 완전히 망했다, 즉 파산했다는 의미를 담고 있단다."

"만약 크레디트 은행이 자기의 지폐를 지불할 수 없으면 파산하나요?" 페터가 질문했다.

슈미츠 아저씨는 페터가 아주 중요한 걸 지적했다는 듯 대견스럽다는 표정으로 페터를 바라보았다.

"은행은 사실 무얼 지불할 필요가 없단다. 그게 바로 페포가 발명해 낸 돈의 기막힌 점이지. 페포가 처음 지폐를 만들었을 때에는 그 종이에 그 지폐를 가지고 있는 사람에게 얼마만큼의 은화또는 금화를 주라는 약속이 씌어 있었다. 그런데 사람들이 지폐를 주고받는 사이에 금이 전혀 필요가 없다는 것을 알게 되었단다. 지폐가 의미하고 있는 것, 다시 말해 지불하겠다는 약속 자체가곧 돈이란 걸 깨닫게 된 거지. 그리고 이 지폐의 약속이 정말로 지켜지도록 하기 위해서 오늘날에는 정부에서 설립한 은행, 그러니까 독일의 경우는 독일 연방은행에서만 지폐를 찍도록 하고 있다. 크레디트 은행과 같은 일반 은행들은 독일 연방은행에서 지폐를빌리는 것이란다."

"하지만 지폐도 도둑 맞을 수 있잖아요?" 페터가 말했다.

"맞는 말이다. 상인들뿐만 아니라 도둑들도 지난 400년간 훔치는 솜씨가 늘었지."

"그런데 상인의 예쁜 딸은 진짜로 있었나요?" 펠릭스가 물었다.

"물론이지. 예쁜 딸이 나오지 않는 이야기는 재미있는 이야기가아니거든." 슈미츠 아저씨는 빙그레 웃으면서 대답했다.

6. 투자는 돈에 옷을 입히는 것이다

다음 날에는 비구름이 말짱하게 걷히고 해가 비쳤다. 젖은 땅은 쨍쨍 내리쬐는 6월의 햇볕에 조금씩 말라 가고 있었다. 펠릭스와 잔나와 페터는 하루 종일 아무것도 하지 않고 빈둥거리기로 결심했다. 그래서 오전에는 수영장에서 시간을 보냈고, 오후에는 벽돌 공장에서 놀았다. 저녁때 펠릭스가 집에 돌아와 보니 엄마가 하인 첼 꼬마들 회사에 들어온 일거리 두 개를 받아놓았다. 하나는 다리를 삐어서 꼼짝을 못 하고 집에 갇혀 있는 어떤 아줌마가 자기 집 개를 산보시켜주고 장을 봐다줄 사람이 필요하다는 전화였고, 다른 하나는 숄러라는 성을 가진 집에서 잔디를 깎아달라는 부탁이었다. 펠릭스는 개를 무서워했기 때문에 페터와 잔나에게 첫 번째 일을 맡기고 자기는 잔디를 깎겠다고 말했다.

다음 날 펠릭스는 잔디 깎기를 부탁한 집을 찾아가 정원의 출입문 옆에 자전거를 묶어 놓았다. 높은 쇠울타리와 빽빽한 덤불 뒤에는 넓은 대지 위에 호화로운 저택이 하나 서 있었다. 펠릭스는 거기에 그런 호화로운 저택이 있는 줄 몰랐다. 황동으로 된 초인종에는 '숄러'라고 씌어 있었다. 펠릭스가 초인종을 누르자 정원의 출입문이 마치 누군가 조종이라도 하듯 스르르 열렸다. 펠릭스는 발바닥에서 소리를 내며 밟히는 자갈길을 따라 대문으로 가서 초인종을 또 한 번 눌렀다. 문이 열리자 펠릭스는 너무나 놀란 나머지 그 자리에 얼어붙은 듯 꼼짝 않고 서 있었다. 문을 연 것은 펠릭스와 같은 반인 거드름쟁이 카이가 아닌가!

'내가 왜 이렇게 멍청한 짓을 했지? 난 정말 바보야!' 펠릭스는 속으로 자기 자신을 원망했다. 숄러라는 성을 듣는 순간 어째서 카이를 생각하지 못했을까? 사실 쇤슈타트에 그런 성을 가진 사람들은 얼마 안 되는데. 펠릭스가 이 세상에서 정말로 싫어하는 사람이 딱 한 명 있다면 그게 바로 카이였다. 투박한 운동화를 신고 야구 모자를 거꾸로 쓴 카이가 얼굴 가득 비꼬는 표정을 한 채 씩 웃는 꼴이라니! 펠릭스는 잔뜩 화가 나서 귀가 빨갛게 달아오르는 것을 느낄 수 있었다.

카이는 달콤한 목소리로 비아냥거렸다.

"하인첼 꼬마들 회사에서 나온 친구잖아! 우리 아빠가 계셨더라면 반가워하셨을 텐데. 안타깝게도 지금 안 계시지 뭐야. 하지만 나한테 알아서 시키라고 하셨어."

펠릭스는 속이 뒤집힐 지경이었다. 하지만 여기까지 왔는데 안 하겠다고 할 수도 없는 노릇 아닌가? 두 아이는 차고에서 잔디 깎는 기계를 꺼내왔다. 아니, 정확히 말하면 펠릭스 혼자 낑낑거리며 잔디 깎는 기계를 꺼내 오면서 천장에 매달려 있던 경주용 보트를 부러운 눈빛으로 쳐다보았다. 카이는 팔짱을 끼고 펠릭스를 지켜보다가 펠릭스가 막 모터를 작동시키려고 하는 순간 잔뜩 거드름을 빼며 말을 했다.

"부탁인데, 살살 좀 다뤄줘."

펠릭스가 일을 시작하자 카이는 베란다로 어슬렁어슬렁 걸어가더니 정원용 의자에 털썩 주저앉았다. 거드름쟁이는 펠릭스가 일하는 것을 지켜볼 작정인 모양이었다. 나중에 그날 있었던 일을 돌이켜본 펠릭스는 왜 좀 늦었어도 그 순간에 일을 집어치우지 않았는지 후회했다. 돈에 대한 집착이 커서 그랬을까? 아니면 겁이 많아서?

펠릭스는 이를 악물고 마치 정원에 자기 혼자만 있는 것처럼 행동했다. 일을 마친 후 펠릭스는 잔디 깎는 기계를 차고에 넣고는 5마르크를 받으러 갔다.

카이는 느릿느릿 몸을 일으키더니 말했다.

"어디 일을 제대로 했는지 확인 좀 해 볼까? 일을 제대로 해야 돈 받을 자격이 있지."

카이가 잔디를 이리저리 돌아다니며 살펴보자 펠릭스는 자신이 멍청이가 된 기분이었다.

"쯧쯧……. 일을 이렇게 엉터리로 하면 되나. 덤불 근처는 잔디가 고르게 안 깎였잖아. 다시 손을 봐야겠는걸. 이렇게 형편 없이 일을 했으니 5마르크를 줄 수는 없어. 솔직히 말하자면 한 푼도 줄 수가 없지만 그건 너무 야박한 것 같고."

카이는 자신의 호주머니에서 동전을 하나 꺼내더니 펠릭스에게 던졌다. 펠릭스가 몸을 굽히고 보니 50페니히짜리 동전이었다. 펠릭스가 막 동전을 집으려고 할 때 카이가 온 힘을 다해 펠릭스의 손을 짓밟았다. 펠릭스는 고통을 참지 못해 비명을 질렀다.

"돈을 가지고 어서 꺼져. 그리고 다시는 여기에 나타나지 마."
카이가 낮은 목소리로 위협하듯 말했다.

펠릭스는 더 이상 참을 수가 없었다. 그래서 카이의 검정색 스
웨터 깃을 잡고 다리를 걸어 넘어뜨린 후에 카이의 몸 위에 올라
탔다. 그러고는 카이의 얼굴을 잔디에 처박고 말했다.

"너 오늘 나한테 한 짓 후회하게 해줄 거야."

하지만 카이는 반항할 생각은 안 하고 소리만 고래고래 지르기
시작했다.

"아야! 아파! 이거 놓으란 말야!"

펠릭스가 손에서 약간 힘을 빼자 카이가 쏜살같이 한쪽 팔을 빼
더니 펠릭스의 왼뺨을 할퀴었다. 어떤 아줌마가 베란다에서 날카
롭게 외치는 소리가 들려 오는 바람에 펠릭스는 미처 반격할 틈이
없었다.

"너 미쳤니? 경찰을 부르기 전에 썩 꺼져. 저런 나쁜 놈이 다 있
나."

틀림없이 카이의 엄마였을 것이다. 펠릭스는 거드름쟁이를 놓
고는 허둥지둥 카이네 집을 빠져나왔다. 등 뒤에서 카이가 고소해
하는 목소리로 말하는 것이 들려왔다.

"일을 도와주는 하인첼 꼬마들이라고? 쳇, 내 눈에는 정원에 세
워놓는 난쟁이 인형들로밖에는 안 보이는걸."

펠릭스가 이렇게 모욕을 당한 것은 난생처음이었다. 그런데 가

129

장 속이 상하는 일은 모든 게 결국 자기 탓이라는 생각을 떨쳐 버릴 수 없다는 일이었다. 어쩌다가 이런 일을 당하고 말았을까! 아무리 후회해봤자 이미 엎질러진 물이었다. 펠릭스는 카이에게 오늘 당한 일을 어떻게 갚아주어야 할지, 생각하면 생각할수록 분통만 터질 뿐 뾰족한 방법이 떠오르지 않았다. 잔디밭에 뒹군 탓에 윗도리와 바지는 온통 얼룩 투성이었고 카이가 할퀸 뺨은 따끔따끔 쓰라렸다. 왜 자기는 다른 아이들처럼 평범하지 않은 걸까? 그러면 그냥 조용히 학교에 다니고 축구나 하고 텔레비전이나 보면서 지낼 수 있을 텐데. 왜 자꾸만 머릿속에 엉뚱한 생각이 떠오를까? 부자가 되겠다니, 정말 미친 생각이었다.

＊

"나쁜 자식!"

펠릭스의 이야기를 듣고는 페터가 소리쳤다. 페터는 얼굴이 새빨개진 채 펄쩍 뛰며 주먹을 쥐고 당장 무언가에 달려들기라도 할 기세였다. 하지만 뾰족한 수가 없자 그냥 다시 살구 상자 위에 앉았다. 페터는 누군가 치사하게 행동하는 걸 보면 미친 듯이 화를 냈다. 카이네 집을 빠져나오자마자 펠릭스는 얼굴에는 상처가 나고 옷차림은 헝클어진 그대로 벽돌 공장에서 회의를 소집했다. 아이들이 모이자 펠릭스는 잔나와 페터에게 그날 일어난 일의 자초지종을 몇 번이나 말해주어야만 했다. 페터는 펠릭스의 이야기를 들으면 들을수록 더 화를 냈다.

"이대로 가만 있을 순 없어." 페터가 여러 번 말했다.

"모두가 각자를 위해, 각자가 모두를 위해." 잔나가 하인첼 꼬마들 회사의 표어를 덧붙였다.

페터나 잔나한테 당장 카이를 혼내줄 묘안이 있는 것은 아니었지만 친구들에게 자기가 당한 일을 털어놓고 나니 펠릭스의 기분은 훨씬 나아졌다. 어차피 방학 동안에는 카이를 볼 기회가 없었다. 그러니 복수할 만한 적당한 기회가 올 때까지 기다리는 수밖에 없었다. 게다가 펠릭스는 또다시 주먹질을 벌일 생각은 추호도 없었다.

아이들은 한동안 폐허 쪽에서 들려오는 짹짹거리는 참새 소리에 귀를 기울이며 조용히 앉아 있었다. 잠시 후 페터가 작업복에 달린 수없이 많은 주머니 속을 여기저기 부스럭거리며 뒤지기 시작했다. 펠릭스는 페터가 이번에도 또 시가를 꺼내는 건 아닐까 걱정했는데 페터가 꺼낸 것은 뜻밖에도 구겨진 종이 쪽지였다.

"내가 신문에서 재미난 기사를 발견했어. 제목은 '일 년만에 부자가 되는 법 · 백만장자들의 비결'이야."

"쳇, 말도 안 되는 소리하고 있네." 잔나가 말했다.

"너는 왜 들어보지도 않고 투덜거리니? 여기 쓰인 걸 읽어줄 테니 잘 들어봐. '미국의 언론인인 아서 맥캐인 씨는 전 세계 갑부 500명과 인터뷰를 했다. 그다음부터 그는 누구나 원한다면 백만장자가 될 수 있다는 확신을 가지고 있다. 그가 그러한 확신을 하게 된 이유는 다음과 같다. 부는 생각에서부터 시작된다. 가장 중요한 것은 구체적인 목표를 설정하는 것이다. 부자가 되고 싶다는 생각만으로는 불충분하다. 예를 들면 좀 더 구체적으로 백만 마르크를 벌어야겠다고 생각해야 한다. 그리고 이 백만 마르크를 적어도 하루에 한 번은 머릿속에 떠올려봐야 하는 것이다. 부에 대한 구체적인 소망이 마음속에 확고히 자리 잡을 때에만 부자가 되기 위해 필요한 기발한 생각들을 할 수 있는 것이다.' 어때, 그럴듯하지 않니?"

"우리더러 정신병자가 되라는 소리니? 돈만 생각하라고? 웃기고 있네." 잔나가 비웃으며 말했다.

"동화 속에나 나올 법한 얘기야. 옛날 옛적에 소원을 빌면 이루어지던 때……." 펠릭스도 시큰둥한 얼굴이었다.

"너희들 정말 자꾸 이렇게 나올 거야? 내 생각에 하인첼 꼬마들 회사는 진도가 너무 느린 것 같아. 여름 방학인데 우리는 아직도 자질구레한 일들밖에는 안 하잖아. 잔디를 깎거나 빵 배달 아니면 슈미츠 아저씨 이야기나 듣고. 좀 더 적극적으로 움직여야겠어. 그리고 그 기사에 나와 있듯이 부자가 되고 싶다는 간절한 소원을 가져야겠어."

"어차피 처음부터 무리가 아니었을까? 부자가 되겠다는 생각말이야."

펠릭스는 손수건으로 볼에 난 상처를 살짝 눌렀다. 상처의 쓰라림을 조금 달래보려고 했는데 아픔이 줄어들기는커녕 오히려 더 심해질 뿐이었다.

"무슨 소리야. 우린 부자가 될 거야. 그런 하찮은 사건 때문에 포기할 수는 없잖아?" 페터는 단호한 표정으로 말했다.

"너 정말로 간절하게 소원을 빌면 부자가 될 수 있다고 생각하니?" 잔나가 물었다.

"너희들 도대체 내 말을 제대로 알아듣지 못하는구나. 정말로 돈을 벌려면 우리한테는 더 좋은 생각이 필요한데 우리가 정말 부자가 되기를 간절하게 원할 때에만 좋은 생각이 떠오를 거라는 뜻이야. 머리로 생각을 해야 한단 말이라고. 기사에도 나왔듯이 기발한 생각들이 필요하다니까!"

"복권을 사면 어떨까? 우리 엄마도 그걸 맨날 하셔." 잔나가 말했다.

"그래서 당첨되신 적이 있니?" 펠릭스가 물었다.

"작년에 50마르크인가 버신 적이 있어."

"그것 봐. 복권 당첨으로 부자가 되는 일이 그렇게 쉽다면 이 세상에 백만장자 아닌 사람이 어디 있겠니?"

그때 갑자기 펠릭스의 뇌리를 스쳐가는 생각이 있었다.

"잔나야, 너 양계하겠다고 하지 않았니?"

"아이고, 하마터면 까먹을 뻔했네. 그런데 조금 문제가 있어. 우리 엄마가 절대 반대하셔. 닭을 키우면 더러워지는데 아이스크림 가게는 청결이 생명이라면서. 가게가 더러우면 손님들이 안 온대. 우리 엄마가 아이스크림과 닭똥은 결코 같은 장소에 있을 수 없다고 하셨어."

"정말로 '똥'이라고 하셨어?"

"그래, 이탈리아어로. 그래서 결국은 닭을 못 키운다고 결론이 났지."

"잠깐만. 양계를 슈미츠 아저씨네 마당에서 하는 건 어떨까? 장소는 충분하잖아. 그리고 오래되긴 했지만 닭장도 있고." 펠릭스가 제안했다.

페터가 휘파람을 획 불었다.

"그것 봐, 우리가 정말 진지하게 돈 버는 일을 생각하자마자 펠릭스가 기발한 생각을 해냈잖아. 슈미츠 아저씨네 마당에서 닭을 키운다, 바로 그거야. 그렇게 하기로 하자."

"그런데 슈미츠 아저씨가 허락을 하실까?"

"왜 안 되겠어? 닭똥과 색소폰이 서로 방해된다는 소리는 못 들어봤는걸. 안 그래?"

"되든 안 되든 일단 아저씨한테 여쭈어보는 건 나쁠 것 없겠지, 뭐."

아이들이 막 떠나려던 참에 잔나가 갑자기 멈춰서더니 벽을 가리켰다.

"얘들아, 저기 좀 봐. 전선들이 벽에서 빠져나와 있어. 아직도 전기가 통할까?"

"정말이네! 이제까지 여러 번 여기 왔어도 한 번도 본 적이 없었는데." 펠릭스가 외쳤다.

페터는 전선을 잘 살펴보았다.

"이건 전선이 아냐. 전선은 이것보다 훨씬 더 굵어. 이건 오래된 전화선이야."

"그럼 분명히 오래전에 끊어졌겠지?"

"아직도 전화가 되는지 내가 알아볼게. 새 전화 콘센트하고 전화기만 있으면 돼. 나한테 맡겨. 전화가 되면 좋겠는데……."

"그런데 카이는 어떻게 하지?"

다들 집에 가기 위해 자전거에 올라타는데 잔나가 물었다.

"때가 되면 좋은 생각이 떠오를 거야." 페터가 말했다.

펠릭스가 집에 도착하자 펠릭스의 엄마는 펠릭스 뺨에 난 상처를 보고 놀랐다. 펠릭스는 카이와 주먹 다툼을 벌였던 일을 말하지 않는 것이 낫겠다는 생각이 들었다. 그래서 그냥 가시나무들이 많은 정원에서 일을 했다고 얼버무리고 말았다. 그런데 막상 엄마가 별다른 의심을 품지 않고 그 이야기를 순순히 믿어주자 펠릭스 자신이 오히려 약간은 놀랐다.

*

간혹 잠을 자고 나면 복잡했던 문제들이 저절로 풀리는 경우가 있다. 다음 날 아이들이 약속한 대로 슈미츠 아저씨의 컴퓨터를 고쳐주기 위해 아저씨 집에 갔을 때에는 왠일인지 모든 게 순조롭게 풀렸다. 페터는 자기 형이 시험해보라고 한 명령어 몇 개를 적은 쪽지와 디스켓 한 장을 받아가지고 왔다. 그러자 한 시간도 채 안 되어서 컴퓨터는 제대로 작동되었고 인터넷 접속도 되었다. 슈미츠 아저씨는 아이들에게 팝콘을 골고루 나눠주고는 싱글벙글 웃는 얼굴로 모니터 앞에 앉았다. 페터와 펠릭스는 아저씨한테 인터넷에 접속하는 방법을 알려주었다. 인터넷의 일기예보 화면이 뜨자, 슈미츠 아저씨는 마치 어린아이처럼 기뻐했다.

"이, 이게 인터넷이냐?" 아저씨가 물었다.

"네, 이게 바로 인터넷이에요."

펠릭스는 자기들이 일을 이렇게 쉽게 해결했다는 것이 못내 자랑스러웠다. 그제야 슈미츠 아저씨는 펠릭스의 뺨에 난 상처를 발견했다.

"너희 집에서 고양이를 키우는가 보구나."

아이들은 아저씨한테 카이와 펠릭스 사이에 벌어졌던 일을 얘기했다.

"그, 그거 정말 믿기질 않는구나. 대, 대체 왜 그 아이는 그, 그런 일을 저지른 거지?"

슈미츠 아저씨가 믿기지 않는다는 듯이 고개를 저으며 말했다. 아저씨는 카이에게 화를 내기보다는 그렇게 나쁜 짓을 하는 아이가 있다는 사실에 대해서 의아해하는 것 같았다.

페터가 헛기침을 하고 나서 조심스레 말을 꺼냈다.

"저희들이 아저씨한테 드릴 말씀이 있는데요."

"그럼 어, 어디 말해보렴."

"닭에 대해서 어떻게 생각하시죠?"

"그게 무슨 소리냐? 닭이라니."

아이들은 아저씨한테 닭을 키워볼 생각이라고 말했다. 슈미츠 아저씨는 아이들의 말에 열심히 귀를 기울였다. 그리고 아이들의 설명을 듣는 동안 가끔 재미있다는 표정을 짓기도 하고 속으로 웃기도 했다. 아이들이 말을 마치자 아저씨는 너털웃음을 터뜨렸다.

"나와 닭이라, 너희들 정말 별 희한한 생각도 다 해내는구나. 하지만 못 할 것도 없지. 달걀이 귀한 물건은 아니지만 말이다. 요즘에 달걀을 파는 사람이 한둘이 아니거든."

"저희들은 특별한 달걀을 팔 거예요." 펠릭스가 말했다.

"자연란이요." 잔나가 덧붙였다.

"닭은 몇 마리나 기를 생각이니?" 슈미츠 아저씨가 묻자

"글쎄요. 한 두어 마리쯤 기를까 해요." 펠릭스가 대답했다.

"그 정도로는 돈벌이가 안 돼." 잔나가 큰 소리로 대꾸했다.

"닭 한 마리는 달걀을 하루에 한 개씩밖에 안 낳는다고. 그러니까 적어도 열 마리는 되어야 해."

"그리고 수탉도 한 마리 있어야 해. 암탉들한테는 수탉이 한 마리는 필요하거든." 페터가 말했다.

"그래, 좋다. 우리 집 마당에 양계장 만드는 걸 허락하마. 하지만 조건이 하나 있다. 닭장 주변에 튼튼한 울타리를 쳐야 한다. 그래야 닭들이 밖으로 도망가지 않지. 그리고 나는 일요일 아침마다 달걀을 한 개씩 먹어야겠다. 말하자면 자릿세 같은 거지."

"야호! 정말 고맙습니다." 잔나가 활짝 웃으며 말했다.

"울타리는 내가 맡을게." 페터가 약속했다.

"잘됐구나. 우리 집 마당에서 벌어질 양계장 사업이 아주 기대

되는걸. 참, 그런데 너희들 닭 살 돈은 어떻게 마련할 거냐?"

펠릭스는 그 생각은 미처 하지 못했다는 걸 인정할 수밖에 없었다. 하지만 잔나는 벌써 자기 나름대로 궁리를 한 모양이었다.

"당연히 저희가 그동안 일을 해서 모은 돈으로 사야죠. 제가 벌써 시장에서 알아보았는데 작은 암탉 한 마리가 10마르크더라고요. 그러니까 암탉 열 마리면······."

"그리고 수탉 한 마리······."

"총 110마르크가 필요해요. 그리고 가끔 가다 사료도 한 자루씩 사야 될 텐데, 그것도 한 자루에 한 10마르크쯤 할 거예요."

"하지만 그렇게 되면 우리 돈이 다 없어지게 되잖아." 펠릭스가 큰 소리로 말했다.

"돈이 없어지긴 왜 없어지니? 이것은 장차 돈을 벌기 위한 투자*라고. 우리는 양계에 투자를 해서 돈을 버는 거야."

"잘 모르겠어." 펠릭스가 머뭇거리며 말했다.

"너희들 한번 이익이 얼마나 될지 대충 계산해보는 게 좋겠다. 그런데 너희들 투자라는 이 좋은 말이 어디서 나왔는지 알고 있니? 투자라는 말은 라틴어인 인베스티레(investire)에서 온 건데 '새 옷을 입힌다'는 뜻이란다. 우리가 투자를 한다는 건 이익이 되도록 돈에 새 옷을 입혀서 시간이 지나면 돈이 불어나길 바라는 거지. 예를 들면 기계에 돈을 투자할 수도 있고 너희처럼 닭에 돈

* 투자: 돈을 그대로 두지 않고 이익을 가져다 주는 어떤 것에 쓴다는 뜻이다. 이를테면 집을 사들이거나 회사의 기계를 구입하기 위해 돈을 쓰는 일이다.

을 투자할 수도 있단다. 하지만 투자하기 전에 자기가 돈에 입히려고 하는 그 새 옷이 과연 돈에 잘 어울리는지 검토해봐야 한다. 그러니까 투자를 통해 이익이 생길 것인지 미리 따져보아야 한다는 뜻이지."

"우리가 달걀을 팔아서 버는 돈이 닭을 사는 데 드는 돈과 사료값보다 더 많아야 한다는 말씀이시죠?" 잔나가 물었다.

"훨씬 더 많아야지. 통장에 돈을 넣어놓으면 가만히 있어도 이자가 2.5퍼센트씩 붙으니까 말이다. 그러니까 너희는 일 년 안에 적어도 닭 사는 데 든 비용 110마르크와 사료값 약 100마르크 그리고 그 두 가지 비용을 합친 금액에 붙는 이자 2.5퍼센트를 모두 더한 총액보다 더 벌어야 한단다."

"215마르크 25페니히 이상 벌어야겠네요." 어느새 머릿속으로 계산을 마친 펠릭스가 말했다.

"맞다. 그러면 이제 너희가 벌 수 있는 돈을 계산해보자. 자연란 한 개의 시장가격은……."

"40페니히예요." 잔나가 말했다.

"좋다. 닭을 열 마리 산다고 치자. 닭 한 마리는 하루에 달걀을 한 개씩 낳지. 365일이면 달걀이 3650개다. 그중에서 자릿세로 일요일마다 나한테 한 개씩 주는 달걀이 일 년이면 52개니까 그걸 빼면 너희가 파는 건 3598개다. 거기에 40페니히를 곱하면……."

"계산기가 필요하겠는걸?" 펠릭스가 말했다.

"음…… 1439마르크 20페니히로구나. 너희가 투자한 비용을 감

139

안한다면 아주 수익*이 높은 셈이지. 위험부담을 계산에 넣는다 해도 말이다. 예를 들면 닭 한 마리가 마음이 내키지 않아 더 이상 달걀을 낳지 않는 일이 일어날 수도 있지. 마음이 내키지 않는다는 말이 나와서 말인데, 너희들이 마음이 안 내킨다고 해서 꼬박꼬박 닭 모이 주는 일을 게을리하지 않고 열심히 일한다고 약속하면 우리 마당에서 닭 키우는 일을 허락하마. 나는 닭 모이 줄 생각이 전혀 없거든."

"걱정하지 마세요." 잔나가 말했다.

"셋이서 설마 그것 하나 못 하겠어요?"

"그런데 달걀은 어디서 팔 생각이냐?"

"제 생각에는 아저씨네 가게의 악기들 옆에 올려놓고 파는 것이 가장 좋을 것 같은데요." 잔나가 말했다.

"너희들 정말 나한테 여러 가지를 바라는구나. 신선한 달걀과 음악이라. 그렇게 못 할 것도 없겠지만 별로 좋은 생각 같지 않다. 무엇보다도 우리 가게는 손님들이 별로 없거든. 잔나네 아이스크림 가게에서 파는 것이 어떻겠느냐?"

"엄마한테 여쭈어볼게요. 분명히 반대는 안 하실 거예요." 잔나가 말했다.

아이들이 막 나가려던 참에 펠릭스는 문득 슈미츠 아저씨에게 여쭈어보고 싶은 것이 생각났다.

---

* 수익: 자기가 소유한 돈에서 끌어낼 수 있는 모든 종류의 이익을 일컫는다. 수익은 항상 백분율로 표시하기 때문에 수익률이라는 용어를 쓴다.

"복권에 대해서는 어떻게 생각하세요?"

"복권이라고? 나라면 차라리 닭을 키우겠구나. 너희들 생각에는 복권에서 숫자 여섯 개를 차례대로 모두 맞힐 확률이 얼마나 될 것 같니?"

"글쎄요."

"1300만 분의 1이란다."

"1300만 분의 1이라고요? 그게 무슨 말이죠?" 페터가 물었다.

"그것은 복권 1300만 장 중에 숫자 여섯 개가 순서대로 모두 맞는 것은 딱 한 장밖에 없다는 말이란다."

"아저씨는 그걸 어떻게 아셨죠?"

"확률 계산*이지. 확률을 계산하면 어떤 일이 일어날 가능성을 정확하게 알아낼 수 있지."

"정확한 것하고 가능성이 있다는 것은 서로 전혀 맞지가 않잖아요?"

"그래? 너 주사위를 굴려본 적 있지?"

"물론이죠. 애들이랑 게임할 때 해본 적 있어요."

"그렇다면 어떤 숫자가 가장 많이 나오든?"

"잘 모르겠어요. 그런데 페터는 꼭 필요할 땐 운 좋게 매번 6이 나와요."

"하지만 너희들이 아주 오랫동안 게임을 하면 어떤 수가 가장

---

* 확률 계산: 어떤 일이 일어날 가능성이 얼마나 되는지를 수학적으로 계산해내는 방법이다.

많이 나오지?”

“제 생각에는 모두 비슷할 것 같은데요.”

“그래. 주사위 숫자는 여섯 개이기 때문에 6이 나올 확률도 6분의 1이고 다른 숫자가 나올 확률도 그게 어떤 숫자든 항상 6분의 1이지. 이것이 바로 확률 계산이란다.”

“하지만 만약에 저희들이 매주 한 개가 아니라 열두 개씩 복권을 산다면 어떻게 되나요?” 잔나가 물었다.

“그렇게 되면 너희들이 복권에 당첨될 확률은 1300만 분의 12가 되지. 그래도 약 1000만 분의 1인데 내 생각엔 거의 0이나 다름없다. 아무튼 가능한 한 빨리 부자가 되려고 한다면 복권은 결코 좋은 방법이 아니란다.”

7. 구하라, 그러면 얻을 것이다

　페터는 닭장 바깥쪽에 울타리를 치는 데 필요한 재료들을 놀랄 만큼 빠른 시간 안에 다 구할 수 있었다. 페터가 구해온 재료들은 오래된 나무 담장에서 뽑아온 말뚝과 철조망 한 타래, 못과 나사 그리고 U자 모양의 꺾쇠와 갖가지 공구들이었는데, 그 가운데에는 커다란 망치도 끼어 있었다. 페터는 그 재료들을 자기 아빠 주유소 뒤쪽에 아무렇게나 쌓아놓았다.

　다음 날 아침 페터는 펠릭스와 잔나에게 자기가 구한 재료들을 보여주면서 뽐내듯이 말했다.

　"주유소에서는 뭐든지 쉽게 구할 수 있다고."

　페터의 아빠 발저 씨는 아이들에게 짐수레를 빌려주었다. 아이들은 페터가 구한 온갖 물건들을 짐수레에 실어 슈미츠 아저씨네로 옮겼다. 말뚝이 워낙 커서 한번에 다 실어나를 수 없었기 때문에 먼저 다른 물건들을 다 옮기고 나서 두 번째로 말뚝만 따로 가져갔다. 아이들이 실어 온 물건들을 내려놓고 있는데 슈미츠 아저씨가 소리쳤다.

　"너희들, 마당을 전부 다 양계장으로 만들면 안 된다!"

　"염려 마세요. 아주 보기 좋게 해놓을게요." 잔나가 아저씨에게 대답했다.

슈미츠 아저씨네 마당에 있는 닭장은 돌담으로 둘러싸여 나무로 된 출입문이 달려 있었다. 그리고 한쪽 담 아래에는 작은 구멍이 널빤지로 막혀 있었다.

"이건 전에 닭들이 드나들던 구멍이야. 다시 사용할 수 있도록 손을 좀 보아야 할 거야." 페터가 구멍을 가리키면서 말했다.

페터는 우선 말뚝 하나를 집어 닭장에서 라일락 덤불까지 이어지는 방향을 똑바로 가리키도록 말뚝을 땅바닥에 내려놓았다. 그러고는 말뚝이 가리키는 방향을 따라 작은 걸음걸이로 잔디를 밟아 나갔다. 라일락 덤불에 이르자 직각으로 꺾어 똑바로 앞으로 몇 걸음 나가다가 다시 직각으로 꺾었다. 페터는 계속 바닥을 몇 번 밟고 걷다가 또 직각으로 꺾어 닭장 쪽으로 되돌아오더니 펠릭스와 잔나에게 말했다. "내가 지금 밟은 길을 따라 울타리를 칠 거야." 그러고 나서는 말뚝 박을 자리에 첫 번째 말뚝을 세웠다. 펠릭스가 망치를 가져와 페터가 붙잡고 있는 말뚝을 땅속 깊이 박기 시작했다. 그사이에 잔나는 구멍을 가로막고 있는 널빤지에 옷걸이 모양의 갈고리를 단 후 거기에 굵은 실을 동여맸다. 실을 잡아당기면 구멍이 열리는 장치를 생각한 것이었다. 말뚝 열두 개를 다 박고 난 다음에 펠릭스와 페터는 말뚝마다 U자 모양의 꺾쇠를 장치하고 말뚝과 말뚝 사이에 철조망을 설치했다. 저녁이 되자 닭장 주변에 울타리를 치는 일은 완전히 끝났다.

"이제 닭만 사오면 돼."

페터는 완성된 울타리를 흐뭇한 표정으로 바라보았다.

"닭장 안을 좀 청소해야 하지 않을까?" 펠릭스가 두 아이를 바라보며 물었다.

"쓸데없는 걱정 하지 마. 청소해봤자 닭한테 도움될 것도 없어. 닭들은 원래 지저분하게 어질러져 있는 걸 좋아하거든." 잔나가 말했다.

＊

울타리가 세워지고 처음 맞는 일요일에 하인첼 꼬마들 & Co 회사는 드디어 암탉 열 마리와 수탉 한 마리를 수중에 넣게 되었다. 슈미츠 아저씨와 세 아이가 아저씨네 가게 앞에서 닭들이 도착하기를 기다리고 있는데, 멀리서 요란스럽게 꼬꼬댁거리는 소리가 들리더니 차 한 대가 길모퉁이를 돌아 다가오는 것이 보였다. 쇤슈타트 근교에 농장을 갖고 있는 리하르트 아줌마네 화물차였다. 아이들은 그 전날 토요일마다 열리는 감자시장에서 아줌마한테 닭을 갖다달라고 부탁했었다. 화물차의 짐칸에는 커다란 종이 자루 하나와 궤짝 하나가 실려 있었는데 꼬꼬댁거리는 소리는 궤짝 안에서 들려왔다. 아줌마는 차의 시동을 끄더니 운전석 옆의 창 너머로 아이들에게 말을 걸었다.

"자, 여기 너희들이 주문한 물건 도착했다. 그런데 너희들 정말로 닭을 키울 생각이니? 닭 키우는 데 여간 손이 많이 가는 게 아닌데. 매일 모이를 줘야 하고 가끔 닭장 청소도 해야 하고."

"걱정 마세요. 여러 가지로 잘 생각해 보고 결정한 일이에요."

잔나가 대답했다.

"그래? 그렇다면 닭 옮기는 것 좀 거들어야겠다."

아줌마는 잔나와 함께 닭이 들어 있는 궤짝을 들어 마당의 울타리 안쪽에 갖다 놓았다. 아줌마는 울타리와 닭장을 둘러보더니 말했다.

"양계장이 그럴 듯하구나. 이 정도면 안심하고 우리 농장 닭들을 팔아도 되겠는데."

아줌마가 궤짝을 열자 닭들이 요란한 소리로 꼬꼬댁거리면서 밖으로 몰려나왔다. 깃털은 갈색이었으며 수탉의 머리에는 작고 붉은 볏이 달려 있었다.

"아주 조그맣네요. 저렇게 작은데 알을 낳을 수가 있을까요?" 펠릭스가 약간 실망한 얼굴로 물었다.

"아직 어린 암탉들이란다. 하지만 얼마 안 있으면 알을 낳을 수 있으니까 한두 주 정도만 기다리렴."

잠시 후 아줌마는 아이들에게 모든 일이 계획대로 잘되기를 바란다는 말과 함께 작별 인사를 하고 떠났다.

"어휴, 우리 110마르크짜리가 돌아다니네." 페터가 장난기 섞인 말투로 외쳤다.

"우리 미래의 재산이 돌아다니는 거야." 잔나가 얼른 페터의 표현을 고쳐 말했다.

"닭들도 잠을 자기는 하는 거냐?" 슈미츠 아저씨는 걱정스러운 표정으로 물었다.

"물론이죠. 아침에 수탉이 울 때까지 잘걸요." 페터가 아저씨를 안심시켰다.

"수탉이 너무 새벽부터 울지나 않았으면 좋겠구나. 너희들 팝콘 갖다줄 테니, 그것 먹으면서 새로운 투자 대상을 감상하는 게 어떻겠냐?"

모두들 아저씨의 제안에 대찬성이었다. 그래서 마당 한가운데 있는 벚나무 아래 야외용 탁자에 자리를 잡고 앉았다. 슈미츠 아저씨는 날씨가 너무 좋아 집 밖에서 일을 하려고 일거리를 몽땅 마당으로 들고 나온 모양이었다. 벚나무 그늘에는 악보 받침대가 세워져 있었고 야외용 탁자에는 악보가 잔뜩 쌓여 있었다. 그리고 그 위에 클라리넷 케이스와 클라리넷이 놓여 있었다. 아저씨가 팝콘을 가지러 간 사이에 잔나는 주머니에서 단어장을 꺼내더니 새 페이지를 펼쳐 표를 하나 그렸다.

"닭하고 모이를 사느라고 돈을 썼으니까 장부에 정리를 해야 해."

팝콘 한 봉지와 탄산수 한 병을 들고 돌아온 슈미

차변			대변
현금	284.70	지출	
		닭	110.00
		사료	10.00
		잔액	164.70

츠 아저씨는 잔나가 만든 표를 보더니 칭찬을 했다.

"아주 잘했구나. 하지만 표를 더 만들어야겠다. 이제는 너희들한테 자산*이 생긴 셈이니까."

"자산이라니요?"

"닭과 사료를 산 것은 너희가 가지고 있는 돈의 일부를 투자한 것이다. 잔나의 표만 보면 너희 회사가 가난해진 것처럼 보이는데 그건 사실이라고 할 수 없지."

"가난해진 게 아니라면 좋겠어요." 펠릭스가 말했다.

"너희들이 산 닭이 알을 낳게 될 테니 그 닭을 사는 데 쓴 돈이 그만큼의 가치가 있다고 생각하면, 너희 회사의 자산은 현금과 닭 그리고 사료 세 가지로 이루어져 있다고 할 수 있다. 그걸 정리하면 이렇게 된다."

닭	110.00
사료	10.00
현금	164.70
	284.70

"표 오른쪽이 비었잖아요." 잔나가 의아해하는 표정으로 물었다.

"맞아. 표 왼쪽에는 너희가 돈을 어디에 썼는지가 적혀 있고 오른쪽에는 돈이 어디에서 생긴 것인지를 적게 되어 있지. 너희 경우엔 회사를 세웠을 때 가지고 있던 돈이 너희가 모은 돈이고 아무 데서도 돈을 꾸지 않았기 때문에 아주 간단해. 너희 회사의 자본금은 모두가 자기자본*이란다. 이걸 전부 다 표에 기록하면 어떻게 되는지 볼까?"

---

* 자산: 개인 또는 회사가 소유하고 있으며, 현재 소득을 만들거나 장차 소득이 생기게 할 수 있는 모든 것을 가리킨다. 돈, 주식, 심지어 자동차나 예술품도 이에 속한다.

* 자기자본: 사업에 쓸 자본은 자기 돈을 쓰거나 돈을 빌려 마련할 수 있다. 기업에 투자된 자기 소유의 자금을 자기자본이라 하며, 빌린 돈을 타인자본이라고 한다.

"내가 지난번에 이런 표에서는 양쪽 칸에 적혀 있는 금액이 똑같아야 한다고 말했던 것 기억하는지 모르겠구나.

차변			대변
닭	110.00	자기자본	284.70
사료	10.00		
예금	164.70		
	284.70		284.70

어떠냐, 차변과 대변의 금액이 일치하지?" 슈미츠 아저씨는 아이들을 빙 둘러보며 말했다.

"차변이니 대변이니 하는 이 괴상한 용어들은 도대체 무슨 뜻이에요?" 펠릭스가 어리둥절한 표정으로 물었다.

"미안하다, 어려운 말을 써서. 경제학에서 사용되는 용어란다. '대변'이란 말은 이런 표의 오른쪽 칸을 가리키는데 회사의 돈이 어디에서 생긴 것인지를 기재한다. 너희 경우에는 그게 너희 돈이니까 자기자본이라고 적은 거지. '차변'은 표의 왼쪽 칸을 나타내고 회사의 돈이 어디에 쓰였는지를 알려준단다. 그리고 이런 표를 대차대조표라고 부른다. 원래 이탈리아어에서 온 말인데……."

"뭔지 알 것 같아요. '라 빌란치아'라는 말이 있는데 '저울'이라는 뜻이에요." 잔나가 잘난 척하며 잽싸게 끼어들었다.

"맞았다. 대차대조표는 일정한 시점을 기준으로 기업의 자산과 자본, 부채 상황을 나타낸 것이란다. 저울의 양쪽이 평형을 이루어야 하는 것처럼 이 대차대조표의 양쪽에 적힌 금액은 항상 서로 일치해야 한다. 웬만한 기업은 모두 대차대조표를 기록한단다. 대차대조표를 보면 그 기업의 재정 상태를 한눈에 알 수 있지."

아저씨는 말을 마치자 의자에 몸을 기대더니 팝콘을 집어 입 안 가득 넣고는 씹기 시작했다. 펠릭스도 의자에 등을 기대고 온몸을 쭉 폈다. 자기네가 오늘 아주 획기적인 발전의 한 걸음을 내디뎠다는 기분이 들었다. 그래서 슈미츠 아저씨처럼 자기도 이 기분을 만끽해야겠다는 생각에서 팝콘을 한 주먹 집었다. 그러고는 닭들의 꼭꼭거리는 소리에 귀를 기울였다. 닭들은 그 사이에 새로운 환경에 적응했는지 잔나가 흩뿌린 낟알을 쪼아 먹고 있었다. 그제야 탁자에 쌓인 악보 더미에 아무렇게나 놓여 있는 클라리넷이 펠릭스 눈에 띄었다. 펠릭스는 은빛으로 빛나는 악기 표면을 손가락으로 어루만졌다.

"참 아름답지?"

아저씨는 클라리넷을 소중한 보물이라도 되는 듯이 조심스럽게 집어 들더니 말을 이었다.

"지난 주에 샀단다. 어떤 할머니 유품이라고 하던데 보존 상태가 어찌나 좋은지 놀랄 정도 아니냐? 적어도 80년 이상 되었을 텐데. 어떠냐, 한번 불어보겠니?"

아저씨는 펠릭스에게 클라리넷을 내밀더니 악보대에 빨래집게로 고정되어 있는 악보를 가리켰다.

"클로드 드뷔시의 '흑인 꼬마'라는 건데 혹시 아는지 모르겠다. 드뷔시가 미국에 있을 때 들었던 재즈 가락으로 작곡한 거라고 하는데."

펠릭스는 클라리넷을 입에 대고 불어보았다. 오래 사용하지 않은 악기에서 나는 이상한 냄새가 나고 왁스와 기름 냄새도 났다. 입에 대고 부는 리드 부분이 펠릭스가 가지고 있는 악기와 완전히 느낌이 달랐다. 펠릭스는 클라리넷의 음 조절판인 음전에 손가락을 대고 눌러보다가 멈칫하더니 어리둥절한 얼굴로 슈미츠 아저씨를 바라보았다.

"이 클라리넷은 음전이 잘못됐어요."

"잘못된 게 아니다. 이건 뵘클라리넷이란다. 네가 가지고 있는 클라리넷은 음전 구멍을 독일식으로 뚫어놓은 것이고, 뵘클라리넷은 다른 방식으로 음전 구멍을 뚫었지. 그것만이 아니다. 뵘클라리넷은 음전을 누르는 순서도 다른 클라리넷과 달라. 그래서 다른 클라리넷보다 연주하기가 훨씬 더 까다롭긴 하지만 음색이 깊고 장중한 맛이 있어 특히 재즈 연주에 적합하단다."

슈미츠 아저씨는 펠릭스한테서 클라리넷을 받아들더니 입에 대고 불기 시작했다. 그랬더니 오래된 악기에서 신기하게도 아름다운 재즈 선율이 흘러나왔다. 딴따라 딴따라, 딴따라라…….

펠릭스는 놀라서 휘둥그레진 눈으로 아저씨를 쳐다보았다.

"이렇게 오래된 악기로 재즈를 연주할 수 있을 거라곤 꿈에도 생각 못 했어요."

그러고는 다시 한번 클라리넷을 손에 들고는 감탄한 표정으로 들여다보았다. 그런 다음에 클라리넷을 원래 있던 자리에 갖다놓으려고 탁자를 향해 걸어갔다. 그런데 클라리넷을 막 탁자에 올려놓으려는 순간 발이 의자에 걸리고 말았다. 펠릭스는 클라리넷이 망가지지 않게 하려고 본능적으로 클라리넷을 머리 위로 치켜들었다. 하지만 그 바람에 온몸으로 탁자 옆을 쾅 들이받게 되었다. 탁자가 바닥으로 쓰러지면서 탁자에 놓여 있던 악보와 팝콘, 클라리넷 상자도 몽땅 땅에 떨어졌다.

"이런, 크, 큰일날 뻔했다. 다치진 않았니?" 아저씨는 펠릭스를 일으켜 세우면서 걱정스러운 기색으로 물었다. 그러고는 펠릭스 손에 들려 있던 클라리넷을 받아 살펴보았다.

"정말 죄송해요, 아저씨. 어쩌다가 발이 걸렸는지 모르겠어요."

"괜찮다. 아무것도 망가진 건 없는 것 같으니 걱정 말아라. 클라리넷도 멀쩡하고."

아저씨는 쩔쩔 매며 사과하는 펠릭스를 달랬다.

펠릭스는 땅바닥에 떨어진 악보들을 주섬주섬 챙기고 나서 클라리넷 상자를 집어 들다가 깜짝 놀라 자기도 모르게 소리를 지르고 말았다.

"앗, 이걸 어쩌죠!"

클라리넷 상자가 땅에 곤두박질치면서 붉은 벨벳 천으로 된 클라리넷 집이 상자로부터 떨어져 나왔기 때문이다. 펠릭스는 한 손에는 클라리넷 집을, 다른 손에는 빈 클라리넷 상자를 들고 어쩔 줄 모르는 얼굴로 서 있었다.

그러나 아저씨는 전혀 화가 난 기색이 없이 그냥 아이들에게 "얘들아, 여기 좀 봐라!" 하고 말했다.

신문지가 여러 겹 접혀 클라리넷 상자 바닥에 꼭 맞게 채워져 있는 것이 보였다. 누군가 신문지를 겹겹이 포개서 상자의 네 귀퉁이에 제도용 핀으로 고정시켜 놓았다. 신문지의 가장자리는 오랜 세월에 누렇게 바래 있었지만 한가운데는 이제 막 인쇄되어 나온 것처럼 종이가 하얗고 활자도 선명했다. 하지만 신문의 머리말이 고대 독일문자로 인쇄되어 있는 것으로 보아 아주 오래된 신문이라는 게 분명했다.

슈미츠 아저씨는 나지막하게 휘파람을 불더니 아이들을 돌아보았다.

"핀을 뽑아보렴. 도대체 안에 뭐가 들어 있길래 이렇게 신경을 써서 숨겨놓았는지 정말 궁금하구나."

아저씨는 펠릭스에게 나사돌리개를 건넸다. 나사돌리개를 쓰니 제도용 핀이 금방 뽑혔다. 펠릭스가 신문지를 제치자 얇은 비단으로 된 갈색 천 하나가 있었다. 펠릭스는 차곡차곡 접힌 비단 천을 풀렀다. 슈미츠 아저씨는 놀란 목소리로 외쳤다.

"이런, 세상에!"

옅은 푸른색 활자로 인쇄된 종이 한 장이 천 속에 들어 있었다. 펠릭스는 종이가 별로 특별해 보이지도 않는데 아저씨가 왜 놀라는지 이해가 안 갔다. 그러나 아저씨는 깨지기 쉬운 보물이라도 다루는 것처럼 조심스러운 손길로 종이를 꺼내더니 종이에 적힌 글씨를 아이들에게 읽어주었다.

"남독 기계공업 주식회사 발행, 액면가 : 제3제국 통화 일천 마르크."

"이게 도대체 뭐예요?" 잔나가 궁금해 못 견디겠다는 듯 물었다.

"조금만 더 들어보렴. '상기 주식의 보유자는 남독 기계공업 주식회사의 규정에 따라 일천 마르크에 상당하는 주식을 보유한 주주로서의 권리를 행사할 수 있음. 1923년 6월 10일 뮌헨.' 이런 일은 난생처음이다. 이건 1923년에 발행된 주식*이란다. 그런데 이주식을 산 사람이 대체 왜 이걸 숨겨 놓았는지 모르겠구나. 그것도 하필이면 이렇게 희한한 장소에다가 말이다." 아저씨는 고개를 절레절레 흔들었다.

"어떤 사람은 구두 상자 속에 숨기고, 어떤 사람은 클라리넷 상자 안에 숨기고. 정말 가지가지네요." 짓궂은 페터가 은근히 펠릭스를 놀렸다.

"잠깐 조용히 좀 해보아라. 이 종이 아래 뭐가 또 있구나."

아저씨는 주식을 끄집어냈다. 그러자 그 아래 숫자들이 잔뜩 적혀 있는 종이가 또 한 장 보였다.

"여기 맨 위에 적혀 있는 걸 읽어주마. '주식번호 016897의 보유자에 대한 배당금 지급 증서. 상기 증서를 제출하는 경우 회계연도 1923년분 배당금을 지급함.' 다음 칸은 그 다음 해의 배당금 지급에 관한 사항이란다. 이런 식으로 1932년까지 계속 같은 내용이

---

* 주식: 종이 쪽지 형태로 되어 있으며, 그것을 소유한 사람이 그 종이 쪽지를 발행한 주식회사의 일부에 대한 소유권을 가지고 있음을 보증해준다. 주식의 실제 가격은 증권거래소에서 거래되는 가격에 따라 결정되는데, 주가는 그 주식을 발행한 주식회사가 얼마나 이익을 많이 내는가에 따라 변할 수 있다.

반복되어 있다. 다시 말해서 이 주식의 임자는 자기 배당금을 한 번도 찾아가지 않은 셈이지. 생각할수록 정말 알 수가 없는걸."

"아저씨, 주식이 뭐예요?" 펠릭스가 물었다.

"주식이란 건 어떤 기업체의 사업에 참여한다는 증서와 같은 거라고 할 수 있지. 바꾸어 말하면 주식을 갖고 있는 사람은 자기가 소유한 주식을 발행한 회사의 일부분을 소유하고 있는 것과 마찬가지란다. 주식은 사기도 하고 팔기도 한다. 그런데 이 주식 임자는 이걸 한 번 손에 넣은 후에는 팔지도 사지도 않고 그냥 클라리넷 상자 바닥에 숨겨놓았으니 도무지 어찌된 영문인지 모르겠다."

"그럼 이 주식은 이제 전혀 가치가 없나요?" 페터는 자못 아깝다는 표정이었다.

"글쎄, 그건 나도 잘 모르겠다. 잠깐만, 여기 바닥에 뭐가 또 있구나."

상자 바닥에는 비단 천 한 장이 또 깔려 있었다. 슈미츠 아저씨가 그 천을 걷어내자 이번에는 병원에서 상처를 싸맬 때 쓰는 붕대 비슷하게 생긴 하얀 천이 보였다. 안에 들어 있는 물건 때문인지 천 여기저기가 작고 동그란 모양으로 볼록볼록 솟아 있었다. 마치 누군가가 단추 여러 개를 천에 싸서 상자 바닥에 꿰매 놓기라도 한 것처럼 보였다.

"너희 중에 혹시 주머니칼 가진 사람 있냐?" 아저씨는 아이들을 돌아보며 물었다.

펠릭스는 주머니칼을 꺼내 케이스 바닥과 천 사이를 잇고 있는 실을 끊었다. 그러고 나서 천을 펼쳤더니 눈앞에 금화가 가득 놓여 있는 게 아닌가!

"보물이다!" 페터가 두 눈을 동그랗게 한 채 속삭였다.

아저씨도 눈이 휘둥그레졌다.

"진짜 보물이로구나! 스위스에서 주조한 브레넬리 금화다. 어쩐지 다른 클라리넷 상자보다 훨씬 무겁다 했더니……."

펠릭스는 뜻밖의 일에 놀라 아무 말도 못 하고 멍하니 금화를 바라보기만 했다. 금화 가운데에는 '1프랑켄'이라고 씌어 있고 가장자리에는 햇살 모양의 무늬가 빙 둘러 있었다. 자기가 발견한 게 분명히 보물이라는 건 의심할 여지가 없었다. 그것도 보통 보물이 아니라 진짜 금이었다. 그리고 이 금을 발견한 건 다른 사람이 아닌 바로 자기였다. 물론 우연히 그렇게 되긴 했어도. 하지만 그런 생각이 들자마자 펠릭스 마음속에서 다른 목소리가 속삭였다. 그게 너랑 무슨 상관이지? 이건 슈미츠 아저씨 거야. 아저씨가 산 클라리넷 상자 안에서 나왔으니까 보물은 당연히 아저씨 차지가 되어야 해.

"소원을 빌면 이루어진다는 말이 정말 맞나 봐." 잔나가 마치 펠릭스의 속마음을 읽기라도 한 것처럼 말을 꺼냈다.

슈미츠 아저씨도 금화를 뚫어지게 바라보았다.

"피, 필경 무슨 곡절이 있을 거다. 음악가가 자기 악기 상자에 재산을 숨기다니, 그것도 금화를 72개씩이나! 그런데 대체 왜 그랬을까? 그리고 왜 이걸 다시 꺼내 가지 않았지? 그리고 이 클라리넷을 가지고 있던 그 노부인은 어째서 금화를 그대로 두었는지 정말 알 수가 없구나."

"어쩌면 이 클라리넷을 연주하던 사람은 나쁜 일을 저지른 범죄자였을지도 몰라요. 그리고 아마도 그 노부인은 여기에 금화가 있는지 전혀 몰랐을 거예요." 펠릭스는 조심스럽게 자기 의견을 밝혔다.

아저씨는 펠릭스를 보며 고개를 흔들었다.

"나는 그렇게 생각하지 않는다. 범죄자가 자기가 훔친 물건을 많은 장소 중에서 하필 클라리넷 상자 안에다 숨긴다는 건 있을 수 없지. 게다가 클라리넷 연주자가 범죄를 저지른다는 것도 상상할 수 없고."

"이 금화는 도대체 어떤 거예요?" 잔나가 물었다.

"브레넬리 금화라고 부르는데 예전에 스위스에서 만들었지. 내 생각에 이건 아주 값나가는 금화란다. 문제는 과연 이 금화 임자가 누구냐는 거야."

아저씨는 아이들의 의견을 묻기라도 하는 것처럼 펠릭스와 페터, 잔나를 차례대로 둘러보더니 말을 이었다.

"내 클라리넷 상자 안에서 나왔으니 내가 금화 임자라고 할 수도 있겠지만……."

아저씨는 말을 멈추고 아이들의 반응을 살폈다.

"다른 한편으로 생각해보면 금화를 발견한 건 펠릭스잖아요. 우리 형이 그랬는데 주운 물건은 임자가 없으면 그걸 주운 사람 거래요." 페터가 아저씨에게 항의라도 하듯 큰 소리로 말했다.

잔나는 페터와 생각이 달랐다.

"따지고 보면 이 클라리넷을 판 사람들은 여기에 금화가 있는 걸 모르고 팔았으니까 그 사람들을 찾아 금화를 돌려줘야 하는 거 아닌가요?"

"누가 그 사람들한테 잘 살펴보지도 않고 클라리넷을 팔래? 우리가 그것까지 걱정할 필요가 어디 있니?"

페터는 별소리를 다 듣겠다는 듯 잔나를 못마땅한 얼굴로 쳐다보았다.

슈미츠 아저씨는 뭔가 곰곰이 생각하는 것 같았다. 그러더니 잠시 후 아이들에게 말을 건넸다.

"얘들아, 이렇게 하면 어떻겠냐? 금화는 일단 너희 회사 소유로 하자. 어쨌든 이걸 발견한 건 펠릭스 아니냐. 하지만 다른 한편으로 생각해보면 내 클라리넷에서 이걸 발견했으니 너희가 이걸 가지고 무얼 할 건지 결정할 때에는 나하고도 상의를 해줬으면 좋겠다. 나도 한마디쯤 할 자격이 있다는 건 너희도 인정할 테지? 이렇게 값 나가는 재산을 흐지부지 날려버리기라도 한다면 정말 아까운 노릇 아니냐. 어때, 내 생각이?"

세 아이는 발갛게 상기된 얼굴로 말없이 앉아 있기만 했다.

아저씨는 아이들의 표정을 찬찬히 살피면서 말을 계속했다.

"그리고 한 가지 더. 너희가 정말로 부자가 되면 그때는 이 아저씨한테 근사하게 한턱내는 거다."

"좋아요." 잔나가 대답했다.

펠릭스는 보물을 발견한 사람으로서 뭐라고 인사를 해야 할 것 같았다.

"고맙습니다, 슈미츠 아저씨. 아저씨 제안을 받아들이겠어요."

사실 펠릭스의 마음 같아서는 자리에서 일어나 아저씨랑 정식으로 악수라도 하고 싶었지만 어쩐지 쑥스러워서 의자에 그냥 앉아 있었다.

"소원을 빌면 이루어진다니까." 잔나가 중얼거렸다.

"이걸 어떻게 하죠?" 펠릭스가 아저씨를 바라보며 물었다.

"월요일에 크레디트 은행에 가서 피셔 씨에게 이 금화가 어느 정도나 가치가 있는지 여쭈어보렴. 그러고 나서 다시 생각해보기로 하자."

"그렇게 할게요."

펠릭스는 금화가 원래 들어 있던 하얀 천에 조심스럽게 금화를 내려놓은 다음 천에 잘 싸서 묶었다. 아저씨네 가게를 떠날 때 잔나가 세 아이를 대표해서 슈미츠 아저씨에게 정식으로 감사 인사를 드렸다.

"저희들한테 이렇게 잘해주셔서 정말 감사합니다, 아저씨. 저희가 부자가 되면 이 은혜는 꼭 갚겠어요. 저녁 식사 대접만으로 끝내지는 않을 거예요."

아저씨는 조금 멋쩍어 하는 미소를 띠었다.

"그, 그것 참 기, 기대되는구나. 하지만 너무 서두르지는 말아라.

그리고 닭 모이 주는 것 잊으면 안 된다."

잔나는 양손에 모이를 한 줌씩 쥐고 닭장 앞마당에 뿌렸다. 그러고 나서 세 아이는 자신들의 행운이 아직도 믿어지지 않아 얼떨떨한 채 집으로 향했다.

8. 돈은 게임이다

펠릭스는 벽돌 공장 사장실 바닥에 놓인 낡은 매트리스에 털썩 주저앉아 벽에 등을 기댔다. 등에 와 닿는 돌의 서늘한 기운이 기분 좋았다. 벽돌 공장에 이르는 내리막길에서 자전거를 어찌나 빨리 탔는지 머리가 아직도 화끈거렸다. 펠릭스는 두 눈을 감았다가 다시 떴다. 아무것도 달라진 게 없었다. 어제부터 하인첼 꼬마들 회사의 소유가 된 금화는 펠릭스 방 구석에 놓인 침대 옆 탁자 서랍에 들어 있었다. 펠릭스는 마음속으로 '우리는 이제 부자야.' 하고 중얼거렸다. 부자가 되면 굉장히 기쁠 거라고 생각했는데 막상 부자가 되고 보니 뜻밖에도 생각했던 것만큼 기쁘지 않았다. 펠릭스는 사실 차츰차츰 부자가 되고 싶었던 거지 이렇게 하루 아침에 부자가 되어 있기를 바란 건 아니었다. 마치 12월 첫 주에 크리스마스 선물을 미리 받은 것 같은, 그래서 선물을 받을 때까지 기다리는 동안의 설레는 마음을 맛볼 기회를 뺏긴 것 같은 기분이었다. 하지만 다른 한편으로 생각해 보면 굳이 그런 기분을 가질 필요가 없었다. 현재의 상태에 만족하란 법은 없지 않은가! 하인첼 꼬마들 회사는 앞으로도 얼마든지 돈 버는 일을 계속할 수 있을 거였다. 그런데 금화를 어떻게 해야 할까?

"무슨 일이 있어도 금화 얘기는 누구한테도 하면 안 돼. 안 그러면 위험하니까." 잔나가 말했다.

"하지만 내일 은행에 가서 피셔 씨를 만나면 우리 아빠한테 단박에 알려질걸." 펠릭스가 걱정스러운 표정으로 중얼거렸다.

페터가 얼굴을 찡그렸다.

"그건 별로 안 좋은데. 너희 아빠는 분명 우리한테 절약 정신 어쩌고저쩌고하시면서 잔소리를 하실 게 뻔해. 아빠들이란⋯⋯."

잔나가 페터의 말을 가로막았다.

"우리가 부모님한테 언제까지 이 일을 비밀로 할 수 있다고 생각하니? 슈미츠 아저씨가 아이스크림 드시러 가게에 오시면 우리 엄마도 아시게 될 거야. 더군다나 어차피 부모님이랑 상의를 해야 하잖아. 금화를 어디에 보관하는 게 안전한지 하는 문제도 여쭤 봐야 하니까."

"보물을 땅에 파묻는 건 어떨까? 이 근처 어딘가에 말이야." 페터가 제안했다.

"그러다 만약 베커 아저씨 눈에 띄기라도 하면 어쩌라고? 말도 안 되는 소리 하지 마." 잔나는 페터의 제안을 한마디로 묵살해버렸다.

"그럼 우리 셋 중 한 사람 집에 숨겨놓는 건 어때? 펠릭스네가 제일 좋겠다. 어쨌든 금화가 생긴 건 펠릭스 덕분이니까." 페터가 이번에는 다른 의견을 내놓았다.

"금화를 어딘가에 그냥 숨겨 놓기만 할 게 아니라 그걸로 어떻게든 돈을 벌 궁리를 해야겠어. 지금은 내 방 스탠드용 탁자 서랍에 들어 있지만 마냥 거기에 놓아둘 수는 없잖아. 그걸 돈으로 바꿔서 뭔가를 해야 한다고. 그래야 돈을 벌지."펠릭스는 잔나와 페터를 번갈아가며 쳐다보았다.

"너 설마 우리 금화를 팔자는 얘긴 아니겠지?"페터가 믿을 수 없다는 듯이 펠릭스를 바라보았다. 잔나도 펠릭스의 생각에 반대였다.

"금화가 100년 동안이나 클라리넷 상자 안에 고이 간직되어 왔는데 이제 와서 그냥 팔아버리자니, 좀 너무한 것 같다."

"하지만 그냥 가지고만 있으면 이자도 한 푼 안 붙잖아!"펠릭스는 답답하다는 표정을 지었다.

"지금 이자가 문제니? 우리한테 금이 생겼다고. 알아듣겠니? 진짜 금 말야! 그걸 누구한테 팔다니, 말도 안 돼. 금이 얼마나 귀한 건데. 금은 항상 귀한 거란 말야. 금만 가지고 있으면 아무리 어려운 때가 닥쳐도 어떻게든 헤쳐 나갈 수 있어."잔나는 큰 소리로 자기 의견을 내세웠다.

"어려운 때가 안 오면 가지고 있어봤자 소용없잖아."펠릭스는 조금도 양보하는 기색이 없었다.

세 아이는 오랫동안 옥신각신했다. 그러다가 갑자기 페터가 소리쳤다.

"나한테 좋은 생각이 떠올랐어. 금화를 금고에 보관하는 거야."

"금고? 그게 무슨 소리니?"잔나가 고개를 갸우뚱하며 물었다.

"은행에 가면 귀중품을 맡기는 금고가 있어. 우편함처럼 생긴 작은 서랍인데 귀중품을 거기에 넣고 잠그는 거야. 금고를 쓰겠다고 하면 열쇠를 주는데, 아무 때나 그 열쇠로 금고를 열고 자기가 거기에 넣어둔 걸 볼 수 있어. 우리 금화를 일단 금고에 넣어놓으면 도둑 맞을 걱정은 안 해도 돼. 금화를 가지고 무얼 할지는 좀 더 생각해보고 나중에 결정하기로 하자. 어쨌든 절대로 다른 사람한테 금화 얘기를 하면 안 돼. 자칫 잘못했다간 안 좋은 일이 생길지도 모르니까. 알겠지?"

페터는 자못 어른스러운 표정으로 펠릭스와 잔나를 보았다.

"글쎄, 네 생각이 그렇다면……."

펠릭스는 페터의 제안에 전적으로 동조하는 건 아니었지만 자기나 잔나한테 별 뾰족한 수가 없었기 때문에 페터 말대로 하는 수밖에 없었다. 세 아이가 막 방에서 나가려는 참이었는데 페터가 가져온 가방이 펠릭스 눈에 띄었다.

"너 가방 왜 가져온 거니?" 펠릭스는 페터에게 물었다.

"아, 참! 금화 얘기에 정신이 팔려 하마터면 가방 가져온 걸 깜빡할 뻔했네."

페터는 가방을 열더니 회색 전화기 한 대를 꺼냈다. 전화번호를 누르는 게 아니라 손가락을 집어넣고 돌리게 되어 있는 구식 전화기였다.

"멋있지? 형이 준 거야."

"정말 멋있다." 펠릭스가 감탄했다.

"내가 뭘 또 가져왔는지 보면 깜짝 놀랄걸."

페터는 뽐내는 표정을 지으며 가방에서 나사돌리개와 하얀 전화 플러그를 꺼냈다. 펠릭스네 집에도 똑같은 게 벽에 붙어 있었다.

"너 그거 정말 연결시킬 수 있니?"

잔나는 미심쩍다는 표정으로 페터를 바라보았다.

"잠깐만 기다려봐."

페터는 짤막하게 대구하더니 벽에 있는 전화선을 전화 플러그 안에 고정시키는 일을 시작했다.

잠시 후 페터는 전화기의 코드를 플러그에 꽂더니 수화기를 들어 귀에 갖다댔다. 그러더니 의기양양한 표정으로 외쳤다.

"야, 된다!"

페터는 수화기를 먼저 잔나의 귀에, 그다음에는 펠릭스의 귀에 차례로 갖다댔다. 거짓말이 아니었다. 수화기에서는 어떤 전화기에서나 들을 수 있는 신호음이 '띠……' 하고 흘러나왔다. 페터는 수화기를 도로 자기 귀에 갖다대더니 전화번호를 몇 번 돌렸다. 그러고는 몇 초 지나지 않아 수화기를 내려놓았다.

"왜? 전화가 안 걸리니?" 펠릭스가 의아한 얼굴로 물었다.

"아니, 돼. 엄마가 받으셨거든."

"그럼 왜 아무 말도 안 하고 그냥 끊었니?"

"난 줄 아시면 보나마나 빨리 집에 오라고 하실걸, 뭐. 그리고 집에 가면 이것저것 심부름이나 시키실 테지."

페터는 다소 부끄러워하는 표정을 지었다.

잔나가 갑자기 벌떡 일어나더니 활짝 웃으며 말했다.

165

"정말 안 믿어진다. 금도 생겼지, 닭도 있지. 그리고 이제는 공짜로 실컷 전화도 할 수 있지. 정말 믿어지지가 않아!"

*

"금고가 하나 필요해요."

펠릭스는 조심스럽게 말을 꺼냈다.

창구 안쪽에 서 있던 피셔 씨는 할 말을 잊은 채 멍하니 세 아이를 바라보기만 했다.

"금고가 하나 필요하다고요." 페터가 펠릭스의 말을 반복했다.

"금고? 은행의 보관함 말이냐? 그건 대체 뭐 하려고?"

피셔 씨는 아직도 어안이 벙벙한 모양이었다.

"저희한테 금이 조금 생겼는데 안전하게 보관하고 싶어서요."

피셔 씨는 그제야 말문이 열렸는지 세 아이를 번갈아 쳐다보며 물었다.

"은행 금고에 금을 맡기고 싶다고? 될지 모르겠다. 너희는 아직 미성년자인데."

"안 될 게 뭐가 있어요? 진짜 저희 거예요. 슈미츠 아저씨한테 확인해보세요." 페터는 조금 화가 난 표정으로 말을 했다.

피셔 씨는 고개를 절레절레 흔들면서 창구 안쪽에 있는 자기 사무실로 사라졌다. 그러더니 잠시 후 여전히 고개를 흔들면서 돌아왔다.

"슈미츠 씨 말씀이 너희 말이 맞다고 하시더라. 나, 원 참. 이게 어떻게 된 영문인지……. 자, 나를 따라오너라."

세 아이는 피셔 씨를 따라 은행 창구가 쭉 늘어서 있는 곳을 지나 뒤쪽으로 갔다. 그러고는 두꺼운 쇠문을 지나 창문이 한 개도 없는 방에 들어섰다. 사방의 벽에는 우편함처럼 생긴 작은 서랍들이 빽빽하게 붙어 있었다.

"여기가 우리 금고실이란다." 피셔 씨는 아이들을 돌아보며 말했다. 그러고는 주머니에서 열쇠를 하나 꺼내더니 벽에 붙어 있는 우편함 하나를 열었다.

"이걸 쓰도록 해라. 여기에 너희가 넣고 싶은 건 얼마든지 넣어두어도 된다. 단 불에 잘 타는 물질이나 폭발물 혹은 불법적인 경로로 입수한 물건은 안 된다. 금고 사용료는 부가세 포함해서 1년에 35마르크다."

"구두 상자보다는 훨씬 낫네요." 펠릭스가 사방을 둘러보며 말했다.

"그야 두말 할 것 없지. 그런데 대체 너희가 여기에 넣어두려는 금이 얼마나 되는지 물어봐도 되겠느냐? 내키지 않으면 꼭 대답할 필요는 없다. 하지만 궁금하구나."

펠릭스는 종이 봉투에서 하얀 천에 싼 꾸러미를 꺼낸 다음 피셔 씨 눈앞에서 펼쳤다.

"브레넬리 금화 72개예요."

"정말 뭐라고 할 말이 없구나." 피셔 씨는 두 눈이 휘둥그레졌다.

"아저씨, 이걸 돈으로 따지면 얼마나 되는지 알려 주실 수 있으세요?" 펠릭스가 물었다.

"물론이지." 피셔 씨는 말을 마치자 은행 창구가 있는 곳으로 가서 종이 한 장과 계산기를 들고 왔다.

"브레넬리 금화는 현재 시세로 팔 때는 한 개당 195마르크다. 그러니까 72개면,…… 14,040마르크가 되지. 거기서 수수료 20퍼센트를 빼면 11,232마르크를 받을 수 있겠는데."

"저희는 이거 팔 생각 전혀 없는데요." 페터는 힘주어 말했다.

"알고 있다. 그러니까 금고를 빌렸겠지. 하지만 내 생각엔 금화를 처분하는 게 나을 것 같다. 그래서 은행에 예금하면 이자도 붙고 또 금고 사용료도 절약될 텐데. 여러 모로 이익 아니냐? 펠릭스, 너 부자가 되고 싶다고 하지 않았느냐."

펠릭스는 얼굴이 빨개졌다.

"그래도 팔 생각은 없어요. 부자라면 누구든지 금을 가지고 있잖아요." 잔나는 단호한 표정으로 말했다.

아이들은 금화를 조심스럽게 금고에 넣은 다음 어쩐지 으쓱한 기분으로 은행 문을 나섰다.

*

세 아이가 산 닭들은 슈미츠 아저씨네 마당이 마음에 드는 모양이었다. 더 이상 첫날처럼 요란스럽게 꼬꼬댁거리지 않았다. 그리고 잔나가 모이를 뿌리자 기분 좋은 듯 꼭꼭 소리를 내며 쪼아 먹었다.

"혹시 닭이 알 하나라도 낳았는지 살펴보자." 페터가 펠릭스와 잔나에게 말했다.

"아직 그럴 때 안 됐어." 잔나는 성급한 페터를 나무라기라도 하듯 흘겨보았다.

아이들이 흐뭇한 기분으로 닭을 바라보고 있는데 슈미츠 아저씨가 아이들을 보러 마당으로 나와서 물었다.

"그래, 금화는 어떻게 하기로 했느냐?"

아이들은 은행 금고실의 보관함에 금화 맡긴 일을 알려주었다. 그리고 지점장인 피셔 씨가 한 얘기를 슈미츠 아저씨에게 말했다.

"피셔 씨 말씀이 맞을 거다. 그런 일엔 환하니까. 금을 갖고 있는 게 좋긴 하다만 그렇다고 해서 돈이 늘어나는 건 아니지."

"왜 모두들 금이라면 그렇게 사족을 못 쓰죠?" 펠릭스는 아저씨를 바라보았다.

"금의 광택이 사람들을 사로잡기 때문이란다. 그리고 수천 년 전부터 금은 부의 상징이었지. 아, 그러고 보니 너희한테 해줄 이야기 하나가 생각났다."

"지난번에 해주셨던 것처럼 페포 이야기인가요?" 잔나가 눈을 반짝이며 물었다.

"아니. 이번 이야기 주인공도 페포처럼 재단사이긴 하지만 다른 재단사란다. 잠깐 기다리렴, 가게 뒷방으로 통하는 문을 열어놓고 와야겠다. 그래야 가게에 손님이 들어오면 알 수 있으니까."

아저씨는 집 안으로 들어갔다가, 잠시 후 팝콘과 주스가 담긴 쟁반을 들고 나와 야외용 탁자에 올려놓은 다음 아이들에게 먹으라고 했다. 그러고는 이야기를 시작했다.

"아까도 말했지만 어떤 재단사 이야긴데, 지난번에 너희들한테 해 준 페포 이야기는 내가 꾸며 낸 거였지만 이 이야기는 대부분 실제로 있었던 일이란다. 이야기의 주인공은 지금으로부터 약 100년 전에 부텐하임이라는 곳에 살았던 젊은 재단사야. 부텐하임은 바이에른 지방에 있는 작은 도시 이름이지. 이 젊은 재단사는 어느 날 미국으로 이민을 가기로 결심했어. 그때 그 사람 나이가 열여덟 살이었단다. 부텐하임에서는 아무리 열심히 일해봤자 풍족한 수입이 보장되기는 어렵다는 걸 깨달았던 게지. 아니면 연애에 실패했거나. 어쨌거나 이 재단사는 캘리포니아에서 금이 많이 발견되었다는 소식을 들었던 모양이야. 미국 서부 해안에 있는 이 캘리포니아라는 도시는 당시 금을 캐서 부자가 되려는 야망을 가진 수많은 젊은이들이 전 세계에서 몰려들어 북적대고 있었단다.

우리의 주인공인 그 재단사는 부텐하임에서 자기가 가지고 있던 전 재산을 정리한 후 미국행 배표를 샀지. 뉴욕에 내린 다음 서부 해안으로 가는 험난한 여정이 시작되었다. 처음에는 파나마까지 배를 타고 갔다가 그다음에는 노새를 타고 중앙아메리카를 횡단했단다. 그런 다음 다시 배를 타고 샌프란시스코로 갔지. 긴 여행이 끝나고 보니 수중에 남은 거라곤 돛단배의 돛 만드는 데 쓰는 두꺼운 천 한 필과 바느질 도구뿐이었다. 그 두꺼운 천은 혹시나 언젠가는 쓸모가 있을지도 모른다는 생각에서 들고 온 거였지.

170

재단사는 거의 빈털터리 신세로 피로와 굶주림에 지친 채 항구에 있는 어두컴컴한 술집에 앉아 앞으로 어떻게 해야 할지 생각해보았단다.

그때 거칠게 생긴 겉모습에 구레나룻을 잔뜩 기른 남자가 그 재단사의 옆자리로 다가와 앉더니 말을 걸었다.

'어이, 신출내기 젊은이로군. 자네도 금 찾으러 왔나?'

재단사는 아는 사람이 하나도 없던 처지라 반갑게 말을 받았지.

'물론이죠. 혹시 어떻게 하면 금이 나왔다는 새크라멘토로 갈 수 있는지 아십니까?'

턱수염을 잔뜩 기른 그 남자는 씁쓸한 미소를 띠며 말을 했단다.

'내가 마침 거기서 오는 길인데 안 가는 게 좋을걸. 금 찾는 사람들이 어찌나 많은지 거기 금맥에서 금이 발견된다고 하더라도 그 사람들한테 골고루 돌아가려면 어림도 없네. 거리마다 온통 수상쩍은 작자들이 판치고 있질 않나, 툭하면 총싸움이 벌어지질 않나, 영 갈 곳이 못 되네. 나도 돈이 조금만 모이면 즉시 거길 뜰 작정이라고. 그런데 자네가 갖고 있는 그 천으로 바지를 만들면 괜찮겠는걸. 천이 튼튼해서 금 찾으러 여기저기 헤집고 다녀도 여간해선 찢어지지 않을 게 확실해. 어떤가, 자네가 그 천으로 나한테 바지를 하나 만들어주면 내 2달러 줌세.'

재단사는 그 남자에게 주문을 해주어서 고맙다는 인사를 한 뒤 다음 날 아침부터 바지를 만들기 시작했단다. 이틀 후 수염 투성이 남자는 자기가 주문한 바지를 찾아갔어. 재단사한테는 당분간 살아갈 돈이 조금은 생긴 셈이지. 그런데 일주일 후에 재단사는 자기한테 바지를 사 갔던 그 남자를 다시 만났어.

'나한테 바지 몇 벌 더 만들어 줘야겠네. 만나는 사람마다 어디서 그런 근사한 바지를 구했느냐고 난리였다네. 한 벌당 3달러 낼 테니 자네가 만들 수 있는 대로 많이 만들어 주게.'

재단사는 자기가 가지고 있던 나머지 천으로 바지를 모두 다섯 벌 만들었단다. 그 중 네 벌은 그 남자한테 3달러씩 받고 팔고 남은 한 벌은 고맙다는 사례로 그냥 주었지. 그러고는 새로 생긴 돈으로 돛 만드는 천을 여러 필 사고 일터로 쓸 장소도 하나 빌렸어. 처음에는 바지 몇 벌 만드는 장소에 불과했던 그 장소는 머지않아 공장이 되고 그다음에는 큰 기업이 되어 지금까지도 있단다. 그 젊은 재단사의 이름은 레비 스트라우스이고 그 사람이 만든 바지는……."

잔나가 아저씨 말이 끝나기도 전에 "청바지요!" 하고 외쳤다.

"그래, 맞다. 레비 스트라우스는 오늘날 우리가 대부분 사용하는 물건을 만들어낸 덕분에 엄청난 부자가 되었지. 그 사람이 그때 금광 찾으러 다니는 사람들 무리에 섞여 떠돌아다녔더라면 아마도 가난한 술주정뱅이가 되어 죽었을 테고 사람들한테 이름이 알려지는 일 따윈 없었을 거다."

"어쩌면 총에 맞아 죽었을지도 몰라요." 페터가 말했다.

"그랬을 가능성도 충분하다. 어쨌든 이 이야기는 금 덕분에 부자가 되는 경우란 극히 드물다는 걸 보여준다. 실제로 그 당시에 금광을 찾으러 돌아다녔던 사람 중에 부자가 된 사람은 거의 없었지."

"그럼 저희는 어떻게 하죠?" 잔나가 다소 걱정스러운 기색으로 물었다.

"그만하면 그사이 너희들이 한 일이 꽤 많다고 할 만하다. 적당한 데 투자도 하지 않았느냐. 문제는 금환데, 내 생각에는 금화를 팔아서 투자를 하는 게 좋을 것 같구나. 너희더러 무슨 사업을 하라는 말이 아니라 다른 사업에 투자를 하는 게 괜찮을 것 같은데. 간단하게 말해서 주식을 사는 게 좋겠다."

"하지만 저희는 벌써 주식을 가지고 있는데요. 그때 클라리넷 상자 안에서 나온 거요." 펠릭스가 말했다.

"내 말은 요즘에 나온 진짜 주식을 사라는 거다. 현재 활동 중이고 또 이익을 많이 내는 기업에서 발행한 주식으로 증권거래소*에서 거래가 되고 있는 걸 사라는 말이지."

"증권거래소가 뭔데요?" 페터가 질문했다.

"증권거래소란 주말이면 서는 장처럼 주식이나 증권을 사고 파는 장이란다." 슈미츠 아저씨는 아이들 앞에 ≪게네랄 - 안차이거≫ 신문 한 장을 펼치더니 말을 이었다.

"여기 펠릭스 아빠가 오늘 쓰신 기사를 읽어주마. '이번 주의 주

* 증권거래소: 세계에서 가장 유명한 증권거래소는 뉴욕 증권거래소이며, 그 밖에도 런던, 도쿄, 홍콩 등에 대규모 증권거래소가 있다. 우리나라엔 한국증권거래소(KSE;Korea Stock Exchange)가 있으며, 회원제 비영리 조직으로서 국내외 48개 증권회사가 회원으로 가입되어 있다.

식 동향, 게롤트 블룸. 전 세계 주식시장의 주식시세가 상승을 거듭하고 있는 가운데 많은 투자가들이 주식 구매를 망설이고 있다. 그 이유는 주식 붐*에 한 몫 끼고 싶어하는 반면 이제는 때가 너무 늦은 건 아닌가 우려하고 있기 때문인 것으로 풀이된다. 전문가들의 진단을 종합해보면 이러한 우려는 근거가 없는 것으로 판단된다. 최근의 경제 사정을 감안할 때 주식 붐이 지속될 최상의 조건이 갖추어져 있다. 당분간 인플레이션 현상이 나타날 조짐은 전혀 없으며 금리는 계속 현재와 같은 상태로 낮게 유지될 전망이다. 기관투자가*들은 지난 주 주가 상승분을 현금화할 수 있었다. 따라서 시중의 유통자금이 주식 구매 쪽으로 몰리고 있으며 주식시장의 거래는 앞으로도 활발하게 이루어질 추세이다. 재산 증식을 원한다면 주식 투자에 따르는 위험부담을 두려워하지 말고 과감하게 주식시장에 뛰어드는 것이 바람직하다. 망설이다 때를 놓치면 후회하게 될 가능성이 높다.'"

"전혀 무슨 말인지 못 알아듣겠는데요. 아빠가 쓰신 건 대체 무슨 내용이죠?" 펠릭스가 어리둥절한 표정으로 물었다.

"너희 아버지께서는 대기업의 사업이 잘되고 돈을 잘 번다고 쓰셨단다. 그래서 여유 자금이 있는 사람 중 자기 돈을 대기업에서

---

*붐: 경기나 가격이 빠른 속도로 오르는 '때'를 일컫는다. 주식 붐은 즉 증권거래소가 호황을 누린다는 의미이다.

*기관투자가: 자기자본 또는 다른 사람들의 돈을 주식에 투자하는 회사를 말하며, 개인적으로 주식에 투자하는 단독 투자자에 상대되는 뜻이다. 우리 나라에서는 은행, 투자신탁, 증권회사, 보험회사, 종금사 등이 이에 속한다.

일하게 해서, 즉 투자해서 이익을 보려는 사람이 점점 많아지고 있단다. 바꾸어 말해서 경기가 좋으니까 대기업의 주식을 사는 사람들이 많아진다는 말이지."

"저희 브레넬리 금화도 죽어라고 일하게 해야겠는데요." 페터는 말을 마치더니 낄낄거리고 웃었다.

"주식을 사려는 사람들이 많아지면, 다시 말해 주식에 대한 수요가 증가하면 주식값도 올라가게 마련이지. 그걸 주식시세가 상승한다고 말한단다. 주가가 오르면 주식을 이미 가지고 있는 사람한테 유리해. 하지만 그렇다고 해서 주식을 사려는 사람도 주저할 필요는 없단다. 주가는 계속 오름세에 있으니까. 너희 아버지께서 쓰신 기사 내용에 따르면 그래."

"주식에도 이자가 붙나요?" 펠릭스가 물었다.

"이자는 안 붙지. 기업이 사업을 해서 생긴 이익 중 일부를 자기 회사의 주식을 가진 소유주, 즉 주주들에게 나누어주는 셈인데, 그걸 배당금*이라고 한단다. 배당금이 얼마나 될지 미리 알 수는 없단다. 사업을 하다 보면 예상치 못했던 일이 발생할 수도 있거든. 예를 들어 너희 하인첼 꼬마들 회사의 경우도 암탉 몇 마리가 가끔은 달걀을 낳지 않는 일이 생길 위험부담을 안고 있잖니. 위험부담이란 어떤 기업에나 있게 마련이란다." 슈미츠 아저씨는 친절

---

* 배당금: 주식회사에서 경영을 통해 생긴 이익 중 주주에게 나눠주는 부분을 가리킨다. 주식 배당금의 규모는 보통 일 년에 한 번 열리는 주주총회에서 결정되며, 원칙적으로 모든 주주는 주주총회에 참석해야 한다.

하게 설명을 해주었다.

"그렇다면 차라리 이자를 받는 것이 마음 편할 것 같아요. 이자는 어쨌든 보장은 되는 거잖아요." 펠릭스는 친구들의 눈치를 살폈다.

"그럼 예금통장을 하나 만들렴."

"그건 안 돼요." 페터와 잔나가 입을 모아 반대했다.

"일정 기간 동안 국가에 돈을 빌려주는 방법도 있단다. 국가에서 발행하는 채권*을 사는 거지. 채권을 사면 매년 일정한 금액을 이자로 받게 돼. 하지만 장기적으로 볼 때 주식을 사는 사람이 돈을 더 많이 번단다. 위험부담이 따르긴 하지만 주식시세가 올라가면 그만큼 이익을 보게 되지."

"주식 값이 떨어지는 경우도 있겠네요. 그렇지 않나요?"

"물론 그런 경우가 없는 건 아니야. 하지만 항상 안전한 길만 택하는 사람은 절대로 부자가 될 수 없는 법이다. 여기 좀 봐라 ."

아저씨는 《게네랄 - 안차이거》 신문 쪽으로 고개를 숙이더니 아이들에게 온통 깨알같은 숫자로 가득 찬 면을 가리켰다.

"지난 금요일에 프랑크푸르트 증권거래소에서 거래된 주식의 시세란다. 너희가 보기엔 전혀 이해가 안 갈 거다. 어른들 중에도 그런 경우가 대부분이지. 하지만 알고보면 사실 간단하단다. 어디, 여기 이 줄을 한번 살펴볼까?"

---

* 채권: 다른 사람으로부터 돈을 빌렸다는 사실을 인정하는 증서로, 정부나 기업이 발행한다. 채권은 증권거래소에서 살 수 있다.

"에어윙즈 25마르크 70페니히. 그리고 그 옆칸에는 25마르크 55페니히라고 적혀 있어요." 펠릭스가 소리 내어 읽었다.

"너희 중에 혹시 에어윙즈가 어떤 회산지 아는 사람 있냐?"

"물론이죠. 비행기 회사 아닌가요?"

"맞다. 여기 적힌 숫자는 에어윙즈의 5마르크짜리 주식이 지난 금요일에 25마르크 70페니히에 거래되었다는 걸 의미한다. 그리고 그 옆칸은 그 주식이 목요일에는 25마르크 55페니히였다는 뜻이지."

"5마르크짜리 주식치곤 엄청 비싸네요."

아저씨는 페터의 말에 고개를 젖히며 웃음을 터뜨렸다.

"아니다. 주식값은 항상 그게 얼마에 거래되느냐에 따라 결정된단다. 처음에 발행될 때 5마르크였다는 사실은 아무 의미도 없단다. 어쨌든 목요일에 비해 금요일의 주식값이 올라갔다는 건 좋은 징조야."

"잠깐만 여기 좀 보세요. 펄프 제지회사 주식값도 나와 있어요. 주가가 떨어졌는데요. 목요일에는 19마르크 80페니히 하던 주식 시세가 금요일에는 17마르크 80페니히로 내려갔어요."

"이상한 일이로구나. 사업이 잘 안 되는 모양이다. 주식시장에서 주가가 떨어진다는 건 위험 신호란다."

"어쩌면 크렙스강의 물고기가 떼죽음을 당한 것과 무슨 관계가 있는 건 아닐까요?"

"글쎄다, 그럴지도 모르겠구나. 그런데 참, 너희들한테 제안할

게 하나 있다. 마침 내가 모레 프랑크푸르트에 갈 일이 생겼단다. 내 딸 사라를 만나러 가는데 너희들도 같이 갈 생각 있니? 프랑크푸르트 증권거래소 구경도 하고 금화를 어디에 투자할 건지 차분히 생각도 좀 해보고 그러면 좋을 텐데, 어떠냐?"

"와, 신난다! 아저씨 차로 갈 건가요?" 페터가 들뜬 목소리로 물었다.

"아, 아니다. 난 우, 운전 면허를 못 땄다. 기차 타고 가, 가야 하는데 괜찮겠느냐?"

"할 수 없지요." 페터가 다소 실망한 표정으로 대답했다.

"정말 잘됐어요! 저는 기차 여행을 좋아하거든요." 펠릭스가 얼른 끼어들었다. 페터와 펠릭스가 서로 의견이 다른 경우는 거의 없었는데 어디 갈 일이 있을 때만은 의견이 달랐다. 페터는 자동차라면 사족을 못 쓰는 반면 펠릭스는 기차가 훨씬 더 좋았다. 자동차를 오래 타면 꼭 멀미를 하곤 했기 때문이다.

"그럼 각자 부모님께 여쭈어보렴. 부모님께서 허락하시면 수요일 아침 7시 28분 기차로 떠나기로 하자. 자, 그 이야긴 이걸로 됐고, 이제 너희 회사 장부를 정리해야겠다. 보물이 생겼으니 기록을 해야지."

잔나는 단어장을 꺼내 표를 하나 그린 다음 슈미츠 아저씨에게 단어장을 내밀었다.

"피셔 씨가 금화 가격이 얼마나 나간다고 하시던?"

"저희가 금화를 팔 생각이 있다면 11,232마르크를 주시겠대요.

178

하지만 금화 가치는 그것보다 높다고 말씀하셨어요." 펠릭스가 대답했다.

"그럼 피셔 씨가 제시한 금액을 금화 가격으로 적어야 해. 너희가 금화를 팔아서 받을 수 있는 금액이 곧 금화 가격이란다." 아저씨는 고개를 숙이고 단어장에 무언가를 적은 후 아이들에게 보여 주었다.

아저씨는 자기가 새로 만든 표를 들여다보는 아이들을 흐뭇한 표정으로 바라보았다.

"어떠냐, 너희가 보기에도 하인첼 꼬마들 회사의 재산이 얼마나 불어났는지 눈에 확 띄지?"

〈7월 23일 대차대조표〉

차변		대변
금화	11,232.00	자기자본
닭	110.00	284.70
사료	10.00	+11,232.00
현금	164.70	**11,516.70**
	11,516.70	11,516.70

9. 황소와 곰

"잠시 후 열차가 종착역인 프랑크푸르트 중앙역에 도착합니다. 모두 내려주시기 바랍니다."

안내방송이 끝나고 스피커가 잠잠해졌다. 슈미츠 아저씨와 세 아이는 기차에서 내렸다. 플랫폼에 내려서자 후끈후끈한 열기가 네 사람을 에워쌌다. 펠릭스는 속으로 '이럴 때 벽돌 공장안에 있으면 얼마나 시원할까!' 하고 생각했다. 펠릭스 일행은 인파에 휩쓸려 대합실 쪽으로 갔다. 그러고는 에스컬레이터를 타고 지하로 내려가 지하철을 탔다. 지하철 안은 정말 더러웠다. 좌석은 온갖 얼룩이 잔뜩 묻어 지저분했고 유리창은 여기저기 긁힌 자국 투성이었다. 지하철이 출발할 때마다 바닥에 버려진 빈 맥주 깡통이 달그락 소리를 내며 뒤로 굴러갔다가 지하철이 멈추어 서면 앞으로 때굴때굴 굴렀다. 그러면 그 안에 남아 있던 맥주 몇 방울이 지하철 바닥에 흘러내렸다.

지하철 벽과 유리창에는 책장과 사과 주스 그리고 성경책 광고가 덕지덕지 붙어 있었다. 그리고 그 광고들 사이에 고풍스러운 느낌을 주는 액자 하나가 걸려 있었다. 펠릭스는 액자 안에 적힌 알쏭달쏭한 문구를 읽어보았다. 아이들이 어릴 때는 뿌리를, 아이들이 자라면 날개를 갖도록 해줄지니라.

펠릭스는 그 액자를 건 사람이 도대체 무슨 광고를 하려는 거였을까 궁금했다. 날개라는 단어를 보자 아주 어렸을 때 꾼 꿈이 생각났다. 아직까지도 기억할 만큼 인상적인 꿈이었다. 꿈속에서 펠릭스는 베르크가에 있는 자기 집 지붕 위에 서 있었다. 그러다가 갑자기 두 팔을 활짝 벌리고는 날기 시작했다. 펠릭스는 쉰슈타트 숲 위를 나는 새처럼 하늘을 유유히 날면서 집과 거리 그리고 숲을 지나 어딘가 넓은 풀밭에 도착했다. 풀밭을 덮고 있는 잔디와 이름 모를 꽃들의 감촉이 깃털처럼 폭신폭신했다. 펠릭스는 아직도 그때의 가볍고 포근한 느낌을 생생하게 기억하고 있었다. 그런데 잠시 후 펠릭스가 꿈속에서 다시 날아오르려고 시도했을 때 갑자기 더 이상 날 수가 없었다. 아무리 두 팔을 벌리고 파닥거려 보아도 소용이 없었다. 펠릭스는 두 팔을 벌린 채로 깡충깡충 뛰면서 풀밭을 맴돌다가 지쳐서 결국은 잠에서 깨어나고 말았다.

펠릭스가 아주 오래전에 꾼 꿈 생각에 푹 빠져 있는 동안 지하철은 프랑크푸르트 시내 중심가에 있는 하웁트바헤역에 도착했다. 슈미츠 아저씨는 아이들을 데리고 지하철에서 내렸다. 펠릭스는 멍하니 생각에 잠겨 아저씨 뒤를 따라갔다. 지하철 계단을 걸어 올라가 지하도 밖으로 나오자 햇빛이 어찌나 환한지 제대로 눈을 뜰 수가 없었다. 사람들이 종종걸음으로 곁을 스쳐가고 여기저기서 울리는 자동차 경적 소리가 귓전을 때렸다. 지하도 입구의 에스컬레이터 바로 옆에 뚱뚱한 아저씨가 조그맣게 모판을 차려놓고 복숭아와 버찌를 팔고 있었다. 그리고 그 옆 인도에는 거지가 앉아 있었다. 언제 면도를 했는지 수염이 잔뜩 난 지저분한 얼굴로 지나가는 사람들에게 여러 군데 상처가 나고 갈라진 자기 다리를 가리켜 보이면서 구걸을 했다. 거지 앞에는 딱딱한 종이가 반듯하게 접혀 게시판처럼 세워져 있었다. 펠릭스는 종이에 쓰인 삐뚤삐뚤한 글씨를 읽어 보았다.

잠자리가 없습니다. 일자리도 없습니다. 배가 고픕니다.

더럽고 상처투성이인 다리가 눈에 들어오자 펠릭스는 구역질이 날 것 같았다. 그래서 행여 거지와 눈길이 마주칠세라 발걸음을 서둘렀다. 슈미츠 아저씨와 친구들이 벌써 저만치 가고 있다는 게 다행이었다. 프랑크푸르트가 이런 데였구나! 그 순간 펠릭스는 자기가 이런 지저분한 대도시가 아니라 강물이 흐르고 숲이 있으며 친구들이 있는 아름다운 소도시에 살고 있다는 사실에 대해 감사하는 마음이 들었다. 얼마 지나지 않아 조용하고 아늑한 광장에 이르자 답답했던 가슴이 저절로 탁 트이는 것 같았다. 펠릭스 일행은 커다란 플라타너스 그늘 아래에 멈추어 섰다.

"이제 다 왔다. 저게 프랑크푸르트 증권거래소다."

슈미츠 아저씨는 바로 앞에 있는 건물을 가리켰다. 건물의 고색창연한 정면이 광장 전체를 꽉 채우고 있었다. 입구를 장식하고 있는 원주만 빼놓는다면 증권거래소 건물은 쇤슈타트 김나지움과 거의 비슷하게 보였다. 슈미츠 아저씨가 너무 빨리 건물 쪽으로 가는 바람에 펠릭스는 차분하게 건물을 살펴볼 여유가 없었다. 건물 입구에는 어두운 빛깔을 띠는 금속으로 조각된 거대한 동상 두 개가 세워져 있었다. 가까이 다가가보니 동상 두 개 중 한 개는 곰이었고 다른 하나는 수소였다. 수소의 뿔은 마치 수천 명이 손으로 문지르기라도 한 것처럼 밝은 구릿빛으로 반들반들 빛났다. 그리고 수소의 양 뿔 사이에 어떤 여자아이 하나가 책상다리를 하고 앉아 있었다. 까만 곱슬머리를 한 그 여자아이는 호기심 어린 표정을 한 채 금테 안경 너머로 펠릭스 일행을 바라보았다. 슈미츠 아저씨는 팔짱을 끼더니 고개를 쳐들고 그 여자애한테 윙크를 했다.

"사라야, 벌써 왔구나."

"안녕하세요."

슈미츠 아저씨는 사라에게 펠릭스와 잔나와 페터를 차례로 소개했다. 사라는 세 아이에게 "안녕." 하는 짤막한 인사말을 건넸을 뿐 동상 아래로 내려올 기색이 전혀 없었다. 슈미츠 아저씨는 사라에게 세 아이가 하인첼 꼬마들이라는 회사를 만든 일이며 금화를 발견한 일, 그리고 프랑크푸르트에서 무얼 할 계획인지를 자세히 말해주었다. 그러고는 마지막으로 이렇게 덧붙였다.

"하지만 지금까지 내가 얘기한 건 비밀이니 너만 알고 있어야 한다."

사라는 자기 아빠 얘기를 다 듣더니 약간 깔보는 듯한 어조로 말했다.

"난 돈이 나쁘다고 생각해."

페터는 그 말을 듣자 무얼 잘못 삼키기라도 한 것 같은 얼굴을 했다.

"뭐라고?"

"돈은 나쁘다고."

"이유가 뭔데?"

사라는 겁 없는 동작으로 단번에 동상 아래로 뛰어내렸다. 그러더니 세 아이를 번갈아 바라보며 자기 생각을 설명하기 시작했다.

"돈은 부당해. 사람들이 공평하게 가지고 있지 않는 한 말이야. 그뿐인 줄 아니? 돈은 사람을 멍청하게 만들어. 그리고 성격을 망쳐놓는다고. 내 말을 못 믿겠으면 여기 왔다 갔다 하는 사람들을 좀 봐. 오로지 머릿속에 돈 생각밖에 없으니 비정상 아니니?" 그러더니 증권거래소 입구를 향해 고갯짓을 해 보였다. 그때 막 남색 양복을 입은 젊은 남자 하나가 휴대폰에 대고 무언가 열심히 말을 하면서 출입문을 열고 나오는 것이 보였다. 사라는 말을 이었다.

"난 이 세상에 돈보다 중요한 게 있다고 생각해. 우리 엄마가 행복은 돈으로 살 수 없다고 그랬어."

펠릭스는 사라의 생각에 찬성할 수 없었다.

"하지만 돈이 없는 게 사람을 행복하게 만드는 건 아니잖아. 돈이 없으면 집안에 싸움만 벌어진다고. 게다가 우리는 그저 부자가 되겠다는 욕심 때문에 돈을 벌겠다는 게 아니야. 우리가 진정으로 원하는 무언가를 할 자유를 얻기 위해서 돈을 벌려는 거야."

"다들 말은 그렇게 하더라."

"그럼 네 생각엔 뭐가 중요하니?" 페터가 따지듯이 물었다.

"나한테 소중한 건 동물이야. 그중에서도 말이 특히 좋아. 그리고 친구들. 가족도 중요해. 꼭 돈이 있어야 행복한 건 아니야."

사라가 가족이라는 말을 하자 슈미츠 아저씨는 마음에 걸렸는지 얼굴을 붉혔다. 페터는 슈미츠 아저씨의 반응에 아랑곳하지 않고 사라에게 다시 말했다.

"네 생각엔 말이나 고양이, 햄스터 같은 걸 키우는 데 돈이 안 들 것 같니? 승마만 해도 그래. 그걸 하려면 돈이 얼마나 많이 드는데. 부잣집 여자애들이나 할 수 있다고. 하지만 너무 기가 죽을 건 없어. 우리가 부자가 되면 너한테 말 한 마리 사줄게."

말을 마치자 페터는 사라를 보며 의기양양한 표정으로 빙그레 웃었다.

슈미츠 아저씨는 약간 당황한 얼굴로 헛기침을 했다.

"마, 말 얘기는 조, 좀 더 생각해보기로 하자. 이, 이제 말다툼은 그만하렴. 너희들 여기 있는 이 근사한 동상들이 무얼 의미하는지 아니?"

"곰하고 수소잖아요." 잔나가 대답했다.

"이 수소는 황소란다. 주식 투자가 중 낙관론자를 상징하지. 좀 더 많은 이익을 얻겠다고 주식을 사들이는 사람들을 모두 황소라고 부른단다. 그래서 주식시세가 오르면 그건 곧 주식시장에 황소들이 몰려들었다는 걸 가리키지. 황소와 반대로 곰은 주식 투자가 중 비관론자를 나타내는 말이다. 주식시세가 떨어질 걸 두려워해서 주식을 내다 파는 사람들을 곰이라고 부르는데, 주식시장에 곰이 많이 몰리면 그 무지막지한 앞발로 주식시장을 사정없이 공격해서 갈가리 찢어놓는다고 말한단다."

슈미츠 아저씨는 동상이 마치 살아 있는 짐승이라도 되는 양 황소의 불룩한 옆구리를 툭툭 쳤다. 펠릭스 눈에는 그 황소가 멍청한 수소처럼 보이기는커녕 오히려 두툼하게 두 겹으로 접힌 턱 위의 얼굴이 믿을 수 없을 정도로 영리해 보였다. 황소의 얼굴 윤곽이 어쩐지 슈미츠 아저씨랑 닮은 데가 있는 것도 같았다. 물론 슈미츠 아저씨가 결코 황소처럼 힘센 사람이라고 할 순 없지만.

"아저씨 말씀대로라면 지금은 황소가 모여 있는 거네요." 펠릭스가 아저씨를 바라보았다.

"그런 것 같구나. 너희 아빠가 쓴 기사가 맞다면 말이다. 일단 구경을 하기로 하자. 지금이 오전 10시 15분이니까 15분만 있으면 주식거래가 시작될 거야. 지금쯤은 건물 안에 들어가 있어야 제대로 볼 수 있을 거다."

아저씨는 아이들을 데리고 '방문객용'이라는 팻말이 붙어 있는 출입문을 향해 걸어갔다. 네 사람이 막 안으로 들어가려는 순간 잔나가 갑자기 소리를 질렀다.

"얘들아, 저기 기둥 위 좀 봐! 별자리야!"

정말이었다. 증권거래소 건물 정면의 기둥 위에는 일정한 간격으로 별자리들이 쭉 새겨져 있었다.

"제일 왼쪽에 있는 게 사자자리지? 틀림없이 행운의 징조야. 내 별자리거든." 잔나는 흥분한 기색을 감추지 못했다.

"미신을 믿는 건 바보 같은 짓이야."

사라가 약간 업신여기는 듯한 말투로 끼어들었다. 잔나는 그 말을 듣자 화를 벌컥 냈다.

"그게 왜 미신이니? 별자리 점이 얼마나 정확한데. 우리 엄마가 내 별자리 점을 쳐주셨는데 전부 다 맞았단 말이야."

"그 별자리 점에 네가 어떤 주식을 사야 할지도 나와 있었니?"

페터가 잔나를 놀렸다. 잔나는 고개를 획 제치더니 페터를 흘겨보았다.

"스피리토소! 어쨌든 별자리 점에는 내가 강하고 또 내 힘을 남들에게 나누어준다고 나와 있었어."

"그건 분명히 네가 언제나 너 하고 싶은 대로만 하려는 고집쟁이라는 뜻이었을 거야." 페터는 잔나의 반응에 아랑곳하지 않고 잔나를 계속 놀렸다.

아이들의 입씨름을 지켜 보던 슈미츠 아저씨가 드디어 입을 열었다.

"어떤 말이 맞는지 누가 알겠니? 주식시장에 뛰어드는 사람들은 사실 주가의 변화를 미리 점쳐서 부자가 되려고 하는 셈이다. 그래서 어떤 사람들은 자기 육감을 믿고 또 어떤 사람들은 주식시세표의 숫자를 분석하는가 하면 점성술에 의지하는 사람들도 있단다. 미래를 예측하려면 어쩔 수 없이 약간은 미신을 따르게 마련이지."

"하지만 점성술은 미신이 아니라니까요." 잔나는 끝까지 자기 생각을 굽히지 않았다.

이야기를 나누는 동안 펠릭스 일행은 어느덧 방문객용 출입문에 이르는 계단을 다 올라갔다. 출입문 입구에는 수위 한 명이 따분해하는 표정으로 노란색 플라스틱 컵에 담긴 커피를 휘젓고 있었다. 수위는 슈미츠 아저씨가 방문객을 위한 관람석이 어디에 있는지 묻자 커피 젓는 동작을 멈추지 않은 채 한쪽 끝에 있는 작은 돌계단을 향해 고개만 까딱해 보였다. 계단을 미처 다 올라가기도 전에 벌써 사람들이 웅성거리는 소리와 누군가 날카롭게 외치는 소리가 들려왔다. 계단을 올라갈수록 소리가 점점 더 커졌다. 계단 맨 위에 도착하자 유리문이 있었는데, 그 문 너머로 엄청나게 많은 사람들이 바쁘게 이리저리 뛰어다니거나 전화를 걸거나 아니면 요란스럽게 팔을 흔들어대는 모습이 눈에 들어왔다. 펠릭스가 주위를 둘러보니 자기네가 도착한 장소는 마치 회랑 비슷한 곳이었다. 회랑은 주식거래가 이루어지는 객장의 절반 정도를 빙 둘러싸고 있었으며 위쪽은 쇠창살로 막혀 있었다. 펠릭스는 그곳이 꼭 맹수 우리 같다는 생각을 하였다.

아래쪽에 내려다보이는 객장 안은 수많은 사람들로 북적거리고 있었는데 잘 살펴보니 사람들은 어떤 일정한 규칙을 따라 움직이는 것 같았다. 사람들은 가게의 계산대처럼 생긴 커다란 나무 탁자 세 개를 둘러싸고 움직이고 있었다. 그 나무 탁자들은 마치 넓은 바다에 동그라니 떠 있는 세 섬처럼 보였다. 탁자 안쪽은 그다지 혼잡하지 않았다. 탁자 안쪽에 있는 사람들은 이리저리 뛰어다니는 게 아니라 컴퓨터를 앞에 놓고 서 있거나 앉아서 객장 안에 몰려 있는 사람들 중 누군가 자기네한테 다가서기를 기다렸다. 그러다가 누군가 자기네 쪽으로 다가오면 탁자를 사이에 두고 그 사람과 요란한 몸짓을 섞어가며 큰 소리로 무언가를 의논했다. 그러고 나서 한 사람은 휴대용 컴퓨터 자판에 무언가를 열심히 두드리고 다른 사람은 수첩을 꺼내 들고 종종걸음으로 객장 뒤편에 있는 문으로 사라졌다. 잠시 후 객장 뒤편으로 사라졌던 사람이 다시 나타나서는 이번에는 다른 사람을 향해 고함을 질러대기 시작했다. 객장 한쪽 벽에는 커다란 전광판이 몇 개 걸려 있었는데 몇몇 전광판에는 숫자가 끝없이 나열되어 있었고 어떤 전광판은 까만색이었다. 아니, 정확하게 말하면 완전히 까만색이 아니라 거의 까만색이라는 말이 맞았다. 왼쪽 위편에 작은 하얀색 금이 나 있었기 때문이었다.

"아저씨, 사람들이 왜 저렇게 소리를 지르는 거예요?" 펠릭스가 의아스럽다는 표정으로 슈미츠 아저씨에게 물었다.

"소리를 안 칠 수가 없단다. 객장에서는 큰 소리로 동의를 표시하는 경우에만 거래가 성립하거든. 고함 소리를 통해서 몇백만 마르크에 해당하는 주식의 매매가 이루어지고 있지. 많은 금액이 왔다 갔다 하는 일이기 때문에 서로 정확하게 의사를 표현하는 게 굉장히 중요한 일이란다. 그러니 큰 소리 없이는 일이 안 되지."

"만일 저희가 주식을 사고 싶으면 저희도 저기 아래쪽에 있는 사람들한테 소리를 질러야 하나요?"

"아니다. 다행히도 훨씬 간단하게 할 수 있다. 나는 주식을 사고 싶으면 은행에 간다. 물론 그렇게 하기 전에 어떤 주식을 살 건지 결정하기 위해서 정보를 수집하지. 은행에 가서는 내가 사고 싶은 주식을 알려주면 된단다. 다시 말해 은행에 주식 매입을 주문하는 거지. 그러면 은행은 내가 주문한 것을 주식거래인에게 넘긴단다. 여기 지금 바쁘게 이리저리 뛰어다니는 사람들이 바로 주식거래인들이란다. 객장에서는 주식거래인만 주식을 사고팔 수가 있어. 그런 자격을 따기 위해서 특별한 교육을 받은 사람들이지. 주식거래인들은 주식거래 주문을 받은 다음에 주식 중개인에게 간단다. 저기 나무 탁자 안쪽에 있는 모니터 앞에 앉아 있는 사람들이 바로 주식 중개인들이다. 주식거래인들은 자기가 받은 주문을 주식 중개인에게 알려준단다. 예를 들어 자기 고객 한 명이 펄프 제지 회사 주식 한 주당 주가가 100마르크를 넘지 않는 범위 내에서 1000주를 매수하고 싶어 한다고 말하는 거지."

"주식거래인은 자기한테 주식거래를 부탁한 사람이 누군지 아나요?"

"우리처럼 적은 금액의 투자자들이라면 당연히 모르겠지. 아까 얘기로 돌아가서 주식 중개인이 마침 펄프 제지회사 주식 1000주를 100마르크씩 받고 팔려는 사람을 알고 있다면 중개인은 주식거래인에게 '펄프 1000주 매도!'라고 소리를 지르겠지. 그러면 주식거래인은 자기가 부탁받은 거래를 성사시킨 게 된단다. 하지만 펄프 제지회사 주식 1000주를 100마르크씩에 팔겠다는 사람이 없으면 중개인은 주식거래인의 주문을 그냥 기록해 놓는단다. 정확히 10시가 되면 중개인은 자기한테 들어온 주식의 매수와 매도 신청을 종합해서 계산을 한 다음 주식시세를 정한단다. 그걸 공정시세라고 하지."

"사람들이 팔려는 주식과 사려는 주식이 가지가지일 텐데 아주 복잡하지 않나요?" 잔나가 물었다.

"아니, 그렇지 않다. 저기 보이는 나무 탁자 세 개에서 취급하는 주식 종목이 각각 다르단다. 예를 들어 가운데에서는 자동차 회사 주식이 거래되고 오른쪽에 있는 탁자에서는 각종 은행의 주식이 거래되지."

"저기 뒤쪽의 파란 램프 아래 있는 탁자에서는요?" 잔나는 손가락으로 자기가 말하는 장소를 가리켰다.

"그건 신주를 취급하는 곳이다. 주식시장에 새로 나온 주식을 거래하고 있지."

객장을 가득 메우고 있는 주식거래인들은 신주엔 관심이 없는지 신주가 거래된다는 곳은 객장 전체에서 가장 한산했다. 탁자 안쪽에는 콧수염을 길게 기른 뚱뚱한 남자 하나만 달랑 자리를 지키고 앉아 자기 앞에 놓인 보온병을 멍하니 바라보고 있었는데 무척 따분한 모양이었다.

슈미츠 아저씨의 설명을 귀담아 들으면서 주위를 여기저기 둘러보던 펠릭스는 한쪽 벽에 걸려 있는 까만색 전광판에 있던 작은 하얀 점이 점점 길게 뻗어져 나와 약간 위쪽으로 긴 선을 그으면서 올라가는 것을 보고 눈이 휘둥그레졌다.

"저게 바로 닥스다." 펠릭스의 시선을 따라 전광판을 바라본 아저씨가 말했다.

"닥스*라고요? 왜 하필이면 동물 이름을 붙였죠?" 펠릭스가 의아해하는 표정으로 물었다.

"아니, 내가 지금 말한 닥스는 독일 종합주가지수*를 가리킨단다. 말하자면 주식시장의 온도가 어떻게 변화되는지를 나타내는 거라고나 할까. 닥스의 숫자는 독일의 주식시장을 대표하는 30개 주요 회사의 주식시세를 종합해서 계산해 낸 수치란다. 그 회사들의 주가가 상승하면 닥스의 숫자도 커지고 전반적인 주식시세도 올라가지. 그건 곧 주식을 사려는 사람들이 많다는 걸 뜻한다."

"다시 말해서 온도가 올라갈수록 좋은 거겠네요?"

별 관심이 없는 것처럼 보였던 사라도 한마디 거들었다.

"오늘은 주식시장 온도가 상당히 높은데요." 페터가 두 눈을 빛

* 닥스: 독일어로 오소리를 뜻함.
* 종합주가지수: 증권시장에서 결정된 각각의 주가를 총괄적으로 묶어 전체 주가를 나타내는 것을 일컫는다.
* BIP: 독일어 Brutto Inlands Produkt의 약자. 우리나라에선 보통 영어의 약자 GDP를 사용한다.
* 국내총생산: 국내에서 생산된 모든 상품과 서비스의 가치를 돈으로 환산한 금액이다. 보통 영어의 약자 GDP(Gross Domestic Product)를 사용한다. 한편, 국민총생산은 국민에 의해 생산된 모든 상품과 서비스의 가치를 돈으로 환산한 것으로, 영어의 약자 GNP(Gross National Product)로 표기한다. GDP와 GNP는 차이가 있는데, 예를 들어 펠릭스의 아빠가 프랑스 신문에 기사를 기고하고 원고료를 받았다면, 그 원고료는 그 신문이 프랑스에서 발행되기 때문에 프랑스의 국내총생산에 포함되는 동시에 블룸 씨가 독일인이기 때문에 독일의 국민총생산에 포함된다.

내며 말했다.

"그렇구나. 제일 위쪽에 있는 숫자를 보면 오늘 주가지수가 얼마나 상향 곡선을 그리고 있는지 알 수 있지. 지금 숫자가 4228.31 포인트로구나. 어제보다 17.14포인트 높고 한 시간 전보다 5.22포인트 높은 숫자다. 어쩌면 주가가 왜 이렇게 상승세를 보이는지 알아낼 수 있을지도 모르겠다."

방문객을 위한 회랑에는 모니터 두 개를 앞에 놓고 어떤 여자가 앉아 있었다. 아마도 방문객들의 질문에 대답하기 위해 근무하는 직원인 모양이었다.

슈미츠 아저씨는 그 여자에게 다가가 물었다.

"주가지수가 왜 이렇게 오르고 있는지 혹시 아십니까?"

"어떤 경제조사 연구기관에서 올해 BIP 경제성장률에 대한 전망을 발표했어요."

"그래요? 난 전혀 몰랐는데. 그래서요?"

"작년에 비해서 2.5퍼센트 성장할 거랍니다."

"아, 그렇습니까." 아저씨는 그제야 의문이 풀렸다는 듯 만족스러운 표정을 지었다. 그러고는 아이들을 돌아보며 말했다.

"BIP*란 국내총생산*의 약자란다."

"무엇의 약자라고요? 그게 뭔데요?" 펠릭스가 물었다.

"뉴스에서 한 번도 들어본 적 없니? 국내총생산이란 독일에서 생산되는 모든 걸 의미한다."

"모든 거라고요?"

193

"그래. 독일 내에서 생산되는 거라면 뭐든지 다 합친 거지."

"그런데 그 국내 어쩌고저쩌고가 도대체 주가지수랑 무슨 관계가 있는 거죠?" 페터는 영문을 모르겠다는 얼굴로 아저씨를 바라보았다.

"국내총생산이 증가한다는 건 경제가 성장한다는 뜻이다. 다시 말해서 자동차나 냉장고, 컴퓨터 같은 것들의 생산량이 늘어난다는 말이다."

"향수도요?" 잔나가 물었다.

"물론이다. 향수만이 아니라 귀걸이 혹은 너희가 좋아하는 과자들도 더 많이 생산된다는 걸 의미하지."

"하나같이 생활에 꼭 필요하지 않은 물건들뿐이네요." 사라가 말했다.

"그렇긴 하지. 하지만 국내총생산에는 승마 교습시간이나 책, 음반 따위도 포함된다. 어쨌든 경제는 지난 한 달 사이에 주식시장의 전문가들이 기대했던 것보다 훨씬 더 빠른 속도로 성장했단다. 그래서 주식거래인들은 자기네가 취급하는 주식을 발행한 회사의 기업이 훨씬 더 많은 이윤을 남길 거라고, 그러면 자기네가 사들이는 주가가 계속 올라갈 거라고 예상하는 거지. 그래서 주식시세가 계속 오르는 거란다. 아주 간단한 이치 아니냐?"

"아저씨 말씀을 듣고 보니 정말 아주 간단하네요. 그런데 BIP (국내총생산)랑 더러운 거랑 무슨 관계가 있죠?" 잔나가 엉뚱한 질문을 던졌다.

"더러운 거라니, 대체 무슨 소리냐?"

"BIP의 맨 첫 번째 단어 '브루토(Brutto)'는 이탈리아어로 '추하다' 혹은 '더럽다'는 뜻인데요."

"경제란 게 원래 더러운 거잖아."

사라는 그 한마디를 툭 내뱉더니 할 말 있으면 해보라는 듯 초록빛 눈동자를 들어 펠릭스를 쳐다보았다. 슈미츠 아저씨는 사라의 반응에 개의치 않고 잔나를 향해 빙그레 웃었다.

"그래? '브루토'가 '더럽다'는 뜻이라고? 그거 재미있구나. 너희도 짐작이 가겠지만 이탈리아인들이 근대적인 경제활동을 시작할무렵에 도로 사정은 굉장히 나빴단다. 그래서 상인들이 팔고 다니는 상품들이 손님들 손에 들어갈 때쯤이면 오랜 기간 운반을 거친다음이라 이루 말할 수 없이 더러웠다. 그러니 손님들이 상품을 살때 순수한 상품만의 무게를 재려면 상품 위에 잔뜩 쌓인 먼지 무게를 빼야 했지. 먼지도 무게가 나가니까 말이다. 다시 말해 상품의 무게에 먼지까지 포함된 경우는 '브루토(Brutto)'라고 하고, 먼지를 없애 깨끗하게 한 다음에 무게를 잰 경우를 '네토(Netto)'라고 한다고 말할 수 있겠구나. '네토'는 깨끗하다는 뜻이겠지?"

"정확하게 그런 뜻은 아니에요. 하지만 아저씨가 말씀하신 대로생각하면 기억하기가 쉽겠네요."

"어쨌든 오늘날 경제에서는 상품에 고객이 사고자 하지 않는 게포함되어 있는 경우는 '브루토'라고 하고 순수하게 상품만 가리킬때는 '네토'라고 한단다. 예를 들어 어떤 사람이 한 달에 '브루토'

로 5000마르크를 번다고 할 때 그 금액에는 그 사람이 국가에 내야 하는 세금도 포함돼 있지. 세금을 뺀 나머지 금액이 그 사람의 '네토' 수입, 즉 진짜 수입이다."

"아까 국내총생산이 '브루토'어쩌고저쩌고라고 하셨는데 그럼 거기서 무얼 빼야 '네토'어쩌고저쩌고가 되는 거죠?"잔나가 못내 궁금하다는 듯 물었다. 아저씨는 잔나를 대견해하는 표정으로 바라보았다.

"국내총생산에는 일 년 동안 생산되는 물건이나 서비스가 모두 포함되는데 그 중에는 일 년 이내에 망가지거나 닳아 없어지는 것 혹은 낡아서 가치가 떨어지게 되는 것들도 들어 있지. 그런 것들을 전부 빼야만 한 해 동안 경제활동을 통해 생산된 것들이 순수하게 얼마나 가치가 있는지를, 즉 국내순생산을 알 수 있단다. 그리고 국내총생산에서 망가진 기계 따위를 빼내는 걸 감가상각*이라고 한다."

"얘들아, 잠깐만 이리 와 봐!"

잔나가 갑자기 소리를 쳤다. 잔나는 어느새 유리문 앞에 서서 아래쪽에 있는 객장을 내려다보고 있었다.

"저기 있는 아줌마 보이니? 정말 멋있지 않니?"

"아줌마가 어디 한둘이니? 도대체 누굴 말하는 건데?"페터가

---

*감가상각: 물건의 대부분은 시간이 지남에 따라 닳거나 고장으로 인해 가치가 떨어진다. 이러한 물건의 가치 소모분을 계산하여 원래 가격에서 빼나가는 절차를 가리키는 경제 용어이다.

물었다.

"저기 자동차 주식을 거래하는 데 있는 아줌마 말이야. 태권도복처럼 생긴 까만색 웃옷을 입고 있는 아줌마 안 보여?" 잔나는 답답하다는 듯 손짓을 해 보였다.

그제야 펠릭스도 잔나가 어떤 아줌마를 말하는지 알았다. 아주 젊은 아줌마였는데 정말로 쉰슈타트 태권도 클럽 회원들이 입는 태권도복 비슷하게 생긴 웃옷을 걸치고 있었다. 허리에 찬 벨트조차 태권도복의 띠처럼 보였다. 하얀색이 아니라 새까만 색이라는 것만 뺀다면. 그 아줌마는 한 손에 휴대폰을 들고 다른 손에는 휴대용 컴퓨터를 들고 있었다. 그리고 목에는 얇은 금목걸이를 하고 있었다.

하지만 그 아줌마한테서 정말로 눈에 딱 띄는 건 입이었다. 펠릭스는 이제까지 그 아줌마처럼 껌을 열심히 씹는 사람을 본 적이 없었다. 펠릭스가 서 있는 곳은 상당히 거리가 떨어져 있는 데도 불구하고 그 아줌마가 껌을 씹을 때마다 턱이 위아래로 움직이고 목에 힘이 들어가는 것이 눈에 들어올 정도였다. 그리고 가끔 입을 벌릴 때마다 입 속에 있는 껌을 혀로 말아 씹기 좋은 위치로 밀어넣는 것이 보였다. 그 아줌마는 아주 느긋한 자세로 서서 이따금 손가락으로 자기 휴대폰을 톡톡 두들겨가며 객장 안을 이리저리 둘러보았다. 펠릭스 눈에는 그 아줌마가 좀 따분해하는 것처럼 보였다.

"정말 멋있다. 분명히 별자리가 사자자릴 거야. 보면 안다고. 나도 크면 주식거래인이 될 거야."

잔나는 감탄하는 눈초리로 태권도복 입은 아줌마를 계속 바라보았다.

"머리를 초록색으로 물들인 사람은 안 될걸." 페터가 말했다.

"크레티노. 얘들아, 잘 봐. 무슨 일이 생겼나 봐."

잔나가 아이들에게 흥분한 목소리로 외치는 순간 정말로 뒤쪽에 있는 유리문이 열리더니 작고 뚱뚱한 남자 하나가 뛰쳐나와 태권도복 입은 아줌마 있는 곳으로 곧장 돌진해갔다. 어찌나 빨리 뛰어갔는지 아줌마가 있는 곳을 못 미쳐 멈추어 섰는데도 바닥을 50센티미터 정도 주르르 미끄러지는 바람에 하마터면 아줌마랑 부딪칠 뻔했다. 그 남자는 아줌마한테 무언가를 말하고 나서는 다시 자기가 나왔던 유리문 쪽으로 헐레벌떡 달려갔다. 아줌마는 껌 씹는 것을 멈추지도, 지루해하는 얼굴 표정을 바꾸지도 않았다. 그러더니 잠시 후 자동차 회사 주식이 거래되는 곳으로 걸어가 거기에 있는 중개인에게 무슨 말인가 했다. 중개인은 흥분하여 두 팔을 마구 휘젓기 시작했다. 그러고는 머리를 감싸쥐더니 의자에 철퍼덕 주저앉았다. 태권도복 차림을 한 아줌마는 껌을 씹으면서 천천히 그 자리를 떠났다.

"저 아줌마가 중개인한테 무슨 말을 했을까? 정말 궁금한데." 잔나가 말했다.

"어쩌면 뭐라고 불평을 했을지도 몰라." 페터가 대꾸했다.

"아니면 어떤 주식을 헐값에 사려고 했거나." 펠릭스가 해석을

198

덧붙였다.

갑자기 객장 안이 소란스러워지기 시작했다. 사람들은 모두 당황해서 어쩔 줄 모르는 것 같았다. 태권도복 아줌마랑 얘기했던 그 작고 뚱뚱한 아저씨가 유리문에서 다시 뛰쳐나오더니 화학제품회사의 주식이 거래되는 곳으로 부리나케 달려갔다. 태권도복 아줌마는 주위의 움직임에 전혀 동요되는 빛도 없이 그 자리에 그대로 서서 계속 껌을 씹고 있었다. 객장 안을 둘러보던 펠릭스는 까만 전광판 있는 곳으로 시선을 돌렸다가 깜짝 놀랐다. 종합주가지수 곡선이 어느새 밑으로 내려가고 있었다! 펠릭스의 지적에 전광판을 바라본 슈미츠 아저씨도 놀란 표정을 지었다. 펠릭스는 아저씨에게 어찌 된 영문인지 물었다.

"글쎄다. 내 생각에 주식거래인 몇 사람이 불안감을 갖게 된 것 같구나. 자기네가 사들인 주식값이 최근 며칠 사이에 자꾸 오르니까 상황이 달라지기 전에 이익을 챙기는 게 좋겠다고 결정한 모양이다."

"이익을 챙기다니요?"

"주식거래를 통해 이익을 본다는 건 사실 자기가 가지고 있는 주식을 산 값보다 비싼 값에 팔았을 경우란다. 가지고 있는 주식값이 아무리 오른다고 해도 그걸 팔기 전에는 주식 투자로 생긴 이익이 진짜로 자기 거라고 할 수 없지. 주식값이 언제라도 다시 내려갈 수 있는 노릇이니까. 그래서 주가가 한참 오름세에 있을 때 주식 투자로 생긴 이익을 챙기기 위해서 주식을 파는 사람이 많단다. 종합주가지수가 떨어진 걸 보니 아마 우리가 한 15분 정도 얘기를 나누는 동안에 그런 일이 일어난 모양이로구나. 여기서는 당연한 현상이니 전혀 걱정할 일이 아니다."

"정말 이상야릇한 일이네요. 주가가 올랐기 때문에 떨어진다는 얘기잖아요." 사라가 말했다.

아이들이 전광판을 뚫어져라 지켜본 지 10분 정도 지나자 종합주가지수 곡선은 다시 아주 조금씩 위로 움직이기 시작했다.

"잘 보렴, 이익 챙기기가 벌써 끝났다는 신호다. 벌써 12시 8분 전이구나. 정확하게 12시에 종이 울릴 텐데 그때까지는 중개인들이 오늘의 공정시세가 어떻게 되는지 계산해 놓았을 거다."

실제로 아래쪽에 보이는 객장에서는 주식거래인들이 뭔가에 쫓기기라도 하는 것처럼 초조하게 부산을 떨었다. 그때까지만 해도 느긋하게 껌 씹기를 즐기고 있는 것처럼 보였던 태권도복 아줌마도 더 이상 객장 안을 사로잡은 흥분된 분위기를 무시할 수 없었던지 가지고 있던 휴대폰을 들었다. 그러고는 상대편의 말을 주의 깊게 듣더니 몇 마디 하고는 통화를 끝내기가 무섭게 성큼성큼 객장을 가로질러 파란 램프가 켜 있는 비밀스러운 분위기의 신주 매장*으로 갔다. 그러더니 나무 탁자 안쪽에서 자기가 가져온 보온병만 멍하니 쳐다보고 있던 그 뚱뚱한 중개인에게 간단한 손짓 몇 번을 섞어 무언가를 말한 후 유리문을 밀어젖히고 밖으로 사라졌다. 잠시 후 종이 울렸다.

"그 아줌마가 파란 램프 있는 데서 무슨 주식 산 것, 너희도 봤지? 그게 뭔지 알 수만 있다면 얼마나 좋을까!" 잔나가 소리쳤다.

"하지만 거기서 주식 산 사람은 그 아줌마뿐이야. 다른 사람들은 얼씬도 않던걸. 어쩌면 그 아줌마 잘못 산 건지도 몰라." 펠릭스가 조심스럽게 말했다.

"분명히 그 파란 램프, 마법의 램프겠지." 사라가 약간 빈정거리는 말투로 끼어들었다.

"어찌된 내막인지는 어차피 알 도리가 없으니까, 괜한 추측일랑 그만두고 점심이나 먹으러 가는 게 어떻겠느냐? 배가 아주 고프구나." 슈미츠 아저씨가 제안했다.

"대찬성이에요. 저도 뱃가죽이 등에 딱 달라붙었어요." 페터가 얼른 대답했다.

펠릭스 일행은 방문객용 회랑에서 나와 계단을 걸어 내려갔다. 그리고 황소와 곰 동상을 지나 증권거래소 건물이 있는 광장을 가로질러 갔다. 슈미츠 아저씨가 아이들을 데리고 간 곳은 작고 아담한 레스토랑이었는데 희한하게도 이름이 '황소와 곰'이었다. 레스토랑 안의 좌석은 절반쯤 차 있었다. 펠릭스 일행은 바로 광장 전체를 내다볼 수 있는 창가 자리를 차지할 수 있었다. 식탁은 고급스러운 흰 식탁보로 덮여 있었으며 접시와 포크, 나이프 그리고 수저와 유리잔이 각각 두 개씩 얌전하게 놓여 있었다. 그리고 모

---

*신주 매장: 주식시장에 새로 나온 주식을 거래하는 곳을 일컬으나, 우리나라 증권거래소에는 없다. 요즈음 증권 거래는 인터넷을 통해 빠르게 이루어지므로 '매장'이라는 개념 자체가 사라지고 있다.

든 접시 위에는 멋지게 접힌 냅킨이 놓여 있었다.

페터는 피자를 먹고 싶었다. 그것도 가능한 한 큰 걸로. 하지만 슈미츠 아저씨는 주식거래인과 중개인이 주로 드나드는 이런 고급스러운 레스토랑에서는 피자를 안 판다고 했다. 까만 정장 윗도리와 나비넥타이 차림을 한 웨이터가 차림표를 가지고 다가왔다. 펠릭스는 차림표에 가득 적혀 있는 이상한 이름의 외국 요리가 대체 무언지 알 수가 없었다. 그래서 슈미츠 아저씨가 주문을 떠맡아 아이들 각자를 위해 무언가를 시키자 안심이 되었다.

얼마 지나지 않아 웨이터가 이상하게 생긴 국수 요리를 갖다 주었다. 근사한 접시에 담긴 국수는 생긴 모양은 별났지만 맛은 다른 국수의 맛과 다를 게 조금도 없었다. 페터가 펠릭스에게 양이 너무 적은 것 같다고 속삭였다.

식사가 끝날 무렵 잔나가 갑자기 잔뜩 긴장한 얼굴로 "저기 좀 봐!" 하면서 창 밖을 가리켰다. 펠릭스는 창 쪽으로 몸을 돌렸다. 과연 잔나가 긴장할 만했다. 태권도복 아줌마가 광장을 건너오고 있는 게 아닌가! 아줌마는 남색 양복을 입은 젊은 남자의 팔짱을 끼고 펠릭스 일행이 있는 레스토랑 쪽으로 다가왔다. 그 남자는 아줌마에게 문을 열어준 다음 따라 들어와 구석에 있는 식탁으로 아줌마를 인도했다. 두 사람은 냅킨 옆에 휴대폰을 내려놓더니 차림표를 들어 훑어보기 시작했다.

"잔나야, 너 아까 저 아줌마가 무슨 주식 샀는지 알고 싶어 안달이었는데 절호의 기회이니까 가서 물어보면 되겠다." 페터가 잔나를 놀렸다.

잔나는 냅킨으로 입을 닦더니 접시를 앞으로 밀어놓고 의자에서 벌떡 일어났다.

"내가 못 할 줄 알아?"

"진심이니?" 펠릭스가 믿어지지 않는다는 표정으로 물었다.

잔나는 아무런 대꾸도 하지 않았다. 단단히 결심이라도 한 듯 그냥 입을 꾹 다물고는 자리에서 일어나 태권도복 아줌마가 앉아 있는 곳으로 걸어갔다. 펠릭스는 잔나가 괜히 망신만 당할 게 틀림없다고 생각했다. 장난으로 잔나를 부추겼던 페터는 막상 일이 그렇게 되자 입을 다물지 못했다. 사라조차도 정말 당황했는지 아무 말도 못 하고 잔나를 지켜보기만 했다.

잔나는 태권도 아줌마가 앉아 있는 식탁으로 가서 그 앞에 턱 버티고 섰다. 아줌마는 처음에는 조금 언짢은 얼굴을 했지만 잠시 후 놀라서 입을 딱 벌리더니 웃음을 터뜨렸다. 잔나는 옆자리에서 의자 하나를 끌어다 앉았다. 그러고는 아줌마와 요란한 동작을 해가며 이야기를 나누기 시작했다. 두 사람 다 아주 흥분했는지 잔나가 손가락으로 무언가를 가리키는 시늉을 하자 아줌마가 어쩔 수 없다는 몸짓을 했다가 냅킨을 식탁에 던지기도 하는 등 두 사람의 격렬한 논쟁은 한참 동안이나 계속되었다. 남들이 보면 연극을 하는 거라고 오해를 할 만큼 온갖 손짓이 다 동원되었다. 마침내 두 사람의 대화가 끝났는지 웨이터가 날씬하게 생긴 유리잔 세 개를 가져와 무언가를 따랐다. 잔나와 태권도복 아줌마, 그리고 아줌마와 같이 온 남자는 펠릭스 일행이 앉아 있는 곳으로 몸을 돌리더니 펠릭스 일행을 향해 건배를 했다. 펠릭스는 그 세 사람이 무엇에 대해 건배를 했는지는 알아들을 수 없었다. 그러나 그쪽 식탁의 분위기로 보아서 어쨌든 무언가 유쾌한 일인 것만은 분명했다.

잔나는 태권도복 아줌마가 앉아 있는 식탁을 떠날 생각이 영 없는 것 같았다. 마침내 웨이터가 식사를 가져오자 잔나는 자리에서 일어났다. 태권도복 아줌마는 마치 오래전부터 알고 지낸 사이라도 되는 것처럼 작별인사로 잔나의 뺨에 입맞춤을 했다.

잔나는 자기 자리로 돌아와 자리에 털썩 주저앉더니 의기양양한 표정으로 말했다.

"우리가 무얼 살지 정했어. 텔레키드를 사는 거야!"

"무얼 산다고?" 펠릭스가 물었다.

"텔레키드라니까. 그게 마르타 아줌마가 파란 램프 있는 데서 산 주식 이름이야. 700만 마르크나 샀대. 아줌마 말이 텔레키드가 전망이 밝대. 여기 마르타 아줌마 명함이 있어."

잔나는 흰색의 작은 종이조각 하나를 식탁에 내려놓았다.

펠릭스는 마르타 아줌마의 명함을 집어 들고 손으로 명함에 박힌 글자를 만져본 다음 명함을 읽어보았다.

"마르타 폰 밀러른, 주식거래인, 크레디트 은행 프랑크푸르트 지점."

아래쪽에는 전화번호와 팩스 번호 그리고 전자우편 주소가 적혀 있었다.

"그 아줌마, 네 예상대로 별자리가 사자자리던?" 페터가 잔나에게 짓궂게 물었다.

"아니, 쌍둥이자리야. 하지만 아줌마 출생지 동쪽 지평선 별자리가 사자자리였다니까, 내 짐작이 아주 빗나간 것도 아니야."

펠릭스는 동쪽 지평선 별자리는 또 뭔지 몰랐지만 상관없었다. 지금은 신경 써야 할 더 중요한 문제들이 있었기 때문이다.

슈미츠 아저씨는 명함을 들여다보더니 말했다.

"그 아줌마 일하는 은행이 크레디트 은행이로구나. 거참, 흔치않은 우연이다."

"텔레키드가 도대체 어떤 회사죠?" 펠릭스가 물었다.

"어린이 방송 만드는 텔레비전 방송국 있잖아. 만화 많이 나오는 방송인데 모르니?" 잔나가 얼른 대답했다.

"내 생각에 텔레비전은 정말 바보 같아." 사라가 말했다.

"넌 뭐든지 바보 같다고 하는구나. 마르타 아줌마가 텔레키드는 장래성이 있다고 했어. 넌 보나마나 장래성 운운하는 것도 바보 같다고 하겠지." 잔나는 날카로운 말투로 사라에게 따졌다.

"그 아줌마가 왜 텔레키드를 장래성이 있다고 했는데?" 펠릭스는 잔나를 바라보며 물었다.

"그 텔레비전 방송국 회사가 새로 생겼고 주식시장에 주식을 내놓은 지 몇 주밖에 안 되었대. 앞으로 그 텔레비전 방송 보는 애들이 점점 많아지고, 그러면 광고 주문도 늘어날 테니까 텔레키드 방송국의 수입이 늘어날 거야. 그러니까 자연히 텔레키드 주가도 올라갈 것 아니니?"

"학교 끝나면 집에 와서 텔레비전 앞에만 죽치고 앉아 옷 광고나 보는 애들은 정말 멍청한 애들이야." 사라는 여전히 못마땅하다는 얼굴이었다.

"우리가 직접 텔레비전 방송을 보겠다는 얘기가 아니야. 텔레비전 방송을 통해 돈을 벌겠다는 거지." 페터가 사라에게 변명했다.

"그게 결국은 멍청한 아이들을 이용해서 돈을 벌겠다는 말이잖아."

"네가 보기에 정 그렇다면 그렇게 생각하렴. 하긴 네 말처럼 멍청한 애들 덕분에 돈을 벌게 된다면 그것도 나쁠 건 없지, 뭐." 페터는 사라가 어떻게 생각하든 알 바 아니라는 듯 어깨를 한 번 으쓱해 보이더니 싱긋 웃었다.

하지만 펠릭스는 사라의 눈빛이 마음에 걸렸다. 무슨 말을 해서든지 자기네가 하려는 행동이 사라가 생각하듯 나쁜 일이 아니라는 걸 증명하고 싶었다. 그래서 조심스럽게 말을 꺼냈다.

"우리가 텔레키드 주식을 사면 그 회사의 일부는 우리 소유라고 할 수 있어. 그러면 텔레키드 방송 내용이 좀 나아지도록 영향을 미칠 수도 있을 거야."

"너, 맘에도 없는 소리 하지 마. 마르타 아줌마나 다른 사람들이 텔레키드 주식을 사는 건 텔레키드 방송이 저질이라는 바로 그 이유 때문이야. 저질일수록 그 방송을 보는 애들이 늘어날 테고 그래야 거기 나오는 광고를 보는 애들도 많아질 것 아니니? 그럼 당연히 그 광고에 나오는 쓸데없는 물건을 사는 사람도 많아지겠지. 너희가 텔레키드 주식을 조금 산다고 해서 사태가 달라질 것 같니?"

"우리가 그 회사 주식을 많이 사서 그 회사를 우리 것으로 만든 다음에 방송 내용을 대대적으로 뜯어고치면 되잖아." 페터가 장담했다.

그때까지 아무 말 없이 아이들의 입씨름을 지켜보던 슈미츠 아저씨가 웃으며 끼어들었다.

"가만, 가만. 그렇게 쉽게 생각하면 안 되지. 너희가 어떤 회사에 어떤 건 해도 좋고 어떤 건 안 된다는 식으로 간섭하려면 그 회사 주식을 엄청나게 많이 사야 한단다. 그리고 사라 말도 일리가 있다. 너희가 어떤 텔레비전 방송국에 저속하고 오락적인 내용을 전혀 방영하지 못하게 한다면, 아마 그 방송을 보는 사람이 확 줄어들 테고 그러면 너희가 산 주식값도 폭락하고 말 거다."

"거 봐." 사라가 으스댔다.

"그런데 참, 태권도복 아줌마가 너한테 왜 텔레키드가 장래성이 있다고 자신 있게 말할 수 있는지 알려 줬니?" 페터가 잔나에게 물었다.

"아니. 하지만 그 아줌마가 텔레키드 주식에 700만 마르크나 투자한 데는 분명히 그럴 만한 까닭이 있을 거야."

그때 갑자기 등 뒤에서 누군가가 말을 건넸다.

"너희들, 자꾸 태권도복 아줌마, 태권도복 아줌마 하는데 그게 대체 누구니?"

슈미츠 아저씨와 네 아이는 얼른 몸을 돌렸다. 바로 뒤에 태권도복 아줌마가 잔나의 의자 등걸이에 몸을 기댄 채 서 있었다.

"내가 그렇게 공격적으로 보이는 줄은 몰랐는데."

"그, 그런 게 아니고요. 저희는 그냥 아줌마 윗도리가 꼭 태권도복처럼 생겨서…….." 페터가 당황한 얼굴로 대답했다.

마르타 아줌마는 자기가 입은 옷을 내려다보더니 깔깔거리고 웃었다.

"너희들 말이 맞구나. 정말 태권도복처럼 보이는데. 난 전혀 의식하지 못했어. 다음부터는 이 옷을 입을 때 이렇게 태권도 선수처럼 보이는 옷을 입어도 되는 상황인지 아닌지 잘 생각해보고 나서 입어야겠는걸. 그런데 잔나야, 나한테 네 친구들 소개시켜 줄 생각 없니?"

잔나가 마르타 아줌마에게 친구들을 차례로 소개하자 다들 아줌마랑 악수를 했다.

"아이들 선생님이신가 보군요." 마르타 아줌마는 슈미츠 아저씨와 악수를 나누며 말했다.

"서, 선생이라기보다는 의, 의논 상대라는 말이 어울릴 겁니다." 슈미츠 아저씨는 흥분을 감추지 못했다.

"너희들 분명히 속으로 텔레키드가 장래성이 있는지 어떤지 내가 무슨 수로 아느냐고 생각할 거다. 따지고 보면 너희들의 생각이 맞아. 사실 우리 주식거래인들이라고 해서 미래를 정확하게 예측할 수 있는 건 아니니까. 하지만 우리는 주식회사들이 발표하는 보고서를 검토한단다. 그 회사의 수입이 얼마나 되는지, 지출을 얼마나 해야 하는지 그리고 그 회사 소유의 자산은 어떻게 되며 이윤이 늘어나는지 어떤지 따위를 조사하는 거야. 그리고 그런 보고서를 아주 꼼꼼하게 검토하고 진단하는 전문가들도 있어. 경제분석가라는 사람들인데 그 사람들에게 물어보기도 하지. 또 요즈음 그 주식의 시세가 어떻게 변화되어 왔는지를 알아보기도 해. 텔레키드의 경우 이런 여러 가지 조사의 결과가 아주 긍정적이었기 때문에 고객들이 주문한 양만 사지 않고 나 자신을 위해서도 좀 샀단다."

"그럼 그 주식값이 오를 거라고 100퍼센트 보장하시는 건가요?" 펠릭스가 물었다.

"아니, 아무도 100퍼센트는 보장할 수 없어. 아무리 그 주식이 장래성이 있어 보여도 말이야. 어느 정도 위험부담은 항상 있게 마련이지."

"위험부담이라고요? 어떤 위험이요?" 펠릭스가 다시 물었다.

"모든 게 우리가 예상한 것과는 아주 다르게 될 가능성이 있어. 주식거래를 하는 사람이라면 누구나 어떤 주식이 미래에 얼마나 값이 나가게 될지를 계산해보려고 한단다. 하지만 그걸 정확히 알 수 있는 사람은 없지. 미래에 지금 우리가 전혀 생각도 못한 어떤 일이 일어날 수도 있는 노릇 아니겠니?"

"지진 같은 게 일어날 수도 있다는 얘기죠?" 이번에는 페터가 물었다.

아줌마는 깔깔거리고 웃었다.

"글쎄, 텔레키드 방송국 건물이 제대로 지어졌다면 지진 때문에 주가가 떨어지는 일은 없겠지. 텔레키드의 경우 진짜 위험은 그 주식의 시장이 너무 작다는 데 있단다."

"너무 작다니요? 그건 또 무슨 뜻이죠?"

"텔레키드에서 발행되는 주식의 수가 다른 회사의 주식에 비해서 훨씬 적다는 얘기야. 그래서 단독 투자자가 텔레키드 주가에 미치는 영향이 아주 크지. 예를 들어 텔레키드 주식을 많이 보유하고 있는 어떤 사람이 느닷없이 불안감에 사로잡혀 자기가 가지고 있는 주식을 몽땅 팔겠다고 주식시장에 내놓는다면 텔레키드 주식값은 바닥으로 곤두박질치게 된단다. 그렇게 되면 그 주식을 가지고 있는 다른 사람들도 덩달아 큰 손해를 보게 되는 거야."

"어떤 사람이 갑자기 불안감에 사로잡히게 될지 무슨 수로 알 수 있죠?"

"알 수가 없단다. 그러니까 위험부담이 있다는 거지. 100퍼센트 보장이라는 건 있을 수가 없어. 너희들 주식거래가 처음이고 또 너희 금화를 몽땅 주식에 투자할 생각이라고 했니?"

"너 아줌마한테 금화 얘길 떠벌렸니?" 페터가 잔나를 노려보며 물었다.

"쉬! 아무한테도 말 안 하마. 어쨌든 너희 경우엔 위험부담이 적은 쪽으로 투자를 하는 게 낫겠다. 예를 들면 채권을 산다든지.”

“하지만 그건 너무 재미가 없죠. 투기를 하지 않고 어떻게 큰 이익을 바라겠습니까?” 슈미츠 아저씨가 대화에 끼었다.

“투기는 또 뭐예요?” 펠릭스가 질문했다.

“투기라는 건 어떤 물건이 다른 사람들이 생각하는 것보다 더 가치가 있다고 판단될 때 그 물건을 사는 걸 말한단다. 나중에 그 물건값이 오르면 자기가 애초에 치른 것보다 비싸게 팔아서 그 차이만큼 이익을 얻겠다는 생각이다. 말하자면 미래에 대한 내기라고나 할까. 산 물건이 자기가 예상한 대로 미래에 값이 오르면 그 내기에서 이기는 거지.”

말을 마친 슈미츠 아저씨는 가지고 있던 신문을 경제면이 위로 나오게 접더니 마르타 아줌마에게 말을 건넸다.

“말씀하신 대로 텔레키드 주식의 전망이 아주 좋군요. 2주 전에 28마르크에 주식시장에 나왔는데 오늘 벌써 39마르크를 넘어섰다고 나와 있네요. 올해 안에 주가가 두 배로 뛸 가능성이 상당히 높은데요.”

“장래성이 있다고 말씀드렸잖아요.” 마르타 아줌마가 짧게 대답했다.

“하지만 그렇게 짧은 기간 안에 한 회사의 가치가 두 배가 된다는 건 있을 수 없는 일이에요. 말도 안 되잖아요.” 펠릭스는 두 눈을 동그랗게 뜨고 아저씨와 마르타 아줌마를 번갈아 쳐다보았다.

“그건 네가 회사의 가치를 어떻게 이해하고 있느냐에 따라 다르지. 주식을 사고 파는 사람들이 전부 어떤 주식이 어느 정도 가치가 있다고 평가한다면 그게 곧 그 주식의 값이야. 주식거래인들이 텔레키드 주식의 가치를 높게 평가했는데 텔레키드가 실제로는 예상보다 적은 이윤을 내면 주가는 자동적으로 떨어지게 된단다. 주식시장에서는 그 주식의 실제 가치보다는 대다수의 사람들이 그 주식의 가치가 어떻게 생각하는지에 따라 주가가 좌우되지."

"그러니까 결국은 멍청한 사람들 때문에 똑똑한 사람이 돈을 벌게 된다는 말 아닌가요?" 사라가 물었다.

마르타 아줌마는 사라가 한 해석이 아주 재미있는지 웃음을 터뜨렸다.

"그런 생각은 한 번도 해본 적이 없는데 듣고 보니 네 말이 맞는 것 같구나. 주식시장에서는 사태가 어떻게 돌아가는지 다른 사람들보다 먼저 알아채는 게 가장 중요하단다."

"어떻게요?"

"특별한 방법이 있는 건 아니야. 그냥 느낌이 오는 거지. 너희가 주식시장에 뛰어들 생각이라면 일단 부딪쳐봐야지 말로 설명하긴 어렵구나. 자, 그럼 이만 나는 다시 증권거래소에 들어가야겠다. 점심 식사 시간이 다 끝났거든."

마르타 아줌마는 펠릭스 일행과 작별인사를 나누면서 일일이 악수를 하고 맨 마지막에 잔나랑 헤어질 때만은 잔나의 뺨에 입맞춤을 했다.

마르타 아줌마가 떠나고 나자 잔나가 친구에게 물었다.

"자, 어떻게 할 거니? 텔레키드 주식 살 거야, 안 살 거야?"

"잘 모르겠어. 만약에 그 주식이 장래성이 없으면 어떡하지? 오늘 그 주식 산 사람은 마르타 아줌마 말고는 아무도 없던데. 그리고 주식을 잘못 사면 엄청나게 손해 볼 수 있다는 것, 아줌마도 인정했잖아." 펠릭스가 조심스럽게 대답했다.

"가진 돈을 몽땅 새로 나온 주식에 투자한다는 건 확실히 위험 부담이 너무 큰 것 같구나. 하지만 불과 두 주 동안 값이 28마르크에서 39마르크까지 오른 걸 생각해보렴. 만약 2주 전에 어떤 사람이 10,000마르크를 텔레키드 주식에 투자했다고 가정해보면 그게 지금은……."

슈미츠 아저씨가 머릿속으로 계산을 해보려 애쓰는 사이에 벌써 암산을 끝낸 펠릭스가 얼른 대답했다.

"약 14,000마르크 정도가 되는 셈이에요."

"더 생각해 볼 필요도 없어. 그 주식을 사는 거야. 정말로 돈을 벌려고 한다면 이 정도 위험쯤은 각오해야 하는 것 아니니?" 페터가 단호한 표정으로 자기 결심을 말했다.

아이들은 마르타 아줌마의 판단을 믿기로 했다. 그래서 하인첼 꼬마들 회사의 전 재산이나 마찬가지인 금화를 몽땅 텔레키드 주식에 투자하기로 결정했다. 잠시 후 슈미츠 아저씨가 음식값을 치른 다음 펠릭스 일행은 다시 증권거래소 건물이 있는 광장으로 나왔다.

그사이 기온이 올랐는지 점심 식사 전보다 무덥고 숨 막히는 날씨였다. 사라가 마인강에서 유람선을 타면 어떻겠느냐고 제안했다. 강에서 배를 타면 시원하고 또 시내처럼 시끄럽지 않다고 했다. 슈미츠 아저씨는 찬성했다.

정말 사라 말대로 유람선에 앉아 있으니까 기분이 상쾌했다. 배가 강물 위를 스르르 미끄러지자 맞은편에서 불어 오는 강바람이 이마에 맺힌 땀을 식혀 주었다. 하지만 강가의 풍경은 펠릭스가 기대했던 것과는 완전히 딴판이었다. 강 옆에는 나무나 숲, 아름다운 집들이 아니라 하늘을 찌를 듯한 고층 건물과 유조선 그리고 공장과 창고 따위가 줄지어 늘어서 있을 뿐이었다. 정말 강가에 어울리지 않는 이상하고 흉측한 풍경이었다.

유조선 옆을 지나는데 사라가 마치 펠릭스의 속마음을 짐작이라도 한 듯 불쑥 말을 꺼냈다.

"프랑크푸르트는 정말 보기 흉한 도시야."

"그럼 너랑 너네 엄만, 왜 쉰슈타트에서 안 사니?"

사라는 대답 대신 고개를 홱 돌리더니 성난 표정으로 자기 아빠를 노려보기만 했다. 그제야 펠릭스는 사라네 부모가 함께 살지 않는다는 것, 그리고 사라가 원한다고 하더라도 자기 마음대로 아빠랑 살 수 있는 게 아니라는 사실이 기억났다.

"하긴 쉰슈타트에도 진짜 나쁜 것도 많아." 펠릭스는 사라를 위로하기 위해 얼른 말을 이었다. 하지만 그 말이 자기 귀에도 어쩐지 그냥 해보는 소리같이 들려 미안했다.

잠시 침묵을 지키던 사라가 갑자기 펠릭스에게 물었다.

"너 우리 아빠 어떻게 생각하니?"

"아주 멋있는 분이야. 모르시는 게 별로 없더라. 게다가 색소폰 연주도 기막히게 하시고."

사라는 그 말에 아무 대꾸도 하지 않더니 조금 있다가 잘라 말했다.

"아빠는 겁쟁이야."

펠릭스는 놀라서 기겁을 할 정도였다. 어떻게 자기 아빠에 대해 그런 말을 할 수 있단 말인가, 그것도 잘 알지도 못하는 사람한테!

펠릭스는 사라가 말을 계속하기를 기다렸다. 자기가 왜 그렇게 생각하는지 뭔가 설명을 할지도 모른다고 생각했기 때문이다. 하지만 사라는 자기 아빠 얘기는 더 이상 하지 않고 자기가 다니고 있는 학교 얘기를 꺼냈다. 생물과 종교 시간을 빼고는 전부 재미없다는 얘기며 초등학교 때 한 학년 월반을 해서 지금 중학교 3학년이라는 얘기, 최근에 승마를 시작했는데 이 세상에서 가장 갖고 싶은 게 말이라는 얘기 등을 늘어놓았다. 그리고 자기 엄마는 기분이 나쁠 때가 많은데 그럴 때마다 자기한테 화를 내고 자기 아빠를 원망하기 때문에 불행하다는 말도 했다. 그러더니 작은 목소리로 덧붙였다.

"어떤 때는 가출이라도 하고 싶어."

펠릭스는 사라의 마음을 충분히 이해할 수 있었다. 하지만 자기는 아무리 속상한 일이 있더라도 절대로 가출 따위는 하고 싶어질 리가 없다는 걸 알고 있었다.

펠릭스 일행은 저녁때가 거의 다 되어 다시 하웁트바헤 지하철 역에 도착했다. 지하철역 옆에는 오전에 보았던 거지가 여전히 앉아 있었다. 펠릭스는 시선을 돌렸다. 하지만 사라는 호주머니를 뒤지더니 1마르크짜리 동전을 꺼내 거지의 모자에 집어넣었다. 에스컬레이터를 타고 내려가면서 페터가 사라에게 말했다.

"너만 혼자 착한 척하지 마."

사라는 사나운 표정으로 페터를 노려보았다.

"넌 자나깨나 그저 어떻게 하면 돈을 벌어 부자가 되나 그 생각밖에 안 하면서 거지한테는 동전 한 푼 줄 마음은 안 들지? 정말 치사하다."

"치사하다고? 너 제정신 아니로구나. 날더러 열심히 일해서 번 돈을 남한테 거저 주라는 말이니? 저 사람, 돈이 필요하면 일하면 되잖아."

"일자리가 없는데 어떻게 일을 해서 돈을 버니? 너 도대체 요즘 실업자*가 얼마나 많은지 알기나 하니? 독일에 실업자가 500만 명이나 된다고! 신문에 났어."

"아무리 그렇다고 해도 열심히 노력하면 분명히 일자리를 구할 수 있대. 우리 아빠가 그랬어."

"너희 아빠한테 그렇게 생각하시면 오해라고 말씀드려. 설마 독일 안에 남아 도는 일자리가 500만 개나 된다고 생각하시는 건 아

---

* 실업자: 직업을 가질 생각과 능력은 있으나 일자리를 얻지 못하거나 일자리를 잃은 사람을 말한다. 각국의 실업자 수는 통계청에서 조사한 자료를 근거로 작성된다.

니겠지?"

페터와 사라가 말다툼을 벌이는 사이에 펠릭스 일행은 지하에 도착했다.

사라가 다시 말을 꺼냈다.

"투자자들이 주식시장에서 돈을 버는 동안 그 거지는 점점 더 가난해질 거야. 어떤 사람이 부자가 되면 그만큼 다른 사람은 가난해진다고. 금화를 발견한 사람이 나였더라면 아까 그 거지한테 1마르크보다 훨씬 더 많이 주었을걸."

말을 하는 동안 사라는 계속 펠릭스를 쳐다보았다.

펠릭스는 속으로 '내가 자기 편을 들어주기를 바라는구나.' 하고 생각했다. 그 생각이 들자 어쩐지 얼굴이 빨개졌다.

"내 생각에 우리가 거지한테 돈을 준다고 해서 정말로 그 거지를 돕는 건 아닌 것 같아. 기껏해야 그 돈으로 술이나 마시고 그러면 일자리 얻기는 더 힘들게 될걸."

사라는 침을 꿀꺽 삼키더니 말을 했다.

"전부 다 핑계야. 돈 주기 싫으니까 그렇지, 뭐."

기차가 출발한 지 한참 뒤 저녁 햇살이 펠릭스가 앉은 자리를 환하게 비출 무렵 펠릭스는 자꾸만 사라가 한 말이 떠올라 마음이 심란했다. 사라가 한 말이 옳다면 어쩌지? 사라 말대로 부자가 있기 때문에 가난한 사람들이 있는 거라면? 나도 거지가 있다는 데 책임이 있는 걸까? 금화는 어떻게 하지? 사실은 우리 거라고 할 수가 없는데. 원래 임자가 혹시 지금쯤 길거리에서 구걸하는 신세가 되어 있는지도 몰라. 그렇다면 클라리넷과 금화 행방을 몰라서 얼마나 안타까워하고 있을까! 펠릭스는 사라가 한 말이 왜 이렇게 신경이 쓰이는지 자기가 생각해도 이상했다. 왠지는 몰라도 사라가 자기랑 같은 의견이기를 간절하게 바라는 심정이었다. 펠릭스는 이런저런 생각을 하다가 잠이 들었다. 페터가 거칠게 흔드는 바람에 잠에서 깨어나 보니 기차는 어느새 쉰슈타트 역에 도착해 있었다.

10. 가장 싼 것보다 더 싸게

　나쁜 일이라는 건 누가 말하지 않아도 그게 일어났다는 걸 느끼는 경우가 종종 있다. 일종의 예감이라고나 할까. 어떻게 아는지는 설명할 수 없지만 왠지 금방 뭔가 좋지 않은 일이 생겼다는 걸 알게 될 거라는 기분이 드는 것이다. 4년 전에 펠릭스의 할머니가 돌아가셨을 때도 그랬다. 학교에서 돌아와 문을 여는데 왠지 뭔가 불길한 느낌이 들었다. 그래서 엄마가 울어서 빨갛게 부은 눈으로 식탁 의자에 앉아 있는 걸 보고도 별로 놀라지 않았었다.

　프랑크푸르트에 다녀온 다음 날 아침도 바로 그런 기분 나쁜 예감이 들었다. 눈을 뜨기도 전에 어쩐지 안 좋은 일이 생긴 것 같아 가슴이 두근거리는 걸 느꼈다. 다른 때는 아침이면 노상 들려오던 소리가 그날 아침에는 전혀 들리지 않았다. 아래쪽에 있는 식당은 이상하게도 조용했다. 물론 우유로 생크림을 만드는 기계의 소리와 의자를 옮길 때 나는 소리, 그리고 그릇이 달그락거리는 소리가 들리긴 했지만 사람 소리는 전혀 나지 않았다. 무슨 이유 때문인지는 몰라도 엄마 아빠는 한마디도 하지 않았다. 그래서인지 다른 소리가 위협적으로 크게 들려왔다. 펠릭스는 샤워를 한 다음에 옷을 갈아입고 계단을 내려갔다. 뭔가가 얹히기라도 한 것처럼 가슴이 답답했다.

무거운 침묵이 식당 안을 짓누르고 있었다. 아빠는 식탁에 앉아 고개를 숙인 채 계속 스푼으로 커피를 휘젓고 있었다. 엄마는 두 눈이 빨갛고 눈 아래가 젖어 있었다. 방금 전까지도 울고 있었다는 게 역력했다. 엄마는 잠자코 펠릭스 접시에 빵을 놓아주더니 뜨거운 코코아 한 잔을 따라주었다. 펠릭스는 어쩐지 목이 메어 빵을 삼키기가 힘들었다.

드디어 아빠가 헛기침을 하면서 말을 꺼냈다.

"펠릭스야, 너한테 할 얘기가 있다. 좀 심각한 얘기란다."

그러더니 한참 동안 아무 말도 안 했다.

아빠를 가만히 쳐다보고 있던 엄마가 아무래도 안 되겠는지 끼어들었다.

"아빠가 일자리를 잃으셨다."

펠릭스는 두 눈을 동그랗게 뜨고 아빠를 바라보았다. 금방이라도 눈물이 나올 것 같았다.

아빠는 다시 헛기침을 하더니 말을 이었다.

"이제 너도 다 컸고 또 사정을 알면 충분히 이해할 거라고 믿는다. 그래, 오늘이 내가 게네랄 - 안차이거 신문사에서 일하는 마지막 날이란다. 그 신문이 내일부터는 없어진다."

아빠는 어느 정도 냉정을 되찾았는지 차분한 말투와 의연한 태도로 펠릭스에게 그동안 있었던 일을 설명해주었다. 펠릭스가 아빠 얘기를 통해 알게 된 사정은 대충 다음과 같았다.

≪게네랄 - 안차이거≫ 신문의 구독자 수는 예전에 비해 현저

하게 줄었으며 그 결과 광고 수입도 크게 감소했다. 세탁제 제조
회사나 자동차 회사에서 구독자가 줄어드는 신문에 광고를 내려
고 하지 않기 때문이다. 게다가 금년에는 종이값이 크게 올랐다고
한다. 이런 여러 가지 사정 때문에 게네랄 – 안차이거 신문사 사
장인 마샬 씨는 금전적으로 큰 손해를 보았을 뿐만 아니라 신문사
를 계속 운영해 나갈 의욕을 잃어버렸다. 그래서 게네랄 – 안차이
거 신문사를 크라이스시의 알게마이네 신문사에 팔아넘겼다는 것
이다. 월요일부터는 쇤슈타트시에도 ≪알게마이네≫ 신문이 배부
될 예정이며 그 신문의 상단 아래쪽에 한 줄로 ≪게네랄 – 안차이
거≫ 신문이 ≪알게마이네≫ 신문에 합병, 인수되었음이 표시된
다고 한다.

　아빠는 펠릭스에게 설명을 계속했다.

　"≪게네랄 – 안차이거≫ 신문의 지방 소식란을 맡고 있던 사람
들은 이제까지 해왔던 일을 ≪알게마이네≫ 신문에서 계속하게
될 거다. 하지만 다른 사람들, 정치면이나 문화면 혹은 스포츠란을
맡고 있던 사람들은 모두 해고된단다. 경제부 기자들도 예외는 아
니지. 크라이스시에 이미 경제부 편집부장이 있기 때문에 나도 일
자리가 없어졌다. 신문사에 경제부 편집부장은 한 사람으로 족하
거든."

　"하지만 어떻게 그럴 수가 있어요?" 아빠 얘기를 다 듣고 난 펠
릭스가 첫 번째로 터뜨린 말이었다.

　"그럴 수가 있단다. 기업가가 자기 기업체를 팔겠다는 걸 막을

사람은 아무도 없지. 시장경제에서는 경제활동의 자유가 보장되니까."

"하지만 게네랄 - 안차이거 신문사가 단지 마샬 씨 소유라고만은 말할 수 없잖아요. 어떤 면에서는 아빠 신문사이기도 하다고요." 펠릭스가 외쳤다.

"그래, 어떤 면에서는 그렇다고도 할 수 있겠지. 하지만 결정적인 순간에는 결국 그 신문사가 누구 소유인가가 문제 된단다. 게네랄 - 안차이거 신문사가 마샬 씨 소유라는 걸 부인할 수는 없지. 그나마 다행히도 당분간은 현재의 월급이 지급될 예정이라고 하더라. 그러니 당장 먹고살 문제를 걱정할 필요는 없다."

"카롤라 아줌마는 어떻게 되었어요?"

"아줌마는 자료실에서 근무하게 되었다. 별 걱정을 다 하는구나."

"아빠 월급이 더 이상 나오지 않게 되면 그땐 어쩌죠?"

펠릭스의 질문에 아빠가 선뜻 대답을 못하자 엄마가 대신 대답했다.

"그건 그때 가서 생각해보기로 하자. 참, 얼마 전에 심리학책 한 권을 번역해달라는 부탁이 들어왔어. 돈을 받으면 알뜰하게 써야지. 대단한 금액은 아니지만 어쨌든 보탬이 될 거야. 그리고 좀 더 적극적으로 알아보면 번역 일감을 더 맡을 수 있을 거야. 그런데 너랑 아빠한테 부탁이 있어. 앞으로는 지금까지보다 집안일을 좀 더 많이 도와주면 좋겠어. 부탁할 게 한 가지 더 있는데, 이제부터는 돈을 정말로 아껴 써야 해. 쓸데없는 데 돈을 낭비할 형편이 아니거든."

"아빠도 부지런히 다른 신문사에 일자리를 알아볼 생각이다. 썩 젊은 나이는 아니다만 경험 있는 경제부 편집인을 쓰겠다는 신문사가 어디라도 한 군데쯤은 있을 거야. 그리고 형편이 정 어려우면 실업 급여라도 타야지."

"하지만 다른 도시로 이사 가는 건 싫어요!"

"경우에 따라선 어쩔 수 없이 다른 곳으로 이사를 해야 할지도 모르겠다. 실업 급여를 내내 탈 수도 없는 노릇이니까. 그리고 엄마가 번역해서 받는 돈만 가지고는 사실 이 집 대출금도 제대로 못 낸단다."

아빠의 말이 끝나기가 무섭게 펠릭스 엄마가 갑자기 울음을 터뜨리더니 식당 밖으로 뛰쳐나갔다. 펠릭스는 가슴속에서 무언가 북받쳐오르는 것 같았다. 엄마가 울 때마다 엄마를 어떻게든 위로하고 싶었지만 어떻게 해야 할지를 몰랐다.

"엄마는 이번 일 때문에 아주 힘들어하고 있다. 너랑 나는 남자답게 이 상황을 씩씩하게 헤쳐나가고 엄마가 힘을 내도록 도와야한다."

"아빠, 이런 일이 생길지도 모른다고 생각하셨기 때문에 올 여름휴가를 안 가기로 한 거죠?"

아빠는 잠자코 고개를 끄덕였다. 펠릭스도 잠시 동안 아무 말 없이 앉아 있었다. 그러다가 잠시 후 겁먹은 얼굴로 물었다.

"우리 집을 내주어야 될지도 모르나요?"

"당분간은 그럴 염려 없다." 아빠는 생각에 잠긴 표정으로 대답했다.

아빠의 대답을 듣자 펠릭스는 눈앞이 캄캄해졌다. 그 순간 펠릭스는 아빠한테 금화 이야기를 털어놓기로 결심했다. 아빠는 펠릭스의 이야기를 주의 깊게 듣더니 펠릭스 어깨에 손을 올려놓았다.

"금화라고? 브레넬리 금화가 72개씩이나 생겼단 말이지? 정말 믿을 수 없구나. 능력 있는 사람한테는 행운이 따르는 모양이다. 잘 간직해라. 재산이라는 건 생각보다 쉽게 없어질 수도 있는 법이니까."

펠릭스는 마음속으로 막연하게 지금 같은 상황에서는 금화가 아빠한테 도움이 될지도 모른다고 기대했다. 하지만 아빠는 더 이상 금화 문제에 관심을 보이지 않았다. 그래서 펠릭스는 식탁에 앉아 골똘히 생각에 잠긴 아빠를 뒤로하고 식당을 나와 마치 몽유병자처럼 멍하니 자기 방으로 올라갔다.

방 안에 들어오자 갑자기 혼자라는 기분, 자기 마음을 알아줄 사람이 아무도 없이 완전히 혼자라는 기분이 들었다. 펠릭스는 침대에 털썩 주저앉은 다음 유치원에 다닐 때 엄마가 헝겊으로 만들어 준 뱀 인형을 꺼냈다. 길이가 2미터나 되고 눈에는 보라색 유리구슬이 박혀 있는 인형이었다. 외로울 때는 그 인형을 껴안으면 부드럽고 따뜻해서 약간은 위로가 되었다. 조만간 열세 살이 되는 남자아이한테도.

펠릭스는 뱀 인형을 껴안고 침대에 누워 멍하니 천장을 바라보면서 창 밖에서 들려오는 소리에 귀를 기울였다. 길거리를 지나가는 자동차 소리, 누군가의 집에서 나는 웃음소리, 그리고 종달새 지저귀는 소리가 들렸다. 펠릭스는 벽돌 공장과 숲 그리고 크렙스 강을 생각했다. 그리고 자기가 자유롭고 행복하다면 얼마나 좋을까 하고 바랐다. 그 마음이 너무나 간절해서 도저히 더 이상 참을 수 없을 지경이었다. 부자가 되겠다는 거창한 목표에 자기가 생각했던 것보다 훨씬 더 많이 접근했다. 프랑크푸르트 증권거래소에서 근사한 하루를 보냈고 주식을 사는 데 필요한 정보도 얻었으며 사라도 사귀었다. 그런데 그 모든 일들이 갑자기 더 이상 아무 의미가 없게 되었다. 쇤슈타트에서 이사가야 한다면 하인첼 꼬마들 회사도 더 이상 존재할 수 없게 될 것이다. 그리고 페터랑 잔나, 슈미츠 아저씨와 벽돌 공장하고도 헤어지게 될 것이었다. 하지만 어쩌면 아빠가 다른 도시에 새 일자리를 얻는 일이 잘 안 될지도 모르는 일이었다. 어제 사라가 독일에 실업자가 얼마나 많은지 말해주었을 때까지만 해도 자기 집은 실업자 문제랑 무관한 것 같았는데 아빠가 바로 그 실업자 가운데 한 사람이 되다니……. 이러다가 아빠도 길거리에 앉아서 구걸을 해야 하는 처지가 되는 건 아닐까? 세상에, 생각만 해도 끔찍했다!

우울하고 착잡한 생각에 잠겨 있던 펠릭스는 아래층에서 요란하게 초인종 울리는 소리가 나는 바람에 소스라치게 놀랐다. 현관문 열리는 소리에 이어 누군가 쿵쾅거리며 계단을 올라오는 소리가 들렸다. 그러고는 방문이 활짝 열리더니 페터가 들어왔다. 페터는 명랑한 목소리로 펠릭스에게 소리쳤다.

"야, 이 게으름뱅이야, 너 도대체 뭐 하고 있는 거냐? 오늘 크레디트 은행에 가서 금화를 처분해…… 잠깐, 너 무슨 일이 있구나. 안 그러면 왜 환한 오전에 인형을 껴안고 침대에 누워 있냐?"

펠릭스는 침대에서 몸을 일으킨 다음 조금 전에 아빠한테서 들은 이야기를 페터에게 해주었다. 아직도 마음이 가라앉지 않아 자기도 모르게 몇 번이나 말을 더듬거리려야 했다.

이야기를 다 듣고 난 페터가 성난 얼굴로 외쳤다.

"말도 안 되는 일이야! 가만히 당하고만 있을 순 없어. 어떻게 신문사 문을 닫고 너희 아빠를 내쫓을 수 있냐? 이건 신문사의 명예 문제야."

펠릭스는 페터가 어떻게 행동하든 게네랄 - 안차이거 신문사가 없어진다는 사실에는 변함이 없으리라는 걸 잘 알고 있었다. 하지만 페터가 화를 내며 흥분하는 게 왠지 위로가 되었다. 그래서 껴안고 있던 뱀 인형을 옆에 내려놓고 페터에게 어떻게 할 의향인지 물었다.

"기다려봐, 분명히 뭔가 좋은 방법이 떠오를 거야. 중요한 건 자신감을 갖는 일이라고. 우리, 부자가 되기로 했잖아. 이제 너희 집 사정이 이렇게 되었으니 부자가 된다는 게 더더욱 중요해졌어. 일단 은행에 가서 텔레키드 주식을 사자. 그리고 그다음에 어떻게 할지를 생각해봐야겠어."

"주식이라고? 지금 주식 생각을 해?"

펠릭스는 아무리 해도 페터와 기분을 함께할 수가 없었다. 하지만 걱정만 하면서 침대에 누워 있는 것보다는 어쨌든 뭔가 한 가지라도 할 일이 있다는 게 훨씬 더 나을 것이었다. 그래서 펠릭스는 창고에서 자전거를 꺼내 페터와 함께 감자 시장으로 갔다.

*

크레디트 은행에 도착해서야 비로소 펠릭스는 아빠의 실직에 따른 어두운 생각을 가까스로 떨쳐버릴 수 있었다. 펠릭스와 페터 그리고 도중에 두 아이와 합류한 잔나는 피셔 씨와 함께 금고실에 들어가서 자기들이 빌린 금고문을 열고 서랍을 잡아당겼다. 찬란하게 빛나는 금화 72개가 자태를 드러냈다. 펠릭스에게는 금화가 마치 신비한 힘을 내뿜는 것 같았다. 그 신비한 힘이 행복을 가져다줄 것인지 아니면 불행을 초래하게 될지는 알 수가 없었지만. 지난 5월 부자가 되기로 결심한 이후로 얼마나 많은 일들이 일어났는지…….

생각에 잠겨 있던 펠릭스는 피셔 씨가 말을 거는 바람에 현실로 돌아왔다.

"이제라도 금화를 팔기로 했다니 다행이로구나."

피셔 씨는 금값이 자꾸 떨어진다고 말했다. 그러고는 자기 말이 안 믿어지면 시내 금은방이나 백화점 귀금속 코너에 가서 확인해보라고 했다. 귀금속상 진열창마다 특별 할인가 판매 상품 광고가 내걸려 있다는 것이다.

피셔 씨는 세 아이를 바라보며 말을 계속했다.

"내가 전에도 너희에게 말하지 않았느냐, 금이란 건 소심한 사람들이나 사 모으는 거라고. 경기가 좋을 때에는 금이 사실 아무 소용도 없단다. 그럴 땐 어딘가 기업체에 투자하는 게 제일이지. 그래야만 경제성장의 덕을 볼 수 있다. 다시 말해서 전체적으로 성장세에 있는 경제에 자기 돈을 참여하게 해서 이익이 생기게 하는 거지. 반면에 금이란 건 죽은 자본이다. 너희가 금고에 금화를 넣어둔 사이에 금값이 떨어져서……. 잠깐, 계산 좀 해보자. 156마르크 정도 손해를 보게 되었다."

"며칠 동안 그렇게나 많이요? 말도 안 돼, 156마르크 벌려면 잔디를 삼십 번도 넘게 깎아야 하는데!" 펠릭스가 속상한 표정으로 부르짖었다.

"어쨌거나 이제 팔기로 했으니까 됐어요. 주식을 살 거예요." 페터가 말했다.

"주식이라고? 어떤 주식을 살 건지도 벌써 결정했느냐?" 피셔 씨는 페터의 말이 선뜻 믿어지지 않는 모양이었다.

"예, 텔레키드예요." 잔나가 대답했다.

"뭐라고? 그건 어린이 프로 내보내는 유선방송 회사가 아니냐? 새로 생긴 회사라 그 회사에 관해서는 정보가 전혀 없는데."

"저희한테는 있어요. 어떤 사람이 귀띔해주었거든요. 이름이 마르타라는 아줌마예요." 이번에도 잔나가 얼른 나서서 대답했다.

"마르타라고? 마르타가 누군데?"

"아저씨, 왜 마르타 아줌마를 모르세요? 마르타 폰 밀러른이라고, 크레디트 은행 프랑크푸르트 지점에서 일하는 주식거래인인데요."

세 아이는 피셔 씨에게 프랑크푸르트 증권거래소에 다녀온 일과 어떻게 마르타 아줌마를 알게 되었는지를 짤막하게 이야기했다.

피셔 씨는 완전히 어리둥절한 표정이었다. 아이들이 하는 농담에 넘어갈까 두렵기라도 한 것처럼 내내 아이들을 믿을 수 없다는 얼굴로 쳐다보았다. 아이들의 이야기가 끝나자 피셔 씨는 자기 책상으로 가서 작은 주소록을 하나 꺼내더니 넘겨보았다.

"정말 너희 말대로 여기 마르타 폰 밀러른이라고 나와 있구나. 그런 전문가한테서 정보를 얻었다니 나로서는 뭐라고 더 할 말이 없다. 물론 나 같으면 좀 더 안전한 쪽으로 권했을 테지만 말이다. 예를 들면 펀드라든지. 어쨌든 너흰 아직 아이들 아니냐."

"안전한 건 시시해요. 저희는 부자가 되고 싶은걸요." 페터가 말했다.

하지만 펠릭스는 피셔 씨가 말한 게 뭔지 궁금했다.

"펀드가 뭔데요?"

피셔 씨는 아이들에게 펀드란 전문가들이 모여서 자금을 함께 운용하는 것인데 펀드에 투자를 하면 단독으로 투자를 하는 것보다 위험부담이 적다고 설명해 주었다. 펀드 거래인들이 주식 동향에 밝은 사람들이기 때문에 그런 사람들에게 돈을 맡기는 것이 혼자서 주식시장에 뛰어드는 것보다 주가 폭락에 따른 피해를 줄일 수 있다는 것이다.

피셔 씨 설명이 끝나자 페터가 물었다.

"펀드에 투자를 하면 개인적으로 투자를 하는 것보다 돈을 더 많이 벌게 되나요?"

"그렇진 않다. 만일 너희들이 개인적으로 주식을 샀는데 그 주식값이 오른다면 펀드에 투자한 경우보다 이익이지. 펀드 거래인들한테 수수료를 낼 필요가 없으니까. 하지만 주식 투자에 실패하는 경우 펀드에 투자한 쪽이 단독으로 투자한 쪽보다 손해 보는 액수가 적단다."

"마르타 아줌마가 권한 대로 하겠어요." 잔나가 결심했다는 듯 말하자 펠릭스와 페터도 동의의 표시로 고개를 끄덕였다.

펠릭스는 사실 페터를 따라 고개를 끄덕이긴 했지만 마음은 딴데 가 있었다. 자꾸만 실직한 아빠 생각이 나고 머지않아 집에 돈이 얼마 없게 될 거라는 생각이 들었다. 지금 같은 상황에서 가진 돈을 몽땅 한 군데 투자한다는 게 과연 현명한 일일까? 더군다나 잘 알려지지도 않은 텔레비전 방송국의 주식에?

그때 귓가에 피셔 씨 음성이 들려 왔다.

"돈을 전부 텔레키드 주식에 투자하겠단 말이냐?"

"예, 전부요." 잔나가 대답했다.

"그래, 그럼 한번 계산을 해보자꾸나. 너희 금화를 오늘 시세로 따지면…… 11,076마르크가 된다. 텔레키드 주식은 어제 주가가 39마르크 80페니히였으니까 너희가 어제 텔레키드 주식을 샀더라면 278주를 살 수 있었을 거다. 오늘은 텔레키드 주가가 어떻게 될지 모르니까 어떤 조건으로 텔레키드 주식을 살 건지 결정해야 한단다."

"그걸 저희가 결정할 수 있는 건가요?" 잔나가 의아한 표정으로 물었다.

"그렇단다. 크레디트 은행에 텔레키드 주식을 사겠다는 주문을 하되 한도*를 정하는 거지. 예를 들면 250주를 사되 한 주당 40마르크를 넘으면 안 된다는 식으로 말이다. 그럼 그 주가가 갑자기 치솟더라도 놀랄 일이 없다. 혹은 주가에 상관없이 사겠다는 주문을 할 수도 있다. 그걸 '가장 싸게' 주문한다고 한단다."

"그럼 한도를 정한다는 건 가장 싼 것보다 더 싸게 산다는 뜻이네요." 펠릭스가 물었다.

"그렇게 말할 수도 있겠지."

"그럼 한도를 정할래요. 아저씨 말씀대로 한 주당 40마르크를 넘지 않는 한도 내에서 250주를 사겠어요."

"그런데 저희 돈이 그만큼 되나요?" 페터가 조금 걱정스러운 표정으로 물었다.

"돼. 내가 벌써 계산해 보았어. 250에 40을 곱하면 정확하게 1만 마르크야." 펠릭스가 피셔 씨 대신 얼른 대답했다.

"좋아. 그럼 텔레키드 주식을 250주 사는 거로 하자." 페터가 말

---

* 한도: 일정하게 정한 정도.

했다.

"어때, 결정된 거지?" 잔나가 펠릭스를 쳐다보며 묻자 펠릭스는 고개를 끄덕였다.

"너희들에게 한 가지 더 말할 게 있다. 주식을 거래할 때는 거래액의 1퍼센트를 은행에 그리고 0.04퍼센트를 주식 중개인에게 수수료*로 내야 한다."

"무얼 내야 한다고요?"

"은행과 주식 중개인이 너희 주문대로 거래를 성사시키는 데 따른 수고비를 내야 한다는 말이다. 너희가 40마르크 주가로 250주를 사면 수수료가 104마르크가 된다. 거기에다가 우리 은행이 너희가 부탁한 주식을 사서 너희가 그걸 팔겠다고 할 때까지 보관하는 셈이니까 보관료도 내야 한다. 너희 경우는 액수가 24마르크가 되는구나."

"주식을 사기 위해서 주식 사는 데 드는 돈 말고 별도로 내는 비용이 128마르크나 된단 말이에요?" 페터가 따지듯이 말했다.

"그렇단다. 하지만 너희가 이 주식 투자를 통해서 큰 돈을 벌 기회가 충분히 있다는 걸 고려하면 실상 그렇게 비싼 금액도 아니지. 그런데 너희 주문을 받으려면 어른 한 사람의 서명이 필요하

---

* 수수료: 중개인이 고객을 대신해 거래를 성사시킨 대가로 받는 돈을 말한다. 거래 수수료는 거래 형태에 따라 액수에 차이가 있다.

* 지로 통장: 독일 은행에서 만들 수 있는 계좌의 하나로서, 월급이 자동적으로 입금되고 은행 창구나 현금 지급기를 통해 수시로 예금 인출이 가능하며, 다른 사람의 계좌로 자유롭게 송금할 수 있다.

다. 오늘 오전 10시까지 서명을 받아서 이리로 가져오면 오늘 중에라도 증권거래소에 너희 주문을 내보내주마. 참, 아주 중요한 걸 한 가지 빠뜨릴 뻔했다. 너희 이름으로 된 지로 통장*을 하나 개설해야 한다."

"지로 통장이 뭐죠? 돈이 뱅글뱅글 회전하는 통장인가요?" 잔나가 물었다.

"뭐라고?" 피셔 씨는 어리둥절한 표정으로 잔나를 바라보았다.

"지로(Giro)는 이탈리아어로 동그라미를 가리키는데요. 그러니까 지로 통장은 돈이 원을 그리면서 돌아가는 통장 아닌가요?"

"별걸 다 알고 있구나. 하긴 지로 통장에 있는 돈은 계속 들락날락하니까 돈이 회전한다고도 말할 수 있겠는데. 지로 통장이란 매달 생기는 수입이 자동적으로 입금되고 또 필요하면 아무 때나 돈을 찾아 쓸 수 있도록 만들어놓은 통장이다. 지로 통장에 있는 돈에는 이자가 안 붙지만 대신에 아무 때나 필요한 만큼 돈을 찾을 수 있다는 이점이 있단다. 심지어는 통장의 잔액보다 더 많이 찾을 수도 있다. 그런 경우에는 통장 잔액이 마이너스로 기록되지."

"저희한테 왜 그런 통장이 필요한 거죠?" 페터가 물었다.

"너희가 돈을 벌게 되면 어딘가 그 돈을 보낼 장소가 필요하고 또 너희 주문대로 주식을 사기 위해서는 필요할 때 돈을 꺼낼 장소가 필요하단다. 구두 상자는 돈을 넣었다 꺼냈다 하는 장소로는 좀 안 어울리는 것 같은데……."

"아, 네. 그렇긴 하네요." 잔나가 조금 퉁명스럽게 피셔 씨의 말을 잘랐다.

펠릭스는 피셔 씨가 하는 얘기를 절반쯤은 흘려듣고 있었다. 그러다가 갑자기 정신이 번쩍 들었다. 피셔 씨는 마침 아이들에게 지로 통장에 어떻게 돈을 입금하는지 그리고 거기서 어떻게 돈을 인출하는지 설명하고 있었다. 그렇게 하려면 어른 한 사람의 서명이 필요하다고 했다. 뿐만 아니라 돈의 입출금을 전화로 해결할 수도 있다고 했다. 비밀번호를 정하고 또 어른의 동의가 있으면 전화를 통해서 돈이 왔다갔다하게 할 수 있다는 것이었다.

"전화로 송금을 할 수도 있다고요? 정말 근사하네요." 펠릭스가 감탄하며 말했다.

아이들은 필요한 서류를 작성했다. 펠릭스는 피셔 씨가 준 서류 한 장을 들고 아빠의 서명을 받기 위해 자전거를 달려 재빨리 집으로 갔다.

다행히도 펠릭스 아빠는 신문을 읽느라 여념이 없어 펠릭스에게 길게 따져 묻지 않았다.

"폰뱅킹을 사용하겠단 말이로구나. 열두 살짜리한테는 좀 이른 것 아니냐?"

"피셔 씨 말씀이 자기 이름으로 된 통장을 가지고 있으면 폰뱅킹만큼 편리한 게 없대요."

"그래, 피셔 씨 생각이 그렇다면, 뭐……."

아빠는 서류를 찬찬히 살펴보지도 않고 얼른 서명을 한 다음 다시 신문으로 얼굴을 돌렸다.

은행에서 볼일을 모두 마친 다음 감자시장에 있는 분수대 옆에서 잔나는 단어장을 꺼내 하인첼 꼬마들 회사의 장부를 정리했다.

"오른쪽 칸에 있는 -329마르크는 대체 뭐니?" 페터가 눈썹을 찡그리며 물었다.

"그사이에 나간 돈이야. 금화를 금고에 넣어둔 동안 금값이 내려서 156마르크

〈7월 3일 대차대조표〉

차변				대변
주식	10,000.00	자기자본		11,516.70
닭	110.00			
사료				−329.00
지로 통장	913.00			
현금	164.70			
	11,187.70			11,187.70

손해 보았지, 그리고 35마르크는 금고 사용료로 냈잖아. 그러니까 합쳐서 191마르크야. 그리고 주식 살 때 수수료로 128마르크 냈으니까 전부 더하면 319마르크 쓴 셈이지."

"닭 사료는 어떻게 된 건데?"

"거진 다 먹었어. 새로 한 포대 또 사야 해. 그러니까 닭 사료값 10마르크도 쓴 걸로 계산에 넣어야 한다고. 그래서 오른쪽 칸에서 329마르크를 뺀 거야. 나머지는 우리 지로 통장에 입금했어."

"하지만 아직 주식을 사지도 않았잖아." 펠릭스가 말했다.

"산 거나 다름없는걸, 뭐."

11. 착실한 사람에게 행운이 따른다

토요일 아침 펠릭스는 또다시 아주 이른 시간에 잠에서 깼다. 바깥은 고요했다. 서늘한 아침 기운이 창문을 통해 방 안으로 밀려 들어왔다. 펠릭스의 머릿속에는 온갖 생각이 꼬리에 꼬리를 물고 떠올랐다. 그리고 여러 가지 광경이 눈앞에 나타났다. 이삿짐 트럭이 자기 집 앞에 서고 모르는 사람들이 자기 방에 들어오는 모습, 자기가 낯설고 불친절한 도시에 있는 낯설고 불친절한 학교에 전학 가서 낯설고 불친절한 아이들 앞에 서 있는 모습 그리고 프랑크푸르트에서 본 그 다리 다친 거지의 모습이 눈앞을 스쳐 지나갔다.

펠릭스는 가난한 사람들이 가난한 것은 부자들 탓이라고 했던 사라의 말을 생각해보았다. 사라가 한 말이 맞다면 틀림없이 자기도 누군가 가난한 데 책임이 있는 거였다. 예를 들면 금화의 원래 주인이라든지. 그 사람은 자기가 금화를 가지고 있다는 사실을 몰랐을 것이다. 알았더라면 절대로 클라리넷을 팔았을 리가 없었다. 갑자기 펠릭스는 한 가지 분명한 사실을 깨달았다. 그것은 바로 어떤 일이 있어도 금화의 비밀을 밝히지 않고서는 자기 마음이 결코 편해질 수가 없다는 사실이었다. 비록 그렇게 한 결과 금화를 잃어버릴 위험이 있다고 해도. 오늘이라도 당장 잔나와 페터를 만나 이 일을 의논해 볼 작정이었다.

펠릭스는 식당에 내려가서 아침 식사 준비를 하기로 하고 자리에서 일어났다. 엄마 아빠가 잠에서 깨어났을 때 갓 끓인 커피 냄새가 나는 걸 좋아한다는 걸 알고 있었기 때문이다. 그리고 일찍 일어난 김에 빵집에 가서 갓 구운 빵도 사오기로 했다.

펠릭스가 15분쯤 지나 뮐바하 아저씨네 빵집에서 빵을 사가지고 돌아와보니 신문배달부가 우편함에 ≪게네랄 – 안차이거≫ 신문을 꽂아 놓았다. 마치 아무 일도 없다는 듯이, 마치 오늘이 ≪게네랄 – 안차이거≫ 신문의 마지막 날이 아닌 것처럼. 집 안에서는 여전히 아무런 인기척도 나지 않았다. 펠릭스는 조용히 식당으로 들어가 커피 끓이는 기계의 스위치를 누른 다음 빵 하나를 꺼내 잼을 발랐다. 그러고는 신문의 제1면을 눈으로 훑어보았다. 다른 날과는 어쩐지 다르게 보였다. 맨 위쪽에 옛 활자체로 박힌 신문 제목 바로 아래에는 항상 커다란 사진이 한 장 실리곤 했었는데, 오늘은 사진 대신에 두껍게 테두리를 두른 사설 하나가 실려 있었다.

펠릭스는 '전통과 발전'이라는 제목이 붙은 그 사설을 읽기 시작했다.

오늘은 거의 132년간 지켜온 전통이 막을 내리는 날이다. ≪게네랄 – 안차이거≫ 신문은 수세대에 걸쳐 좋은 시절이나 궂은 시절이나 한결같이 쇤슈타트 시민들과 운명을 같이해왔다. ≪게네랄 - 안차이거≫ 신문은 쇤슈타트 시민들에게 세계로 향하는 창구였으며, 쇤슈타트와 인근 지역을 하나로 통합시키는 통로였다. 쇤슈타트 시민들은 지난 132년간 우리 신문에 신의를 지켜 왔으며 그 점에 관한 한 신문사는 시민들에게 깊은 감사를 드리는 바이다.

최근에 일어난 일련의 변화는 신문 발행업에도 영향을 미쳤다. 텔레비전 프로그램은 날로 향상되고 있으며 인터넷까지 등장해 정보산업으로서의 신문 사업에 위협이 되고 있다. 신문에 대한 독자의 요구가 점차 새로워짐에 따라 값비싼 투자는 피할 수 없는 현실이 되었으며, 중소 규모의 신문사로서는 그 현실적 요구를 충족시키기 위한 비용 투자를 감당하기 어려운 실정이다. 이러한 여러 가지 사정 때문에 게네랄 - 안차이거 신문사 소유주와 경영진은 보다 강력한 파트너와의 연합, 제휴를 통해서 생존을 도모하기로 결정하였다. 그리하여 월요일부터 ≪게네랄 - 안차이거≫ 신문은 알게마이네지의 쇤슈타트 지방판 형태로 발간될 예정이며, 그에 따른 모든 업무는 이제까지와 마찬가지로 쇤슈타트 시내의 신문사 사옥에서 처리될 것이다. 그러나 경비 절감을 위한 구조 조정은 불가

---

* 실업자 구제 대책: 회사가 문을 닫거나 그 밖의 이유로 노동자들이 일자리를 잃게 될 경우 노동자의 피해를 가능한 한 적게 하기 위해 동원되는 조치를 말한다. 보통 구제 대책이 잘 이루어지면 몇 달치 월급을 받는데, 근무 기간이 길수록 많은 돈을 받는다.
* 해고: 고용주가 고용된 사람을 강제적으로 회사를 관두게 하는 일.

피할 것으로 보인다. 정리 해고되는 신문사 직원에 대해서는 실업자 구제 대책*이 현재 협상 중이다. 구독자 여러분께 새로운 형태의 신문에 대해서도 지금까지와 다름없는 성원을 부탁 드리는 바이다.

게네랄 - 안차이거 신문사 임직원 일동

"위선자들 같으니라고!"

뒤에서 아빠 목소리가 들려왔다. 펠릭스가 신문을 읽느라 정신이 없어 아빠가 언제 식당에 들어왔는지 전혀 알아채지 못했다. 잠시 후 아빠는 식탁 의자에 앉더니 말을 계속했다.

"그럴듯한 표현으로 독자를 우롱하고 있구나. 말이 '구조 조정'이지 사실 '해고'*란다. 그사이에 신문사 운영을 부실하게 해서 일이 이 지경이 되어 신문사를 팔 수밖에 없게 되니까 '강력한 파트너와 연합'한다는 식으로 둘러대다니! 신문사를 말아먹었다는 걸 눈치채지 못하게 하려는 수작이다. 멍청해서 신문사를 제대로 꾸려나가지 못하는 게 마치 인터넷 탓이라도 되는 것처럼 핑계를 대다니, 정말 역겨운 짓이다!"

아빠는 커피를 홀짝거리면서 식당 안을 서성거렸다.

"차라리 잘된 일인지도 모르겠다. 일을 계속할 수 있었다고 해도 그 따위 신문사를 위해 일한다는 건 아무 보람이 없었을 테니까."

"왜 모두들 일이 이렇게 되기까지 가만히 있었던 거죠?"

"가만히 있다니! 너 말 한번 쉽게 하는구나. 기업 경영이 아무리 잘못되어 간다고 해도 고용된 입장으로서는 속수무책이다. 그야말로 꼼짝 못 하고 지켜 볼 수밖에 없는 거지."

그사이 엄마도 일어나 식당 안으로 들어왔다.

"파업*이라도 하지 그랬어요? 그랬더라면 적어도 신문사에 문제가 있다는 걸 독자들이 어느 정도는 눈치챘을 것 아니에요."

"신문기자가 무슨 수로 파업을 해! 그날 그날 신문이 나와야 되는데. 그리고 파업을 했더라면 실업자 구제 대책을 협상할 때 아주 불리했을 거라고."

"아빠, 실업자 구제 대책이 뭐예요?"

펠릭스가 조심스럽게 끼어들었다. 그렇지 않아도 살얼음판을 딛는 분위기인데 엄마랑 아빠가 싸움까지 하게 될까봐 겁이 나서 아빠의 주의를 딴 데로 쏠리게 하고 싶었다.

"실업자 구제 대책에서는 해고되는 신문사 직원이 퇴직금을 얼마나 받게 될 건지 정한단다. 언론인-노조를 대표해서 내가 신문사 측과 협상을 맡게 되었다. 이런 상황에서 파업을 했더라면 아주 무책임한 처사라는 비난을 면할 수 없었겠지. 이제 우리한테 있는 돈으로 얼마나 버틸 수 있느냐가 문제다. 명심해라!"

"글쎄, 그래도 파업을 했더라면 신문사에서 하는 대로 가만히 있었던 것보다는 상황이 더 나았을 거라고요." 엄마는 자기 생각

* 파업: 노동자들이 집단적으로 자신들의 요구사항을 위해 일손을 멈추는 행동을 가리킨다. 파업은 주로 노동조합(노조)에 의해 조직적으로 이루어진다.

을 양보하지 않았다.

아빠는 아무 대꾸도 하지 않았다. 그냥 커피 잔을 손에 든 채 멍하니 창 밖만 내다볼 뿐이었다.

펠릭스도 속으로는 아빠가 신문사가 없어지는 걸 저지할 만한 무언가 아주 용기 있는 행동을 했더라면 좋았을 거라고 생각했다. 하지만 그래서 퇴직금도 못 타게 되었더라면? 펠릭스는 멍하니 생각에 잠겨 신문지를 넘기면서 경제란과 날씨에 관한 기사 그리고 광고들을 대충 훑어보았다. 그러다가 갑자기 눈알이 튀어나올 만큼 깜짝 놀랐다. 어처구니없는 내용을 담은 광고 하나가 눈에 띄었기 때문이다. 별로 크지는 않지만 가장자리를 멋지게 장식해서 한눈에 들어오는 광고였는데 다음과 같은 내용이었다.

일요일 아침의 빵 배달!

일요일 아침에 갓 구운 따근따근한 빵을 드시고 싶지만
사러 나가기는 귀찮은 분들을 위해
댁까지 빵을 배달해드립니다. 배달은 무료입니다!
원하시는 분은 오늘 오후 1시까지 전화로 주문해주십시오.
한스 팀베르크 제과점

펠릭스는 기가 막혔다. 하인첼 꼬마들 회사의 아이디어를 누군가 훔친 것이었다. 정말 못된 사람이었다! 도대체 왜 나쁜 일은 한꺼번에 일어나는 걸까!

"저, 페터네 집에 가요." 펠릭스는 엄마, 아빠한테 소리치고는 식당 밖으로 뛰쳐나갔다. 그러고는 집 밖에 놓여져 있던 자전거에 올라타자마자 부리나케 페터네 주유소로 달려갔다. 페터는 마침 자동차 유리를 닦고 있었다.

"나 봐. 시시한 일이라도 가리지 않고 해야 한다고."페터가 펠릭스를 바라보며 인사 대신 말했다. 자동차 주인이 페터에게 동전을 하나 손에 쥐어주자 페터는 그걸 공중에 던졌다가 받더니 호주머니에 집어넣었다.

펠릭스는 신문에서 빵 배달 광고를 보았다는 걸 페터에게 이야기했다. 페터는 두 눈을 가늘게 뜨고 입을 꾹 다물더니 말했다.

"지금 당장 뮐바하 아저씨네 빵집에 가야겠어!"

두 아이는 자전거를 타고 뮐바하 씨 빵집으로 갔다. 빵집 앞에는 손님들이 보도까지 길게 줄을 지어 서 있었다. 토요일이면 으레 보는 광경이었다.

펠릭스와 페터는 줄 서 있는 사람들을 제치고 빵집 안 계산대 있는 곳까지 들어갔다. 페터가 뮐바하 씨의 옷소매를 붙잡고 뮐바하 씨를 억지로 계산대 안쪽의 빵 굽는 곳까지 끌고 갔다. 그러고는 팀베르크 제과점이 낸 뻔뻔스러운 광고에 대해서 얘기했다.

하지만 뮐바하 씨는 두 아이가 예상했던 것과는 전혀 다른 반응을 보였다. 흥분하거나 화를 내기는커녕 오히려 재미있다는 듯이 킥킥거리고 웃는 게 아닌가! 뮐바하 씨는 밀가루가 잔뜩 묻은 손을 앞치마에 닦더니 말했다.

"그래그래, 알았다. 팀베르크 씨도 우리처럼 빵 배달을 하겠단 말이지. 하긴 뭔가 장사에 필요한 걸 궁리해 낼 때도 되었지.”

"하지만 그래도 되는 건가요? 저희들 생각이었잖아요. 그걸 따라 하다니, 남의 생각을 훔치는 거나 마찬가진데 그럴 순 없잖아요!” 펠릭스가 씩씩거리며 말했다.

뮐바하 씨는 웃음을 터뜨렸다.

"얼마든지 그럴 수 있지. 다른 사람을 흉내내는 걸 금지할 수는 없단다. 장사라는 게 다 경쟁 아니냐. 경쟁에서 이기려면 방법은 한 가지밖에 없다. 상대방보다 더 좋은 걸 제공하는 거지. 화를 낼 게 아니라 오히려 기뻐할 일이다. 너희 생각이 괜찮은 생각이었다는 게 증명된 셈이니.”

"형 말이 좋은 것이 있으면 항상 더 좋은 게 나타난대요.”

페터는 이제 흥분이 가라앉은 모양이었다.

"하지만 팀베르크 빵집에서는 무료로 배달한단 말이에요. 저희도 그럼 무료로 빵 배달을 해야 하나요?”

펠릭스는 여전히 화가 풀리지 않은 표정이었다.

"말도 안 되는 소리 하지 말아라, 돈도 안 주고 일을 시키지는 않을 테니. 팀베르크 씨야 무료로 빵을 배달해주겠다고 광고할 만도 하지. 그 집 빵은 딱딱하고 또 그 부인이 손님들한테 상냥한 구석이라곤 눈곱만큼도 없으니 그럴 수밖에. 질로는 나랑 겨룰 수가 없으니까 가격이라도 좀 싸게 해주겠다는 얘기다.”

뮐바하 씨는 잠시 말을 멈추더니 무슨 생각이 들었는지 다시 킥킥거리고 웃었다. 그러고는 다시 말을 계속했다.

"내 생각에 이번 일은 차라리 잘된 일이다. 경쟁이 오히려 사업을 번창하게 하는 법이란다. 그러니 너희는 전혀 걱정할 필요 없다. 그럼 내일 아침에 보자!"

말을 끝낸 뮐바하 씨는 페터의 어깨를 툭툭 쳤다. 그 바람에 페터의 등에는 하얀 얼룩이 생기고 말았다.

*

저녁 8시 조금 못 미쳐 펠릭스네 전화벨이 울렸다. 펠릭스가 수화기를 들자 전화기 저편에서 알아들을 수 없는 이상한 고함 소리가 들려왔다. 어찌나 소리가 큰지 귀가 멍해서 수화기를 귀에서 조금 떼어놓아야 했다. 그러고 나서 잘 들어보니 귀청이 떨어져 나갈 만큼 큰 목소리의 주인공은 잔나였다. 잔나가 고래고래 소리를 지르면서 하는 말은 대충 이렇게 들렸다.

"드디어성공했어 아니우리닭이지금처음으로알을낳았단말이야, 이제모든게잘될거야뭐라고말좀해봐……."

잔나가 숨을 쉬기 위해서 잠깐 말을 멈춘 틈을 타서 펠릭스는 재빨리 물었다.

"너 지금 뭐라고 했니?"

"내 말 못 알아들었단 말이니?"

"그래, 하나도 못 들었어."

"좋아, 그럼 다시 한번 말해줄게. 우리 닭이 드디어 알을 낳았다니까! 믿을 수 없는 일 아니니?"

맞다, 슈미츠 아저씨네 마당에 닭들이 있었지! 그사이에 하도 여러 가지 일들이 생기는 바람에 닭 키우는 일을 까맣게 잊어버리고 있었다. 하지만 다행히도 잔나가 그사이에도 계속 닭들을 잘 돌본 모양이었다.

"오늘 닭장에 가보았거든. 그랬더니 맨 뒤쪽에 정원 손질할 때 쓰는 도구들 두는 곳 있지, 거기 진흙 바닥에 달걀 하나가 있는 게 아니겠니. 너 지금 우리 집에 올래? 엄마가 축하하는 뜻으로 아이스크림 한 턱 낸다고 하셨어."

그날 하루 종일 나쁜 일만 생기는 줄 알았더니 좋은 일이 한 가지라도 일어나서 다행이었다.

"너희들, 정말 대단하구나. 지금처럼 하다가는 진짜로 부자가 되겠다."

아이스크림 가게에 들어서니 잔나 엄마가 펠릭스를 웃으며 맞아주었다. 펠릭스는 잔나네 집 안으로 들어갔다. 페터는 벌써 와서 거실 소파에 앉아 있었다. 그리고 거실 가운데에 있는 탁자에는 달걀을 담는 판이 뚜껑이 열린 채 놓여 있었는데 그 안에 갈색 달걀 하나가 담겨 있었다.

"정말 멋있지?" 잔나가 물었다.

펠릭스 눈에는 그 달걀이 여느 달걀과 조금도 다를 게 없었다. 하지만 그래도 닭 키우는 사업이 이제 결실을 맺게 되었다는 게 자랑스러웠다. 펠릭스는 달걀에서 시선을 돌리다가 방 안에 자기들 말고 누군가 있는 걸 보았다. 거실 한쪽 벽에 말린 꽃으로 만든

화환과 십자가가 걸려 있었는데 그 아래 안락의자가 하나 놓여 있었다. 그리고 거기에 까만 옷을 입은 호호백발 할머니가 앉아 있었다.

"우리 할머니 논나야." 잔나가 말했다.

잔나의 할머니는 펠릭스를 바라보더니 말없이 미소를 지으며 고개를 끄덕였다. 할머니 무릎에는 통통하게 살이 찌고 털이 적갈색인 고양이 한 마리가 단잠을 자고 있었다. 잠이 아주 깊이 들었는지 텔레비전을 켜놓았는데도 가르릉거리는 숨소리가 다 들릴 정도였다.

"이름이 레오야. 게으르긴 하지만 얼마나 귀여운지 몰라." 잔나가 고양이를 가리키며 말했다.

잔나는 오늘은 머리카락 몇 가닥을 보라색으로 물들이고 손톱에도 보라색 매니큐어를 칠했다. 잔나는 '포르코 디오' 하고 외치더니 분홍색 옷을 입은 인형 두 개가 나란히 앉아 있는 옆에 털썩 주저앉았다. 그러고는 만족스러운 얼굴로 말했다.

"우리, 정말 근사하게 성공하지 않았니?"

"그런데 달걀을 한 개도 팔 수가 있는 거니?" 펠릭스가 다소 걱정스럽게 물었다.

"내 생각에 내일은 틀림없이 몇 개 더 낳을 거야." 잔나가 자신 있게 대답했다.

거실 문이 열리더니 잔나 엄마가 쟁반을 들고 들어왔다. 쟁반 위에는 펠릭스가 이제까지 본 것 중에서 가장 큰 아이스크림 컵

안에 아이스크림이 담겨 있었다. 그리고 각각의 아이스크림에는 보라색 장식용 금속 끈이 묶인 작은 막대기가 꽂혀 있고 달콤한 딸기 소스가 아이스크림 컵 가장자리까지 흘러넘칠 정도로 가득 뿌려져 있었다.

"오늘 같은 날은 축하를 해야지." 잔나 엄마가 환한 얼굴로 쟁반을 내려놓으며 말했다.

고양이 레오가 할머니 무릎을 떠나 꼬리를 바짝 치켜세우고 가르릉 소리를 내며 방을 가로질러 오더니 소파 위로 사뿐히 뛰어올랐다. 그리고는 기대에 부푼 표정으로 잔나의 아이스크림을 쳐다보면서 잔나에게 몸을 비벼댔다.

"알았어."

잔나는 오른쪽 집게손가락을 아이스크림에 깊숙이 집어넣었다가 뺀 다음 레오에게 내밀었다. 레오는 입맛을 쩝쩝 다시면서 잔나의 손가락을 핥았다. 레오가 집게손가락을 깨끗이 핥고 나자 잔나는 이번에는 가운뎃손가락에 아이스크림을 잔뜩 묻혀서 레오에게 내밀었다.

"너네는 고양이한테 항상 이런 식으로 아이스크림을 먹이니?" 펠릭스가 놀란 얼굴로 물었다.

잔나가 목소리를 낮춰 대답했다.

"쉬! 엄마가 알면 싫어하셔. 고양이는 구걸하는 게 아니래. 하지만 레오가 너무 귀여워서 모른 척할 수가 없어."

잔나는 레오의 반짝거리는 털을 사랑스럽게 쓰다듬더니 약지를 아이스크림 속에 집어넣었다.

갑자기 잔나 할머니가 잔나에게 무어라고 말하는 소리가 들렸다. 이탈리아어여서 펠릭스와 페터는 알아들을 수가 없었다. 잔나는 자기 할머니가 하는 말을 주의 깊게 듣고 나더니 이탈리아어로 몇 마디 대꾸를 한 다음 친구들을 돌아보며 말했다.

"할머니가 돈을 모으기만 할 게 아니라 쓰기도 할 줄 알아야 한대. 돈을 벌기만 하고 아무것도 안 사는 사람은 정신이 이상한 거래."

잔나 할머니는 다시 무언가를 말하고 나서 킥킥거리고 웃었다. 잔나가 다시 친구들에게 할머니 말을 옮겨주었다.

"할머니랑 할아버지가 이 아이스크림 가게를 열 때 돈을 벌기는커녕 오히려 은행에 잔뜩 빚만 지고 있는 형편이었지만 이틀씩이나 개업 축하 파티를 하셨대. 그리고 은행 사람들은 돈을 많이 빌려다 쓸수록 친절하대. 나는 적어도 골백 번은 들었을 거야, 우리 할아버지가 이 가게 열었을 때 축하 파티하면서 밤 12시에 노래를 부르기 시작하셨고 또……."

갑자기 잔나 할머니가 놀랍도록 또렷하고 큰 목소리로 잔나의 말을 가로막았다. 잔나는 할머니 말을 듣고 나서 친구들을 돌아보며 말을 계속했다.

"할머니가 날더러 너무 까불지 말래. 그리고 펠릭스 널더러는 아빠 일 때문에 너무 걱정 안 해도 된대. ≪게네랄 - 안차이거≫ 신문 일은 정말 수치스러운 일이지만 모든 게 잘될 거래. 분명히 그럴 거라는 생각이 드신대."

펠릭스한테는 잔나 할머니의 말이 그다지 위로가 되지 않았다. 도리어 지금 자기네 집에 일어난 일이 새삼스럽게 부인할 수 없는 엄연한 현실로 다가오는 느낌이었다.

마지막 남은 아이스크림을 숟가락으로 싹싹 긁어먹고 난 페터가 잔나의 말이 끝나자 깊은 생각에 잠긴 목소리로 웅얼거렸다.

"수치라고, 그래 맞아, 정말 수치야……."

펠릭스는 켜져 있는 텔레비전 방송에 정신이 팔려 페터의 말에 별다른 반응을 보이지 않았다.

"어라, 텔레키드 방송이잖아!"

"맞아, 우리 방송이라고." 잔나가 대꾸했다.

화면에서는 요란하게 화장을 한 아이들이 음악에 맞추어 몸을 흔들어대면서 노래를 부르고 있었다. 아니, 좀 더 정확히 말해서 입을 벌리고 노래 부르는 시늉을 하고 있었다.

"되게 바보 같다. 안 그러니?" 펠릭스가 친구들에게 말했다.

"상관없잖아. 봐, 관객들이 저 우스꽝스러운 아이들 때문에 얼마나 재미있어하고 있는지. 어쨌든 저 프로가 관객들한테 좋은 반응을 얻고 있다는 증거야. 그러니까 우리가 주식을 잘못 산 건 아닌 게 분명해."

"돈을 벌기 위해서 사람들의 어리석음을 이용하는 셈이지. 다들 그렇게 하고 있잖아." 페터가 중얼거렸다.

"참, 깜빡할 뻔했네. 아까 닭 모이 주러 갔을 때 슈미츠 아저씨를 만났거든. 그래서 아저씨한테 다른 빵집에서 우리 빵 배달 아이디어를 훔쳤다고 말했어." 잔나가 말했다.

"그랬더니 뭐라고 하셨니?"

"진짜 성공적인 사업가가 되려면 선구자가 되어야 한대. 그래, 선구자라고 하셨어. 선구자만이 제대로 돈을 벌 수 있다는 사실을 어떤 유명한 사람이 발견했대. 이름이 뭐더라……." 잔나는 단어장을 꺼내 들여다보더니 말을 이었다.

"요제프 슘페터*래. 그리고 그 사람이 좋은 생각은 남들이 훔쳐 가게 되어 있다고 했대."

"팀베르크 빵집 아저씨처럼 말이지." 페터가 끼어들었다.

"그리고 좋은 생각을 해내면 그걸 흉내내는 사람이 항상 생기기 때문에 훌륭한 사업가는 늘 새로운 생각을 추구해야 한대."

"어지간히 피곤할 일이네." 펠릭스가 말했다.

"부자가 되려면 어쩔 수 없지. 거저 생기는 게 어디 있니?" 페터가 말했다.

----

* 요제프 슘페터(1883-1950): 오스트리아의 유명한 경제학자. 기업들 사이의 경쟁을 통해 경제가 어떻게 발전하는지에 대한 글을 썼다.

12. 경쟁이 있으면 사업이 잘된다

　일요일 아침 펠릭스와 페터는 늘상 해왔던 대로 뮐바하 빵집에서 빵 배달 일을 하기 위해 잔나를 데리러갔다. 세 아이가 잔나네 아이스크림 가게를 막 떠나려는 참에 게네랄 - 안차이거 신문사 건물 입구에 적힌 낙서가 펠릭스의 시선을 끌었다. 신문사 건물 옆 게시판이 걸린 담벽 아래에 오렌지색 페인트 스프레이를 사용한 커다란 낙서가 씌어 있었다.

이 일은 쉰슈타트의 숫치다!

　담벽에 낙서를 한 사람이 누군지는 몰라도 맞춤법이 형편없는 사람이었다. 대신에 페인트는 아끼지 않고 듬뿍 뿌려대었는지 칠이 글자들 가장자리로 줄줄 흘러내렸다.
　"굉장하다!" 펠릭스가 놀라서 소리쳤다.
　"저 낙서한 사람 화가 단단히 난 모양이야. 신문사 사람들 쌤통이다. 담벽을 새로 칠하려면 돈 꽤나 들걸. 대체 어떤 사람이 그랬을까?" 잔나가 말했다.
　펠릭스는 얼핏 혹시 아빠가 낙서를 한 사람인지도 모른다는 생각이 들었다. 하지만 그럴 리가 없었다. 말도 안 되는 생각이었다.

아빠를 의심하느니 차라리 엄마를 의심하는 게 나을 것이었다. 어쩌면 엄마가 밤중에 스프레이를 들고 몰래 여기에 와서? 그것 역시 말도 안 되는 추측이었다.

아이들이 도착하니 뮐바하 씨가 가게 문을 열어놓고 아이들을 기다리고 있었다. 한 아이가 스무 군데씩 맡아 배달할 수 있도록 빵을 넣은 봉지도 벌써 챙겨놓았다. 아저씨는 아이들에게 빵 봉지를 하나씩 건네며 말했다.

"경쟁이 있으면 오히려 사업이 더 잘되는 법이란다."

빵 봉지가 너무 커서 자전거에 실을 수가 없었다. 그래서 아이들은 두 번에 나누어서 배달하기로 했다. 펠릭스는 빵을 배달하러 가기 위해서 자전거에 올라타려다가 페터의 옷소매에 얼룩이 묻어 있는 것을 보았다. 펠릭스의 시선을 눈치챈 페터가 황급히 변명을 했다.

"녹슬지 말라고 칠하는 염료야. 주유소나 자동차 정비 공장 같은 데서 쓰는 거 있어."

펠릭스는 페터가 의심스러웠다.

"잠깐만, 이 색깔은 신문사 건물 담벽에 있던 낙서 색깔이랑 똑같은데……."

"쉬! 세상 사람들이 다 알게 할 작정이니?"

"근데, 너 왜……."

"내가 그랬잖아, 그냥 당하고만 있을 순 없다고."

"하지만 왜 나한테는 한마디도 안 했니?"

"넌 모범생이잖아. 내 계획을 알았더라면 보나마나 반대했을 거야."

펠릭스는 페터의 말에 아무런 반박도 하지 않았다. 페터의 말이 옳았기 때문이다. 자기는 정말 모범생이었다. 자기는 옳지 않다고 생각하는 일이 일어나도 반항한 적이 거의 없었다. 그건 아빠도 마찬가지였다. 하지만 다른 한편으로는 신문사에서 일어난 일은 엄밀하게 따지면 자기 일인데 페터가 이렇게 마음대로 남의 일에 끼어들게 내버려두는 건 옳지 않은 것 같았다. 하긴 페터한테는 그러지 말라고 말해보았자 아무 소용도 없겠지만.

펠릭스는 페터랑 더 이상 말하기를 포기하고 자전거에 올라타면서 마지막으로 한마디 했다.

"에이, 관두자. 그런데 너 틀리게 썼어."

"뭘 틀렸는데?"

"'숫치'가 아니라 '수치'라고 써야 해. 수에 'ㅅ' 받침을 쓰는 게 아니야."

"틀렸으면 좀 어때, 시험도 아닌데."

펠릭스는 자전거 페달을 밟기 시작했다. 그러고는 슈미츠 아저씨네 악기점을 지나 첫 번째 집에 빵을 배달하기 위해 언덕길을 올라갔다. 학교 근처에 이르렀을 때 맞은편에서 자전거를 타고 오는 사람이 보였다. 펠릭스는 처음에는 별생각 없이 지나치려고 했다. 그런데 건너편에서 오는 사람이 점점 가까이 다가오길래 자세히 보니 항상 자기를 못살게 구는 카이 녀석이 아닌가! 이것저것 따질 여지도 없었다. 펠릭스는 자전거를 얼른 도로 가운데로 타고 가서 카이의 길을 가로막았다.

"내려!" 펠릭스는 짧게 말했다. 그때 카이의 자전거 뒤 짐칸에 빵 바구니가 실려 있는 것이 눈에 들어왔다. 어떻게 된 영문인지 짐작이 갔다. 펠릭스는 카이를 노려보며 날카로운 목소리로 따졌다.

"팀베르크 빵집에서 빵 배달하는 게 너로구나?"

"너희가 하는데 나라고 못 할 것 뭐 있어?" 카이는 펠릭스 못지않게 차가운 말투로 대꾸했다. 그러고는 펠릭스가 뺨이라도 때릴 거라고 생각했는지 고개를 약간 옆으로 돌렸다. 그런데 막상 펠릭스가 아무 행동도 하지 않자 카이는 펠릭스를 약 올리려는 듯 말을 이었다.

"여기서 이렇게 얼쩡거릴 시간 있는 거니? 부지런히 빵 배달해야 할 텐데. 너희 아빠 일자리도 잃었잖아."

펠릭스는 화가 머리끝까지 치밀어오르는 것을 느꼈다. 마음속에서 '지난번처럼 카이가 약올리는 데에 넘어가면 안 돼.' 하고 경고하는 소리가 들렸다. 하지만 펠릭스는 그 소리를 무시하고 왼손으로 카이의 멱살을 잡은 다음 오른손으로 있는 힘을 다해 카이의 턱을 갈겼다. 카이의 몸이 기우뚱하더니 자전거와 함께 꽈당 넘어졌다. 자전거 뒤에 매달려 있던 빵 바구니가 바닥으로 떨어지면서 빵 몇 개가 길거리에 떼구르르 굴렀다.

카이가 비틀거리면서 몸을 일으켜 세웠다. 카이의 코에서 검붉은 피가 흘러내렸다. 이제까지 한 번도 누구를 코피가 날 만큼 세게 때린 적이 없었던 펠릭스는 덜컥 겁이 났다. 카이는 씩씩거리면서 펠릭스에게 "두고 봐!" 하고 소리 지르더니 쓰러져 있는 자전거를 그대로 둔 채 언덕길을 달려 내려갔다.

펠릭스는 카이의 자전거를 일으켜 세워 길 옆에 있는 덤불에 기대놓은 다음 땅바닥에 굴러떨어져 있는 빵을 주워 바구니에 담았다. 그러고는 자기가 맡은 빵을 배달하러 갔다. 빵을 배달하는 동안 내내 양심의 가책 때문에 마음이 무거웠다. 한 시간쯤 지나 빵 배달을 끝낸 펠릭스는 꺼림칙한 기분을 지우지 못한 채 뮐바하 아저씨네 빵집으로 돌아갔다. 아니나 다를까 뮐바하 씨가 잔뜩 화가 나서 시뻘게진 얼굴로 양 허리에 두 손을 얹은 채 빵집 문 앞에 서서 펠릭스를 기다리고 있었다.

"너 도대체 어떻게 된 거 아니냐? 주먹질을 하다니! 착실한 일꾼인 줄 알았는데 이제 보니 싸움질이나 하는 깡패로구나!"

"하지만 카이가……." 펠릭스는 더듬거리면서 변명을 시도했지만 뮐바하 씨는 펠릭스의 말을 사정없이 잘랐다.

"이제 온 시내에서 내가 팀베르크 빵집의 일꾼을 두들겨 패라고 했다고 말할 게 아니냐. 안 되겠다, 도저히 안 되겠어. 너희들 이제는 내 빵집에서 더 이상 일 못 한다. 집에 가서 아빠한테 얼마나 대단한 아들을 두었는지 자랑이라도 해라. 그리고 다시는 내 눈앞에 얼씬도 하지 말아라!"

뮐바하 씨는 말을 끝내자 가게 문을 쾅 닫았다. 펠릭스는 닫힌 문 앞에서 어깨를 축 늘어뜨린 채 생각했다. '나는 정말 재수가 없어. 만날 꾹 참기만 할 수 없어서 어쩌다가 한 번 맞선 것뿐인데 이렇게 되다니.' 카이와 주먹질을 한 직후만큼이나 기분이 영 언짢았다. 펠릭스는 페터와 잔나가 빵 배달을 끝내고 오기를 기다리지 않고 착잡한 기분으로 혼자서 먼저 집으로 갔다.

*

"너 어쩌면 그렇게 멍청할 수가 있니!" 페터는 펠릭스에게 한심하다는 얼굴로 말했다.

펠릭스는 페터의 말이 맞다고 생각했다. 자기가 생각하기에도 정말 한심했다. 그래서 아무 대꾸도 하지 않았다. 햇살이 빛나고 따뜻한 일요일 오후였다. 세 아이는 벽돌 공장 옆에 있는 커다란 버드나무 그늘 아래 엎드려 크렙스강에서 헤엄치는 송어를 들여다보고 있었다. 펠릭스가 가운데에 그리고 잔나와 페터가 각각 펠릭스의 왼쪽과 오른쪽에 엎드려 있었다.

"너 정말 생각할수록 멍청하다. 평소에는 얌전하게 굴다가도 어쩌다 그렇지 않을 때는 꼭 말썽을 일으키더라. 다음번에 싸울 일이 있으면 내가 나설 테니까 넌 가만히 있어."

"하지만 잘했어. 그냥 당하고만 있어서는 안 된다고. 카이 같은 애는 한 번쯤 본때를 보여줘야 해. 더군다나 이제는 우리가 빵 배달 아르바이트에서 어차피 선구자도 아니잖아. 그러니까 그 일 그만둔다고 해서 크게 손해 볼 것도 없어. 요제프 슘페터라는 사람도 그랬는걸." 잔나가 펠릭스를 위로했다.

"그 사람이 선구자가 자기 아이디어를 흉내내는 사람을 두들겨 패라고 그랬니?" 페터가 빈정거렸다.

"이담에 슈미츠 아저씨 만나면 물어볼게. 하지만 분명히 선구자가 자기 아이디어를 흉내내는 사람들이 무얼 하든지 내버려두라고 말하지는 않았을 거야."

세 아이는 다시 강물이 흐르는 소리에 귀를 기울였다.

펠릭스가 갑자기 심각한 표정을 짓더니 말을 꺼냈다.

"우리 금화의 비밀을 밝혀내야겠어⋯⋯."

"느닷없이 그게 무슨 소리야?" 페터가 물었다.

"금화를 누군가 클라리넷 케이스 바닥에 감추어놓은 거잖아. 그리고 클라리넷을 판 사람은 그 안에 금화가 있는지 몰랐던 거고. 안 그랬더라면 클라리넷을 팔았을 리가 없어."

"맞아."

"어딘가에 진짜로 그 금화를 가질 권리가 있는 사람이 있을 거야. 그리고 그 사람은 지금 금화가 없기 때문에 아주 가난해서 고생하고 있을지도 몰라."

"너 사라랑 얘기했니? 사라가 너더러 진짜 금화 주인을 찾아 금화를 돌려주라고 했구나?"

"말도 안 되는 소리 하지 마. 나 혼자서 생각한 거야. 사실은 우리 것도 아닌데 그냥 갖는다는 건 옳지 않다고 생각해."

"무슨 소리야? 금화가 우리 거라고 슈미츠 아저씨도 분명히 그러셨는데."

"어쩌면 우리보다 더 금화를 가질 권리가 있는 사람이 있을지도 모른단다니까. 그런 사람이 있는지 찾아봐야 해."

"그럼 금화 판 돈은 어떻게 되는데? 진짜 어떤 사람이 자기가 금화 주인이라고 나서면 어쩔래? 자칫하다간 금화 판 돈을 돌려주어야 할지도 모른단 말야. 가만히 놓아두면 괜찮을 걸 공연히 건드리면 귀찮은 일이 생긴다고 우리 아빠가 그러셨어."

페터는 계속 펠릭스의 의견이 못마땅하다는 표정을 지었다.

두 아이의 입씨름을 잠자코 듣고 있던 잔나가 드디어 말문을 열었다.

"흠, 참 이상하네."

"뭐가 이상해?"

"우리 할머니도 그렇게 말씀하셨거든."

"너희 할머니가 뭐라고 하셨는데?" 페터는 잔나가 선뜻 말하지 않는 것이 답답하다는 듯 대답을 재촉했다.

"금화가 누구 건지 알아내야 한다고 그러셨어. 부당한 경로로 생긴 재산은 저주받는대."

"그래서?"

"나도 펠릭스랑 같은 의견이야. 금화가 어떻게 해서 클라리넷 케이스 바닥에 감추어져 있게 되었는지 그 비밀을 밝혀야 한다고 생각해. 의외로 재미있는 일이 될 수도 있잖아."

"그럼 너희 생각에는 어디에서부터 시작하는 게 좋겠니?" 페터가 잔나와 펠릭스를 번갈아 바라보며 물었다.

"일단 슈미츠 아저씨한테 클라리넷을 어디서 샀는지 물어보자. 그다음은 그러고 나서 생각해보기로 하고. 금화 주인이 누군지 알아낸 다음에 그 사람한테 정말로 금화 판 돈을 넘겨줄 건지 결정해도 되잖아."

"잘 모르겠어. 어쩐지 별로 내키지 않아. 부자가 되기 위해 갖은 애를 다 썼는데 결국에 가서는 도로 가난해지면 어쩌지?" 페터는 말을 마치자 버드나무 가지 하나를 꺾어서 강물에 집어던졌다.

"우리가 진짜 금화 주인을 찾아서 금화를 돌려준다면 분명히 그 사람이 우리한테 보상금을 상당히 많이 줄 거야. 예를 들어 그 돈 전체의 절반이라든지. 그리고 금화 주인이 발견될 때까지는 어쨌든 투자를 잘해서 돈을 불릴 수 있잖아. 지금 주식에 투자해서 버는 돈은 당연히 우리들 차지야. 텔레키드 주식값이 올라서 금화 주인한테 금화 판 돈을 되돌려주더라도 걱정 없을 만큼 돈을 많이 벌게 될지도 몰라. 그러니까 금화 주인한테서 돈을 빌린 거라고 생각하면 돼. 빌린 돈으로 투자를 해서 부자가 된 사람들이 얼마나 많다고! 우리 아빠가 그랬어."

펠릭스는 어떻게든 페터의 기분을 달래려고 애썼다.

"빌린 돈으로 부자가 된다고? 그럴싸한데." 페터가 다소 누그러진 표정으로 말했다. 페터는 다시 한번 나뭇가지를 강물에 던진 다음 나뭇가지가 넘실거리는 강물 위를 오르락내리락하며 흘러내려가는 모습을 지켜보았다. 그러더니 잠시 후 주먹으로 땅바닥을 쾅 쳤다.

"좋았어. 네 말대로 하자. 하지만 잘 안 되기만 해봐! 그런데 참, 이제 빵 배달을 못 해서 어쩌지?"

"우리 닭이 있잖아. 만날 나 혼자만 닭 모이를 주는 건 불공평해. 참, 깜빡 잊을 뻔했네. 오늘 닭이 또 알을 낳았어. 두번째 달걀이야. 그리고 우리 장부를 정리해야 해."

잔나는 단어장을 꺼내 표를 꺼냈다.

"달걀 두 개는 어디 갔니?" 펠릭스가 물었다.

"현금 출납은 우리 구두 상자 안에 들락날락하는 돈만 기록하는 거야. 달걀은 우리 회사 자산이라고 보아야 하니까 대차대조표에 적어야 해."

〈7월 5일 현금 출납〉

차변		대변	
현금	164.70	사료	10.00
빵 배달	25.90	잔액	180.60

잔나는 표를 다 그린 다음, 머리를 강물에 집어넣어 입 안 가득 물을 머금은 후 똑바로 누워 하늘을 향해 '푸' 하고 내뿜었다. 서늘한 물줄기가 세 아이 위로 쏟아져 내렸다.

〈7월 5일 대차대조표〉

차변		대변	
주식	10,000.00	자기자본	11,187.70
닭	110.00		+26.70
사료	10.00		
달걀	80		
지로 통장	913.00		
현금	180.60		
	11,214.40		11,214.40

13. 보이지 않는 손

신주 매장 주가 폭등 - 텔레키드, 85마르크로 껑충!

슈미츠 아저씨는 아이들에게 신문 기사를 읽어주고 있다가 텔레키드의 주가 폭등을 알리는 제목을 읽는 순간 신문을 손에서 떨어뜨렸다.

"이게 무얼 뜻하는지 애, 얘들아 너희들 알겠느냐? 너희 투자액이 두 배가 된 거다. 아니, 두 배보다 더 많아졌어. 겨우 2주 만에 말이다!"

"계산을 좀 해야겠어요." 잔나가 흥분을 감추지 못하며 말했다.

"우리가 250주를 가지고 있으니까 거기에 85를 곱하면……21,250마르크야! 너희들 이해하겠니?" 펠릭스가 환호성을 질렀다.

"아니. 난 이해 못 하겠어." 잔나가 말했다.

아이들은 정원에 앉아서 닭들이 모이를 쪼아먹는 모습을 지켜보고 있었다. 펠릭스는 머릿속으로 하인첼 꼬마들 회사의 수입지출 관계를 계산해보았다. 빵 가게 뮐바하 씨가 지난번에 카이랑 싸운 일 때문에 아직도 화가 풀리지 않아서 아이들은 일요일에 더 이상 빵을 배달하러 갈 수 없었다. 그 대신 이제는 닭들이 모두 알을 낳을 수 있게 되었다. 잔나네 집에서 첫 번째 달걀을 기념하는 파티를 벌인 이후 아이들은 달걀을 벌써 75개나 팔았다. 그리고 펠릭스 집안의 분위기도 훨씬 나아졌다. 펠릭스 아빠는 올 연말까지는 계속해서 월급을 받게 되었다. 노동조합이 ≪알게마이네≫ 지의 소유주와 벌인 실업자 구제 대책 협상을 통해 얻어낸 결과였다. 펠릭스 아빠는 펠릭스에게 일의 경위를 설명해주었다.

"우리가 애초에 생각했던 것보다 훨씬 많은 성과를 올린 셈이다. 이만큼이라도 성과를 올리게 된 건 어쩌면 게네랄 - 안차이거 건물 담벽에 씌어 있던 이상한 글귀 덕분인지도 모르겠다. ≪알게마이네≫ 지 사람들은 자기들이 우리에게 잘못할 경우 쉰슈타트 사람들이 반감을 가지고 신문 구독을 중단할까 봐 두려웠던 게야. 대체 누가 그런 낙서를 했는지 정말 궁금하구나."

펠릭스 얼굴이 갑자기 붉어졌다. 그렇지만 다행히도 아빠는 그것을 눈치채지 못했다. 펠릭스는 나중에 페터에게 페터의 낙서가 신문사를 그만둔 사람들한테 유리하게 작용했다고 얘기했다. 페터는 싱긋 웃더니 펠릭스의 말에 간단히 대꾸했다.

"거봐, 내가 뭐랬어!"

그렇지만 가장 기분 좋은 일은 뭐니뭐니 해도 역시 텔레키드의 주가가 날마다 얼마나 오르는지를 지켜보는 일이었다. 펠릭스는 ≪알게마이네≫ 지의 주식시세표에서 텔레키드의 주식시세가 기록된 부분을 살펴보았다. 그것은 끊임없이 상승세를 타고 있었다. 41.20, 43.00, 46.70마르크…… 그러다가 지금 67.40에서 85.10마르크로 껑충 뛰어오른 것이다. 가장 최근의 주식시세 뒤에는 가끔 대문자 "G"가 적혀 있었는데 그건 "돈"*을 뜻한다고 슈미츠 아저씨가 일러주었다. 주식시장의 전문용어를 빌어 말하자면, 이런 주식시세에서는 주식에 대한 수요는 증가하는데도 주식을 팔려는 사람이 없다는 것이다. 요컨대 그건 아주 좋은 징조였다. 펠릭스는 자기들이 하루하루 점점 더 부자가 된다는 사실을 어느새 너무나 당연한 일로 받아들이게 되었다. 페터가 입버릇처럼 말하는 백만 마르크를 손에 쥐는 일이 이제는 결코 먼 얘기가 아닌 것처럼 보였다. 21,250마르크! 불과 몇 주 전에 피셔 씨는 겨우 11마르크의 이자로 펠릭스를 꼬이려 하지 않았던가!

그러나 슈미츠 아저씨만은 단순하게 기뻐할 수 없는 눈치였다.

"어, 어, 어, 잘 모르겠다만 어째 낌새가 이상하다. 주식시세가 이렇게 단기간에 두 배가 되었다는 건 무언가 수상쩍어. 주식 전문가들이 몇 주 전에 텔레키드의 주가를 실제보다 훨씬 낮게 평가했거나 아니면 누군가가 큰 이익을 노리고 주식시장을 상대로 일종의 노름을 하고 있거나 하는 것 같다."

"노름을 하다니요?" 펠릭스가 물었다.

"주식 매매를 통해 많은 돈을 벌기 위해서 주식에 큰돈을 거는 거지. 거기에는 여러 가지 방법이 있다. 한 가지 예를 들면 텔레키드처럼 발행 주식 수가 적은 경우 누군가가 주식을 사면서 동시에 팔 수 있다. 주식을 다량으로 사들임으로써 주식시세가 올라가게

---

* 돈: 독일어 Geld는 '돈'을 가리킴.

263

한 다음 주가가 많이 오르면 얼른 팔아서 시세 차이로 생긴 이익을 손에 넣는 거지. 아니면 또 다른 방법으로 누군가가 텔레키드에 대해 소문을 퍼뜨렸을 가능성을 생각해볼 수 있다. 이를테면 텔레키드의 주가를 높이기 위해 그 주식이 매우 장래성이 있다는 소문을 퍼뜨려 주가가 치솟게 해 놓고는 주가가 최고 수준에 달했다고 생각할 때 얼른 주식 전부를 팔아 버리는 거지. 그렇게 하는 걸 주식시세를 조작한다고 한다."

"그렇지만 주식시세가 올라가면 우리도 나쁠 건 없잖아요."

"처음에는 그렇지. 그러나 시세가 조작되고 있다는 사실을 사람들이 눈치채게 되면 주가는 급락하고 만다. 그때 가서 하차하기에는 이미 늦는 거지. 주식시장에는 벨이 울리지 않으니까 말이다."

"무슨 말씀이세요. 벨이 울리던데요, 12시 정각에. 제가 지난번에 분명히 들었는걸요." 페터가 말했다.

"그런 뜻에서 한 말이 아니다. 여기서 벨이 울린다는 건 주식시장에서 쓰는 표현인데 주식을 팔아야 할 것인지 아닌지 그리고 판다면 언제가 가장 적당한 시점인지 미리 알려주는 신호가 없다는 뜻이란다."

"그렇다면 마르타 아줌마한테 물어 보자!" 잔나가 제안했다.

태권도복 아줌마! 맞아, 태권도복 아줌마가 있었지! 페터와 펠릭스는 좋은 생각이라고 동의했다. 그 아줌마가 아이들에게 언제 어떤 주식을 사야 할지 가르쳐 주었으니 분명히 언제가 주식을 팔기에 적당한 때인지도 알고 있을 것이었다.

"그러면 너희들 다녀온 지 얼마 되지도 않았는데 또 프랑크푸르트에 갈 생각이냐?" 슈미츠 아저씨가 물었다.

"아니요, 전화로 물어봐도 되잖아요." 잔나가 의견을 내놓았다.

"전화? 컴퓨터가 있는데 뭐 하러 전화를 해? 아줌마한테 전자우편을 보내면 되잖아. 지금 당장 해보자." 페터가 말했다.

아이들은 모두 뒷방으로 몰려갔다. 페터가 컴퓨터 앞에 앉았다. 페터는 자판 위에 널려 있는 잡지와 악보들을 치우고는 바로 인터넷에 접속했다. 아이들은 머리를 맞대고 문안을 만든 후 태권도복 아줌마에게 띄웠다.

받는 사람: martha@kreditbank.com
아줌마, 안녕하세요. 텔레키드 주식을 지금 팔아야 할까요? 슈미츠 아저씨가 그러는데 분위기가 수상하대요.

쾬슈타트 하인첼 꼬마들 회사의 잔나, 펠릭스, 페터 올림

페터는 '엔터' 키를 두드려 전자우편을 발송했다. 페터가 컴퓨터 다루는 것을 감탄하는 표정으로 지켜보던 슈미츠 아저씨는 페터를 쳐다보며 믿을 수 없다는 듯이 물었다.

"그러면 편지가 이제 그쪽으로 가는 거냐?"

"물론이죠!" 페터가 대답했다.

모든 게 잘 풀리고 있는데도 펠릭스는 어쩐지 마음이 약간 무거웠다. 텔레키드 주식에 관한 소식이 좋으면 좋을수록 금화에 감추

어진 비밀에 대한 펠릭스의 의문은 점점 더 커졌다. 금화의 비밀을 캐기로 결정하기는 했지만 막상 시작한 일은 아무것도 없지 않은가!

"이렇게 많은 돈을 벌게 된 지금이야말로 금화의 주인을 찾아내야 할 때라고 생각해. 원래의 금화 가격만큼 되돌려주게 되더라도 그사이 주식값이 올라서 번 돈이 상당히 많잖아."

슈미츠 아저씨가 놀란 표정으로 아이들을 쳐다보며 소리쳤다.

"너희들이 금화의 비밀을 파헤치겠다고? 마침 잘됐구나. 얼마 전에 나에게 클라리넷을 팔았던 사람을 잠깐 만났다. 그 클라리넷이 실제로 몇 년이나 된 것인지 알고 싶었거든. 그 악기의 예전 소유자는 성이 베버라는 나이 많은 부인이었는데 내가 만난 사람의 종조모뻘이 된다고 하더라. 베버 부인은 자식이나 가까운 친척이 없어서 그 사람이 베버 부인이 남긴 유물을 관리하게 되었는데 그 클라리넷이 어디서 났는지는 자기도 모른데. 베버 부인은 악기라곤 전혀 다룰 줄 모르거니와 그건 죽은 남편도 마찬가지라는거야. 그 부부는 심지어는 음악 콘서트에도 간 적도 없다고 하더라. 그런 사람들이 그런 악기를 가지고 있었다는 건 아무리 생각해도 정말 이상한 일이 아닐 수 없구나."

슈미츠 아저씨는 말을 멈추더니 책상에 흩어져 있던 신문과 악보 밑을 들추면서 무언가를 열심히 찾았다. 그러더니 잠시 후 사진 한 장을 꺼내 들었다.

"그런데 참, 베버 부인의 유물에서 이런 게 나왔다는구나."

그 사진은 펠릭스네 가족 사진첩에 있는 사진들과 크기는 비슷했지만 컬러가 아니라 흑백이었는데 색이 누렇게 바래 있었다. 아주 오래된 사진임에 틀림없었다. 사진에는 젊은 남자 일곱 명이 손에 악기를 하나씩 들고 서 있었다. 왼쪽부터 차례대로 기타 주자, 북과 심벌즈를 가진 타악기 주자 그리고 그 옆에 클라리넷 주자와 색소폰 주자, 트럼펫 주자, 트럼본 주자가 서 있었고 마지막으로 맨 오른쪽에는 사진에 반쪽만 모습을 드러내고 있는 바이올린 주자가 있었다.

"적어도 이제 클라리넷이 찍힌 사진 한 장은 생긴 셈이네. 대단한 건 아니지만 그래도 아무것도 없는 것보단 낫겠지." 펠릭스가 말했다.

"혹시 사진 뒤에 뭔가 씌어 있을지도 몰라." 잔나가 말했다.

펠릭스가 사진을 뒤집어 잔나에게 내밀었다. 정말 거기에는 누군가가 가는 심의 연필로 무언가를 써놓았는데 옛날 글씨체라 잔나는 읽을 수가 없었다. 잔나가 고개를 저으면서 아저씨에게 사진을 넘기자 아저씨는 사진을 받아든 후 안경을 끼고는 소리 내어 읽었다.

"고문자로 쓰인 독일어로구나. 쇤슈타트 댄스악단, 바이세스 크레우스, 1935년 2월 14일."

"맞아, 바이세스 크레우스 호텔이야! 새로 생긴 입구만 빼고 생각해 봐. 그러면 옛날이나 지금이나 달라진 게 하나도 없잖아." 잔나가 소리를 질렀다.

사진은 실제로 쉰슈타트의 바이세스 크레우스 호텔에서 찍은 것이었다. 사진 속의 연주자들 뒤편에 보리수나무가 두 그루 보였는데 지금도 여름이면 그 나무 아래에 맥주 마시는 탁자를 내다놓곤 했다. 그 댄스악단은 1935년 2월 14일에 거기에서 연주를 했던 것이 분명했다. 그리고 그 연주는 죽은 베버 부인에게 아주 중요했던 모양이다. 그렇지 않았다면 그 부인이 이 사진을 그토록 오래 간직했을 리가 없었을 테니까.

"그 부인 남편이 예전에 이 악단에서 같이 활동한 것이 아닐까?" 잔나가 말했다.

"그런 것 같지는 않구나. 만일 그랬더라면 베버 부인 집에서 악보라든지 그 비슷한 것이 분명히 발견되었을 텐데, 그런 게 없었거든. 그리고 클라리넷이라는 악기는 한번 배워 일단 불 줄 알게 되면 도중에 느닷없이 그만두지는 않는 법이다."

"그 남편이 혹시 연습하기가 귀찮아서 악기에 아예 손을 안 대게 되었는지도 모르잖아요."

"아무러면 어때! 지금 가장 중요한 건 우리가 첫 번째 단서를 찾았다는 거야. 금화 주인을 밝혀내면 우리가 금화를 잃게 되는데 그래도 정말 계속해서 찾을 건지 그걸 생각해야 한다고." 잔나가 답답하다는 듯 소리쳤다.

"나는 솔직히 별로 마음이 안 내켜. 우리가 금화를 내주어야 하게 되면 어쩌니? 우리 처지도 좀 생각해야 되는 거 아냐?" 페터가 말했다.

"그렇지만 사람은 이기적이기만 해서는 안 되고 양심적으로 행동해야 한다고 우리 할머니가 말씀하셨어." 잔나가 말했다.

"너 꼭 사라처럼 말하는구나." 페터가 대꾸했다.

"그래, 그래. 이기주의, 그건 경제학자들이 오래전부터 관심을 가져온 문제지. 그 사람들 가운데 가장 유명한 사람이 아담 스미스*인데……."

"성이 아저씨랑 비슷하네요." 잔나가 말했다.

"근사한 성 아니냐, 그렇지? 그래서인지 나는 그 경제학자에게 아주 친밀감을 느낀단다. 아무튼 이 아담 스미스라는 사람은 인간의 이기주의란 경쟁을 통해서 잘 조정되기만 하면 우리 사회에 얼마든지 유익하게 작용할 수 있다는 사실을 이백 년 전에 증명했지. 시장은 말하자면 보이지 않는 손을 가지고 있어서 이것이 자기 자신의 이익을 추구하는 각 개인의 행위가 결과적으로는 모두에게 이익이 되도록 영향을 미친다는 거야. 그 사람이 한 말 가운데 가장 멋진 구절을 나는 지금까지도 외우고 있다. 들어보겠니? '우리가 저녁 식사를 할 수 있는 것은 고기 잡는 사람, 술 만드는 사람, 빵 만드는 사람들이 우리를 생각해서 고마운 일을 해주기 때문이 아니라 자기들의 이익을 얻기 위하여 활동하기 때문이다. 우리는 그들의 인류애가 아니라 자기애의 신세를 지는 셈이다.'"

---

* 아담 스미스(1723-1790): 영국 스코틀랜드에서 태어난 세계에서 가장 유명한 경제학자이다. 그가 지은 책 중 가장 유명한『국부론』에서, 그는 사람들이 어떻게 자유 경쟁을 통해 개인의 이익은 물론 사회의 이익을 얻을 수 있는지에 대해 썼다.

"이 스미스라는 사람은 그러니까 인간이 다른 사람을 위해 행동한다든지 혹은 양심적으로 처신하는 것이 경제에는 오히려 나쁘다는 건가요?" 잔나가 물었다.

"아니, 그 반대다. 아담 스미스는 우리가 항상 우리와 함께 사는 다른 사람들을 배려하고 또 그들의 관점에서 우리 자신의 행위를 평가해야 한다고 했단다. 모르긴 해도 아담 스미스는 너희들이 금화의 원래 주인의 입장이 되어 보는 것을 아주 마음에 들어했을 거다. 나 역시 너희들이 금화 주인을 찾아내려고 하는 걸 좋게 생각하고 있거든."

"그렇지만 페터는 그걸 좋게 생각하지 않아요." 잔나가 말했다.

"무슨 소리야! 주인을 찾는 일은 나도 좋게 생각해. 다 함께 내린 결정이잖아. 그리고 이제는 단서도 찾아서 아주 흥미진진해지는 참이고. 나는 단지 우리가 전 재산을 잃게 될까 봐 겁이 날 뿐이야."

그 순간 컴퓨터에서 요란한 소리가 나더니 화면에 글귀가 나타났다.

편지가 도착했습니다!

"누가 편지를 보냈어. 뭐라고 쓰여 있는지 보자!" 페터가 흥분해서 소리치고는 마우스로 클릭했다. 그러자 곧 화면에 편지가 나타났다.

텔레키드를 쥐고 있을 것! 누군가 인수할 거라는 소문이 있음.

마르타 보냄.

"태권도복 아줌마가 보낸 거야." 페터가 말했다.

"그런데 마르타 아줌마가 텔레키드를 쥐고 있으라는 말이 무슨 뜻이지? 그리고 소문은 또 뭐야?"

슈미츠 아저씨는 생각에 잠겼다.

"흠, 잘되어야 할 텐데. 그 아줌마 얘기로는 너희 주식을 팔지 말라는 거야. 그걸 '쥐고 있다'고 말하지. 그리고 그 아줌마 생각에 지금 누군가가 텔레키드 주식을 과반수 이상 소유해서 그 방송국 회사의 운영권을 장악하려고 텔레키드 주식을 자꾸만 사 모으고 있다는 거다. 다시 말해서 누군가가 텔레키드를 인수하려고 한다는 거지. 그런 소문을 들은 모양이다. 하지만 그 아줌마도 그걸 확실하게 아는 건 아니란다."

아저씨의 말을 들은 펠릭스가 흥분해서 소리를 질렀다.

"우리 방송국을 그렇게 간단하게 인수하려고 하다니, 말도 안 되는 소리에요! 우리가 주식을 가지고 있는데……. 마르타 아줌마와 우리가 주식을 가지고 있잖아요."

"그렇지만 너희들이 방송국 주식 전부를 가지고 있는 건 아니지 않니. 그 회사의 주식 가운데 극히 일부를 가지고 있을 뿐이지. 그 나머지 많은 양의 주식은 누구라도 살 수가 있단다. 그 사람이 어떤 꿍꿍이속을 가지고 있는지는 아무 문제도 되지 않는다. 그리고 누군가가 텔레키드 주식을 과반수 이상 확보하려고 하는 것이 너희들에게는 잘된 거란다."

"우리한테 잘된 거라고요? 어떤 낯선 사람이 우리 방송국을 자

271

기 손아귀에 넣으려고 하는데도요?"

"당연하지! 그 사람이 지금 사고 또 산다면……. 가령 누군가가 계속해서 한 가지 물건을 사들이면서 아무리 많이 사도 만족을 못하고 더 사려고 한다면 어떤 일이 벌어질 것 같으냐?"

"그 물건의 값이 비싸지겠지요."

"바로 그거다. 그 사람이 텔레키드 주식을 자꾸만 사 모으면 그 주식의 주가가 많이 올라가게 된단다. 그건 너희에게 좋은 일이지. 최적기에 이르렀을 때 이익을 많이 남기고 주식을 팔 수 있으니까. 그런데 마르타 아줌마 생각으로는 이 최적기가 아직 오지 않았다는 거야. 텔레키드 주식을 사 모으는 사람이 누군지는 몰라도 아직은 주식의 과반수 이상을 확보하지 못했기 때문에 주식시세는 앞으로도 계속 상승세를 탈 거라는 얘기지."

"그 사람은 과반수 이상의 주식을 소유하게 되면 그걸로 뭘 하려는 거지요?" 펠릭스가 물었다.

"그건 나도 알 수가 없다. 그 방송국을 더 좋게 만들기 위한 묘안을 가지고 있을 수도 있고, 아니면 그 사람이 다른 텔레비전 방송국의 소유주인데 텔레키드가 자기네 방송국과 경쟁하는 걸 바라지 않기 때문에 텔레키드를 인수하려고 하는 건지도 모르지……."

"그런데 아저씨, 아까 왜 '잘되어야 할 텐데'라고 말씀하셨어요?"

"아, 그건 지금 우리는 어떤 사람이 텔레키드 주식을 사 모으는 거라고 가정하고 있는데 만약 그게 아니라면 어떤 일이 생길지 걱정이 되어서 그랬다. 텔레키드 인수설이 단지 헛소문에 지나지 않는다면 어떻게 되겠니?"

"그래도 주식시세는 올랐잖아요."

"그래, 그래. 하지만 단지 소문만으로 주식시세가 오르게 할 수도 있단다. 아까 주가조작의 가능성에 대한 얘기를 하지 않았느냐? 누군가가 주식시장에 어떤 사람이 텔레키드 주식을 과반수 이상 확보하려고 한다는 소문을 퍼뜨린다고 치자. 그러면 그 소문을 믿는 사람들이 너나없이 주식을 사기 시작하거든. 마르타 씨처럼 말이다."

"그렇지만 마르타 아줌마가 그렇게 쉽게 소문에 넘어가지는 않을⋯⋯."

"안다, 나도 알아. 나는 단지 뭔가 수상쩍은 느낌이 든다는 거야. 주식시장에서는 가끔 뜬소문에 말려들어 많은 돈을 투자했다가 낭패를 보는 일이 일어나거든. 아마도 내가 쓸데없는 걱정을 하는 거겠지. 마르타 씨가 나보다 이런 일에 대해 훨씬 더 잘 알고 있을 테니까."

펠릭스는 지난번 프랑크푸르트에서 텔레키드를 사기로 결정을 할 때 꺼림칙한 기분을 느꼈던 사실이 기억났다. 사라가 텔레비전에 관해서 그리고 사람들의 어리석음에 대해서 말했던 내용이 떠올랐다. 그렇지만 펠릭스는 어차피 텔레키드 주식을 산 마당에 다시 그 문제로 머리를 복잡하게 하고 싶지 않았다. 그래서 화제를 돌리려고 친구들을 보며 물었다.

"그 음악가들의 사진을 가지고 이제 무얼 하지?"

슈미츠 아저씨가 말을 받았다.

"다음 단계는 아주 간단하다. 쇤슈타트 댄스악단에 대한 정보를 모조리 수집하는 거지. 나 같으면 게네랄 - 안차이거 신문사의 자료실에 가 보겠어."

"자료실에요?" 페터가 물었다.

"카롤라 아줌마한테 가면 되겠다!" 펠릭스가 큰 소리로 외쳤다.

"무슨 말이니?" 잔나가 말했다.

"자료실에는 예전 신문들이 모두 보관되어 있어. 카롤라 아줌마는 우리 아빠 비서였는데 신문사가 없어지면서 자료실로 자리를 옮겼거든. 그 아줌마는 아주 친절하니까 틀림없이 우리를 도와줄 거야."

"그렇지만 그 사진은 1935년에 찍은 거잖아!"

"상관없어. ≪게네랄 - 안차이거≫ 지는 120년도 더 되었거든. 1935년에 댄스악단이 있었다면 신문에 뭔가 그 악단과 관계가 있는 기사가 한 번쯤은 실렸을 거야. 그렇다면 우리가 그것을 찾는 것은 시간문제라고."

*

펠릭스는 아빠가 신문사에서 일하는 걸 그만둔 이후 게네랄 - 안차이거 신문사 건물에 들어가는 건 처음이었다. 잔나, 페터와 함께 신문사 건물에 들어서자 기분이 묘했다. 마치 자기가 아빠를 배신하는 것 같은 느낌이었다. 건물 입구의 게시판 아래 담벽에 페터가 스프레이로 지저분하게 써놓았던 낙서는 사라지고 없었다. 담벽은 밝은 노랑색으로 깨끗하게 새로 칠해져 있었다. 신문사 자료실은 예전의 경제부의 편집부와 같은 복도에 있었다. 모든 게 겉으로 보기에는 예전과 다름이 없었지만 바삐 오가는 사람들의 움직임으로 혼잡했던 복도는 예전과는 달리 텅 비어 있었다. 펠릭스는 자기 친구들에게 자기 아빠가 예전에 쓰던 방을 보여주었다. 문은 열려 있었고 펠릭스 아빠가 사용하던 책상과 책꽂이들도 그대로 있었다. 그렇지만 텅 빈 채 먼지가 뿌옇게 쌓여 있었다. 그리고 구석에는 누렇게 바랜 신문들이 쌓여 있었다. 맞은편에서 모르는 사람 하나가 다가오더니 아이들을 이상하다는 듯이 쳐다보고는 아무 말도 하지 않고 지나쳐갔다. 아이들이 복도 끝까지 가자 편집부 자료실이라는 팻말이 붙은 문이 있었다.

펠릭스가 문을 두드리자 "들어오세요!" 하는 여자 목소리가 들렸다. 문을 열고 들어서자 자리에 앉아 있는 카롤라 아줌마가 바로 보였다.

"펠릭스로구나! 여긴 웬일이니?"

아줌마는 펠릭스를 보더니 반가워했다.

"카롤라 아줌마, 안녕하세요!"

"아빠는 어떻게 지내시니?"

"뭐, 그냥 그렇게 지내세요."

카롤라 아줌마는 심각한 표정으로 펠릭스를 쳐다보더니 목소리를 낮추어 말했다.

"아빠한테 여기에서 더 이상 일하지 않게 된 걸 다행으로 여기시라고 전하렴. 분위기가 예전하고는 완전히 딴판이야. 알게마이네지에서 새로 들어온 사람들은 자기네가 마치 최고라도 되는 듯이 으스대고 있단다. 뭐든지 자기네가 더 잘 안다고 생각해. 그리고 그 사람들 머릿속에는 오직 한 가지 생각밖에 없어. 비용을 절감할 것, 비용을 절감할 것. 이러다간 연필 하나를 새로 사려고 해도 신청서를 내야 할 판이란다. 그 사람들이 나를 자료실로 밀어낸 게 차라리 잘된 일이라고 생각해. 여기서는 적어도 간섭하는 사람이 없으니까……. 그런데 참, 너희들 여긴 무슨 일로 왔니? 설마 내가 어떻게 지내는지 궁금해서 온 건 아닐 테고."

펠릭스는 쉰슈타트 댄스악단에 대해서 설명하고는 그 악단에 관한 정보를 얻고 싶다고 말했다. 만약의 경우를 생각해서 자기네가 금화를 발견했다는 사실에 대해서는 아무 말도 하지 않았다.

카롤라 아줌마는 펠릭스의 얘기를 주의 깊게 들었다.

"쉰슈타트 댄스악단이라……. 애들은 참 별 데 관심을 다 갖는다니까. 어디 한번 보자, 너희가 찾는 게 있는지."

말을 마친 아줌마는 자료실의 서가 사이로 사라졌다. 서가는 천장까지 치솟아 있었고 거기에는 두꺼운 신문철들과 서류철들이 빼곡하게 차 있었다. 종이와 먼지 냄새가 물씬 코를 찔렀다. 펠릭스는 그 냄새가 아주 좋았다. 조금 후에 카롤라 아줌마는 검정색의 두꺼운 신문철을 끌다시피 하며 옆구리에 끼고 돌아왔다.

"자, 여기 있다. 이걸 잘 살펴보면 너희가 알고 싶어하는 게 있을 거야."

아줌마는 신문철을 책상에 내려놓았다. 해묵은 먼지가 뽀얗게 피어 올랐다. 신문철의 겉표지에는 '쉰슈타트 게네랄 – 안차이거 1935년판'이라고 적혀 있었다.

"그럼 이제 2월 14일자를 찾아보자. 애들아, 여기 있다!" 카롤라 아줌마가 신문철을 열어 보이면서 말했다.

"필체가 희한하네. 나는 이런 글씨는 못 읽어." 잔나가 말했다.

"나는 읽을 수 있어." 펠릭스가 말했다. 펠릭스 아빠는 예전에 펠릭스에게 독일어의 고문자 인쇄체를 가르쳐준 적이 있었다.

"여기 이렇게 써 있어. 영국 내각의 분규. 또 여기에는 전쟁의 위험은 여전하다고 적혀 있고."

펠릭스는 카롤라 아줌마의 도움을 받아 신문을 한 장 한 장 넘기면서 꼼꼼하게 살폈다.

"여기 좀 봐. 뭐 이런 이상한 광고가 다 있지? 중년 남성. 아리안* 계 아님, 가구 딸린 15제곱미터 방 원함. 연락처 97534. 그런데 '아리안계 아님'이라는 게 무슨 뜻이죠?"

"너희들 학교 역사 시간에 아직 안 배웠니? 그 당시에 독일은 나치가 통치했는데 그들은 유대인들을 점차적으로 사회에서 고립시킨 다음 나중에는 학살했단다. 당시에 유대인이었던 사람들을

---

* 아리안: 인도게르만어족을 일컫는다. 원래는 언어학에서 쓰는 말이었으나 19세기 유럽에서 인종 개념으로 널리 쓰였다. 독일의 나치스 정당은 이것을 정치적으로 이용하여 게르만 민족이 우수한 아리안 인종이라고 주장, 아리안만을 정당한 독일 시민으로 인정하였다.

아리안계인 독일인과 구별하기 위해 '아리안계 아님'이라고 기록
했지. 방을 구하는 광고에마저 그런 표시를 해야만 했다는 건 나
도 지금까지는 몰랐던 사실이야."

"그렇다면 방금 제가 읽은 광고를 냈던 그 남자는 나중에 죽음
을 당했나요?"

"그랬을 가능성이 높단다."

아무리 뒤적여도 댄스악단에 대한 기사는 보이지 않았다. 갑자
기 카롤라 아줌마가 손바닥으로 자기 머리를 탁 치더니 말했다.

"아이고, 나도 참 멍청하네! 콘서트가 2월 14일에 열렸다면 어
떻게 2월 14일자 신문에 실릴 수가 있겠니! 그 이틀 뒤를 한번 살
펴보자."

"이틀? 왜 하필 이틀이죠, 하루가 아니고?"페터가 의아한 표정
으로 물었다.

"한번 생각해보렴! 콘서트는 분명히 저녁에 열렸다가 밤중까지
계속되었을 거야. 그때쯤이면 바로 다음 날 신문은 이미 인쇄가
끝났을 거 아니겠니?"

카롤라 아줌마는 이렇게 말하면서 2월 16일자 신문을 찾아서는
집게손가락으로 각 페이지를 훑어내려갔다. 그러나 아이들이 찾
는 기사는 거기에도 없었다. 2월 17일자에도 없었고 20일자까지
찾아보았으나 헛수고였다.

"혹시 그 콘서트가 열리기 이전에 신문에 콘서트 개최를 알리는
광고가 실리지는 않았을까요?"펠릭스가 말했다.

카롤라 아줌마는 그럴듯한 생각이라고 말하면서 다시 14일 이전으로 되돌아가 찾기 시작했다. 2월 7일자 신문까지 훑어보았지만 댄스악단에 대해서는 일언반구도 없었다.

"아무래도 소용이 없는 것 같구나." 카롤라 아줌마가 말했다.

펠릭스는 신문철을 받아서는 별다른 생각 없이 여기저기 넘겨보았다. 막 덮으려는 순간에 광고 하나가 펠릭스의 눈길을 끌었다.

"야, 여기 좀 봐!" 펠릭스는 잔뜩 흥분해서 소리쳤다. 펠릭스가 가리키는 곳에는 다음과 같은 광고가 실려 있었다.

사육제 춤의 향연!

1935년 2월 14일

바이세스 크레우스의 연회장
연주 : 하인리히 슈타켄부르크와 그의 쇤슈타트 댄스악단
입장료 : 20페니히

"바로 이거야!" 펠릭스가 기뻐하며 소리쳤다.

"하인리히 슈타켄부르크, 이 사람을 찾으면 되는 거야!"

"바이세스 크레우스에 있는 연회장이라는 건 무슨 말이지? 그 호텔에 무슨 연회장이 있어?" 잔나가 이상하다는 듯이 물었다.

카롤라 아줌마가 잔나를 바라보며 설명을 했다.

"예전에는 거기에 연회장이 있었어. 아직도 기억난다. 내가 어릴 때 토요일 저녁이면 거기서 무도회가 열렸지. 나중에 누군가가 그

걸 헐어버리고 주차장으로 만드는 바람에 없어지고 말았단다."

"그런데 이 슈타켄부르크라는 사람을 어떻게 찾지?" 펠릭스가
물었다.

카롤라 아줌마는 얼굴 가득 미소를 띠고 펠릭스를 쳐다보았다.

"여기 이렇게 자료실 직원이 있는데 그깟 일쯤은 아무것도 아니
지."

카롤라 아줌마는 전화 수화기를 들더니 어떤 번호를 돌렸다.

"여보세요, 거기 구청이지요? 저는 알게마이네 신문사의 자료실
에서 일하는 카롤라 마르크스라고 하는데요.…… 예. 예전의 게네
랄 - 안차이거……. 그런데 뭣 좀 하나 문의하려고 하는데요."

카롤라 아줌마는 1935년에 쇤슈타트에 살았던 어떤 사람을 찾
는다는 얘기를 했다. 그러고는 그쪽의 대답을 기다리는지 잠자코
수화기를 들고 있더니 잠시 후 놀랍다는 듯이 말했다.

"그래요, 그거 아주 의외로군요. 아돌프 - 히틀러가 14번지요.
그 거리 이름이 지금은 뭔가요? 탈 거리라고요, 그렇군요. 그러고
나서…… 아, 그래요.…… 러시아에서…… 그렇다면 어쩔 수가 없
군요. 정말 고마웠습니다."

카롤라 아줌마는 수화기를 내려놓은 후 궁금한 얼굴로 자기를
주시하고 있던 아이들에게 말했다.

"이걸 어쩌니? 너희가 쇤슈타트 댄스악단에 대해서 무언가 알아
내는 일은 상당히 힘들게 되었어. 하인리히 슈타켄부르크라는 사람
은 사망한 지가 벌써 몇십 년도 더 되었단다. 2차 세계 대전 때 러

시아에서 죽었대. 생전에는 아돌프 - 히틀러가에서 살았다는구나."

"아돌프 - 히틀러가라고요?"

"그래, 지금의 탈 거리가 그당시에는 이름이 그랬다는 거야. 그 거리 14번지에서 살았다니까 거기에 들러서 혹시 하인리히 슈타켄부르크라는 사람을 알고 있는 누군가가 아직도 거기에 살고 있는지 알아보는 게 어떻겠니? 그게 지금으로선 유일한 방법인 것 같구나."

*

탈 거리 14번지에 있는 2층짜리 주택은 지은 지 얼마 안 되는 새 건물이었는데 각 층에 두 가구씩 살고 있었다.

"이 집은 1935년도에는 분명히 있지도 않았을 거야." 페터가 말했다.

그래도 아이들은 거기에서 하인리히 슈타켄부르크라는 사람에 대해 물어보기로 결정했다. 아이들은 먼저 일층 왼쪽에 있는 집의 벨을 눌렀다. 머릿수건을 두른 젊은 여자가 갓난아이를 팔에 안고 문을 열었다. 그 여자는 아주 친절하기는 했지만 독일어를 거의 한마디도 할 줄 몰랐다. 젊은 튀르키예 여자가 하인리히 슈타켄부르크라는 사람을 알 턱이 없었다. 그 옆집에는 어떤 남자가 살고 있었는데 너무나 불친절했다. 자기는 성이 슈타켄부르크가 아닐뿐더러 그런 성을 가진 사람은 한 명도 아는 사람이 없다는 것이었다. 그리고 그따위 하찮은 일 때문에 밤 근무를 마치고 온 사람의 단잠을 깨우다니 돼먹지 않은 행동이라고 야단을 쳤다. 세 번째 집은 비어 있었고 네 번째 집에는 아주 나이 많은 할아버지가 살고 있었다. 그 할아버지 정도의 나이라면 어쩌면 하인리히 슈타켄부르크라는 사람을 알 수 있을지도 몰랐다. 그러나 그 할아버지 역시 하인리히 슈타켄부르크를 모른다고 했다. 몇 년 전까지만 해도 그 곳에 오래된 집이 한 채 있었는데 그 집을 헐고 지금 이 건물을 지었다는 것이다. 할아버지는 잠시 후 지나가는 말처럼 덧붙였다. "헐어도 하나도 아까울 게 없을 만큼 낡은 집이었지." 그러고는 그 헐린 집에서 살던 사람이 누군지는 자기도 모른다고 말했다.

"할 수 없지, 뭐. 어쨌든 그 사람을 찾으려고 노력은 했잖아." 페터가 말했다.

14. 과거의 악몽

여름방학은 눈 깜짝할 사이에 지나갔다. 이제 개학 후 첫 수업 시간이 시작되었지만, 화창하기 그지없는 8월 아침에 펠릭스는 도무지 수업에 집중할 수가 없었다. 건너편 창문 옆에는 카이가 앉아 있었다. 조금 전 펠릭스가 학교에 도착해서 자전거를 카이 자전거 바로 옆에 세워놓을 때 카이는 펠릭스를 증오에 가득 찬 눈빛으로 쳐다보면서 야유했다.

"그래, 너희 집엔 일요일에 먹을 빵이나 있냐?"

펠릭스는 아무 말도 듣지 못한 것처럼 카이를 무시해버렸다. 그런데 지금 건너편에 있는 카이를 보자 새삼스럽게 화가 치밀어올라 선생님의 설명이 귀에 잘 들어오지 않았다. 더구나 방학 내내 이리저리 쏘다니다가 교실 안에 가만히 앉아 수업을 들어야 한다는 것은 여간 힘든 일이 아니었다. 자꾸만 딴생각이 들었다. 텔레키드는 주가가 얼마나 더 오르게 될까? 방학 마지막 주에 텔레키드의 주식시세는 100마르크 선을 뛰어넘어 지금은 101마르크 10페니히가 되었다. 그래서 하인첼 꼬마들 회사가 보유하고 있는 주식은 돈으로 따지면 이제 25,275마르크나 되었다. 그리고 닭들도 이제는 꾸준히 달걀을 낳아서 아이들은 매주 65개 내지 70개 정도의 달걀을 잔나네 아이스크림 가게에서 팔 수 있게 되었다. 그만

하면 양계 사업에 투자한 덕을 톡톡히 보고 있는 셈이었다. 잔나 엄마는 아이들에게 아주 예쁜 바구니를 선사했는데, 달걀이 가득 담긴 그 바구니는 항상 리알토의 상품 진열대에 놓여 있었다. 잔 나는 거기에 '하인첼 꼬마들의 달걀 바구니'라는 조그만 팻말을 만들어 붙여놓았다. 그 밖에도 아이들은 잔디 깎기나 다른 일을 통해 적은 돈이나마 꾸준히 모았다. 하인첼 꼬마들 회사는 정말 하루가 다르게 발전하고 있었다. 다만 금화의 비밀에 대해서는 한 발짝도 진전이 없었다. 이런저런 생각 속에 잠겨 있던 펠릭스는 바실리우스 뢰벤슈타인 선생님이 호통치는 소리에 깜짝 놀랐다.

"펠릭스 블루우움, 그만 일어나시지!"

반 아이들이 모두 펠릭스 쪽으로 몸을 돌리고 어떤 사태가 벌어질지 기다리고 있는 것으로 보아 선생님은 한참 동안 펠릭스 자리 옆에 서 있었던 모양이었다. 몇몇 아이들은 킥킥거리기도 했다.

"사람이 사업을 하다 보면 여러 가지 중요한 일들이 머릿속을 꽉 채우고 있으리라는 건 충분히 이해할 수 있다. 하지만 아무리 그렇더라도 144의 제곱근이 무엇인지는 알겠지? 물론 그게 그렇게 힘든 문제가 아니라면 말이야."

"25,275입니다." 펠릭스가 대답했다.

반 전체는 웃음바다가 되었다. 그 중에서도 특히 카이가 고소하다는 듯이 요란스럽게 웃었다.

"젊은 사업가도 가끔은 수학 수업 같은 시시한 것 때문에 어쩔 수 없이 귀중한 뇌 세포를 귀찮게 할 필요가 있답니다, 친애하는 펠릭스 군!"

뢰벤슈타인 선생님이 이렇게 말하자 반 아이들은 또다시 웃음보를 터뜨렸다. 펠릭스는 창피해서 두 귀가 빨갛게 달아오르는 걸 느꼈다. 수업 중에 딴생각을 한 자신도 미웠지만 어쩌다가 한번 수업에 집중하지 않은 것뿐인데, 이렇게 놀리는 뢰벤슈타인 선생님에 대해서도 화가 났다. 다른 때는 이해심이 많은 선생님이었는데 오늘따라 왜 이러시는지 원망스럽기만 했다. 그러다 갑자기 어떤 생각이 떠올랐다.

'그래, 뢰벤슈타인 선생님이 있었지!'

뢰벤슈타인 선생님은 평소에 아이들에게 과거에 쇤슈타트에서 일어났던 일들을 많이 얘기해주었다. 쇤슈타트 댄스악단에 대해 무언가를 얘기해줄 수 있는 사람이 있다면 그건 바로 뢰벤슈타인 선생님일 것이다. 그제야 펠릭스는 정신이 번쩍 들면서 수업을 좀 더 열심히 듣기로 마음먹었다. 자기가 가장 좋아하는 선생님에게 한 번 더 혼나고 싶지는 않았기 때문이다.

수업이 끝났음을 알리는 종소리가 울리자 펠릭스는 뢰벤슈타인 선생님에게 다가갔다. 선생님은 뜻밖이라는 표정으로 펠릭스를 쳐다보긴 했지만 화난 표정은 아니었다. 선생님은 평소 습관대로 손가락을 집어넣어 하얀 머리를 훑으면서 말했다.

"무슨 일 때문에 그러냐? 너 무슨 걱정거리가 있니? 나는 네가 수업 시간에 그렇게 산만한 걸 본 적이 없는데……."

"죄송합니다, 선생님."

"혹시 아빠가 일자리를 잃어서 걱정되어 그러는 거냐? 정말 안 된 일이기는 하지만……."

"아니, 그게 아니에요. 여쭈어볼 게 하나 있어서……."

"그럼 얼른 말해봐라! 나한테 묻고 싶은 게 대체 뭐지?"

"선생님께서는 쇤슈타트의 과거에 대해 잘 아시잖아요."

"어느 정도는 그렇지. 그런데 왜?"

"쇤슈타트 댄스악단이라고 들어보신 적이 있으세요?"

"쇤슈타트 댄스악단? 전에 그런 게 있긴 했었지. 전쟁 전이었을 거다. 그런데 그 댄스악단이 어쨌다는 거냐?"

펠릭스는 선생님에게 클라리넷과 옛날 사진, 그리고 하인리히 슈타켄부르크에 얽힌 이야기를 대충 늘어놓았다. 그렇지만 금화에 대해서는 아무런 이야기도 하지 않았다. 뢰벤슈타인 선생님이 의아하다는 듯 물었다.

"그 옛날 사진이 왜 궁금하다는 거지?"

펠릭스는 자기도 클라리넷을 불 줄 알기 때문에 그 오래된 클라리넷이 예전에 누구 것이었는지 궁금하다는 식으로 적당히 얼버무렸다. 분명한 대답을 하지 않았는데도 뢰벤슈타인 선생님은 그 대답에 만족했는지 더 이상 캐묻지 않았다.

"1935년이라고 했지. 분명히 적어도 한두 가지 사실은 알아낼 수 있을 거다. 내일 알려주마."

선생님은 무언가를 쪽지에다 적었다. 그러더니 진지한 표정으로 말을 이었다.

"그런데 펠릭스 너, 고향에 관심을 갖는 것도 좋고 하인첼 꼬마들도 좋다만 그렇다고 해서 수학에 흥미를 잃으면 안 된다."

*

"이건 신문도 아냐, 휴지 조각이지!"

펠릭스 아빠 게롤트 블룸 씨는 ≪알게마이네≫ 지를 역겹다는 듯이 옆으로 치워버렸다.

"이 경제란을 좀 봐라! 알록달록 요란하기만 하지 알맹이가 하나도 없어. 이런 데서 일하지 않게 된 것이 정말 다행이다."

"카롤라 아줌마도 그러시던데요." 펠릭스가 위로하듯 말했다.

"쓸데없는 데에다 더 이상 신경 쓰지 말아요. 그래 봤자 아무 소용도 없으니까." 엄마가 끼어들었다.

"일이 이렇게 될 줄 알았더라면 미리미리 준비를 했어야죠. 참, 자동차 배기통에서 요란한 소리가 나고 완충기도 손 좀 봐야 하는데……."

"자동차 수리하는 데에 돈이 얼마나 많이 드는데 당신은 지금 한가하게 그런 걸 걱정하는 거요? 내가 다시 일자리를 구할 때까지는 돈을 쓰면 안 된다고!"

아빠는 화가 나서 대꾸했다. 펠릭스는 집안 분위기가 이상해지자 슬그머니 머리를 움츠렸다. 엄마는 더 기세 등등하게 말했다.

"아니, 자동차가 망가지는 걸 보류하고 당신이 일자리를 구할 때까지 기다려주기라도 한대요? 어쨌든 나는 지금 다시 컴퓨터로 번역 일을 계속해야 해요. 그렇게 안 하면 기간 안에 끝낼 수가 없다고요. 당신이나 펠릭스 가운데 한 사람이 시간을 내서 장을 좀 봐주면 좋겠어요."

그러고는 엄마는 두 사람만 부엌에 남겨놓고 사라졌다. 집 안에 다시 험악한 분위기가 감돌았다. 펠릭스는 그런 분위기가 너무 싫었다.

"알았어, 알았다고."

아빠는 한숨을 쉬고는 점심 먹은 것들을 치우기 시작했다. 그러더니 잠시 후에 펠릭스에게 물었다.

"그런데 너 무슨 일로 카롤라 아줌마한테 갔었니?"

펠릭스는 자기들이 무슨 일을 계획하고 있는지 그리고 그 일이 얼마나 진척되었는지 아빠에게 대충 말했다.

"그래? 그러니까 그 금화의 원래 주인을 찾을 경우 10,000 마르크를 내줄 각오가 돼 있단 말이지. 10,000마르크라…… 생각해볼 일이군. 그건 아주 큰돈인데."

아빠는 잠시 말을 멈추고 무언가 생각하는 눈치더니 갑자기 단호한 표정을 짓고는 말을 이었다.

"그건 정말 용기 있는 결단이라고 생각한다. 네가 자랑스럽구나. 그렇지만 쉰슈타트에 댄스악단이 있었다는 건 처음 듣는 이야기이다."

말을 끝낸 아빠는 신문을 다시 집어 들어 펠릭스에게 내밀었다.

"여기 네가 관심이 있을 만한 기사가 났다. 미국에서 곧 금리가 오를 가능성이 있다는 거야."

"그런데 그게 클라리넷하고 무슨 관계가 있지요?"

"아무 관계도 없다. 하지만 너희 주식하고는 관계가 있지. 금리가 오르면 주식시장에는 나쁜 영향을 미치거든. 여기 'Fed. 총재, 시장에 경고하다!'라고 씌어 있는 게 보이지? Fed는 연방은행(Federal Reserve Board)의 약자로 미국의 중앙은행을 뜻한단다. 이 은행은 미국 달러의 가치가 떨어지지 않도록 하는 일을 맡고 있다고 할 수 있지. 그 밑에 씌어 있는 걸 읽어줄 테니 잘 들어봐라. '뉴욕에서 행한 한 연설에서 연방은행 총재 프레데릭 멩거는 지나친 물가 인상은 억제할 생각이라고 발표했다. 은행권 발행 은행으로서 미국 연방은행은 시장의 움직임을 정확하게 주시하고 있으며 인플레이션의 기미가 보일 경우 즉각 이에 대응할 방침이라고 한다. 또한 주식시장의 과열을 방지하기 위한 조처도 행해질 것이라고 한다. 월 스트리트는 멩거의 발표에 즉각적인 반응을 나타내 다우존스가 34.89포인트 떨어졌다.'"

"그래서 어떻게 된다는 거지요?" 펠릭스가 다시 물었다.

"쉽게 풀어서 설명을 해주마. Fed란 방금 말했듯이 미국의 중앙은행이다. 월 스트리트는 뉴욕에 있는 거리 이름인데, 그 거리에는 미국의 대표적인 증권거래소들이 있기 때문에 증권가라고 부른단다. 그리고 다우존스는 미국의 종합주가지수를 뜻한다. 종합주가지수가 뭔지는 프랑크푸르트 증권거래소에 갔을 때 분명히 배웠겠지?"

"당연하죠. 그렇지만 신문에 실린 내용이 무엇을 뜻하는지는 아직도 이해가 되지 않아요."

"미국에서는 경제가 아주 빠른 속도로 성장한단다. 미국인들은 돈을 많이 벌기도 하지만 지출도 그에 못지않게 많거든. 은행권 발행 은행 총재는 소비자들이 금전적으로 여유가 있는 지금, 회사들이 그걸 절호의 기회로 생각해서 물가를 인상할까 봐 우려하고 있는 거야. 만일 물가가 오르게 된다면 인플레이션이 발생하면서 화폐 가치는 떨어지게 될 거다. 연방은행은 이를 미리 방지하기 위해서 돈을 비싸게 만들 수 있겠지. 돈을 비싸게 만들려면 금리를 올리기만 하면 된단다. 시중 은행들이 중앙은행에서 돈을 빌리려면 금리를 지불해야 하거든."

"그런 얘기가 신문에 실려 있단 말이에요?"

"정확하게 그렇게 씌어 있다는 게 아니라 기사에 담겨 있는 뜻이 그렇다는 얘기다. 그리고 금리가 오르면 일정 기간 후에 일정한 이자를 받게 되어 있는 유가증권, 즉 채권을 사는 사람들에게 돌아가는 이익이 많아진단다. 그렇게 되면 주식을 팔아 채권을 사려는 사람이 늘어날 테고 그에 따라 주식값은 떨어지고 채권값은 오르게 되지. 주식시장의 많은 사람들이 실제로 그런 일이 발생할까 봐 염려하고 있기 때문에 어제 뉴욕에서 주식시세가 하락했던 거다."

"그건 미국에서 그런 거지, 독일에서 그런 건 아니잖아요."

"아니, 독일에서도 마찬가지다. 여기 좀 봐라. 독일 종합주가지

수가 23포인트 떨어졌다고 나와 있다. 미국은 세계에서 돈이 가장 많은 나라야. 그래서 미국에서 무슨 일이 생기면 우리도 바로 영향을 받게 된단다."

"그렇지만 텔레키드는 다시 값이 올랐는걸요. 이제는 102마르크 70페니히가 됐어요!" 펠릭스가 주식시세표를 보면서 말했다.

"그건 너희들이 운이 좋았던 게지. 하지만 돌다리도 두드려보고 건너라는 말도 있지 않니? 이러다가 주식값이 갑자기 떨어지기라도 하면 지금까지 본 이익은 소용이 없으니 이제 슬슬 주식을 팔아서 돈으로 갖고 있는 게 안전할 것 같다. 참, 엄마가 부탁한 대로 우리 같이 장이나 보러 가면 어떻겠니?"

아빠는 식탁 아래에 달려 있는 서랍에서 생활비 봉투를 꺼내더니 펠릭스에게 물었다. 남들이야 어떻게 보든 아빠가 실직한 이후로 아주 좋은 점이 한 가지 있었다. 그건 아빠가 이제 대부분의 시간을 집에서 보내게 되었다는 점이다. 펠릭스는 슈미츠 아저씨를 처음 알게 되던 날, 시간은 돈이라는 얘기가 나왔던 게 생각났다. 정말 그 말이 맞았다. 아빠가 직업이 있는 아이는 대개 아빠가 거의 없는 거나 마찬가지다. 또 아빠가 같이 있는 시간이 많은 아이는 아빠가 직업이 없는 경우가 대부분이니까 말이다.

두 사람은 시내 변두리에 있는 수퍼마켓에 갔다. 거기서 펠릭스는 아빠가 주로 싸게 나온 물건들만 사고 있다는 사실을 알았다. 그런 물건들에는 사람들의 눈을 끌기 위하여 가격이 대문짝만 하게 붙어 있었다. 물 3마르크! 소시지 100그램에 99페니히!

"아빠가 말한 적 있잖아요. 싼 게 비지떡이라고요. 그래서 돈을 좀 더 내더라도 질이 좋은 물건을 사는 것이 더 나은 경우가 많다고 말이에요."

"내가 그런 말을 했었나? 그렇지만 그건 형편이 좋을 때 얘기지."

펠릭스는 아빠와 장보기를 끝내고 주차장으로 갔다. 건너편에서 뢰벤슈타인 선생님이 자전거를 타고 두 사람이 있는 곳으로 다가오고 있는 게 보였다. 뢰벤슈타인 선생님은 자동차가 없었다. 그래서 웬만한 볼일을 자전거로 해결했다. 학교에서 가장 나이가 많은 선생님 가운데 한 분인데도 말이다. 가까이 다가온 선생님은 자전거에서 내리더니 말을 걸었다.

"부자간에 같이 장을 보다니, 아주 보기가 좋습니다. 뭐라고 드릴 말씀이 없군요, 블룸 씨. 게네랄 - 안차이거 신문사 일 말입니다. 조만간 좋은 쪽으로 사정이 달라지기를 진심으로 바랍니다. 그리고 펠릭스, 너한테 기쁜 소식이 있다. 쇤슈타트 댄스악단에 대해 무언가를 알아냈단다."

"정말요? 어떤 소식인지 정말 궁금한데요." 펠릭스가 말했다.

"그 악단 연주자 중 한 사람이 오래전에 우리 학교 선생님으로 근무한 적이 있다는 거야. 콘트라베이스 연주자였는데 음악 수업도 했다고 하더라."

"그걸 어떻게 알아내셨어요?" 펠릭스가 물었다.

"그 사람이 몇 년 전에 우리 학교 신문에 자기의 과거를 회상하는 글을 하나 쓴 적이 있단다. 그리고 정말 좋은 소식은 그 사람이 아직 살아 있는데, 그것도 쉰슈타트의 슈팔리에 거리에 살고 있다는 거야. 담쟁이 덩굴로 온통 뒤덮인 오래된 집 알지?"

"그 분 이름이 뭔가요?"

"프랑크 뵈메란다."

*

프랑크 뵈메라는 이름이 적힌 놋쇠로 된 문패는 녹슬었고 거의 절반은 담쟁이 덩굴로 덮여 있었다. 펠릭스는 덩굴을 옆으로 밀어낸 다음 초인종을 눌러야 했다. 벨을 눌렀는데도 한동안 안에서는 아무런 기척이 없었다. 펠릭스, 페터 그리고 잔나가 포기하고 그냥 되돌아가려는 참에 안에서 신발을 질질 끄는 소리가 들려왔다. 문이 열리더니 키가 작은 노인이 나타났다. 그 노인은 지팡이 위로 몸을 굽힌 채 아이들을 쏘아보았다.

"무슨 일이냐?"

"할아버지 성함이 프랑크 뵈메이신가요?" 잔나가 물었다.

"아니면 누구겠냐?"

"저희는 칸트 김나지움에 다니는데요, 할아버지께 여쭈어볼 것이 있어서 왔어요. 쉰슈타트 댄스악단에 대해서요."

"쉰슈타트 댄스악단에 대해서? 아직도 그 악단에 관심이 있는 사람이 있다니! 들어와라!"

잔뜩 찌푸렸던 뵈메 씨의 표정이 순식간에 밝아졌다. 뵈메 씨는 아이들을 조그맣고 어두운 방으로 안내했다.

"너희들에게 대접할 게 없어 미안하구나. 나처럼 나이 먹은 노인들은 이렇게 급작스럽게 누가 찾아오는 데에는 익숙하지 않단다."

뵈메 씨는 다리를 절뚝거리며 유리로 된 장식장 쪽으로 가더니 액자에 담긴 사진 두 장을 들고 왔다. 한 장은 댄스악단의 연주자들이 가짜 야자수 나무 앞에서 포즈를 취하고 찍은 사진이었다. 또 다른 사진에는 콧수염을 기른 조그만 남자가 콘트라베이스를 품에 안고 있었다.

"내가 젊을 때는 이렇게 생겼었지. 너희들도 악기 다룰 줄 아니?"

"클라리넷을 합니다." 펠릭스가 대답했다.

"저는 콘트라베이스를 연주하고요." 페터가 이어서 말했다.

"거 참 이상하단 말이야. 체구가 작은 사람들이 항상 큰 악기를 다루거든. 어쨌든 우리는 정말 아주 괜찮은 악단이었어. 그 당시에 음악을 한다는 것은 결코 쉬운 일이 아니었단다. 미국 사람들이 오래전부터 연주한 리듬을 우리는 그때 겨우 배우기 시작했지. 그리고 당시에는 지금처럼 쉽게 미국으로 날아갈 수도 없었지. 그래도 우리는 플레처 헨더슨과 베니 굿맨을 비롯해 미국에서 나온 재즈곡을 전부 연주했단다. 그 당시에는 그런 일이 금지돼 있었는데도 불구하고 말이야. 나치는 오직 독일 곡만 연주하라고 했거든. 그런데도 우리는 이를 무시하고 재즈곡들을 근사하게 연주했었지. 그랬더니 결국 나치는 우리 악단의 연주를 금지시켰어. 그게 1939년 일이었지. 그러고 나서 곧 전쟁이 터졌고……."

뵈메 씨는 잠시나마 정말 행복해 보였다.

"언젠가는 미국에서 온 재즈 연주자가 우리 악단 연주를 들은 적이 있었지. 그 사람 이름이 뭐였는지 기억은 안 나지만 그 사람이 우리더러 우리 정도 실력이면 시카고에 가서 연주해도 손색이 없을 거라는 거야. 맞아, 그 사람이 그렇게 말했었어. 그때 우리가 아가씨들한테 얼마나 인기가 있었다고! 온 시내 아가씨들이 우리 뒤를 졸졸 따라다녔지……. 정말 까마득한 옛날 일이로구나. 그런데 너희들, 쇤슈타트 댄스악단에 대해서 대체 무얼 알고 싶다는 거냐?"

"저희가 알고 싶은 건 그 악단의 클라리넷 연주자가 누구였으며, 그 분이 지금 어디에 살고 있는지 하는 거예요." 펠릭스가 대답했다.

"클라리넷 연주자?"

뵈메 씨의 표정이 갑자기 어두워졌다. 할아버지는 야자수를 배경으로 찍은 사진을 집어 들더니 한참을 들여다보았다. 그러더니 마치 몸은 여기에 있지만 마음은 완전히 딴 곳에 가 있는 듯한 목소리로 물었다.

"클라리넷 연주자가 어떻다는 거냐?"

"저희는 그냥……." 펠릭스가 겁에 질려 말을 얼버무렸다.

"그 분한테 묻고 싶은 게 있어서요." 잔나가 펠릭스 대신 말을 이었다.

"너희들에게 아무것도 말해줄 게 없구나. 그 옛날 이야기를 다시 들춰낸다는 건 정말 미친 짓이야. 게다가 내가 아무리 말해봤자 너희들은 어차피 이해도 못할 거다. 요즘 젊은 사람들은 자기네가 우리보다 훨씬 나은 인간이라고 생각하고 있지 않느냐. 너희들은 당시 상황이 어땠는지 전혀 모른다. 그건 너희 선생님들도 마찬가지고. 잘 알지도 못하면서 너희들에게 말도 안 되는 얘기만 늘어놓고 있을 뿐이지."

"저희는 단지 할아버지한테 묻고 싶은 게 있어서……." 잔나가 말했다.

"사람들마다 항상 단지 몇 가지 물어보기만 하는 거라고 말해놓고는 나중에 가서는 자기가 들은 걸 제멋대로 각색해서는 이쪽에서 하지도 않은 말들을 했다고 우겨대거든. 잘난 척하고 떠들어대는 사람들에게 우리가 살던 시대에 한번 살아보라고 해. 자기가 만나는 모든 사람을 무서워해야 한다고 한번 생각해봐라. 파티에 초대된 손님들 가운데 나치의 끄나풀이 앉아 있다고 한번 생각해보란 말이야. 어쨌든 우리는 하나도 잘못한 게 없었어."

"클라리넷 연주자가 어떻게 되었는데요?"

잔나는 뵈메 씨의 말에 아랑곳 않고 고집스럽게 다시 물었다.

"잘 지내고 있겠지. 아직 살아 있다면 말이다. 모르긴 해도 그 사람은 우리보다는 훨씬 잘 살았을 거야. 이제 더 이상 그 얘기는 하고 싶지 않다. 나는 이렇게 흥분하면 안 된단 말이야. 의사가 흥분은 금물이라고 했거든."

아이들은 어찌할 바를 모르고 그냥 서 있었다. 방에서 나오기

전에 펠릭스는 다시 한번 사진에 눈길을 던졌다. 그런데 사진에 찍힌 연주자는 일곱 명이 아니라 여섯 명이었다. 클라리넷 연주자가 빠져 있었다! 그리고 사진 아래쪽 가장자리에 금박으로 '쇤슈타트, 1938년 5월 12일'이라는 글자가 박혀 있었다.

"그 할아버지 정신 나간 거 아냐?"

아이들이 다시 거리로 나왔을 때에 페터가 퉁명스럽게 말했다.

"맞아, 그 할아버지 미쳤어." 잔나가 맞장구쳤다. 펠릭스는 친구들을 바라보며 생각에 잠긴 목소리로 물었다.

"그 할아버지 왜 그렇게 흥분했을까? 뭔가 우리한테 감추고 있는 게 분명해."

펠릭스는 사진에서 자기가 본 것을 얘기해주었다. 아이들은 클라리넷 연주자에게 얽힌 비밀을 계속해서 파헤치기로 결심했다. 뵈메 씨가 수상쩍게 여겨지는 만큼이나 그 결심은 더욱 굳어졌다.

15. 인플레이션 또는 실업

아이들이 뵈메 씨를 찾아갔던 이야기를 하자 슈미츠 아저씨가 흥분해서 말했다.

"그, 그 양반 분명히 무언가 켕기는 게 있다. 아니면 그랬을 리가 없지. 뵈메 씨가 사실을 털어놓게끔 즉시 무언가 바, 방법을 찾아야겠다."

아저씨는 도저히 마음을 진정시킬 수 없는 모양이었다. 특히 베버 부인 집에서 발견된 사진보다 나중에 찍은 사진에는 클라리넷 연주자가 빠져 있더라는 얘기를 펠릭스에게서 듣고 나서는 더욱 더 흥분했다.

"어쩌면 우리가 지금 찾아내려는 사람이 휴, 흉악한 범죄의 희생이 되었는지도 모, 모르는 일이다."

슈미츠 아저씨의 말에 따르면 그 당시에는 사람들이 나치에 조금이라도 반대하는 말을 비치기만 해도 즉각 감옥이나 강제수용소로 끌려갔다고 했다. 나치가 금지하는 음악을 연주하는 경우도 마찬가지였다는 것이다. 심지어는 그 자리에서 살해되기도 했다고 한다.

"혹시 그 양반이 클라리넷 연주자가 불현듯 사라진 것과 무슨 관계가 있었던 건 아닐까?"

"그렇지만 그 할아버지 자신이 그 악단 단원이었잖아요." 페터가 그럴 리가 없다는 듯이 말했다.

"그 점이 의심스럽단 말이야. 왜 클라리넷 연주자에 관해서는 한사코 입을 다물고 있는 거지? 분명히 자기 악단에 대해서 아주 자랑스럽게 생각하고 있는 것 같은데 말이야. 아무래도 뭔가 숨기고 있는 게 확실해. 함께 그리로 가보자!"

슈미츠 아저씨는 가게문에 '잠시 자리 비움'이라고 적힌 팻말을 걸어놓았다. 그러고 나서 문을 자물쇠로 잠그고는 아이들과 함께 슈팔리에 거리로 향했다.

뵈메 씨가 살고 있는 집은 주변이 쥐똥나무 덤불로 둘러싸여 있었는데 그 덤불은 몇 년 동안 한 번도 손을 댄 적이 없는지 상당히 높이 자라 있었다. 슈미츠 아저씨는 펠릭스, 페터, 잔나에게 그 덤불 뒤에 숨어 있으라고 했다. 그러고는 목소리를 낮춰 말했다.

"내가 부르기 전까지는 여기 꼼짝 말고 있어야 한다."

슈미츠 아저씨는 집 쪽으로 가서 종을 눌렀다. 아무리 기다려도 아무런 반응이 없었다. 슈미츠 아저씨는 다시 한번 길게 종을 눌렀다. 한참 만에 달그락거리는 소리가 나더니 문이 열렸다. 펠릭스는 슈미츠 아저씨의 목소리를 들었다.

"그 악단에 있던 크, 클라리넷 연주자는 어디 있지요?" 슈미츠 아저씨는 인사도 하지 않고 다짜고짜 물었다.

"내가 아까도 말했지만……." 뵈메 씨의 퉁명스러운 목소리가 들려왔다.

"너희들 이제는 나와도 된다!"

슈미츠 아저씨가 아이들을 불렀다. 그러자 뵈메 씨는 문을 닫으려 했다. 슈미츠 아저씨는 재빨리 발 하나를 문 사이에 집어넣은 다음 말하기 시작했다. 펠릭스는 아저씨가 그렇게 흥분해서 큰 소리로 말하는 모습을 지금까지 한 번도 본 적이 없었다. 슈미츠 아저씨는 비록 많이 더듬기는 했지만 더할 나위 없이 단호한 어조로 뵈메 씨에게 말했다.

"제 마, 말을 들으셔야 할 겁니다. 뵈메 씨, 저희는 그 크, 클라리넷 연주자가 어떻게 되었는지를 기필코 바, 밝혀낼 작정입니다. 괜히 해보는 소리가 아닙니다. 그리고 그걸 밝히는 대로 신문사에 알릴 겁니다. 아이들이 다니는 하, 학교 신문에도 말입니다. 그러면 여기 쇠, 쇤슈타트 사람들이 가만히 있지 않겠죠. 제 말을 믿으시는 게 좋을 겁니다. 필요하다면 경찰서에도 갈 겁니다. 경찰은 아직 살아 있는 당신의 나, 나치 동조자들에게 관심이 있을 테니까요."

말을 마친 슈미츠 아저씨는 목소리를 잔뜩 낮추더니 거의 속삭이다시피 덧붙였다. "일이 그렇게 되기 전에 지금 당장 저희에게 모든 걸 털어놓는 게 좋을 겁니다."

뵈메 씨는 아주 난감한 표정을 지으면서 문간에 서 있었다. 그러더니 곧 체념한 표정으로 문을 열어주었다. 펠릭스가 뵈메 씨 앞을 지나갈 때 뵈메 씨는 눈을 아래로 떨구었다. 아이들이 다시 그 어둠침침한 방에 앉기가 무섭게 슈미츠 아저씨가 대뜸 물었다.

"그 클라리넷 연주자는 어디 있습니까? 그 사람은 어떤 이유에서 1938년에 찍은 사진에는 빠져 있는 겁니까?"

"그래요? 그 사람이 거기에 없어요? 이상한데요. 나는 전혀 몰랐는데요." 뵈메 씨가 말했다.

"저희를 바보로 생각하시면 곤란합니다." 슈미츠 아저씨가 경고하듯 말했다.

"할아버지가 그 사람을 죽였나요?" 페터가 쏘아붙이듯 물었다. 뵈메 씨는 마치 유령이라도 만난 것처럼 페터를 쳐다보았다.

"내가 마틴을 죽여? 다른 사람도 아닌 내가?"

뵈메 씨는 유리 장식장으로 절뚝거리며 걸어가서는 악보 뭉치 한 다발을 들고 돌아왔다. 그것은 고무줄로 묶여 있었다. 뵈메 씨는 고무줄을 풀더니 노랗게 색이 바랜 쪽지를 꺼내서 책상에 놓았다. 거기에는 이렇게 씌어 있었다.

새로운 경험!

쇤슈타트 댄스악단이 사육제 춤의 향연에 여러분을 초대합니다.
1935년 2월 14일
바이세스 크레우스의 연회장, 저녁 8시
입장료 20페니히

"그 광고에서 보았던 연주야!" 펠릭스가 작은 소리로 말했다. 뵈메 씨는 아이들을 번갈아가며 쳐다본 다음 말을 꺼냈다.

"그 옛날 이야기를 정 그렇게 듣고 싶다면 못 해줄 것도 없지. 학창 시절에 우리 세 사람은 남달리 친했었단다. 하인리히 슈타켄부르크, 마틴 그리고 나 이렇게 셋 말이다. 무엇보다도 우리는 하나같이 음악에 미쳐 있었지. 교내 악단에서 연주하는 그런 음악 말고. 그건 너무 재미가 없었거든. 리듬도 단조롭고 흥겨운 맛이라곤 전혀 없었으니까. 우리는 미국에서 온 새로운 음악, 그러니까 빅 밴드 같은 모든 것들에 빠져 있었지. 하인리히는 트럼펫을 불고, 마틴은 클라리넷을 연주하고, 나는 콘트라베이스를 다루었다. 특히 마틴네 집에는 라디오하고 전축이 있었는데, 그 당시에는 그런 걸 가지고 있다는 게 굉장한 일이었단다. 그리고 마틴은 온갖 방법을 동원해서 항상 새로운 음반을 구해서 우리한테 들려주었지. 그 중엔 금지된 곡들도 많았는데, 예를 들어 플레처 헨더슨이라든지……."

"폴 화이트맨, 그리고 베니 카터, 돈 레드맨, 베니 굿맨……." 슈미츠 아저씨가 말을 이었다.

"맞아요. 어떻게 그걸 알지요?" 뵈메 씨는 슈미츠 아저씨 쪽으로 고개를 돌리고 물었다.

"그건 지금 중요한 게 아닙니다. 계속해서 말씀하시지요."

"어쨌든 우리 모두는 미국의 새로운 음악에 완전히 넋이 나갔었지. 그러던 참에 1935년 고등학교 졸업 시험을 마치자마자 댄스악단을 만들었단다."

"마틴이라는 사람은 성이 어떻게 됩니까?" 슈미츠 아저씨가 물

302

었다.

"프리드만입니다. 그러니까 그 사람 이름은 마틴 프리드만이지요. 아버지가 치과 의사였는데 감자시장 입구에 병원이 있었지요. 우리는 그때 우리처럼 새로운 음악을 좋아하는 다른 아이들을 몇 명 합쳐서 댄스악단을 만들었는데, 처음으로 댄스파티를 연 날 사람들이 얼마나 좋아했는지 몰라요! 특히 아가씨들이……."

"저도 압니다. 그런데 프리드만 씨에게 어떤 일이 생겼습니까?" 슈미츠 아저씨가 뵈메 씨의 말을 가로막았다.

"당시에는 신식 음악을 하기에는 좋지 않은 시절이었지요. 아시다시피 나치가 제3제국을 세웠을 때니까 말입니다. 나치는 항상 행진곡이나 그 비슷한 것만 듣고 싶어했지요. 하지만 처음에는 사태가 그렇게까지 심한 건 아니었어요. 쉰슈타트 시장도 우리가 연주를 하는 댄스파티에 올 정도였으니까요. 그 시장은 나치 골수분자였는데도 말입니다. 우리는 댄스곡을 연주했는데 어떤 때는 점 잖은 곡을, 어떤 때는 덜 점잖은 곡을 연주했지요. 그러다가 가끔은 진짜 재즈곡을 연주하기도 했지요. 그런데 어느 날 마틴에게 문제가……."

"문제? 무슨 문제였죠?"

"마틴은 유대인이었어요."

"할아버지가 그 사람을 나치에게 일러바쳤군요. 그래서 그 사람은 강제수용소로 끌려갔고!" 펠릭스가 불쑥 말을 꺼냈다.

"아니란다. 내 말 좀 들어봐! 거기에 무슨 일러바치고 말고 할

게 있었겠느냐? 그건 이 동네 사람 모두가 알고 있었던 사실인데. 1933년에 히틀러가 권력을 장악하기 전까지만 해도 마틴네가 유대 인이라는 사실이 아무 의미도 없었지. 이 동네 사람들은 하나같이 마틴 아버지한테서 치아 치료를 받았거든. 그런데 아까 말했듯이 나치가 권력을 잡은 후 언제부터인지는 모르겠지만 아리안은 더 이상 마틴 아버지의 치과에 가서는 안 된다는 명령이 떨어졌다."

"아리안? 그게 '아리안계'하고 관계가 있나요?"

"그렇단다. 그 당시에는 유대인이 아닌 보통 독일인들을 아리안 계라고 불렀지. 사태는 점차 악화돼 나치주의자들이 유대인 상점 에 돌을 던져 유리를 깨뜨리는 일이 일어났어. 그런데 거기에 우 리 아버지도 가담했지."

"할아버지의 아버지가요? 그 분이 어디에 가담했다고요?"

"나치 정당에 가입해 있었단다. 당연히 나치주의자들은 우리 아 버지를 괴롭혔지. 당신 아들이 유대인하고 같이 재즈를 연주한다 는 이유 때문에. 너희들은 그 당시가 어땠는지 도저히 상상도 못 할 거다. 지금하고는 완전히 다른 시대였어. 우리 아버지는 인플레 이션이 생기는 바람에 재산을 전부 날리고 말았지. 엎친 데 덮친 격으로 실직까지 하는 통에 우리 식구는 끼니를 걱정할 지경에 이 르렀단다. 그런데 히틀러가 등장하면서 우리 아버지에게도 일자 리가 생기게 되고……."

"그 분이 히틀러 밑에서 일했군요?" 페터가 약간 비난하는 투로 물었다.

"그런 것은 아니었다. 히틀러가 권좌에 오르자 경기가 회복되면서 우리 아버지에게도 다시 일자리가 생기게 되었다는 뜻이지. 나는 우리 아버지가 나치당원이 되었다는 걸 탓할 수만은 없단다. 당시 상황에서는 어쩔 수가 없었지. 그리고 그 양반으로서야 당연히 내가 마틴과 어울린다는 것 때문에 다른 당원들과 마찰을 일으키고 싶지 않았겠지."

"그러고 나서는 어떻게 되었나요?"

"우리는 마틴에게 악단에서 나가라고 했지."

"그 사람은 그 말을 순순히 받아들였나요?"

"너희들 별걸 다 묻는구나. 유대인이었는데 무슨 다른 방법이 있었겠느냐? 우리가 마틴에게 그 말을 했을 때 그 친구는 아주 담담하게 받아들였단다. 그냥 자기 클라리넷을 잘 닦은 후에 케이스에 집어넣고는 '잘 지내!' 하고는 나가버렸어."

"그 뒤로 그 사람은 그럼 강제수용소에 끌려갔나요?" 잔나가 물었다.

"아니. 얼마 지나지 않아 그 사람 아버지가 돌아가시고 말았단다. 마틴은 자기 어머니하고 다른 나라로 떠났지. 팔레스타인인지 아니면 미국이나 아르헨티나로 갔다고 하는데 정확한 건 나도 모른다. 곰곰이 생각해보면 그렇게 된 게 오히려 그 친구한테는 전화위복이었지. 전쟁을 겪지도 않았고 포로 생활도 안 했고 폭탄 세례를 받은 적도 없었으니까. 그 반면에 우린……. 하인리히는 러시아에서 전사했고……."

"할아버지는 어쨌든 그 마틴이라는 사람이 지금 어디에 살고 있는지 모른다는 말씀이세요?"

"알 수가 없지. 전쟁이 끝난 뒤로 그 사람하고는 완전히 소식이 끊겼으니까. 그 사람이 미국에서 돈을 많이 벌었다는 소문을 듣기는 했지만, 그 이상은 나도 모른다."

"그 사람이 불던 클라리넷은 어떻게 됐죠?" 펠릭스가 물었다.

"그 클라리넷이 어떻게 되었는지 내가 어떻게 알겠느냐? 아마 마틴이 가지고 갔을 테지."

"그랬겠지요. 그런데 한 가지 아직도 이해가 안 가는 게 있어요. 할아버지께서는 왜 처음에 저희가 왔을 때 그냥 솔직하게 말씀해주시지 않으셨어요?" 펠릭스가 따지듯이 물었다.

"너희들 정말 그 이유를 이해 못하겠느냐?"

"아무도 뵈메 씨를 비난할 수 없을 겁니다. 지금 말씀해주신 대로라면 악단에서 마틴을 내쫓은 게 비겁한 행동이긴 했지만 범죄는 아니니까요." 슈미츠 아저씨가 갑자기 끼어들었다.

"맞아요. 사실 그래요." 뵈메 씨가 조금은 안심한 표정으로 대꾸했다.

*

"기운이 나게 무언가 좀 먹어야겠다."

악기점에 되돌아오자 슈미츠 아저씨가 말했다. 날이 서서히 저물고 있었다. 아이들은 슈미츠 아저씨네 마당에 앉아 팝콘을 먹으면서 자기들이 키우는 닭들을 쳐다보고 있었다.

"나는 그 할아버지를 이해할 수 있을 것 같아. 만일 내가 내 친구를 배반했더라면 나 역시 동네 사람들이 그걸 알게 되는 걸 굉장히 꺼렸을 거야." 펠릭스가 말했다.

"만일 평소에 남들에게 내가 얼마나 대단한 사람인지 뻐기고 다녔더라면 특히 더 그랬겠지." 페터가 덧붙였다.

"그러면 앞으로 남은 일은 마틴 프리드만이라는 이름을 가진 미국인과 아르헨티나인을 모두 찾아낸 다음 그 사람들에게 일일이 쉰슈타트 댄스악단에서 활동한 적이 있는지를 물어보는 일이야. 그 사람, 이제 찾은 거나 다름없어." 잔나가 의기양양하게 말했다.

"참 간단하기도 하겠군." 펠릭스가 한숨을 쉬며 말했다.

"그건 그 사람이 아직도 살아 있다고 가정할 때 얘기다." 슈미츠 아저씨가 조금은 진지한 표정으로 말했다.

"그 사람이 정말 부자가 되었다면 우리가 가지고 있는 금화 같은 건 필요하지도 않을 거야." 페터가 말했다.

"헛된 희망은 버려! 부자들이 오히려 돈을 더 밝힌대. 우리 할머니가 그랬어."

"그런데 히틀러 시절에 경기가 더 좋아졌다는 말이 사실인가요?" 펠릭스가 의심스럽다는 듯이 물었다.

"흐음, 좋은 질문이다." 슈미츠 아저씨가 말했다.

"히틀러는 탱크, 대포, 그리고 비행기도 만들었대. 또 고속도로도." 페터가 설명했다.

"그건 사실이다. 그렇지만 문제가 그렇게 단순하지는 않아. 히틀러가 정권을 잡기 전인 1933년 독일에는 실업자 수가 수백만 명이나 되었단다. 내 생각에는 한 육백만 명 정도가 일자리가 없었을 거다."

"펠릭스 아빠처럼요?" 페터가 덧붙였다.

"그래. 그렇지만 그 당시의 실업자들은 지금의 블룸 씨보다 사정이 훨씬 더 나빴지. 그 당시에는 실업자에게 지급되는 돈이 형편없이 보잘것없는 액수였으니까. 그 당시에 왜 그렇게 실업자가 많았는지 궁금하지 않으냐? 노동시장의 공급이 수요보다 많았기 때문이란다. 공급이 수요보다 많다는 건 가격이 너무 높게 형성되어 있다는 걸 뜻한단다. 노동에 대하여 치르는 가격을 임금이라고 하지. 그래서 실업자 수를 줄이기 위해 임금을 낮추는 경우도 있단다."

펠릭스는 아빠의 수입이 예전보다 줄어든다면 어떤 일이 벌어질지를 생각해보았다. 보나마나 엄마 아빠는 돈 때문에 부부 싸움을 하는 일이 더 잦아질 것이다.

"어쨌든 당시 사람들은 임금을 낮추면 실업률이 낮아질 거라고 생각해서 임금을 낮추었단다. 노동력이 싸지니까 노동자들은 더 적은 돈을 받게 되었어. 그러자 상점에서는 감자나 빵, 그리고 다른 물건들에 대한 수요가 줄어들게 되고 이에 따라 상인들은 더 많은 노동자를 해고할 수밖에 없었지. 실업률이 높아지자, 경기는 계속해서 불황을 향해 곤두박질쳤고……. 그런 상황에서 히틀러가 등장한 거야."

"히틀러는 그래서 어떤 일을 했는데요?"

"그 사람은 임금을 낮추지 않았다. 적어도 급여 명세서에서는 말이야. 페터가 말했듯이 히틀러는 고속도로를 건설하고 탱크와 비행기를 만들었지. 그 일을 하는 데 돈이 필요해지자 히틀러는 돈을 마구 찍어내서는 탱크와 비행기를 만든 노동자들에게 지불했단다."

"아저씨가 전에 돈은 약속이라고 했는데, 그렇게 되면 히틀러가 찍어낸 돈이 약속한 것은 아무런 가치가 없잖아요." 펠릭스가 말했다.

"맞아. 그걸 사람들은 전쟁이 끝난 다음에야 알아챘지. 시중에 돈은 많은데 그 돈으로 살 수 있는 물건이 없게 된 거다. 사람들이 보통 때 탱크를 사려고 할 리는 없으니까. 그래서 노동자들이 임금을 받기는 해도 그 가치는 계속해서 떨어지게 되었지. 처음에는 그걸 아무도 몰랐단다. 당시에는 독일인들 대부분이 허가를 받지 않고 독일을 떠날 수가 없었어. 그래서 오늘날처럼 독일 돈을 미국이나 프랑스 돈으로 바꿀 수가 없었기 때문에 독일 돈의 가치가 급격하게 떨어졌다는 게 드러나지 않았지. 히틀러는 이 문제를 해결하기 위해서 다른 나라를 침공하여 거기서 독일에 부족한 물자들을 빼앗아올 속셈이었어. 그렇지만 우리가 알다시피 그게 뜻대로 되지 않았지. 그래서 전쟁이 끝난 후에 독일 돈은 그야말로 휴지가 되고 말았다. 화폐 개혁이 불가피했단다. 독일 돈인 마르크는 그때 도입된 화폐 단위란다."

"히틀러가 만일 전쟁에서 이겼으면 어떻게 되었을까요?" 페터가
물었다.

"그랬더라면 너희들은 지금 이 자리에 앉아 있지도 않을 테고
부자가 되려고 하지도 않을 거다. 아마도 히틀러 소년단에 가입해
서 유니폼을 입고 새로운 전쟁을 위해 열심히 훈련을 받고 있겠
지."

"뵈메 할아버지의 아버지가 자기 돈을 몽땅 날린 것은 당시에
인플레이션이 일어났기 때문이라는데, 그게 어떤 것이었는지 다
시 한번 말씀해주시겠어요?" 펠릭스가 물었다.

"인플레이션이란 통화 팽창을 말하는데, 돈의 양이 너무 많아져
돈 가치가 점점 떨어지는 것을 뜻하지. 히틀러는 겉으로 잘 드러
나지 않는 인플레이션을 조장했던 거야. 뵈메 할아버지가 말하는
겉으로 드러난 인플레이션은 그 이전, 그러니까 1923년에 있었지.
당시에 빵 하나가 100억 마르크나 한 적도 있었다는 거야. 그러니
어떤 사람이 평생 동안 몇 천 마르크를 저금했다고 해도 그 예금
통장이 무슨 가치가 있었겠니? 그야말로 휴지 조각이 되는 거지.
뵈메 씨 아버지가 얼마나 화가 났을지는 나도 충분히 이해가 간
다. 그러나 그렇다고 해서 꼭 나치당원이 되라는 법은……."

"나한테 좋은 생각이 떠올랐어. 이 마틴이라는 사람을 인터넷에
서 찾아보면 안 될까? 그 사람 이름만 써넣으면 돼. 그 사람이 지
금 부자라면 인터넷에 자기 홈페이지를 가지고 있을지도 모르잖

아." 잔나가 갑자기 끼어들었다.

"괜찮은 생각인데, 한번 해보자." 페터가 말했다.

"그게 될 거라고 생각하니?" 슈미츠 아저씨가 믿어지지 않는다는 듯이 물었다.

"가능성은 얼마든지 있어요."

그들은 뒷방으로 가서는 컴퓨터를 켰다. 화면에 인터넷 검색 표시가 뜨자 페터는 마틴 프리드만을 써 넣고는 검색 버튼을 눌렀다. 얼마 걸리지 않아서 검색 결과가 나왔다. '36,562건이 해당됩니다. 우선 10건을 먼저 보여드리겠습니다.' 그러고는 마틴 뮐러, 시스템 기술자. 미카엘 프리드만 교수, 빌레펠트 대학교 등등의 단어들이 줄지어 나타났다.

"컴퓨터는 그러니까 마틴이나 프리드만, 둘 중의 하나가 들어 있는 이름이란 이름은 모두 보여 주는 거로구나. 36,000개가 넘는 이름을 어느 세월에 다 확인해본단 말이니? 도저히 안 되겠어. 이런 식으로 계속할 수는 없다고!" 펠릭스가 소리쳤다.

"그러면 다르게 해보자. 마틴 프리드만이라는 이름을 가진 사람 가운데 전자우편의 주소를 가진 사람을 찾아보자." 페터는 마우스를 몇 번 클릭하더니 표정이 밝아졌다.

"이제는 훨씬 나아졌어. 프리드만에 해당하는 사람이 131명이래." 잠시 뒤에 페터는 소리치며 말했다.

"여기에 마틴 프리드만이 있어! 어쩌면 이 사람일지도 몰라!"

"너 정말로 그렇게 생각한단 말이니? 우리가 찾는 마틴 프리드

311

만이 전자우편 주소를 가지고 있다는 걸 네가 어떻게 장담하니? 네가 지금 찾은 사람은 어디에 살고 있어?" 잔나가 물었다.

"미국 어딘가에."

"나는 믿을 수가 없어. 우리가 찾는 프리드만이 만일 아직 살아 있다면 우리 할머니만큼 나이가 들었을 텐데, 그렇게 나이가 많은 사람들은 보통 컴퓨터를 쓰지 않는단 말이야."

"그럼, 너는 다른 좋은 생각이 있다는 말이니?" 페터가 언짢다는 듯 따졌다.

아무도 더 좋은 생각이 없었다. 그래서 펠릭스와 잔나는 컴퓨터 화면 앞에 앉아 전자우편으로 보낼 내용을 페터에게 불러주었다.

"프리드만 씨에게. 혹시 쇤슈타트 댄스악단을 알고 계신가요? 만일 아신다면, 저희는 당신이 소장하고 있던 클라리넷과 관련하여 아주 중요한 사실을 알려드리려고 합니다. 연락주시기 바랍니다. 페터 발저, 펠릭스 블룸, 잔나 잠피에리 올림."

"쇤슈타트의 'ö'는 'oe'로 쓰면 안 되잖아." 펠릭스가 화면을 가리키며 말했다. (쇤슈타트의 독일어 표기는 Schöstadt인데 페터가 Schoenstadt라고 썼기 때문에 하는 말임/옮긴이)

"인터넷에서는 'oe'로 써야 해. 인터넷의 프로그램은 'ö'를 못 읽거든. 'ö'로 치면 편지 안의 글자들이 완전히 엉망진창이 되어버린다고."

페터는 보내기 버튼을 누르고는 펠릭스에게 눈을 찡긋했다.

"이젠 됐겠지."

"어떤 연락이 올지 정말 기다려지는구나."

슈미츠 아저씨가 말했다. 바로 그 순간에 컴퓨터에서 소리가 나더니 화면에 '편지가 새로 도착했습니다'라는 글귀가 나타났다.

"말도 안 돼! 이렇게 빨리 답장이 올 리가 없는데."

페터가 새 편지를 화면에 불러오더니 휘파람을 불었다. 그러고는 흥분을 감추지 못하는 얼굴로 친구들을 돌아보았다.

"맙소사! 내가 읽어줄 테니 들어봐. 텔레키드에 수상한 낌새가 있음. 내일 팔 것. 한도액 110. 마르타 보냄."

"마르타 씨가 도대체 무얼 확실하게 알고서 너희한테 이런 편지를 보낸 건지 의심스럽구나. 이랬다 저랬다 하는 게 도무지 마음에 안 든다. 처음에는 무조건 사라고 했다가 이제는 무조건 팔라고 하니, 원!" 슈미츠 아저씨가 투덜거렸다.

"분명히 아줌마 나름대로 이유가 있을 거예요. 저는 그 아줌마를 믿어요." 잔나가 말했다.

*

다음 날 아이들은 악기점의 뒷방에 앉아 ≪알게마이네≫ 지의 경제란을 펼쳐놓고 들여다보고 있었다. 가지고 있던 텔레키드 주식을 전부 팔아버린 지금, 아이들은 앞으로 어떻게 해야 할지 잘 몰랐다. 텔레키드 주식을 한 주당 110마르크 30페니히를 받고 팔았기 때문에 아이들의 지로 통장에는 수수료를 빼고 정확히 27,190마르크 70페니히가 입금되었다. 잔나는 단어장을 꺼내 대차대조표를 새로 그렸다.

"그런데 달걀은 어떻게 됐어?" 페터가 물었다.

"달걀은 전부 팔았어. 20개에 8마르크를 받았어. 괜찮은 수입이지?" 잔나는 이렇게 말하면서 5마르크짜리 동

〈8월 6일 대차대조표〉

차변		대변	
주식		자기자본	28,529.50
닭	110.00		
사료			
달걀			
지로 통장	28,103.70		
현금	315.80		
	28,529.50		28,529.50

전 한 개와 1마르크짜리 동전 세 개를 책상에 꺼내놓았다.

"너희들이 얼마나 이윤을 남겼는지 계산할 수 있는 더 좋은 방법이 있다." 슈미츠 아저씨가 끼어들었다.

"너희들 지금까지 돈을 얼마나 지출했지?"

잔나는 장부를 앞쪽으로 넘겼다.

"아이스크림과 시가 사는데 22마르크 30페니히를 쓰고 닭 사는데 110마르크, 닭모이 값으로 30마르크, 금고 사용료로 35마르크, 그리고 은행 수수료로 128마르크를 썼어요."

"그럼 이제부터 아직 너희한테 안 가르쳐준 두 번째 복식부기에 대해서 설명을 해주마. 너희들이 회사 운영을 어떻게 했는지 알기 위해서는 장부에 현재 현금을 얼마나 가지고 있느냐 하는 것만 기록하는 것만으로는 부족하다. 돈이 어떻게 들어오고 어떻게 나갔

는지도 기록해야지."

슈미츠 아저
씨는 잔나에게
서 단어장을 넘
겨 받아 표를 하
나 그렸다.

"17,204마르
크." 페터가 감탄
하며 중얼거렸
다.

〈8월 5일 기준 손익계산서〉

차변		대변	
주식 매수	10,000.00	아르바이트 수당	339.30
금고 사용료	35.00	주식 매도	27,190.70
은행 수수료	128.00		
닭	110.00		
사료	30.00		
아이스크림 및 시가	22.30		
이윤	17,204.70		
	27,530.00		27,530.00

"그러면 이제 대차대조표의 오른쪽 칸을 좀 더 자세하게 기록할
수 있단다. 자, 보렴."

슈미츠 아저
씨는 새로 만든
표를 아이들에
게 보여 주었다.

"그런데 자기
자본이 왜 갑자

〈8월 6일 대차대조표〉

차변		대변	
주식		자기자본	11,324.80
닭	110.00	이윤	17,204.70
지로 통장	28,103.70		
현금	351.80		
	28,529.50		28,529.50

기 이렇게 적어졌지요?" 펠릭스가 의아해했다.

"그건 내가 자기자본을 이윤과 초기 자본으로 나누어서 그렇다.
초기 자본은 너희가 주식을 매입하기 전에 회사에 투자했던 돈이
고, 이윤은 너희가 텔레키드로 번 돈이란다. 대충 그렇게 생

각하면 되지. 너희들이 다음 번에 대차대조표를 만들게 되면 그때는 이윤과 초기 자본이 합하여 새로운 자기자본이 되는 거다."

슈미츠 아저씨의 설명을 듣는 동안 펠릭스는 딴 생각을 하고 있었다. 도대체 어쩌자고 덜컥 주식을 팔았단 말인가? 텔레키드의 주가는 자기네가 주식을 판 이후에도 다시 112마르크 이상으로 오르지 않았는가? 같은 날에 다른 주식들은 대부분 값이 떨어졌는데도 말이다. 아이들이 만일 마르타 아줌마의 말대로 어제 주식을 팔지 않고 오늘까지 기다렸더라면 적어도 500마르크는 더 벌 수 있었을 텐데.

"태권도복 아줌마가 확실한 근거가 있어서 어제 우리더러 주식을 팔라고 시킨 거라면 좋겠어." 펠릭스가 말했다.

"마르타 아줌마가 주식을 당장 팔라고 했던 건 분명히 까닭이 있을 거야." 잔나가 펠릭스의 말을 받았다. 하지만 목소리가 어제만큼 그렇게 확신에 차 있지는 않았다.

"너희들 그렇게 욕심 부리면 못 쓴다. 주식시세가 최고점에 이르렀을 때 주식을 팔려고 해서는 안 돼. 그러다가는 항상 실패하게 되는 법이다. 두 번째로 좋은 시세에서 파는 것도 좋은 거야. 어쨌든 이제 통장에 돈이 들어오지 않았느냐. 그러니 일단 그 돈은 안전한 셈이다. 주식시장의 전문가들도 계속 주식을 사고 팔기만 하는 게 아니라 가끔은 주식시세의 차이로 생긴 이익을 돈으로 메우기도 한단다. 이제 지금 있는 돈을 다음 번에는 어떻게 굴릴지 차분하게 생각해보는 게 어떻겠느냐? 주식 투자는 이쯤에서 그만두기를 잘한 것 같다. 금리가 올라갈 가능성 때문에 주식시장이 지금 동요하고 있으니, 주식을 그대로 갖고 있다는 게 어차피 그리 현명한 행동은 아니거든."

"금리가 올라가는 걸 왜 걱정해야 하죠? 금리가 올라가면 좋은 점도 있지 않은가요?" 펠릭스가 물었다.

"그렇긴 하지. 그러나 금리가 올라가면 주식시세는 떨어지게 되어 있어."

"왜요?"

"그럴 수밖에 없단다. 한번 생각해보렴. 너희들이 100마르크짜리 채권을 사서 매년 5마르크를 이자로 받는다고 하자. 그건 정확히 5퍼센트가 되겠지. 그런데 금리가 6퍼센트로 올라서 매년 6마르크를 이자로 받게 되는 새 채권이 나왔다고 치자. 똑같이 100마르크를 내고 사는 채권에 어떤 것은 이자가 5마르크 붙고 또 어떤 것은 이자가 6마르크 붙는다면 이자가 5마르크 붙는 채권을 살 사람이 있겠느냐?"

"아무도 없겠지요."

"맞아. 그렇기 때문에 이전에 매입한 채권 가운데 하나를 팔려는 사람은 그 채권값을 내려야 해. 그 채권에 붙는 이자 5마르크가 채권값의 6퍼센트가 될 때까지 말이다."

"채권값이 83마르크 조금 넘으면 되겠는데요." 펠릭스가 대답했다.

"어떻게 해서 그런 계산이 나오니?" 잔나가 놀라서 물었다.

"아주 간단한 비례식이야. 100에다 5를 곱한 다음에……."

"알았어, 됐어." 잔나가 말했다. 슈미츠 아저씨는 종이에 숫자 몇 개를 끄적거렸다.

"83마르크 30페니히의 6퍼센트는 대략 100마르크의 5퍼센트와 맞먹는다. 바꾸어 말해서 이전에 나온 채권의 값이 내려가게 된단 다. 어떤 것이 싸지면 싸질수록 그것은 더 많이 팔리게 되겠지. 그래서 주식을 소유한 많은 사람들이 지금 자기들 주식을 팔고는 채권을 사고 있단 말이야. 주식에 대한 수요가 줄어들면 당연히 주식시세도 하락하겠지."

"저는 채권이 상당히 안전한 거라고 항상 생각했어요. 그런데 채권 시세가 그렇게 큰 폭으로 떨어진다는 게 잘 이해가 되질 않아요." 펠릭스가 고개를 갸우뚱하며 말했다.

"채권이 안전한 이유는 언젠가는 그 채권을 돈으로 바꿀 수 있다는 게 보장되어 있기 때문이란다. 채권이라는 건 채권을 발행한 기관이 채권을 사는 사람으로부터 돈을 빌린 거라 할 수 있는데, 일정 기간이 지나면 반드시 돈을 돌려준다고 약속한 셈이지. 국채는 대부분 10년이 지나면 돌려주게 되어 있다. 10년이 지나면 사람들은 자기 돈 100마르크를 되돌려 받게 된다. 물론 국가가 재정적으로 파산되지 않는다는 전제하에서 말이야. 그렇지만 여기 독일에서는 지난 50년 이래 국가가 재정 파탄이 된 경우는 없었으니까, 채권값을 되돌려주게 되는 시기에 이르면 채권 시세가 크게 흔들릴 수도 있어."

"그런데 금리는 도대체 어떻게 해서 올라가는 거예요?" 잔나가 물었다.

"화폐를 발행하는 은행, 그러니까 예를 들어 독일 연방은행이 인플레이션을 우려하기 때문이란다."

"옛날에 뵈메 할아버지의 아버지처럼 사람들이 가지고 있던 돈이 휴지 조각이 되는 걸 막자는 생각이군요."

"아니, 그렇지 않아. 이번에 금리가 올라가는 건 그때하고는 경우가 달라. 그 당시에는 물가가 100배로 뛰었지. 오늘날에는 물가가 2퍼센트 오르느냐 3퍼센트 오르느냐가 벌써 문제가 될 정도거든. 물가가 오른다는 것은 구매할 수 있는 상품에 비해 돈이 시중에 너무 많이 돌고 있다는 뜻이지. 그래서 돈의 가치가 떨어지는 걸 방지하기 위해 돈을 제공하는 독일 연방은행이 돈의 가격을 올린다는 말이다. 그게 바로 이자란다."

"무슨 말씀인지 모르겠어요. 저는 지금까지 한 번도 돈에 대해서 이자를 낸 적이 없는걸요." 펠릭스가 말했다.

"네가 이자를 내는 건 아니야. 시중 은행들이 내야 하는 거지. 그러면 시중 은행들은 높은 이자를 지불하지 않으려고 자기네 은행에서 돈을 빌리는 고객에게서 받는 대출 이자를 높인단다. 그렇게 되면 은행에서 돈을 빌리는 것이 더 비싸지게 되지."

"아하, 그렇게 되는군요." 잔나가 말했다. 이때 컴퓨터에서 다시 딩동 소리가 들렸다.

새로운 편지가 도착했습니다!

"혹시 마르타 아줌마가 텔레키드 주식이 어떻게 된 건지 알려주려고 편지를 보낸 건 아닐까?" 잔나가 말했다.

그러나 그건 마르타 아줌마가 보낸 전자우편이 아니라 영어로 쓰여진 편지였다.

Hi, chaps, guess you mailed from germany and like to chat on clarinets. Sorry, I don't speak any german and I'm not interested in clarinets. Maybe you'd like to chat on baseball. I'm 14 and pitcher in our high school team. Do you have a baseball team too? By the way: What means schoenstadt? Marty, St. Louise.

"미국의 세인트루이스에 사는 마틴 프리드만이라는 아이가 보낸 편지로구나. 이 아이는 독일어를 할 줄 모르고 클라리넷에 관심이 없단다. 그 대신 야구를 할 줄 안대. 그리고 쇤슈타트가 도대체 무슨 뜻인지 알고 싶다고 썼다. 나이는 14살이고." 슈미츠 아저씨가 화면을 쭉 훑어보고는 아이들에게 말했다.

"그럼 1935년에 쇤슈타트의 댄스악단에서 연주했다고 말하기는 어렵겠군요." 펠릭스가 익살을 떨었다.

"웃기는 애야!" 잔나가 말했다.

"어쨌든 인터넷으로는 별로 진전을 보기 어려울 것 같애. 마틴 프리드만을 찾으려면 다른 길을 알아봐야겠어."

"솔직히 말해 나로선 더 이상 마땅한 방법이 떠오르질 않는구

320

나. 어쩌면 금화의 비밀이 밝혀지지 않는다는 게 그다지 나쁘지 않을 것 같기도 하고. 페터야, 네 의견은 어떠냐?" 슈미츠 아저씨가 물었다.

아무런 대답이 없었다. 펠릭스가 돌아보니 페터는 자리에 없었다. 아무도 모르게 악기점에서 슬그머니 사라진 것이 분명했다. 하지만 왜 말도 없이 나가버렸지?

"이런 일이 종종 있었니?" 슈미츠 아저씨가 물었다.

"아니요. 이런 적은 처음이에요." 펠릭스가 대답했다.

"체 모나! 걔 오늘 좀 이상해. 시간이 지나면 나아지겠지. 내버려둬. 하여간 남자애들이란 엉뚱하다니까!" 잔나가 머리를 저으면서 말했다. 펠릭스는 페터가 괘씸했다. 그러나 한편으로는 페터가 걱정되었다.

악기점 앞에서 슈미츠 아저씨와 헤어진 다음, 펠릭스는 잔나에게 페터 아빠네 주유소에 들러 페터가 어떻게 된 건지 함께 알아볼 생각이 있는지 물었다. 잔나는 남자애들이 그렇게 정신을 못차리고 엉뚱한 행동을 할 때에는 가만히 내버려두는 게 상책이라고 대답했다. 그러고는 집으로 가기 위해 감자시장 쪽으로 뛰어내려가버렸다. 펠릭스는 자전거에 올라타고는 집으로 향했다.

집에 가는 도중에 펠릭스는 불현듯 어떤 예감이 떠올랐다. 펠릭스는 집 앞을 지나쳐 계속해서 베르크 가를 따라 올라간 다음 쇤슈타트의 숲 쪽으로 자전거를 타고 달렸다. 펠릭스가 벽돌 공장 가까이 왔을 때에 크렙스강가의 계곡은 이미 짙게 그림자가 드리워져 어둑어둑했다. 나무 타는 냄새가 났다. 펠릭스는 자기 예감이 맞았다고 생각하며 자전거에서 내려 벽돌 공장 뒤쪽으로 갔다. 예상했던 대로 거기에 페터가 앉아 있었다. 페터는 조그맣게 불을 지피고는 송어를 막 은박지에 싸고 있었다.

"도대체 무슨 일이니? 너 왜 아무 말도 없이 가버렸어?" 펠릭스가 잔뜩 화난 말투로 말했다.

페터는 송어를 모닥불 속에 집어넣으면서 말했다.

"내버려둬."

펠릭스는 잠시 동안 가만히 서서 모닥불을 쳐다보았다. 그러고는 다시 한번 물었다. "너 무슨 걱정거리 있니? 너네 아빠하고 무슨 문제 있는 거야?"

"말 같지도 않은 소리 하지 마. 그냥 내버려두라니까! 말해봤자 너는 이해 못해. 너는 애가 너무 착해서 탈이야."

"내가 어쨌다고 착하다는 거야?" 페터는 불 속에 있는 송어를 반대편으로 뒤집었다. 그러더니 갑자기 벌떡 일어섰다.

"넌 뭐든지 어른들이 하라는 대로 하잖아. 슈미츠 아저씨랑 마르타 아줌마가 우리더러 우리 돈을 어떻게 하라고 시키면 그대로 하고. 또 카이랑 싸울 때는 용감하게 굴다가도 뮐바하 아저씨가 빵 배달을 관두라고 하면 아무 소리 없이 그렇게 하잖아. 결국에는 그 빌어먹을 클라리넷 연주자가 하는 사람이 나타나서 우리에게 금화를 내놓으라고 하면 넌 틀림없이 금화를 순순히 내주고 말 거야."

"그 사람 아직 찾지도 못했는데, 뭐. 그리고 어떻게 되든 지금 있는 돈의 절반 이상은 우리가 번 돈이니까 우리한테 남아 있잖아. 게다가 그 사람이 금화를 내놓으라고 할지 어떨지도 아직은 모르고."

"그 사람이 만일 금화를 돌려달라고 하면? 나는 부자가 된다는 걸 다르게 생각했어. 우리끼리 하려고 생각했단 말이야. 우리 힘으로 말이야. 이해하겠어? 어떤 어른이랑 같이 하는 게 아니고. 쇤슈타트 사람들이 두고두고 얘기할 만한 뭔가 대단한 일을 해낼 거라고 생각했었단 말이야. 텔레키드 일은 사실 대단한 것도 아니잖아."

"그래도 텔레키드 덕분에 우리 돈이 두 배가 됐잖아!"

"그렇긴 해! 하지만 지금은 뭐냔 말이야? 가만히 죽치고 앉아서 프리드만이라는 사람이 우리 금화를 가져가기만 멍청하게 기다리고 있을 뿐이잖아."

페터는 모닥불을 이리저리 쑤시던 나뭇가지를 멀리 던졌다.

"그렇다면 네 생각엔 어떻게 하면 좋겠니?"

"내가 그걸 알면 이렇게 기분이 나쁠 리가 있니?"

"프리드만이라는 사람을 찾는 일을 그만둘까?"

"무슨 소리야. 어차피 시작했는데."

"그러면 뭐, 구두 닦기라도 할까?"

"말도 안 되는 소리 하지 마! 그렇지 않아도 화가 나는 판에 그런 일까지 하라고? 나는 남의 신발 닦는 일 따위는 질색이야."

펠릭스는 입을 다물었다.

"계속해봐!" 페터가 말했다.

"왜? 너는 내가 말하는 건 뭐든지 말도 안 된다고 그러면서."

"기분이 나쁠 때 옆에서 계속 달래니까 기분이 좀 나아지는걸. 그러니까 더 말해봐!"

"네가 구운 송어 한 조각만 먹어도 되겠니?"

"이거 훔친 건데!"

페터는 이렇게 말하면서 처음으로 다시 입가에 미소를 띠었다.

"소유한다는 건 훔치는 것이다." 펠릭스가 장난스럽게 말하면서 싱긋 웃었다.

페터는 주머니칼을 꺼내더니 김이 모락모락 나는 송어를 아주 능숙한 솜씨로 발라낸 다음 생선의 등쪽을 반으로 갈라 몇 조각으로 나누더니 은박지에 담았다. 하얀 생선살에는 가시가 거의 없었다. 두 아이는 아무 말도 하지 않고 생선 조각을 손으로 집어 먹기 시작했다.

"전화나 할까?" 펠릭스가 물었다.

"전화! 전화를 할 수 있다는 걸 까맣게 잊었어. 전 세계로 전화를 할 수가 있잖아. 무료로." 페터가 신이 나서 대꾸했다.

"마틴 프리드만이라는 사람 전화번호를 알면 좋을 텐데."

"하지만 모르잖아. 다른 데 어디 전화할 데 없을까?"

"사라한테 해볼까?"

"사라? 너 걔 좋아하는구나, 맞지? 나는 네가 잔나한테 관심이 있는 줄 알았는데……."

"됐어, 관두자."

16. 모험 없이는 얻는 것도 없다

다음 날 수학 수업 시간이 끝나자 바실리우스 뢰벤슈타인 선생님이 펠릭스를 불렀다.

"그래, 뵈메 씨한테서 댄스악단에 대한 정보를 좀 얻었니?"

펠릭스는 선생님한테 뵈메 씨한테서 들은 얘기를 하고 나서 클라리넷 연주자를 찾아낼 작정이라고 말했다. 나치 이야기와 뵈메 씨의 비겁한 행동에 대해서는 입을 다물었다. 선생님은 펠릭스가 클라리넷 연주자에게 유별나게 관심을 보이는 걸 다소 의아하게 여기는 눈치였다.

"너도 클라리넷을 불다보니 그 사람을 본받고 싶은 모양이로구나. 하긴 지금이 한참 누구처럼 되고 싶다고 생각할 나이지. 그런데 방금 그 사람이 독일 땅을 아예 떠났고 아마도 지금은 미국에 살고 있는 것 같다고 했니? 그렇다면 그 사람 찾는 게 의외로 간단할 수도 있겠는데……."

선생님은 펠릭스에게 쇤슈타트 시장이 작년에 나치의 박해를 피해 외국으로 망명했던 유대인들을 고향에 초청하는 행사를 한 적이 있다는 얘기를 해주었다.

"어쩌면 그 프리드만이라는 사람이 그 안에 끼어 있었을지도 모르는 일 아니냐? 신문사에 가서 그때 신문을 찾아보는 게 좋겠다.

작년 5월달 신문을 보면 될 거다."

*

펠릭스는 또다시 신문사 자료실에 있는 카롤라 아줌마를 찾아
갔다. 이번에는 지난번과 달리 혼자서 갔다.

"너 영락없이 아빠를 닮았구나. 아빠도 한번 조사를 시작하면
끝까지 물고 늘어지는데."

아줌마는 펠릭스를 보며 말했다. 펠릭스에게는 아줌마 말이 칭
찬처럼 들렸다. 카롤라 아줌마는 신문철이 빽빽하게 꽂혀 있는 서
가로 사라지더니 잠시 후 서류철 하나를 들고 돌아왔다. 서류철에
는 '시청-방문: 외국'이라는 제목이 붙어 있었고 여러 가지 신문
기사가 스크랩되어 있었다. 아줌마는 서류철을 넘기더니 기사 하
나를 찾아 내어 펠릭스 앞에 내밀었다. 기사에는 '구 쇤슈타트 시
민 초청 - 새로운 독일, 한결같은 평가'라는 제목이 붙어 있었다.

기사는 작년 5월 14일에 쓰여진 것이었다. 유대인 스물네 명이
시청을 방문했으며, 쇤슈타트 시장이 그들을 맞아 짤막하게 연설
을 했다는 내용이 적혀 있었다. 시장은 연설에서 끔찍한 과거의
기억에도 불구하고 고향을 다시 찾은 방문객들의 용기에 감탄하
며 그들이 며칠간 시장이 주최하는 여러 행사에 귀빈으로서 자리
를 함께할 예정이라고 말했다. 그리고 방문객들은 초청을 해주어
서 감사하며 독일에 다시는 과거와 같은 끔찍한 일이 발생하지 않
으리라고 확신한다고 말했다. 기사 옆에는 나이가 많이 들어 보이

327

는 사람들이 찍힌 사진이 한 장 실려 있었다. 펠릭스는 사진 아래 작게 쓰인 이름들을 손가락으로 일일이 짚어가며 읽어보았다. 프리더 뮐러, 아론 키르쉬슈타인, 로레 아인스링어, 사라 아다모브스키……. 모두 합쳐서 24개나 되는 이름이 깨알 같은 글씨로 적혀 있었다. 하지만 마틴 프리드만이라는 이름은 거기에 없었다.

"어쩌면 그 사람 벌써 죽었는지도 몰라요." 펠릭스가 말했다.

"어쩌면 그렇지 않을 수도 있지." 카롤라 아줌마가 펠릭스의 말을 받았다.

"시간이 없어서 못 왔는지도 모르고요."

"그럴지도 모르겠구나."

카롤라 아줌마는 전화기가 놓여 있는 곳으로 가서 수화기를 들고 전화번호를 눌렀다. 그러더니 누군가에게 인사를 한 후 그 사람에게 혹시 마틴 프리드만이라는 사람이 작년에 쇤슈타트 시장의 초청을 받아들이지 못한 이유를 아느냐고 물었다. 전화기 저쪽에서 잠깐 기다리라고 했는지 카롤라 아줌마는 잠시 동안 수화기를 그냥 귀에 대고만 있었다. 그러고 나서 얼마 후, 카롤라 아줌마는 상대방의 말을 듣고는 놀란 표정으로 "아, 그래요!" 하고 소리치더니 옆에 있던 종이 쪽지에 무언가를 받아 적었다. 그러고는 상대방에게 크게 도움이 되었다며 고맙다는 인사를 했다. 수화기를 내려놓은 카롤라 아줌마는 펠릭스를 향해 얼굴을 돌려 말했다.

"놀라지 말아라, 마틴 프리드만이라는 사람이 정말로 있긴 있단다. 방금 시청 직원하고 통화를 했는데 작년에 그 사람한테도 초청장을 보냈다는구나. 그런데 아무 연락이 없었대."

"진짜로 벌써 죽었나 봐요."

"아니, 그럴 리 없어. 이제 막 통화했던 직원이 작년에 그 초청 행사를 계획하고 초청자 명단도 작성했는데 그 사람이 죽었다면 그 사람한테 초청장을 보냈겠니? 어쨌든 여기 주소가 있다. 마틴 S. 프리드만, 할로우 드라이브 28번지, 스푸리스 리버, 뉴저지. 그런데 이 사람을 왜 이렇게 꼭 찾으려고 하는 거니?"

"왜, 왜라니요? 그 사람이 크, 클라리넷 연주자라서 그래요." 펠릭스는 카롤라 아줌마의 질문에 당황한 나머지 말을 더듬었다.

"단지 그것 때문이야?" 카롤라 아줌마는 믿기지 않는다는 말투로 물었다.

"네, 단지 그때문이에요."

카롤라 아줌마는 여전히 믿을 수 없다는 표정으로 고개를 흔들더니 하던 일을 계속했다. 펠릭스는 자전거를 타고 페터네 주유소로 갔다. 페터는 어떤 자동차의 타이어를 검사하고 있었다.

페터가 펠릭스를 보자마자 소리쳤다.

"너 마침 잘 왔다. 굉장한 소식이 있어!"

"나도 너한테 알려줄 소식이 있는데."

"네가 우리 집에 왔으니까 내가 먼저야. 너 신문 봤니?"

"아니. 왜?"

"그럼 잠깐만 이리 와봐."

페터는 작업복 주머니에서 꾸깃꾸깃해진 신문 한 장을 꺼내더니 펠릭스에게 내밀었다. 신문에서는 기름과 염료 냄새가 났다. 펠릭스는 신문을 펼쳐 들고 읽기 시작했다.

"텔레키드 간부 구속. 올 초여름에 주식시장에 새로 선보인 텔레키드 회사의 재정 담당이사인 빈프리드 파렌 씨가 주가조작 혐의로 수요일에 프랑크푸르트에서 구속되었다. 텔레키드의 주식시세는 최근 몇 주 사이에 엄청난 폭으로 급격하게 상승하다가 화요일에 주식시장에 주가조작의 가능성에 대한 소문이 떠돌면서 크게 흔들리기 시작했다. 파렌 씨는 의도적으로 회사의 재정 상태에 대한 허위 정보를 유포함으로써 텔레키드의 주가를 상승시켜 개인적으로 주식거래를 통한 부당 이익을 손에 넣은 혐의를 받고 있다. 이로 인해 목요일의 텔레키드 거래는 중단되었다."

"미쳤군!" 펠릭스는 자기도 모르게 소리를 쳤다.

"더 할 말 없니?" 페터가 물었다.

"슈미츠 아저씨가 이런 일이 일어날지도 모른다고 전에 말한 적이 있잖아. 마르타 아줌마 말을 듣고 팔기를 정말 잘했어. 하마터면 주식에 투자한 돈을 몽땅 날릴 뻔했잖아."

"맞아. 그런데 네가 나한테 알려줄 게 있다고 한 건 뭔데?"

펠릭스는 카롤라 아줌마한테서 마틴 프리드만의 주소를 알아냈다는 얘기를 했다. 페터는 이마를 찡그렸다.

"쉽게 얻은 건 쉽게 없어진다는 말이 있더니 그대로네! 이제 얼마 안 있으면 금화를 내줘야겠군. 아무튼 너한테 한 가지는 인정해줘야겠다. 넌 정말 한번 마음먹은 건 기어코 하는 고집쟁이야! 착하고 고집 세고."

"그게 나쁜 거니?"

"그만두자!"

바로 그 순간 두 아이는 난데없는 소리에 놀라 멍하니 서로 바라보았다. 귓전을 때리는 요란한 자동차 엔진 소리가 점점 가까워지고 있었다. 소리가 나는 방향으로 고개를 돌리자 빨간색 대형 스포츠카가 주유소 입구로 들어오는 것이 보였다.

"페라리 테스타로싸다!" 페터가 눈을 휘둥그레 뜨고 감탄했다.

"되게 시끄럽네."

스포츠카는 주유소의 기름 탱크 앞에 멈추어 섰다. 문이 열리고 운전하던 사람이 내렸다. 그 남자는 프랑크푸르트 증권거래소에서 보았던 사람들과 비슷하게 보였다. 말쑥하게 차려 입고는 정신없이 바쁜 것처럼 보인다고 사라가 흉을 보았던 그 사람들 말이다. 하지만 그 남자한테서 가장 눈에 띄는 것은 파란색 줄무늬 셔츠 위에 있는 빨간색 멜빵이었다. 그 남자는 기름 탱크에서 호스를 뽑아 자동차에 기름을 넣기 시작했다. 페터가 가까이 다가가 말을 걸었다.

"타이어 좀 봐드릴까요?"

"괜찮다."

"방풍 유리는요?"

"그것도 필요 없다."

페터는 그 정도로 물러설 아이가 아니었다.

"근사한 차네요. 속도를 얼마나 낼 수 있죠?"

"시속 240 정도 된다. 엔진의 출력을 줄여놓아서 그렇지 안 그러면 더 낼 수도 있지."

"마력은 어떻게 되는데요?"

"390이야."

페터는 정말로 부럽다는 표정을 지었다.

"굉장하네요! 이런 차 타고 다니는 걸 보니 돈을 잘 버시나봐요."

"그렇다고 할 수 있겠지."

"무슨 일을 하시는데 돈을 그렇게 잘 버세요?"

"말해줘도 넌 잘 모르겠지만 선물거래*를 하지."

페터는 귀가 솔깃한 모양이었다.

"주식시장이랑 관계 있는 건가요?"

"관계가 있지. 그런 건 이담에 좀 더 커야 이해할 수 있단다. 지금은 설명해줘도 몰라. 미안하지만 난 바빠서 이만 가야겠다."

"하지만 저희는 아저씨가 말하는 선물 어쩌고저쩌고하는 것에 관심이 있는걸요. 얼마 전에 텔레키드 주식을 샀다가 때맞추어 팔았거든요. 그래서 이제는 다른 데 투자할 데 없나 알아보는 중이

---

* 선물거래: 장래의 일정한 시점에 미리 정한 가격으로 상품을 팔거나 사기로 약속하고 매매계약을 하는 거래. 우리나라에는 한국선물거래소(KRX)가 있어 선물거래는 물론, 선물거래의 홍보 및 교육을 담당하고 있다.

에요."

"뭐라고? 텔레키드라고 했니? 어떻게 그걸 때맞추어 팔았단 말이냐?"

"어떤 사람한테서 정보를 좀 얻었지요."

그 남자는 그제야 두 아이를 대단하다는 듯이 바라보았다.

"그런데 왜 주식시장에 투자를 하려고 하니?"

"안 그러면 우리 돈 가지고 무얼 하겠어요?" 페터가 대답했다.

펠릭스는 페터가 어른을 상대로 쭈뼛쭈뼛하지 않고 거침없이 말을 잘한다고 생각했다. 그 남자는 자기 차에 기대선 채, 얼굴에는 여전히 놀랍다는 표정을 지으며 두 아이를 쳐다보았다. 그러더니 잠시 후 페터에게 손을 내밀어 악수를 청했다.

"나는 프랑크푸르트에 있는 프로그레스 투자회사에서 일하는 빌리 랍케라고 해. 너희 진짜로 투자할 돈이 있단 말이냐?"

"물론이죠."

"나 잠깐 전화 좀 해야겠다."

랍케 씨는 자동차에서 휴대폰을 꺼내더니 통화를 하면서 기름 탱크 주위를 두 바퀴나 돌았다. 그리고는 통화가 끝나자 날렵한 동작으로 휴대폰 안테나를 집어넣더니 휴대폰을 다시 자동차에 갖다 놓은 후, 까만색 책자를 가져왔다. 겉장의 위쪽에 금박으로 프로그레스 투자회사라는 제목이 박혀 있었다.

"여기 보면 선물거래가 뭔지 나와 있단다. 이해가 안 되는 게 있거나 좀 더 자세한 걸 알고 싶으면 나한테 전화를 해라. 내 전화번호는 맨 뒷장에 적혀 있다. 운이 좋으면 선물거래로 일 년 사이에 투자액의 70퍼센트를 벌 수 있지. 70퍼센트 말이야! 예금통장에 넣어두는 것보다는 훨씬 이익이지."

"저희는 텔레키드로 100퍼센트도 넘게 벌었는걸요." 펠릭스가 처음으로 대화에 끼어들었다.

"잘 생각해봐라. 선물거래는 정말로 아주 괜찮은 투자니까."

말을 마친 랍케 씨는 기름값을 치르고는 차를 몰고 떠났다.

"마음이 끌리긴 하는데 왠지 위험할 것 같아." 펠릭스가 말했다.

"어째서? 70퍼센트라니, 정말 대단하잖아!"

"잘 모르겠어. 슈미츠 아저씨랑 의논해 보는 게 좋을 것 같아."

하지만 페터의 생각은 달랐다.

"슈미츠 아저씨랑 왜 의논을 해? 이번에는 우리끼리 하자. 순전히 우리 힘으로 이 선물 어쩌고저쩌고하는 게 뭔지 알아보는 거야. 머지않아 금화를 돌려줘야 할지도 모르니까 그사이에 빨리 적당한 데 투자를 해서 부지런히 돈을 벌어놔야 하잖아. 일단 프리드만이라는 사람한테 편지부터 쓰고 보자."

두 아이는 주유소에 있는 계산대 안쪽에 앉아 머리를 맞대고 편지 문안을 작성했다.

친애하는 프리드만 씨!
혹시 전에 쇤슈타트 댄스악단의 클라리넷 주자로 활동하신 적이 있습니까? 저희는 돌아가신 파울라 베버 부인으로부터 클라리넷을 구입하였는데 그것이 예전에 프리드만 씨의 소유였을 가능성이 있습니다. 그래서 프리드만 씨께 여쭈어볼 게 있습니다. 이 일은 매우 중요하니 꼭 답장을 주시기 바랍니다.

펠릭스 블룸, 페터 발저, 잔나 잠피에리 올림.
추신: 저희에게 전자우편으로 답장하셔도 됩니다!

펠릭스와 페터는 "매우"라는 글자 아래 두 줄을 그었다. 그러고 나서 우체국으로 가 편지를 항공 우편으로 미국에 보냈다.

"이제 카운트다운이 시작된 셈이야. 그러니까 금화를 아직 가지고 있는 동안 빨리 뭐든지 시작해야 해." 페터가 말했다.

*

랍케 씨가 준 책자는 아무리 들여다보아도 도무지 이해가 안 갔다. 페터와 펠릭스는 잔나와 함께 책자에 나와 있는 설명과 도표들을 통해 선물거래가 무엇인지 이해해 보려고 머리를 짜보았으나 소용이 없었다. 그래서 펠릭스는 아빠한테 물어보기로 했다. 가능한 한 자기네가 선물거래에 관심이 있다는 걸 아빠가 눈치채지 못하게 요령껏 물어볼 작정이었다. 안 그러면 선물거래에 투자할지 어떨지 결정하는 문제에 아빠가 간섭하게 될 테니까.

펠릭스가 저녁에 집에 도착하니 현관문을 열기도 전에 벌써 온갖 양념과 마늘 냄새가 풍겨 왔다. 아빠가 저녁 식사를 준비하고

있었다. 엄마는 방에서 번역 일을 하느라 바쁜 모양이었다. 일자리
를 잃은 다음부터 아빠가 저녁 식사를 준비하는 일이 종종 있었
다. 펠릭스 생각에는 엄마 아빠가 심하게 다투는 일이 오히려 예
전보다 줄어든 것 같았다.

저녁 식사를 하면서 엄마가 말을 꺼냈다.

"당신 정말 타고난 요리사네요. 그동안 이렇게 훌륭한 요리를
맛볼 기회가 너무 적었던 게 안타까울 정도예요."

"당신 참 뻔뻔하기도 하군."

아빠는 그렇게 말하긴 했지만 기분이 나쁘지 않은지 웃었다. 아
빠는 턱에 묻은 스파게티 소스를 닦아내고 포크로 접시 바닥에
남은 국수 몇 가닥을 집어 돌돌 말았다. 저녁 식사를 마치고 나서
세 사람은 함께 모노폴리 게임*을 했다. 엄마는 사실 그 게임을 별
로 좋아하지 않았지만 아빠와 펠릭스의 기분을 맞추느라 양보를
한 것이었다. 그리고 펠릭스가 처음에는 거리 하나를 차지했다가
차츰차츰 더 많이 따서 결국은 이겼을 때도 별로 언짢은 기색 없
이 웃는 얼굴로 말했다.

"하여간 자본가라 다르구나. 도저히 상대할 수가 없어."

"아빠, 선물거래가 뭐예요?" 펠릭스는 아빠한테 지나가는 말처
럼 물었다.

"선물거래? 하인첼 꼬마들 회사가 이제는 거창한 사업을 벌일

---

* 모노폴리 게임: 주사위를 가지고 노는 게임의 하나.

생각인가 보구나."

"아니요, 그게 아니고요. 그냥 관심이 있어서 그래요. 신문에서 선물거래에 관해 읽었거든요." 펠릭스는 얼른 둘러댔다.

"그래? 어떻게 설명해야 네가 알아듣기 쉬울까? 보통은 네가 뭘 사면, 예를 들어 자전거 타이어의 튜브를 사면 그걸 바로 집으로 가져오겠지, 안 그러냐?"

"물론이죠."

"선물거래의 경우는 다르다. 무언가를 사긴 사는데 그걸 나중에 가져오는 거지."

"그게 다란 말이에요?"

"그렇단다. 엄마가 수요일에 빵집에 가서 빵을 주문한 다음 네가 그 빵을 토요일에 가져온다면 그것도 일종의 선물거래인 셈이지. 물론 그렇게 말하지는 않지만 말이다."

"그걸로 어떻게 돈을 벌어요?"

"그걸로 돈을 벌 수 있다고 누가 그러더냐?"

"아니요, 그건 아니지만요. 그걸로 혹시 돈을 벌 수 있는지 알고 싶어서⋯⋯."

"빵을 가지고 선물거래를 한다면 당연히 부자가 될 수 없지. 하지만 커피를 가지고 선물거래를 한다고 생각해 보렴. 네가 오늘 커피를 한 포대에 150마르크씩 내고 1000포대를 사면서 반 년 후에 가져가겠다고 하는 거야. 그런데 얼마 지나지 않아서 서리가 내려 브라질의 커피 생산량이 절반으로 줄었다고 치자. 그러면 커피상들은 크리스마스 때에 커피가 품절될까 봐 불안하겠지. 그래서 다들 커피를 사려고 하는 통에 커피값이 올라서 지금부터 반년 후에는 한 포대에 200마르크가 될 수도 있겠지. 다른 사람들은 커피를 사려면 한 포대에 200마르크를 내야 하겠지만 너는 150마르크만 내면 된다. 선물거래로 커피를 샀으니까. 다시 말해서 남들보다 한 포대에 50마르크씩 싸게 사는 셈이지. 그걸 200마르크씩에 되파는 경우 너는 50,000마르크를 벌게 되는 거야. 여러 가지 물건으로 선물거래를 할 수가 있단다. 밀, 비단, 구리, 납, 그리고 심지어는 돼지까지도 말이야."

"돼지라고요?"

"그래. 뭐든지 선물거래의 대상이 될 수가 있지."

"그럼 우리도 돼지를 샀다가 팔까요? 그래서 부자가 되면 좋겠어요. 그럼 아빠가 더 이상 일자리 알아볼 필요가 없잖아요."

"그렇게 간단하면 얼마나 좋겠느냐? 하지만 돼지든 커피든 가격이 올라갈 가능성만 있는 게 아니라 내려갈 가능성도 있단다. 투기라는 건 위험부담이 큰 법이다. 일이 잘 안 되면 많은 돈을 날릴 수도 있지. 그래서 나는 아예 그런 일에는 손을 안 댄다. 하지만 만약 나한테 여유 자금이 좀 있고 또 정신 나간 것처럼 보이는 행동을 할 용기가 좀 있다면, 한 번쯤은 이것저것 따지지 않고 정식으로 투기를 해 보는 것도 분명히 재미는 있을 거야." 아빠는 아쉽다는 표정으로 말을 맺었다.

펠릭스는 속으로 아빠가 만일 투기를 한다면 자기네가 더 가난해질지 어떨지 생각해보았다.

*

펠릭스와 페터, 그리고 잔나는 만나기로 약속한 토요일에 벽돌 공장에 모였다. 가을이 몇 주 이르게 찾아오기나 한 것처럼 날씨가 쌀쌀한 데다 비까지 내렸다. 펠릭스가 벽돌 공장에 도착하니 페터가 벌써 온 모양인지 강가의 라일락 덤불 뒤에 페터의 자전거가 세워져 있었다. 펠릭스가 자전거를 세워놓고 주위를 둘러보자 저쪽에서 페터가 겨드랑이에 나뭇가지를 한 다발 끼고 걸어오는 것이 보였다.

"빨리 와서 땔나무 모으는 것 좀 거들어. 날씨가 이러니 공장 안의 사장실에 불을 좀 피워야겠어."

펠릭스는 가문비나무에서 시든 가지 몇 개를 꺾고 바닥에 있는 썩은 나무 토막들을 주워 모아 벽돌 공장 안의 사장실로 가져갔다. 벽난로에는 벌써 불이 지펴져 있었다. 두 아이는 그 앞에 서서 손에 불을 쬐었다. 추위에 얼어 뻣뻣해졌던 몸이 벽난로의 열기에 서서히 녹았다. 바깥 계단에서 발소리가 들렸다.

"누구야?"페터가 소리쳤다.

"누구겠니?"잔나가 대꾸했다.

페터는 빗장을 옆으로 밀고 잔나에게 문을 열어주었다.

"여기 따뜻하게 해놓았구나."

잔나는 벽난로가 있는 쪽으로 다가갔다. 페터가 랍케 씨한테서 받은 책자를 꺼냈다.

"사업 얘기를 해야겠어. 너희들 선물 어쩌고저쩌고하는 것에 대해서 어떻게 생각하니? 나 이거 다시 한번 읽어봤어. 그랬는데도 기차역 빼놓고는 하나도 모르겠더라."

펠릭스는 친구들에게 아빠한테서 들은 얘기를 해주었다.

"내가 이해한 게 맞다면 선물거래에서 중요한 건 결국 앞으로 일어날 일을 얼마나 정확하게 예상할 수 있는가야. 상당히 위험부담이 큰 일이라고. 장차 일어날 일을 잘못 점치면 아주 큰 손해를 보니까. 하지만 다른 한편으로는 일 년에 70퍼센트의 이익을 보는 게 얼마든지 가능하기도 해."

"커피 이야기는 마음에 드는데. 가만히 생각해보면 커피값이 올라가는 건 커피가 정말로 구하기 힘들어져서 그러는 게 아니고 커피상들이 커피 구하기가 힘들어질 거라고 믿어서 그러는 거잖아. 언젠가 슈미츠 아저씨가 그런 비슷한 얘기를 하지 않았니?" 페터가 말했다.

"맞아, 텔레키드의 경우처럼. 그 방송이 진짜로 괜찮아서가 아니라 주식거래인들이 그게 괜찮다고 생각했기 때문에 주식값이 올라갔잖아." 잔나가 맞장구쳤다.

"그리고 그 사람들 생각이 틀릴 수도 있잖아. 특히 그 사람들이 어떤 사기꾼한테 넘어간다면 말이야. 우리가 만일 그 테스타로싸 스포츠카를 탄 사람의 회사에 투자를 했는데 그 사람이 사기를 당한다면 결국 우리 돈이 날아가게 되잖아." 페터가 말했다.

"그 사람이 사기나 당하는 사람이라면 무슨 수로 그렇게 비싼 테스타로싸를 타고 다니겠니?" 펠릭스가 반박했다.

"혹시 그 사람이 자기한테 거래를 부탁한 고객들을 속여서 번 돈으로 테스타로싸를 타고 다니는 거라면?" 페터는 펠릭스의 의견에 맞섰다.

"그러면 지금까지 사업을 계속할 리가 없어. 사기를 당한 고객들이 가만있지 않을 테니까. 70퍼센트 이익이라는 게 얼마나 되는지 한번 계산해봐. 우리가 20,000마르크를 투자한다면 일 년 후에 34,000마르크가 되는 거라고." 펠릭스도 자기 의견을 굽히지 않았다.

"너 도대체 무슨 일이니? 평소에는 항상 신중하더니." 잔나가 의아하다는 듯 물었다.

"얜 한번 한다고 마음 먹으면 제대로 한다니까." 페터는 칭찬의 뜻으로 펠릭스의 어깨를 몇 번 툭툭 쳤다.

"어쩔 거냐니깐? 할 거야, 안 할 거야?" 펠릭스가 친구들에게 대답을 재촉했다.

"나는 영 내키지 않아. 텔레키드에 일어난 일을 한번 생각해봐. 게다가 그 랍케 씨라는 사람도 도무지 마음에 안 들어. 그렇게 비싼 차 타고 다니면서 폼 재는 사람은 믿을 만한 사람이 못 돼." 잔나가 머뭇거리는 말투로 대답했다.

"하지만 70퍼센트면……." 펠릭스는 잔나의 마음을 바꾸려는 듯 말을 꺼냈다. 페터가 펠릭스의 말을 잘랐다.

"잠깐 내 말 좀 들어봐. 너희 둘이 조금씩 양보하면 어떻겠니? 선물거래에 투자를 하긴 하는데 우리가 가진 돈을 전부 다 하지 말고 절반만 하는 거야. 그러니까 10,000마르크만 하자고. 펠릭스가 하자는 걸 보니 가능성이 상당히 있는 것 같은데……."

결국 하인첼 꼬마들 회사는 선물거래에 발을 들여놓기로 결정을 했다.

17. 미래에 건 내기

그다음으로 일어난 사건은 넬리 일이었다. 넬리는 잔나가 가장 아끼는 닭이었다. 잔나는 넬리가 닭들 중에서 달걀을 가장 많이 낳는다고 주장했다. 펠릭스가 보기에는 닭장 안에서 꺼내온 달걀이 모두 똑같은 것 같은데도 잔나는 한사코 달걀을 보면 넬리가 낳은 건지 아닌지 알 수 있다고 우겨댔다.

"어떤 게 넬리가 낳은 건지 구별할 수 있단 말이야. 과일 궤짝들이 쌓여 있는 곳 뒤쪽에 달걀이 있으면 그게 넬리가 낳은 거야."

9월 1일에 하인첼 꼬마들의 모임이 열렸을 때 펠릭스는 잔나한테 무슨 일이 있다는 걸 금세 알아차렸다. 얼굴이 창백하고 입은 굳게 다물어져 있었으며 두 눈은 화가 나서 번쩍거리고 있었기 때문이었다.

"가만히 안 있을 거야. 그냥 해보는 소리가 아니니까 두고 봐!"

잔나는 페터네 주유소에 도착해 자전거에서 내리더니 인사도 제대로 하지 않고 씩씩거리기만 했다.

"뭘 가만히 안 있을 거라는 말이니?" 펠릭스는 잔나의 기분을 건드리지 않으려고 조심스럽게 물었다.

"우리 엄마가 넬리를 잡아야 한대. 다른 닭들도 마찬가지고."

"어차피 닭이라는 게 모두 언젠가는 닭고기 수프 신세가 되는 것 아니야?" 페터가 잔나의 태도에 조금도 개의치 않고 담담한 어조로 말했다.

"포르카 미제리아, 너 미쳤니? 넬리는 아무도 못 건드려. 그냥 지금처럼 달걀을 낳을 거야. 앞으로도 계속. 아무리 그게 엄마 마음에 안 들어도. 더 이상 아무 말 마!" 잔나는 흥분을 가라앉히지 못하고 소리쳤다.

"너희 엄마가 왜 갑자기 닭들을 잡아야 한다고 하신 거니?" 펠릭스가 물었다.

"아침 식사 시간에 일어난 일 때문이야. 그까짓 일 때문에 그러다니!"

"무슨 영문인지 도대체 모르겠다. 차근차근 얘기 좀 해 봐."

"넬리가 달걀을 낳았는데 정말 크고 멋진 달걀이었어. 그걸 일요일 아침에 발견했단 말이야. 다른 달걀 두 개랑. 그래서 엄마한테 아침 식사로 우리 세 식구가 각자 하나씩 삶은 달걀을 먹자고 했지. 여간해선 그렇게 하는 일이 없었거든. 넬리가 낳은 달걀을 엄마한테 드렸어. 엄마가 달걀을 반숙으로 살짝 삶아 식탁에 올려놓았어. 그러고는 가장 큰 달걀을 집어 껍질을 깐 다음 반으로 갈랐더니 세상에, 속이 피투성이가 아니겠니!" 잔나가 생각만 해도 끔찍하다는 듯 얼굴을 찡그렸다.

"병아리가 되려던 달걀이었구나!" 페터가 말했다.

"맞아. 넬리가 달걀을 품고 있었나 봐. 알이 절반쯤 깨려던 참이었어. 엄마가 그런 일은 다시는 겪고 싶지 않다며 소리를 질렀어.

만약에 우리한테서 달걀을 사간 손님한테 그런 일이 벌어졌더라면 어떻게 할 뻔했냐고 마구 화를 내는 거야. 그리고 이제는 우리 달걀을 아이스크림 가게에서 팔지 말라고 했단 말이야. 돈을 벌려면 부끄럽지 않은 방법으로 벌라는 거야." 잔나가 말했다.

"진짜로 그렇게 말씀하셨단 말야?" 페터가 눈을 동그랗게 뜨고 물었다.

"그래. 이탈리아어로."

"그래서 지금 너희 엄마가 우리 닭들을 전부 잡아서 닭고기 수프를 만들 작정이란 말이니?"

"아니, 우리 엄마는 겁이 많아서 그런 일 못 해. 파리 한 마리도 잡지 못하는걸."

"그럼 대체 누가 닭을 잡아야 한다고 하셨어?" 페터가 물었다.

"몰라. 그런 말은 안 했어."

페터가 안심했다는 듯 얼굴 가득 미소를 띠었다.

"그럼 걱정할 필요 없어! 요리사가 없으면 요리도 못하는 법이야. 그리고 다음부터는 닭들이 알을 품고 있지 않나 감시를 좀 더 잘하면 돼. 그럼 너희 엄마 화도 금방 가라앉을 거야."

잔나는 고마워하는 얼굴로 페터를 쳐다보았다.

"친구란 역시 좋은 거야."

바로 그때 귀에 익은 요란한 엔진 소리가 들렸다. 아이들이 기다리던 소리였다. 아니나다를까 랍케 씨가 탄 테스타로싸가 주유소 입구로 들어오는 것이 보였다. 랍케 씨는 기름값을 계산하는 곳 앞에서 차를 세우더니 차에서 내렸다.

"그래, 사업은 어떠냐?"

"잘돼가요. 아저씨는요?"

"나도 괜찮다. 너희들 내가 준 책자 읽어보았냐?"

"네. 그리고 다른 데에서도 좀 알아보았어요."

"그래?"

"그래서 이제는 선물거래가 뭔지 알아요. 그래도 그걸 할지 말지 결정을 내리기 전에 아저씨가 하는 일이 정확하게 어떤 건지 알고 싶어요."

"물론이지. 충분히 이해가 간다. 더군다나 고객과 상담을 하는 일이 내가 하는 일 중에서 가장 중요한 일인데 당연히 설명을 해 줘야지. 고객이 제대로 알고 있어야 만족을 하고 만족한 고객만이 계속 거래를 한다는 게 내 신조거든. 너희들이 알기 쉽게 예를 하나 들어 얘기하마."

랍케 씨는 주머니에서 숫자가 빽빽하게 적혀 있는 종이 한 장을 꺼내더니 말을 이었다.

"이게 방금 우리가 성사시킨 거래다. 반 년 전에 우리한테 어떤 고객이 10월 15일에 구리 3톤을 사기로 하는 선물거래를 부탁했단다. 프랑크푸르트에는 구리가 없기 때문에 우리는 그 고객의 부탁을 미국에 있는 브로커 회사에 넘겼지. 시카고의 주식시장에서 그 거래를 성사시켜 달라고 말이다."

"브로커가 뭔데요?" 펠릭스가 물었다.

"미국에서는 주식시장의 중개인을 브로커라고 부른단다. 그리고 시카고는 전 세계에서 가장 큰 선물거래 시장이 있는 곳이지. 물론 우리한테 선물거래로 구리를 사달라고 부탁한 고객은 자기가 구리를 가지려는 것이 아니다."

"그럴 줄 알았어요." 페터가 말했다.

"그 사람은 너희와 마찬가지로 돈을 벌 생각이었지. 그래서 우리가 그런 일에 전문가니까 우리한테 선물거래를 부탁한 거였어. 우리는 주식시장의 움직임을 항상 주시하고 있기 때문에 구리값이 오를 걸 미리 알고 있었단다. 과연 우리 예상이 빗나가지 않아 구리값이 크게 올랐지. 그 덕분에 선물거래의 조건대로 구리를 예전 가격에 살 수 있는 권리는 아주 값나가는 게 되었고, 지난 주에 우리는 그 권리를 17,000마르크에 팔았단다. 우리한테 선물거래를 부탁한 고객이 냈던 돈은 10,000마르크밖에 안 되었는데 말이야. 생각해봐라, 반 년 사이에 7,000마르크나 이익을 보다니! 단기간에 투자한 돈의 70퍼센트를 번 셈이다. 참고로 말하면, 우리가 그 고객을 위해 성사시킨 거래처럼 미래의 일정한 시점에 어떤 물건을 어떤 가격으로 사겠다고 계약하는 걸 매수 옵션 혹은 다른 말로 콜 옵션이라고 하지."

"그럼 만일 구리값이 떨어졌더라면 어떻게 되는데요?" 펠릭스가 물었다.

"그랬더라면 매수 옵션 대신에 풋 옵션, 그러니까 매도 옵션을 냈겠지. 바꾸어 말해서 선물거래를 통해 구리를 예전 가격, 즉 지금보다 비싼 가격에 팔 수 있는 권리를 확보해놓았을 거다."

"구리값이 떨어질 걸 미리 알았더라면 그랬겠죠. 하지만 아저씨가 예상했던 것과는 완전히 다른 일이 일어날 수도 있잖아요."

"네 말이 맞다. 선물거래라는 건 위험부담이 따른다고 할 수 있지. 우리가 잘못 생각할 수도 있으니까. 하지만 우리 회사에는 주식시장의 전문가가 여러 명 일하고 있다. 그리고 이제까지 그 사람들이 잘못 판단했던 적은 거의 없었단다. 우리 회사를 찾는 고객 수천 명이 만족하고 있다는 게 그걸 증명하고 있지. 우리가 선물거래로 계약한 상품의 가격이 혹시 일시적으로 떨어지는 일이 있다고 하더라도 장기적으로 보아서는 항상 이익을 보아왔으니까 안심해도 되지."

"선물거래라는 게 내기 거는 거랑 아주 비슷하네요." 펠릭스가 말을 이었다.

"내기라니, 무슨 말이냐?"

"장차 어떤 일이 일어날 거라고 미리 점치고서 내기를 걸잖아요. 예를 들면, 어떤 축구팀이 이길지 내기하는 것처럼 말이에요. 구리나 돼지에 건다는 것만 다를 뿐이지 가만히 따져보면 내기와 마찬가지인 것 같은데요."

"돼지로 선물거래를 할 수 있다는 건 또 어떻게 알았지?"

"저희도 좀 알아봤다니까요."

"좋다. 선물거래라는 게 사실 내기 비슷한 데가 있기는 하지. 그래서 심지어는 선물거래 하는 걸 카지노에서 도박하는 데에 빗대

348

는 사람들도 많단다. 하지만 그건 잘못된 생각이다. 선물거래라는
건 자기가 투자한 상품의 가격이 어떻게 달라지느냐에 따라 이익
을 보기도 하고 손해를 보기도 하는 건데, 상품의 가격 변동에 영
향을 미치는 것들은 여러 가지 복합적이면서도 실제로 존재하는
요인들이란다. 그 요인들을 정확하게 분석할 수 있으면 올바른 결
정을 내릴 수 있는 법이지. 그러니까 그날 그날 운에 좌우되는 도
박하고는 전적으로 다르다. 어쨌든 너희가 아직 망설이는 건 충분
히 이해할 수 있다. 그래서 제안하는 건데 선물거래는 일단 보류
하고 다이아몬드를 사는 게 어떠냐?"

"다이아몬드라고요?"

"그래. 너희들이 돈 버는 일을 시작한 지 얼마 안 되는 모양이
니 100퍼센트 확실한 투자가 좋을 것 같다. 그렇다면 다이아몬드
처럼 확실한 투자는 없을 거다. 이 세상에서 가장 단단한 보석이
니까."

랍케 씨는 갈색 서류가방을 열고는 보석함을 하나 꺼내더니 뚜
껑을 열었다. 보석함 안은 붉은 벨벳으로 덮여 있었으며 벨벳 위
에 작은 플라스틱 주머니가 아주 많이 놓여 있었다. 펠릭스가 자
세히 들여다보았더니 플라스틱 주머니마다 반짝거리는 작은 보석
들이 들어 있었다.

"자, 어떠냐? 내가 너무 많이 가져왔나? 우리가 갖고 있는 다이
아몬드 중에서 몇 개만 고른 거다. 여기 이건 러시아산인데 정말
아름답지? 6캐럿이나 되는데 아주 싸게 나왔다. 998마르크밖에 안

하거든. 이 보석의 원래 값어치를 생각하면 거저 갖는 거나 다름 없다. 이런 건 아무한테나 안 파는데 너희니까 특별히 보여주는 거야."

"이거 진짠가요?" 페터가 물었다.

"무슨 소리야? 우리가 뭐 사기꾼이라도 되는 줄 아느냐? 당연히 진짜지. 이렇게 플라스틱 주머니 안에 들어 있지 않니. 그리고 여기 붙어 있는 작은 쪽지 보이지? 이건 안트베르펜의 다이아몬드 거래 시장에서 다이아몬드들을 검사한 다음에 붙여주는 증명서란다. 도장도 찍혀 있다!"

펠릭스는 플라스틱 주머니들을 다시 한번 들여다보았다. 정말로 주머니마다 작은 하얀 쪽지가 들어 있었다.

"너희가 원한다면 보석상에 가져가 검사해달라고 해도 된다. 우리 회사 사람들은 아량이 넓거든. 거래를 하려면 피차 신용이 첫째이니까. 이 중에서 마음에 드는 걸로 하나 골라 보석상에 검사해달라고 한 다음에 그걸 살 건지 부모님과 상의해보렴. 사지 않을 거면 우리한테 그냥 돌려보내면 된다."

"하지만 다이아몬드는 금과 마찬가지로 가지고 있어도 이자가 붙는 건 아니잖아요." 펠릭스가 말했다.

"맞는 말이다. 다이아몬드를 가지고 있다고 해서 이자가 생기는 건 아니야. 그렇지만 안전하지. 다이아몬드는 가장 확실한 투자라고 할 수 있다. 값이 떨어지는 일은 거의 없으니까. 금보다도 훨씬 안전한 투자야. 더군다나 요즘처럼 유럽에 새로운 화폐 단위인 유로가 도입된 경우는 더욱더 그렇지. 많은 사람들이 유로화가 불안정할까 봐 걱정하고 있거든. 그러니 지금 같은 상황에서는 가진 돈을 확실한 데 투자해 놓는 게 안전하단다. 내 말을 못 믿겠으면 부모님께 여쭈어보렴."

"아니, 그럴 필요 없어요. 이 일은 저희들끼리 알아서 하는 일이에요."

갑자기 랍케 씨의 얼굴이 굳어졌다. 랍케 씨는 믿을 수 없다는 표정으로 세 아이를 번갈아 쳐다보더니 더듬거리면서 물었다.

"너, 너희들끼리…… 겨, 결정한다고? 부모님한테 허, 허락도 안 받고 말이냐?"

"그렇다니까요."

"그럼, 도대체 너희가 투자하려는 액수가 얼마나 되는데?"

"일단 10,000마르크 정도 할까 생각하고 있어요."

"10,000마르크?" 랍케 씨는 침을 꿀꺽 삼키더니 말을 이었다.

"잠깐만. 아무래도 회사에 전화를 한번 해보아야겠다."

그러고 나서 휴대폰을 꺼내더니 주유소 안을 뱅뱅 돌면서 전화통화를 하기 시작했다. 처음에는 8자를 그리면서 기름 탱크 두 개를 한 바퀴씩 돌더니 세차장 쪽으로 발길을 돌렸다가 자동차 타이어 검사하는 곳을 거쳐서 다시 아이들이 있는 장소로 돌아왔다. 그리고 그렇게 하는 동안 내내 심각한 표정을 지우지 않은 채 요란하게 손짓을 해 가며 잔뜩 흥분한 말투로 상대방과 대화를 나누었다. 펠릭스는 얼핏 랍케 씨가 "애들이라니까요!" 하는 소리를 들은 것 같았지만 확실하지는 않았다. 랍케 씨는 한참 만에 통화를 끝내고는 휴대폰 뚜껑을 닫은 후 안테나를 집어넣었다.

"너희들 운이 좋았다. 다른 때 같으면 이렇게 중요한 거래는 어른들하고나 하지 아이들은 상대하지 않는단다. 하지만 너희가 워낙 사업에 밝은 것 같아서 이번만은 예외로 하기로 했다. 원한다면 다이아몬드 하나를 골라도 된다. 어때, 생각이 있니?"

"의논을 좀 해 봐야겠어요." 펠릭스가 대답했다. 그러고 나서 친구들을 끌고 세차장 있는 쪽으로 갔다. 손님 한 사람이 차를 세차하고 있어서 제대로 얘기를 할 수가 없었다.

"너희 생각은 어떠니?" 펠릭스가 물었다.

"잘 모르겠어. 난 저 아저씨 어쩐지 마음에 안 들어. 저런 차를 몰고 다니는 걸 보면 착실한 사람 같지가 않아. 게다가 아까 유로화가 불안정하다고 한 건 무슨 뜻인지 이해가 안 가." 잔나가 망설이는 표정으로 말했다.

"그건 나도 이해하지 못했어. 하지만 저 아저씨 말이 맞기는 맞는 거야. 다이아몬드는 확실하다고." 페터가 말했다.

"다이아몬드를 검사해달라고 하면 되잖아. 그러니까 다이아몬드 사는 건 위험할 게 없어. 만약에 다이아몬드가 마음에 안 들면 돌려보내지, 뭐. 어쨌든 우리한테 사라고 말한 다이아몬드를 검사해보면 저 아저씨가 사기꾼인지 아닌지 알 수 있잖아. 하긴 사기꾼이라면 우리한테 다이아몬드를 맡길 리가 없어." 펠릭스가 잔나를 보며 말했다.

"아까 그 998마르크라는 다이아몬드 살래?" 페터가 제안했다.

"그럴까?" 펠릭스가 다시 잔나를 쳐다보며 물었다.

"마음대로 해. 다이아몬드 사는 거야 위험할 일 없겠지, 뭐." 잔나가 썩 내키지 않는 표정으로 대꾸했다. 세 아이는 랍케 씨가 기다리고 있는 곳으로 돌아가서 결정한 내용을 알려주었다.

"잘 생각했다. 현명한 결정이야."

랍케 씨는 펠릭스의 손에 998마르크짜리 다이아몬드가 들어 있는 플라스틱 주머니를 쥐어주었다.

"일주일 동안 여유를 줄 테니 이걸 검사한 다음에 살 건지 말 건지 생각해보렴. 만일 이걸 사지 않을 거면 나한테 돌려보내고 이번 일은 없었던 걸로 하면 된다. 그렇지 않고 이걸 살 생각이면 998마르크를 보내라. 참, 그러고 보니 너희들 돈은 어떻게 치를 거냐? 부모님 허락을 받고 하는 일도 아니라면서. 너희 중에 누가 자기 이름으로 된 통장을 가지고 있을 리도 만무하고."

"걱정 마세요. 저희한테 통장이 있으니까요. 이 다이아몬드 사게 되면 돈은 제때에 보내드릴 테니까 염려 안 하셔도 돼요." 페터가 말했다.

"그렇다면 됐다. 그럼 이제 우리가 동업자가 되는 셈이로구나."

"글쎄요, 아직은 두고 봐야지요." 페터가 약간 거드름 피우는 표정으로 대꾸했다.

랍케 씨는 자동차에 기름을 가득 채우고 나서 페터에게 방풍 유리를 닦게 한 다음 5마르크를 팁으로 주고는 부르릉거리는 요란한 소리와 함께 사라졌다.

세 아이는 랍케 씨의 말대로 다이아몬드를 검사해보기 위해 시내에 있는 보석상으로 갔다. 보석상 주인은 플라스틱 주머니에 들어 있는 쪽지를 보더니 보석을 꺼내 살펴보지도 않고 말했다.

"안트베르펜에서 발행한 증명서로구나. 이런 건 위조할 수 없으니 안심해도 된다. 이 다이아몬드가 진짜라는 얘기니까. 그런데 너희 같은 애들이 도대체 어디서 이런 다이아몬드가 났지? 누구한테서 유산*이라도 받은 거냐?"

"그런 거랑 비슷해요." 펠릭스가 얼른 대답했다.

"설마 나쁜 일은 아니겠지?"

"무슨 말씀 하시는 거예요? 저희가 도둑질이라도 했을 거라는 말씀이세요?" 페터가 화난 얼굴로 따졌다.

"아니다, 그럴 리가 있나. 그저 궁금해서 한번 물어봤다."
다음 날 펠릭스는 다이아몬드를 크레디트 은행에 가져가 금고에 넣었다. 그렇게 비싼 물건을 이제 더 이상 자기가 간수하지 않아도 된다고 생각하니 안도의 한숨이 절로 나왔다.

*

랍케 씨는 약속을 지켰다. 그 점은 높이 살 만했다. 아이들에게 다이아몬드를 맡기고 간 지 정확하게 일주일 만에 테스타로싸를 몰고 페터네 주유소에 나타났다. 그러고는 차에서 내리더니 마치 오랫동안 사귄 사이나 되는 것처럼 행동했다.

"그래, 잘 지냈니? 다이아몬드는 검사해봤고?"

"그거 사기로 결정했어요. 아저씨 은행의 계좌번호를 알려주세요. 그러면 돈을 송금해 드릴게요."

"그럴 줄 알았다. 이제는 정말 안심해도 된다. 만약의 사태에 대비해서 확실한 데 투자를 해놓았으니까. 내 생각에는 부모님께 말씀드려도 될 것 같은데. 그럴 생각 없냐? 하긴 그 문제는 너희가 알아서 할 일이지. 그럼 이제는 슬슬 이익이 많이 생기는 쪽으로 투자할 생각을 해보는 게 어떠냐? 선물거래 말이다. 그 문제도 결정을 보았는지 모르겠구나."

"한번 해보기로 결정했어요. 하지만 처음부터 몽땅 거기에 투자할 생각은 없어요. 일단 일부만 투자하기로 했어요. 그래서 10,000마르크로 선물거래를 해 보려고 해요." 펠릭스가 말했다.

"그것 참 현명한 생각이다. 가진 돈을 한꺼번에 한 가지에 투자한다는 건 어리석지. 10,000마르크라, 그 정도면 적당할 것 같구나. 그만한 액수라면 우리가 선물거래를 추진할 만하다. 그리고 10,000마르크의 70퍼센트면 상당한 금액 아니냐?"

"7,000마르크예요." 암산에 빠른 펠릭스가 말했다.

"전망이 괜찮으면 언제라도 돈을 더 투자할 수도 있다."

"저희 돈을 어디에 투자할 생각이세요? 구리인가요, 커피인가요, 아니면 돼지인가요?"

---

* 유산: 부모나 친척으로부터 물려받은 재산이다. 유산 상속은 대부분 유산을 물려주는 사람이 죽은 후에 이루어지며 유산을 받은 사람은 국가에 상속세를 내야 한다.

"우리 전문가가 그날 그날 시장의 상황을 봐서 결정하는 거라서 지금 뭐라고 말할 순 없단다. 오늘은 커피를 사고 이틀 후에는 돼지를 사는가 하면 사흘째 되는 날에는 외환을 살 수도 있지. 무얼 살 건지는 오로지 시장의 상황에 달려 있단다. 정기적으로 보고서를 받게 될 거다. 그걸 읽어보면 너희 돈이 어디에 얼마나 투자되었는지 그리고 그 결과가 어떻게 되었는지 알 수 있다. 자, 그럼 난 바빠서 이만 가봐야겠다. 다시 연락하자!"

말을 마치기가 무섭게 랍케 씨는 차를 몰고 사라졌다.

"너희한테는 미안하지만 난 저 아저씨 보면 볼수록 마음에 안 들어." 잔나가 잔뜩 찡그린 얼굴로 말했다.

"동업자라고 해서 꼭 마음에 들라는 법은 없어." 페터가 빈정거리는 말투로 잔나의 말을 받았다.

"어쨌든 다이아몬드는 진짜였잖아. 그건 의심할 여지가 없어." 펠릭스가 말했다. 바로 그때 페터의 아빠인 발저 씨가 다가왔다. 발저 씨는 자동차 닦는 헝겊에 손을 쓱쓱 문지르더니 아이들을 보며 물었다.

"테스타로싸 몰고 다니는 그 작자가 왜 자꾸 너희들을 만나러 오는 거냐? 너희들 설마 나쁜 일 시작한 건 아니겠지?"

"일을 시작한 건 맞는데요, 나쁜 일은 아니에요. 아빠는 잘 알지도 못하면서 왜 그런 생각을 하세요?" 페터는 언짢은 기색으로 말했다.

"내가 괜히 하는 생각이 아니다. 너를 잘 아니까 그렇지. 더군다나 아까 그 차 주인, 새파랗게 젊던데 무슨 수로 그런 고급 차를 몰고 다니는지 알 수가 없다. 나 같은 사람도 유지비가 많이 들어 몰 수가 없는 자동찬데. 그리고 나는 정직한 방법으로 돈을 버는 사람이다." 발저 씨는 퉁명스럽게 말했다.

"참, 아빠도!" 페터는 더 이상 말하기를 포기했다는 듯 한숨을 쉬었다.

잔나가 나중에 새로 만든 표를 보여 주었다.

"이익 98마르크 80페니히는 어디서 생긴 거니?" 페터가 물었다.

"우리 닭이 낳은 달걀을 팔아서 생긴 거야!" 잔나가 자랑스럽게 대답했다.

〈9월 9일 대차대조표〉

차변		대변	
프로그레스			
투자	10,000.00	자기자본	28,529.50
닭	110.00		
다이아몬드	998.00	이익	+98.80
지로 통장	17,105.70		
현금	414.60		
	28,628.30		28,628.30

✳

넬리가 품었던 달걀 때문에 일어났던 일은 시간이 지나면서 흐지부지되고 말았다. 가을이 점점 다가오고 있었다. 머지않아 잔나 엄마는 아이스크림 가게의 문을 당분간 닫고 이탈리아에 있는 스키장으로 떠날 예정이었다. 그러면 잔나는 할머니랑 둘이서만 집에 남아 있게 될 것이다. 그래서 잔나 엄마는 잔나가 키우는 닭 말고도 신경 쓸 일이 산더미 같았다. 더군다나 닭을 잡으려고 해도 그 일을 해줄 마땅한 사람이 없었다. 덕분에 잔나는 엄마가 닭을 잡지나 않을까 하는 걱정을 더 이상 할 필요가 없게 되었다. 페터가 말했던 것처럼 요리사가 없으니 요리를 할 수가 없었다. 그리고 겨울에는 달걀을 슈미츠 아저씨네 악기상에서 팔기로 했다.

하인첼 꼬마들 회사가 선물거래에 10,000마르크를 투자한 지 두 주일 정도 지났을 무렵, 학교에서 돌아온 펠릭스는 식탁 위에 회색 편지 봉투가 놓여 있는 것을 보았다. 편지는 프로그레스 투자회사에서 온 것이었는데 겉봉에 "펠릭스 블룸 귀하"라고 씌어 있었다. 펠릭스는 봉투를 찢어 내용물을 꺼냈다. 안에는 종이 두 장이 들어 있었다. 펠릭스는 첫 번째 종이에 적힌 것을 읽어 보았다.

저희 회사를 이용하시는 고객께 삼가 알려드립니다. 동봉하는 서류는 귀하가 저희 프로그레스 투자회사에 위탁하신 자금의 운용 결과와 현재 잔고 상태입니다. 질문이 있으시면 랍케 씨에게 문의하여 주시기 바랍니다. 안녕히 계십시오.

그 다음에는 누군가의 서명이 있었는데 도저히 알아볼 수가 없었다. 펠릭스는 두 번째 종이를 펼쳐 보았다. 거기에는 숫자들이 긴 줄을 이루며 가득 적혀 있었다. 펠릭스는 그 숫자들이 무얼 의미하는지 이해해 보려고 애썼지만 아무리 들여다보아도 이해가 안 갔다. 맨 아래쪽에는 굵은 글씨로 '현재 잔고 = 8,130마르크'라고 씌어 있었다.

펠릭스는 선물거래에 투자한 것이 어떤 결과를 낳을지 여러 가지로 상상을 해보기는 했어도 설마 투자한 지 겨우 두 주일만에 돈이 줄어들 것이라고는 꿈에도 생각해 본 적이 없었다. 이 숫자대로라면 거의 20퍼센트나 손해를 본 셈이 아닌가! 정말 기가 막힐 노릇이었다. 혹시 잔나 말대로 랍케 씨라는 사람한테 속은 건 아닐까? 갑자기 옆에서 아빠가 말을 거는 소리가 들려왔다.

"너 아주 심란해 보이는데 무슨 일이냐? 시험을 잘 못 쳤니?"

"아니, 그런 일 없어요."

"아니면 연애 편지라도 받았든지."

펠릭스는 화가 났다.

"아빠도 참! 저 페터네 집에 좀 잠깐 갔다올게요."

펠릭스는 아빠의 대답을 기다리지도 않고 식당을 뛰쳐나온 다음 창고에서 자전거를 꺼내 타고 페터네 주유소로 갔다. 페터는 펠릭스가 프로그레스 투자회사에 맡긴 돈의 현재 상태를 적은 종이와 편지를 내밀자 읽어보더니 믿어지지 않는다는 얼굴로 펠릭스를 바라보았다.

"이건 말도 안 돼. 이럴 리가 없어."

"뭐가 말이 안 돼, 분명히 8,130마르크라고 씌어 있잖아. 랍케 씨가 우리가 맡긴 돈으로 선물거래를 시작하자마자 손해를 본 거라고. 어쩌면 잔나가 생각했던 게 맞는 거 아닐까?"

"잔나가 어떻게 생각했는데?"

"잔나가 그랬잖아. 그런 비싼 자동차를 몰고 다니는 사람은 뭔가 좋지 않은 방법으로 돈을 버는 게 틀림없다고. 돈을 더 많이 손해 보기 전에 지금이라도 맡긴 돈을 돌려달라고 하는 게 좋을 것 같아." 펠릭스가 걱정스러운 표정으로 말했다.

"그러면 지금 손해 본 돈은 그냥 날려버리란 말야? 일단 조금만 더 기다려보자. 아직은 그 회사에서 우리 돈을 본격적으로 투자하지는 않았을 거야. 가장 좋은 방법은 랍케 씨한테 전화를 해서 어떻게 된 영문인지 알아본 다음 우리한테 약속한 70퍼센트 이익은 언제 생기는 거냐고 따지는 거야."

"벽돌 공장에 우리가 마음대로 쓸 수 있는 전화가 있다는 게 이럴 때 좋구나." 펠릭스가 말했다.

두 아이는 자전거를 타고 얼른 크렙스강 계곡으로 갔다. 자전거를 덤불 뒤에 숨기고 나서 벽돌 공장 안에 있는 사장실로 올라갔다. 그러고는 벽 뒤에서 페터가 감춰 놓은 구식 전화기를 꺼내 전화 코드에 연결했다. 페터는 프로그레스 투자회사에서 온 편지에 적힌 랍케 씨의 전화번호를 돌렸다.

"거기에 랍케 씨 계신가요?"

페터는 수화기에 대고 고래고래 소리를 질렀다. 멀리에 있는 상대방이 전화가 아니라도 자기 말을 알아듣기를 바라는 것처럼. 랍케 씨와 연결이 된 모양이었다. 페터는 다시 큰 소리로 말했다.

"네! 왜요?…… 그래요?…… 진짜요?"

잠시 후 페터는 전화를 끊었다.

"뭐래?" 펠릭스가 안달하며 물었다.

"랍케 씨였어. 우리가 왜 불평을 하는지 이해할 수가 없다는 거야. 모든 게 순조롭게 풀리고 있는데 왜 그러는지 모르겠대. 그런 일을 시작하려면 처음에는 으레 여러 가지 비용들이 들게 마련이라면서 그사이에 본 이익으로 벌써 그 비용들 중의 상당 부분은 보충이 됐으니 걱정 말라는 거야. 자기네가 보낸 계산서를 잘 읽어보면 거기에 그런 내용이 다 나와 있대. 그리고 지금까지처럼 일이 잘되면 2주일 후부터는 이익을 볼 거래."

"너 그 사람 말 믿니?"

"잘 모르겠어. 전화로 들을 때는 그럴듯하게 들리던걸. 게다가 이제 와서 중단하면 지금까지 본 손해를 만회할 길이 없잖아. 난 계속하는 데 찬성이야. 모험이 없이는 얻는 것도 없다고."

"이익이 70퍼센트라고 했지……." 펠릭스가 중얼거렸다.

"그만큼 됐으면 좋겠다!"

두 아이는 전화기를 다시 한쪽 벽의 구석에 잘 감추어 놓은 다음 쇤슈타트로 돌아왔다. 펠릭스가 페터와 함께 집에 도착하자 아빠가 기다리고 있었다.

"너한테 속달로 편지가 와 있다. 미국에서 왔더라. 아주 중요한 일인 모양이다."

당연히 중요한 일이었다! 페터가 시무룩한 표정으로 말했다.

"드디어 걱정하던 일이 일어난 거야. 이제 금화를 돌려주어야 한다고!"

편지는 식탁에 놓여 있었다. 봉투에는 인디언 얼굴이 그려진 우표가 붙어 있었으며 주소는 타자기로 찍혀 있었다. 펠릭스는 집게 손가락으로 봉투를 찢은 다음 속에 든 편지를 꺼냈다. 그러고는 손으로 쓴 그 편지를 페터에게 읽어 주었다.

마틴 S. 프리드만
스프루스 리버
뉴저지

친애하는 잠미에리 부인, 친애하는 블룸 씨, 친애하는 밭저 씨, 보내주신 편지에 감사드립니다. 편지를 받고 거의 놀랐습니다. 어떻게 자기 주소를 아셨습니까? 쉬슈타트와 연락이 끈긴 지가 아주 오래되었는데요. 그렇읍니다. 저는 베버 부인을 알고 있으며 예전에 클라리넷을 불었읍니다. 그래서 저한테 알려주실 소식을 무척 관심이 있읍니다. 그 소식을 빨리 가능한 한 저한테 알려주실 수 있으신지요? 이 편지 윗부분에 자기 전화번호가 적어 있읍니다. 전자우편으로도 연락이 가능합니다.
조만간 연락 주시기를 바라며.

마틴 S. 프리드만 드림.

펠릭스가 편지를 다 읽자 페터가 말했다.

"친애하는 발저 씨라, 근사하게 들리는데. 그런데 이 사람 어법이 엉망이네. 전에 우리 학교에 다녔다면서 어떻게 이럴 수 있지?"

"미국에 오래 살아서 우리말을 잊어버렸을 거야." 펠릭스가 대답했다.

"우리말을 제대로 기억하지 못할 정도면 미국에서 고생깨나 했나봐. 틀림없이 가난할 거야. 그러니까 우리가 금화 판 돈 10,000 마르크가 절실하게 필요할 거라고."

"미국에서 부자가 된 사람 중에 우리말을 잊어버린 사람들은 얼마든지 있어. 이 사람은 아마도 영어가 더 능통한 모양이지."

"그렇다고 뭐가 달라지니? 부자가 욕심은 더 많은 법이야."

"전화를 걸어 클라리넷 케이스에서 금화가 나온 얘기를 해야 할까?"

"너 미쳤니? 우리는 지금 시간을 벌어야 한다고. 시간은 돈이야! 우리가 시간을 벌수록 금화 판 돈을 투자해서 이익을 얻을 수 있는 시간이 많아지잖아. 그러니까 전화를 하지 말고 편지를 쓰자. 그리고 그 편지를 속달이 아니라 일반 우편으로 보내는 거야."

펠릭스는 페터와 함께 편지를 작성했다.

친애하는 프리드만 씨, 돌아가신 베버 부인의 유품 가운데 클라리넷이 하나 나왔습니다. 혹시 그게 프리드만 씨 소유였나요? 만일 그렇다면 알려드릴 중요한 소식이 하나 있습니다.

추신: 프리드만 씨의 주소는 쇤슈타트 시청에 문의해서 알았습니다.

펠릭스는 처음에 프리드만 씨에게 금화 이야기를 하자고 제안했지만 페터가 반대했다. 너무 위험하다는 것이었다.

"아직 그 사람에 대해서 아무것도 모르잖아. 그리고 시간을 벌어야 한다니까! 편지는 다음 주에나 보내자."

펠릭스는 페터 말대로 하기로 했다. 페터가 집으로 돌아가고 난 다음, 아빠가 펠릭스에게 미국에서 온 편지가 무슨 편지인지 물었다. 그러고는 미국에 살고 있는 돈 많은 삼촌을 찾기라도 했냐고 농담했다. 펠릭스는 아빠한테 금화 주인을 찾게 될 것 같다고 말했다. 아빠는 펠릭스의 대답을 듣더니 펠릭스를 대견하다는 눈빛으로 바라보았다.

"너희들 참 대단하구나. 돈 버는 일에만 정신이 없는 줄 알았더니 그게 아니라서 다행이다."

*

어느덧 여름이 완전히 지나가버렸다. 까마귀 떼가 쇤슈타트 숲을 떠나 펠릭스가 다니는 칸트 김나지움에 있는 보리수나무에 둥지를 튼 걸로 보아 확실히 가을이었다. 닭들이 낳는 달걀의 수가 점점 줄어드는 것도 가을이 깊어간다는 증거였다. 잔나는 닭들이 이제는 전처럼 알을 많이 낳지 않는 게 하나도 이상할 게 없다고 설명했다. 놓아 기르는 정상적인 닭들은 겨울에는 알을 낳지 않는다는 것이었다. 잔나 말에 따르면, 철사로 만든 여러 층으로 된 닭장 안에서 키우는 닭들만이 겨울에도 알을 낳는다고 했다. 페터는 잔나에게 우리도 그런 닭장을 만들 걸 그랬다고 말했다가 잔나로부터 핀잔만 들었다.

가을이 되었다는 걸 실감하게 해주는 건 뭐니뭐니 해도 역시 교내 교향악단에서 크리스마스 캐럴 연습을 시작한 일이었다. 펠릭스는 크리스마스 캐럴을 좋아했다. 펠릭스는 연습을 하는 동안 그동안의 크리스마스를 돌이켜보았다. 크리스마스 때에는 엄마 아빠가 싸우는 일이 거의 없었다. 어쩌다가 말다툼을 한다고 해도 돈 때문은 아니었다. 그리고 크리스마스 때에는 집 안에 촛불을 환하게 켜놓았다. 돌이켜보니 크리스마스 때는 항상 행복한 시간을 보냈다.

페터는 펠릭스와는 달리 크리스마스를 싫어했다. 정말인지는 몰라도 어쨌든 그렇게 말했다. 그리고 연습이 끝날 때마다 투덜거렸다.

"제발 다른 것 좀 했으면 좋겠는데. 만날 크리스마스 캐럴만 하고 있자니 지겨워 죽겠어."

어느 날 오후, 닭 모이를 주러 갔다가 아이들은 슈미츠 아저씨를 만났다.

"하도 오랫동안 못 봐서 얼굴도 잊어버릴 지경이었는데 오늘은 이 누추한 곳에 웬일이냐? 돈 버는 일에 너무 바빠서 나처럼 나이 많고 가난한 음악가는 거들떠볼 여유가 없는 모양이지?"

아저씨는 그사이에 아이들 발길이 뜸했던 것이 못내 서운했는지 잔뜩 비아냥댔다.

"돈을 벌다니, 무슨 말씀이세요. 마땅한 게 생길 때까지 당분간은 기다려볼 생각이에요." 펠릭스가 얼른 말했다.

아저씨한테 대놓고 거짓말을 한 것은 처음이라 양심에 가책이 되었다. 사실 금화가 어느 정도는 아저씨 것이라고 할 수도 있었기 때문이다. 하지만 자기네가 지금 기다리고 있다고 한 것은 거짓말이 아니었다. 프로그레스 투자회사에서 그리고 마틴 프리드만이라는 사람한테서 소식이 오기를 기다리고 있으니까 말이다. 펠릭스는 자기네가 70퍼센트에 해당하는 이익을 얻을 수 있는 데다 투자를 했다고 말하면 슈미츠 아저씨가 뭐라고 할까? 마음속으로 물어보았다. 어쩌면 아저씨도 잘했다고 할지도 모른다는 생각이 들었다. 하지만 그 생각이 아저씨에 대한 미안한 마음을 없애주지는 않았다.

"너희들 이제 슬슬 새로운 투자 대상을 물색해볼 때가 되지 않았니? 물론 텔레키드에 투자했던 게 하마터면 잘못될 뻔했던 경험 때문에 신중하게 행동하려고 하는 건 이해한다. 하지만 어차피 언젠가는 다시 투자를 해야지 돈을 마냥 그대로 갖고 있을 건 아니지 않니? 지로 통장에 있는 돈에는 이자가 안 붙는 법이다. 안전한 투자를 원하면 채권을 사든지 펀드에 투자를 하든지 아니면 국가에서 발행한 국채*를 사든지……."

"아니에요. 전부 다 저희한텐 위험부담이 너무 커요." 페터가 재빨리 아저씨의 말을 받았다.

"내가 말하는 게 뭔지 제대로 들어보지도 않고 왜 위험부담이 크다는 거냐? 국채를 산다는 건 너희가 국가에 돈을 빌려주는 거란다. 독일이 파산할 염려는 없으니 국채를 사는 건 위험하지 않아. 국채를 사면 일정 기간 후에 일정한 이자를 받게 된다. 요즘에는 금리가 6퍼센트 정도 된다고 하던데……."

"아니요. 지금은 아무 데도 투자할 생각 없어요. 좀 더 두고 볼 작정이에요." 이번에는 펠릭스가 말했다.

"이해를 못 하겠구나. 부자가 되겠다는 결심을 갑자기 바꾸기라도 했단 말이냐?" 슈미츠 아저씨는 의아해하는 얼굴로 물었다.

"그런 건 아니고요. 좀 더 차분히 생각해보기로 했어요. 요즘은 크리스마스 캐럴 연습을 하느라 다른 생각을 할 겨를이 없거든요. 돈 버는 일에만 신경을 쓸 상황이 아니라고요."

"애들이란 도무지 종잡을 수가 없다니까."

아저씨는 더 이상 아이들과 대화하기를 포기했다는 듯 악보 받침대 위에 놓여 있던 색소폰을 집더니 '이파네마에서 온 아가씨'를 연주하기 시작했다. 펠릭스는 슈미츠 아저씨가 그 자리에 서서 연주하는 모습이 마치 자기가 친구라고 믿는 사람들한테서 배반을 당하고도 전혀 모르고 있는 가엾은 아이처럼 보였다.

나중에 집에 갈 때 펠릭스는 페터에게 말했다.

"아저씨한테 다이아몬드 산 거랑 선물거래에 투자한 거 말씀드릴 걸 잘못했나 봐."

---

* 국채: 국가나 지방 자치 단체, 은행이나 회사 등이 필요한 자금을 꾸어 들이기 위해 발행하는 증권을 말한다.

367

"너 미쳤니? 보나마나 우리더러 잘못했다고 하실 거야. 텔레키드 살 때도 반대하셨던 거 잊었니?" 페터는 펄쩍 뛰었다.

"그래도 우리한테 도움이 될 만한 충고를 해주실 수는 있잖아."

"도움은 무슨 도움이 된다고 그래. 순전히 우리 힘만으로 부자가 될 수 있다니까."

＊

이틀이 지난 후 펠릭스는 누군가 자기네한테 충고를 해줄 수 있는 어른이 한 사람쯤 있다면 얼마나 좋을까 하는 마음이 간절했다. 랍케 씨가 다시 찾아왔기 때문이다. 아이들은 페터네 주유소에서 방풍 유리를 닦기도 하고 창문에 서리가 끼지 않도록 하는 약을 바르기도 하면서 시간을 보내고 있었다. 안개가 잔뜩 낀 추운 날씨라 유리창 닦는 걸레를 만질 때마다 축축한 습기가 손가락 마디마디마다 스며드는 것 같았다.

"이담에 부자가 되면 방풍 유리 닦는 일 따위는 절대로 안 할 거야." 페터가 말했다.

바로 그때 빨간색 테스타로싸가 요란한 소리와 함께 주유소 입구로 들어왔다. 차 문이 열리더니 랍케 씨가 손에 든 종이 한 장을 흔들면서 차에서 내렸다.

"애들아, 일이 잘 풀리고 있다. 아니지, 그냥 잘되는 정도가 아니라 아주 잘되고 있단다. 너희한테 좋은 소식을 직접 전할 수 있어 기쁘구나. 참, 이렇게 말로 할 게 아니라 너희 눈으로 확인하렴."

랍케 씨가 내민 종이는 전에 프로그레스 투자회사에서 받았던 편지처럼 줄지은 숫자들로 가득 메워져 있었는데, 펠릭스는 그 숫자들이 무얼 의미하는지 여전히 알 수 없었다. 다만 오른쪽 아래 굵은 글씨로 '현재 잔고=11,987.55마르크'라고 적힌 것만은 한눈에 들어왔다.

"어떠냐, 이제 선물거래라는 게 얼마나 빨리 이익을 내는지 알겠지? 시작한 지 겨우 3주밖에 안 되었는데 벌써 거의 2,000마르크나 번 셈이다. 거래에 따른 여러 가지 비용을 제했는데도 말이다. 우리 회사의 투자 담당 전문가들이 너희 돈을 구리의 매수 옵션에 투자했는데 구리가 엄청나게 뛰었단다."

"뛰었다니요?" 페터가 물었다.

"값이 오른 걸 말하는 거야." 펠릭스가 랍케 씨 대신 대답했다.

"거 봐, 우리가 선물거래 하자고 그랬잖아." 페터는 잔나를 돌아보며 말했다.

"글쎄……." 잔나는 아직도 시큰둥한 표정이었다. 랍케 씨가 다시 대화에 끼어들었다.

"너희들 이제는 내 말대로 투자한 것 불만 없겠지? 그리고 선물거래 시장의 돌아가는 사정을 볼 때 지금이 추가로 투자할 절호의 기회다. 그 말을 꼭 해주고 싶어서 내가 이렇게 일부러 찾아온 거야."

"추가로 투자하라니요?"

"값이 뛰고 있을 때 더 사들이라는 말이다. 값이 오르락내리락하는 선물거래 시장에서도 지금 같이 좋은 조건은 여간해선 만나기 어렵거든."

"저희가 돈을 더 내야 된다는 말씀인가요?" 펠릭스가 물었다.

"이익을 더 많이 보기 위해서 투자액을 늘리라는 거지."

"그럼 이익이 70퍼센트보다 더 많아지나요?" 펠릭스가 다시 물었다.

"그건 장담할 수 없다. 하지만 지금 구리 시세로 보아서는 얼마든지 가능한 얘기야. 세계 각국에서 전화선과 텔레비전 유선방송 가설이 증가하고 있기 때문에 구리 수요량이 늘어나고 있거든. 난 우리 회사 투자 담당 전문가들이 어떻게 그렇게 냄새를 잘 맡는지 매번 놀란단다."

"구리값이 벌써 많이 올랐다면서 앞으로 더 오르기를 기대하는 건 무리 아닌가요?"

"너희들 참 똑똑한 질문을 하는구나. 인정해줘야겠는걸. 구리값이 더 오를 가능성이 적다는 건 맞는 얘기다. 그래서 구리값이 한참 오르고 있을 때 얼른 사두어야 한다는 거지. 그래야만 구리 값이 최고로 치솟기 직전에 매수 옵션으로 얻은 권리를 이용해서 돈을 벌 수 있거든. 일주일 후에는 이미 늦을 수도 있단다."

"만일 지금부터 구리값이 떨어지기 시작하면 어쩌죠?"

"그러면 우리 전문가들이 구리의 매도 옵션을 살 거다. 바꾸어 말해서 떨어지기 전 가격으로 구리를 팔 수 있는 권리를 미리 확보해놓는 거지. 잘 생각해보렴. 그렇지만 한 가지는 기억해라. 때를 놓치면 후회해도 소용없다는 말이 있어. 그리고 너무 오래 생각하면 항상 때를 놓치는 법이다."

"시간은 돈이라는 말이 있잖아요." 펠릭스가 대꾸했다.

하지만 랍케 씨는 그 말을 듣지 못했다. 벌써 차에 올라탔기 때문이다. 랍케 씨는 아이들에게 잠깐 손을 흔든 다음 차를 몰고 사라졌다.

"우리를 협박하려는 수작이야. 보나마나 뻔하다고. 빨리빨리 결정하라는 건 우리한테 충분히 생각할 시간을 안 주려는 거야. 아무리 생각해도 정말 마음에 안 들어." 잔나가 입을 삐죽거리면서 말했다.

"하지만 그 사람의 말이 맞잖아. 우리가 만약에 텔레키드 파는 걸 너무 오래 망설였다고 생각해봐. 그럼 지금 가진 돈이 절반밖에 안 될 거야." 페터가 말했다.

"너야말로 우리가 만약에 텔레키드를 너무 늦게, 그러니까 주가 조작 사건이 터지기 직전에 샀다고 생각해봐. 그럼 우리는 지금 돈을 몽땅 날리고 빈털터리 신세가 되었을걸." 잔나가 지지 않고 대꾸했다.

"하지만 지금이 랍케 씨 말대로 투자를 더 하기에는 너무 늦었는지 아닌지 네가 어떻게 아니?" 페터가 따지듯이 물었다.

"내가 언제 그걸 안다고 그랬니? 그냥 그 사람이 재촉하는 게 마음에 안 든다고 했지."

펠릭스가 페터와 잔나의 말다툼을 보다못해 끼어들었다.

"일단 절반만 투자해 보면 어떨까? 우리 지로 통장에 아직 17,000마르크가 있으니까 그 중에서 8,500마르크만 더 투자를 하는 거야. 그 이상은 안 돼. 슈미츠 아저씨가 투자할 때 떠맡는 위험부담에도 한계를 정해야 한다고 했잖아."

"난 정말 모르겠어. 어쩐지 기분이 꺼림칙해. 너희는 마치 우리가 지금 이렇게 돈이 많다는 걸 당연한 일인 것처럼 받아들이는데 그게 사실 전부 우리 돈도 아니잖아. 그런데 그런 사람한테 거의 20,000마르크에 가까운 금액을 맡긴다는 건 아무리 생각해도 너무해. 잘 될 리가 없어!"

잔나의 반대에도 불구하고 펠릭스와 페터가 같은 의견이었기 때문에 결국 하인첼 꼬마들 회사는 선물거래에 추가로 8,500마르크를 투자하기로 결정했다.

18. 추가 투자

잔뜩 흐린 11월의 어느 날, 학교에서 돌아온 펠릭스에게 아빠가 물었다.

"너 베를린에 대해서 어떻게 생각하느냐?"

"느닷없이 베를린이라니요?"

아빠는 집 담벽에 기대 놓은 사다리 위에 서서 렌치*를 들고 빗물받이를 손보고 있었다. 땅바닥에는 낡은 파이프 조각들이 놓여 있었다. 몇 년 전부터 빗물받이의 홈통이 샌다고 엄마가 불평을 했는데 아빠가 드디어 그걸 고치기로 한 모양이었다. 빗물받이의 일부가 벌써 새 구리 파이프로 갈아 끼워져 있는 것이 보였다.

"베를린에서 살고 싶은 생각 있니?" 아빠는 사다리 위에서 아래를 향해 소리쳤다.

"아니요. 왜요?" 펠릭스도 아빠 못지않게 큰 소리로 대답했다. 아빠는 푸른색 작업복 주머니에 렌치를 집어넣더니 사다리를 내려왔다.

"베를린에 있는 큰 신문사에서 신문의 경제란을 맡아줄 경험 있는 편집인을 구한다고 하길래 거기에 이력서를 한번 내볼 생각이

---

* 렌치: 너트나 볼트, 파이프를 비틀어 돌리는 공구.

다. 베를린도 괜찮은 곳이다. 이것저것 시설도 많고 여러 가지 행사도 자주 열리고. 어쨌든 독일의 수도가 아니냐. 게다가 호수도 여러 개 있지……. 너랑 나랑 요트 타는 것도 배울 수 있을 테고."

"그렇지만 저는 베를린에 가서 살기 싫어요." 펠릭스는 갑자기 눈물이 나올 것 같았다.

"글쎄, 두고 보자. 아빠가 고쳐놓은 새 빗물받이가 어떠냐? 일자리가 없으니까 좋은 면도 있구나."

"전 아빠가 지금처럼 계속 집에 계셔도 전혀 상관없어요. 무슨 일이 있어도 베를린에는 가고 싶지 않아요."

"하지만 너도 알다시피 아빠가 내년부터는 실업 급여를 탈 수가 없단다. 그러니 무슨 일이라도 찾아봐야지. 참, 깜빡 잊었구나. 너한테 미국에서 또 편지가 왔더라. 식탁에 있으니 가서 읽어보렴."

"그래요?"

펠릭스는 아빠한테서 그 말을 듣기가 무섭게 부리나케 집 안으로 달려갔다. 급하게 서두른 나머지 하마터면 문지방에 걸려 넘어질 뻔했다. 펠릭스는 식탁에 놓인 편지를 집어 겉봉을 찢은 후 읽어보았다.

친애하는 잠피에리 부인, 친애하는 발저 씨, 친애하는 블룸 씨, 저는 12월 2일에 쉰슈타트에 도착할 예정입니다. 제가 탈 뉴욕발 비행기는 12월 2일 오후 1시에 프랑크푸르트에 도착합니다. 바이세스 크레우스가 아직도 있다면 저한테 거기를 방 하나가 예약해주시면 좋겠습니다. 그리고 12월 2일 저녁에 저에게 연락을 해주기 바랍니다.

조만간 뵙기를 고대하며.

마틴 S. 프리드만 드림.

펠릭스는 마음속으로 '드디어 올 게 왔구나.' 하고 생각했다. 금화에 얽힌 수수께끼를 풀었다고 생각하니 정말 뿌듯했다. 물론 아직 다 푼 것은 아니었지만 거의 다 푼 거나 다름없지 않은가! 12월 2일까지는 3주가 남아 있었다. 그때까지 선물거래가 잘되기만 바랄 뿐이었다. 하지만 만약에 랍케 씨가 투자를 잘못해서 하인첼 꼬마들 회사의 돈을 다 날리기라도 하면 어쩌지? 그렇게 되는 날엔 여름에 회사를 처음 세웠던 때나 마찬가지 형편이 되고 말 것이다.

"내가 이렇게 될 거라고 그랬지? 이제 금화를 넘겨줘야 한다는 건 정해진 사실이야. 내가 항상 말했지만 넌 정말 지나치게 착실하다니까. 덕분에 안 나가도 되는 돈이 나가게 생겼잖아." 페터는 속상하다는 표정으로 말했다. 그러더니 잠시 후 펠릭스를 향해 다시 말을 했다.

"하지만 나도 어떤 사정으로 금화가 클라리넷 케이스 안에 숨겨진 건지 궁금하긴 해. 마틴 프리드만이라는 사람 부자일까?"

"가난뱅이 주정꾼인지도 모르지, 뭐."

"그런 사람이 독일에 오려고 비행기를 탔단 말이야? 아냐, 그럴

375

리 없어. 미국 사람들은 대개 부자라고 하던걸. 우리 형이 아는 사
람 하나가 삼촌이 미국에 사는데 아주 부자래. 가지고 있는 농장
의 땅이 얼마나 넓은지 자동차를 타고 하루 종일 돌아다녀도 다
돌아보지 못할 정도라던데."

"그게 사실이니?"

"형 말로는 그렇대."

"그런데 프리드만 씨라는 부자 미국인이 오면 그 사람이랑 뭘
하지?" 펠릭스는 약간 걱정스러운 표정으로 물었다.

"그 사람 원래는 미국인이 아니라 쇤슈타트 사람이야. 내 생각
엔 첫 번째로 할 일은 바이세스 크레우스 호텔에 가서 방을 하나
예약하는 일일 것 같아."

"그 사람이 우리가 어른인 줄 알고 있나 봐. 편지에다 존댓말을
썼잖아."

"더 잘됐지, 뭐. 우리가 어린 나이에 대단한 일을 했다고 깜짝
놀랄 거야. 그리고 우리가 클라리넷을 보여주면 자기 농장 땅을
조금 떼어줄지도 몰라. 그렇지 않으면 혹시 말 한 마리랑 캐딜락
을 선물할지도 모르지."

"너 어지간히 뻔뻔스럽다."

펠릭스는 페터를 핀잔하듯이 말은 했지만 자기도 모르게 웃음
이 나왔다. 페터랑 얘기를 하다 보면 어떤 게 진짜고 어떤 게 페터
가 생각해낸 건지 아리송해질 때가 많았다. 펠릭스는 페터의 그런
점이 좋았다. 펠릭스는 페터에게 베를린을 어떻게 생각하느냐고

물어보았다. 그리고 베를린에 있는 신문사에 일자리가 나서 자기 아빠가 그걸 알아보려고 한다는 것과 어쩌면 금방 쇤슈타트에서 이사가야 할지도 모른다는 얘기를 했다.

"말도 안 돼. 모든 게 네 생각하고는 다를 거야. 두고 보라고."

페터의 말이 맞았다. 정말 모든 게 펠릭스가 생각했던 것과는 완전히 다른 방향으로 진행되었다. 그렇다고 해서 페터가 예상했던 대로만 진행된 것도 아니었지만.

프리드만 씨로부터 편지를 받은 지 이틀 후인 금요일이었다. 펠릭스가 학교에서 돌아와보니 식탁에 편지 하나가 놓여 있었다. 겉봉에는 미국 우표가 아니라 독일 우표가 붙어 있었다. 펠릭스의 주소가 적혀 있었는데 보내는 사람의 이름은 적혀 있지 않았다. 펠릭스가 봉투를 열어 보니 편지는 프로그레스 투자회사에서 온 것이었다. 랍케 씨가 하인첼 꼬마들 회사가 한 선물거래의 최근 진척 상황을 알려주는 내용이었다.

펠릭스는 일렬로 늘어서 있는 숫자들을 대충 훑어보고 오른쪽 아래에 굵은 글씨로 인쇄된 숫자를 찾아보았다. 그러고는 눈앞이 캄캄해졌다.

그사이에 펠릭스는 마음속으로 종종 선물거래에 투자한 결과가 어떻게 되었을지 온갖 상상을 다 해보았다. 자기네가 맡긴 돈 18,500마르크가 어쩌면 프로그레스 투자회사의 투자 전문가들 덕분에 벌써 37,000마르크가 되었을지도 모른다는 생각, 혹시 그보다는 조금 적을 수도 있다는 생각, 아니 오히려 그보다도 더 많을

지도 모른다는 생각 등등…….

그런데 지금 받은 이 편지에는 하인첼 꼬마들 회사의 최근 잔고가 4,837마르크 39페니히라고 적혀 있는 게 아닌가! 기가 막힐 노릇이었다. 펠릭스는 편지를 처음부터 끝까지 다시 한번 훑어보면서 도저히 이해할 수 없는 이 사실을 설명해줄 만한 어떤 단서라도 있는지 찾아보았다. 하지만, 아무것도 없었다. 하인첼 꼬마들 회사의 현재 잔고는 4,837마르크 39페니히였다. 이 숫자가 맞다면 선물거래의 결과 투자액은 4분의 1로 줄어든 셈이었다. 절반도 아니고 4분의 1로!

펠릭스는 점심도 안 먹고 자전거에 올라타 페터네로 달려갔다. 가는 도중에 내내 머릿속에 갖가지 생각이 꼬리를 물고 떠올랐다. 선물거래가 잘못되는 바람에 텔레키드 주식으로 번 돈이 몽땅 사라지고 말았다. 이제 미국에서 오는 프리드만 씨가 자기 금화 판 돈을 돌려 달라고 요구하면 하인첼 꼬마들 회사의 전 재산을 내주어야 할 판이었다. 그리고 지금 남아 있는 돈마저 날리게 된다면 프리드만 씨에게 돌려줄 돈조차 남아 있지 않게 될 것이다. 그러면 프리드만 씨는 뭐라고 할 것인가? 어쩌면 이렇게 호통을 칠지도 모르는 일이었다.

"고작 이런 소식을 알려주려고 나를 미국에서 여기까지 오게 만들었단 말이냐? 너희들 정말 괘씸한 녀석들이로구나!"

일이 이렇게 된 이상 랍케 씨한테 하루라도 빨리 남은 돈을 돌려달라고 하는 게 상책이었다!

펠릭스가 페터네 주유소에 도착했을 때 페터는 계산대 있는 곳에서 치즈 빵을 먹고 있던 중이었다. 페터는 펠릭스가 내민 편지를 읽어 보더니 얼굴이 창백해졌다.

"뭔가 잘못된 게 틀림없어. 당장 랍케 씨한테 전화해야겠다."

두 아이는 쏜살같이 벽돌 공장으로 달려갔다. 하지만 전화기를 연결한 다음 전화번호를 돌리려고 하는데 전화기에서는 아무 소리도 들리지 않았다. 페터는 화가 나서 씩씩거렸다.

"에잇! 전화선이 불통이야. 누군가 우리가 여기에서 공짜로 전화하는 걸 눈치챘나 봐. 그렇지 않아도 화가 나는 판에 이 일까지 속을 썩이다니! 하지만 별 수 없지, 뭐. 주유소에 가서 전화를 걸어야겠어."

펠릭스와 페터는 자전거를 타고 부리나케 다시 주유소로 갔다. 그러고는 계산대 있는 곳으로 뛰어가 전화기를 집어 든 다음 프로그레스 투자회사로 전화했다.

"안녕하세요. 제 이름은 페터 발저라고 하는데요, 랍케 씨하고 통화할 수 있나요? 네, 기다릴게요."

"연결해준대." 페터는 펠릭스를 돌아보며 작은 소리로 말했다. 바로 그 순간, 페터의 아빠가 들어와 퉁명스러운 어조로 물었다.

"여기서 대체 뭣들 하는 거냐?"

"일 때문에 전화를 하는 거예요." 페터는 가능한 한 별것 아니라는 표정을 지으면서 대답했다.

"그럼 일 얘기 빨리 끝내라. 설마 오후 내내 전화통을 붙잡고 있을 심산은 아니겠지?"

발저 씨는 말을 마치더니 곧장 나가버렸다. 전화가 연결이 되었는지 페터가 전화기에 대고 소리를 쳤다.

"랍케 씨세요? 네, 안녕하세요. 뭐 좀 여쭤보려고요. 보내주신 편지에 4,837마르크라고 적힌 것, 잘못된 거죠? 인쇄가 잘못된 것, 맞죠? ······ 뭐라고요? ······ 네, 하지만 어째서······."

페터는 한참 동안 아무 말 없이 랍케 씨가 하는 얘기만 듣고 있었다. 그러더니 기운 없는 목소리로 중얼거렸다.

"손해를 메우고 이익을 보려면 추가로 투자를 해야 한다고요. 글쎄요······. 친구들하고 의논을 해 보아야겠어요. 그럼 안녕히 계세요. 네, 다시 전화 드릴게요."

통화를 하는 동안 페터의 얼굴은 점점 더 창백해졌다. 그리고 평소와는 딴판으로 축 쳐진 모습이었다. 펠릭스는 페터가 전화기를 내려놓기 무섭게 물었다.

"그래서? 어떻게 된 거래?"

"편지에 쓰여 있는 게 맞대."

"4,837마르크밖에 안 남았다는 게 사실이란 말이야? 우리 전 재산의 절반이 없어졌다는 거야?"

"그래. 우연히 안 좋은 일이 생겨서 그렇게 되었대. 지금으로선 어쩔 수가 없대."

"우연이라고?"

"랍케 씨가 한 말을 제대로 다 옮길 수 있을지는 모르겠는데 대충 이랬어. 그 회사 투자 전문가들이 우리 돈을 구리에, 그러니까 구리를 선물거래하는 데 투자했대. 그런데 갑자기 아프리카의 어디선가 구리 광맥이 발견되었다는 소문이 나돌았다는 거야. 그리고 그 소문이 퍼지자 다들 구리가 남아돌까 봐 걱정을 하는 바람에 구리값이 떨어졌대. 그래서 우리 이름으로 한 구리 매수 계약도, 그래, 분명히 계약이라고 했어, 갑자기 가치가 폭삭 떨어진 거래. 하지만 랍케 씨가 걱정할 것 없다고 했어. 왜냐 하면 구리 광맥이 발견되었다는 건 헛소문이라는 거야. 구리값이 금방 다시 오를 거래. 우리더러 구리값이 이렇게 곤두박질쳤을 때가 오히려 추가 투자를 하기에 좋은 기회니까 그렇게 하는 게 어떻겠느냐고 하던걸."

"추가 투자를 하라고?"

"내가 제대로 알아들었다면 랍케 씨는 우리가 돈을 더 투자해야 한다는 거야. 그래야 이제까지 본 손해를 메울 수 있대."

"뭐라고? 그 사람 제정신이 아닌 모양이다. 이제까지 손해 본 것도 억울한데 돈을 더 투자하라니, 우리더러 가진 돈을 다 날리라는 말이야? 절대로 안 돼!"

펠릭스는 자기도 모르게 언성을 높였다.

"랍케 씨 말로는 우리가 지금 추가 투자를 하지 않으면 지금까지 투자했던 돈을 다 잃어버릴 가능성이 있대. 추가로 돈을 투자해야만 지금 남아 있는 돈이랑 합쳐서 앞으로 이익을 끌어낼 승산이 있다는 거야."

"앞으로 어떻게 될지는 상관없어. 우리 돈은 한 푼도 더 투자 못 해!"

"그러다가 랍케 씨 말대로 지금 남은 돈마저 다 없어져버리면 어떻게 해? 그 사람 말이 맞는지도 모르잖아. 어쩌면 이제까지 본 손해를 만회할 길이 있는지도 몰라."

펠릭스는 머릿속으로 계산을 해보았다. 지금 통장에 남아 있는 돈이 8,500마르크 정도 되었다. 적은 금액이라고는 할 수 없었다. 게다가 다이아몬드도 있었다. 그리고 둘 다 다행히도 은행에 보관 돼 있으니 안전하다.

하지만 다른 한편으로 생각해보면 선물거래에 투자하기 전에는 훨씬 더 많은 돈을 가지고 있었다. 이제 머지않아 미국에서 프리드 만 씨가 찾아오면 가지고 있는 걸 몽땅 내주어야 하게 될지도 모르 는 일이었다. 그렇게 되면 부자가 되겠다고 결심했던 처음과 마찬 가지로 빈털터리 신세가 될 것이다. 아무리 생각해봐도 어떻게 해 야 할지 알 수가 없었다. 어쩌면 페터의 말처럼 위험부담이 있더라 도 투자를 더 하는 것이 옳을지도 몰랐다.

"벽돌 공장에서 임원회의를 소집하는 게 좋겠어." 펠릭스가 드 디어 결심했다는 듯 말했다.

"랍케 씨가 서둘러야 한댔어. 자칫하면 때를 놓칠 수도 있대."

"아무리 시간이 없다고 해도 임원회의 할 시간은 필요해. 잔나 한테 무슨 방법이 있을지도 모르는 일이잖아."

"말도 안 되는 소리 하지 마. 잔나라고 해서 무슨 별다른 수가 있을 것 같아?"

람케 씨와의 전화 통화로 기가 죽었던 페터는 어느덧 원래 모습을 절반쯤 되찾았는지 큰 소리로 펠릭스에게 면박을 주었다.

그렇지만 펠릭스 주장대로 임원회의를 하는 것이 사실 그리 나쁜 생각은 아니었다는 게 곧 밝혀졌다. 왜냐하면 세 아이가 벽돌 공장의 사장실에 모여 앉아 벽난로에 불을 지피고 얘기를 나누는데, 잔나가 펠릭스와 페터가 생각하지 못했던 의문을 제기했기 때문이다.

"체 모나, 분명히 뭔가 꿍꿍이속이 있어. 내가 그 사람한테 돈 맡기는 거 어쩐지 안 내킨다고 했잖아. 우리 돈을 벌써 그렇게 많이 날렸으면서 무슨 돈이 또 필요하대? 이제부터라도 이익을 볼게 확실하다면 적긴 하지만 일단 지금 남아 있는 돈으로 하면 되잖아."

"흠……. 그 생각은 미처 못 했는걸. 네 말이 맞아." 페터가 잔나의 의견에 고개를 끄덕였다.

"난 그 사람 생각을 이해할 수는 있어. 아무것도 투자 안 하면 아무것도 생기는 게 없고, 적게 투자하면 이익이 적게 생기고, 많이 투자하면 이익도 많이 생길 테니까. 이번이 정말로 좋은 기회라면 투자액이 많아야 이익도 많아져서 그 사이 손해 본 것을 메울 수 있을 거라는 얘기야. 지금 그 사람이 가지고 있는 5,000마르크 정도로는……." 펠릭스가 말했다.

"그 사람이 가지고 있는 게 아니라 우리가 가지고 있는 돈이야."

잔나가 펠릭스의 말을 가로챘다.

"물론이야. 나도 알고 있다고. 지금 있는 돈 5,000마르크에 대해서 70퍼센트의 이익을 남긴다고 생각해 봐. 그러면 3,500마르크가 될 거야. 합치면 8,500마르크가 되는 거지. 그래도 우리가 원래 투자했던 돈보다는 훨씬 적은 돈이잖아."

"너 계산 한번 잘한다. 하지만 그 투자 전문가라는 사람들이 또 상황 판단을 잘못하면 어쩌니? 구리값이 오를 거라는 생각이 빗나가면 어쩔 거냐고? 그리고 랍케라는 사람이 만약 사기꾼이라면?" 잔나가 따지듯이 물었다.

"그 사람이 사기꾼이 아니라면? 만약에 이게 우리가 진짜 부자가 될 수 있는 마지막 기회인데 놓치는 거라면 어떻게 해? 그리고 미국에서 오는 프리드만 씨가 자기 금화를 돌려달라고 해서 우리한테 남아 있는 돈을 다 내놓아야 한다면 어쩌지?" 페터도 지지 않고 응수했다.

아무도 자신있게 대답할 수 없었다. 아이들은 잠자코 앉아 벽난로의 불꽃이 칙칙거리며 타오르는 소리에 귀를 기울이면서 저마다의 생각에 잠겼다.

펠릭스는 머리를 쥐어짜보았다. 이렇게 생각하면 페터의 말이 옳은 것 같고, 저렇게 생각하면 잔나의 말이 맞는 것 같았다. 도무지 마음을 정할 수 없었다. 어떻게 해야 할까?

"우리 형 말이 한참 달리던 도중에 방향을 바꿀 수는 없는 거래." 페터가 생각에 잠긴 음성으로 침묵을 깼다.

"그게 대체 무슨 소리야?"

"내 생각엔 일단 시작한 일이니까 죽이 되든 밥이 되든 끝까지 밀고 나가는 수밖에 없을 것 같아."

"내 생각도 그래." 펠릭스가 찬성했다.

"너희들 무슨 말 하는 거니? 설마 우리가 돈을 더 투자해야 한다고 말하려는 건 아니겠지?"

잔나가 믿을 수 없다는 표정으로 두 아이를 쳐다보았다.

"통장에 남아 있는 돈 8,500마르크도 선물거래에 투자하는 게 좋겠어." 펠릭스가 드디어 결심했다는 듯이 말했다.

"말도 안 돼!" 잔나의 대꾸는 거의 신음에 가까웠다.

"그래야 적어도 이제까지 본 손해를 만회할 기회가 있잖아." 페터가 말했다. 펠릭스가 잔나를 달래는 태도로 말을 건넸다.

"구리값이 설마 계속 떨어지기야 하겠니?"

세 아이는 한참 동안을 아무 말 없이 앉아 있었다.

마침내 잔나가 입을 열었다.

"난 투자를 더 한다는 게 정말 정신 나간 짓이라고 생각해. 그래도 그렇게 하겠다면 말리지 않겠어. 이제 와서 내가 말린다고 해봤자 너희가 내 말을 들을 리도 없잖아. 하지만 만약 일이 잘못되는 경우엔 각오해. 가만히 안 있을 테니까."

"어떻게 할 건데?"

"끝장을 내줄 거야. 너희 둘 다!"

"걱정 마. 잘못되지 않을 거야."

세 아이는 주유소로 돌아와서 폰뱅킹을 통해 프로그레스 투자
회사에 정확히 8,500마르크를 송금했다. 펠릭스는 어쨌든 일을 처
리하고 나니 한시름 놓이는 기분이었다. 그리고 당분간은 선물거
래에 투자한 이 어마어마한 총액에 대해서는 더 이상 생각하고 싶
지도 않았다.

19. 문을 활짝 열어라

펠릭스 아빠 블룸 씨는 12월 첫 번째 월요일에 베를린에 갈 예정이었다. 며칠간 그 곳에 머물면서 신문사 일자리를 본격적으로 알아보기로 했다.

"당신, 월급 얘기 나오면 그 사람들한테 너무 호락호락 당하지 말아요. 베를린은 물가가 비싸다고요."

아빠가 떠나기 며칠 전, 저녁 식사 시간에 엄마는 아빠한테 단단히 다짐을 받으려는 듯 정색한 얼굴로 말을 꺼냈다.

"알았어, 알았다고." 아빠는 짜증스러운 표정으로 대꾸했다.

"당신 늘 알았다고 하면서 정작 그 말을 해야 할 순간에는 잊어버리잖아요. 자기가 한 가정의 가장이라는 사실도 까맣게 잊는 것 같다니까요."

엄마 아빠는 결국 격렬한 말다툼을 벌이고 말았다. 펠릭스는 한 마디도 듣고 싶지 않았다. 쇤슈타트를 떠나 어디론가 이사를 간다는 건 생각만 해도 싫었다. 베를린이든 어디든 다 싫었다. 게다가 지금은 프로그레스 투자회사에서 소식이 오기를 눈이 빠지게 기다리고 있는 입장이 아닌가! 하인첼 꼬마들 회사는 사실 선물거래라는 종이 한 장에 가진 돈을 몽땅 건 셈이었다. 선물거래의 결과가 어떻게 되느냐에 따라 큰 부자가 되거나 아니면 전 재산을 다

날리거나 둘 중 하나였다. 어느 쪽이 될지 조만간 판가름이 날 것이다. 소식이 오기를 기다리는 일보다 더 괴로운 건 선물거래에 투자한 일에 대해 엄마 아빠와 한 마디도 의논할 수 없다는 사실이었다.

첫 번째 대림절에 세 아이가 다니는 칸트 김나지움의 대강당에서 크리스마스 연주회가 열렸다. 그 연주회는 항상 교내 교향악단의 가장 큰 행사였다. 단원들은 벌써 한 달째 일주일에 두 번씩 연습을 계속하고 있었다. 그런데도 불구하고 교향악단을 맡고 있는 뵘-베바르크 선생님은 연주회가 며칠 안 남았을 때까지도 아이들의 연주에 만족하지 못했다. 선생님은 바이올린 음색이 깨끗하지 못하고, 첼로 연주자들의 태도가 단정치 못하다며 트집을 잡았다. 또, 목관 악기 연주자들에게는 자꾸만 정확한 때를 맞추지 못한다며 야단을 쳤다. 하지만 교향악단 단원들은 자기네의 연주가 형편없어서 선생님이 그렇게 야단을 친다고 생각하지는 않았다. 선생님이 그렇게 흥분하는 것은 연주회가 있을 때마다 매번 되풀이되는 일이었기 때문이다.

크리스마스 연주회 프로그램에는 코렐리의 곡과 레너드 번스타인의 웨스트사이드 스토리에서 따온 조곡이 있었다. 그 조곡은 뵘-베바르크 선생님이 특별 연주곡으로 만든 것으로 클라리넷 독주가 포함되어 있었는데 펠릭스가 그 클라리넷 연주를 맡게 되었다. 펠릭스는 처음에는 자기가 독주를 하게 된 것이 무척 자랑스러웠다. 하지만 연주회가 열릴 첫 번째 대림절인 11월 30일이 다가올수록 점점 커지는 불안감을 억누를 수가 없었다. 뷤-베바르크 선생님은 몇 번이나 펠릭스가 연습을 게을리 한다고 나무랐다.

실제로 펠릭스는 연습에 집중할 수가 없었다. 자꾸만 선물거래에 투자한 돈이 어떻게 되었는지 걱정이 되었기 때문이다. 학교가 끝나고 집에 갈 때마다 제발 랍케 씨한테서 편지가 와 있기를 빌었지만 랍케 씨는 감감무소식이었다.

"어쩌면 우리 돈을 관리하는 투자 전문가들이 지금 한창 여기저기에 투자를 하고 있는 중인지도 몰라."

페터는 이렇게 말하면서 펠릭스의 불안감을 누그러뜨리려고 했다. 하지만 페터 자신도 자기가 한 말을 믿지 못하는 눈치였다. 잔나는 아예 아무 말도 하지 않았다. 또 한 번은 페터가 답답하다는 듯 소리를 치기도 했다. "빌어먹을, 이대로 마냥 기다리고 있을 순 없어." 그렇지만 페터도 구체적으로 무얼 어떻게 하자는 묘안이 없었다.

크리스마스 연주회를 이틀 앞둔 11월 28일 금요일이었다. 그날 오후 4시에 단원들은 모두 학교에 모여 연주회의 최종 연습을 하기로 되어 있었다. 그래서 학교 수업이 한 시간 단축되어 12시에 수업이 끝났다. 집으로 가는 도중에 펠릭스는 갑자기 더 이상 참을 수 없다고 느꼈다.

"정말 안 되겠어! 돈을 돌려달라고 하자!" 펠릭스가 소리쳤다.

"지금 당장?" 잔나가 물었다.

"그래. 랍케 씨가 우리한테 아무 연락도 안 한 지가 벌써 2주나 되었잖아. 분명히 뭔가 문제가 생긴 거야. 지금이라도 프랑크푸르트에 전화를 해서 랍케 씨한테 우리 돈을 돌려달라고 해야겠어. 남은 돈을 몽땅 보내라고 하는 거야. 한시라도 빨리 말이야!"

"그럼 여태까지 본 손해는 어떻게 하고? 메울 방법이 없잖아." 페터가 말했다.

"상관없어. 처음부터 잔나 말대로 하는 건데 그랬어. 뭔가 수상하다고. 얼른 전화 해보자. 지금 당장!"

"알았어. 전화를 해보는 거야 나쁠 것 없지, 뭐. 어쩌면 왜 그동안 연락을 못 했는지 알게 될지도 모르니까. 손해를 메우기 위해 적당한 투자 대상을 물색하느라 바빠서 그랬을 수 있어. 처음에도 잠깐 손해를 보다가 나중에 그걸 메웠잖아." 페터가 말했다.

어느새 페터네 주유소에 도착했다. 세 아이는 부리나케 전화기가 있는 곳으로 달려갔다. 손님이 두고 간 차에 엔진오일을 갈아 넣고 있던 발저 씨가 의심쩍어하는 표정으로 아이들을 쳐다보았다. 페터는 프로그레스 투자회사에서 온 마지막 편지를 꺼내 편지지 위쪽에 적힌 전화번호를 누른 다음 전화기를 귀에 대고 기다렸다. 그러더니 갑자기 창백하게 굳은 얼굴로 아무 말 없이 전화기를 펠릭스에게 건네주었다. 전화기에서는 처음에 "삐……." 소리가 나더니 잠시 후 아무런 감정이 실리지 않은 밋밋한 말소리가 흘러나왔다. "지금 거신 전화번호는 당분간 연결이 불가능합니다."

"나한테 줘봐."

잔나가 전화기를 향해 손을 내밀었다. 전화기를 받아든 잔나는 잠깐 귀를 대고 있더니 전화기를 내려놓았다. 그러고는 전화기에서 흘러나왔던 목소리처럼 아무 감정이 담겨 있지 않은 억양으로 말했다.

"드디어 때가 되었군."

"무슨 때?" 펠릭스가 멍한 표정으로 물었다.

"너희를 끝장내줄 때가 되었단 말이야."

"왜? 어쩌면 랍케 씨는 지금 휴가 중인지도 모르잖아. 아니면 화장실에 갔거나." 펠릭스는 다시 전화기를 집어 들려고 했다. 잔나가 얼른 펠릭스의 손을 가로막았다.

"그만둬. 화장실에 간다고 전화 사용을 중지하는 신고를 하는 사람이 어디 있니? 그리고 랍케 씨가 만약 휴가를 갔다고 해도 전화국에 사용 중지 신고를 해놓았을 리는 없어. 자동 응답기를 틀어놓았겠지. 어떤 사람의 전화번호가 연결이 안 된다는 안내 방송이 나오는 건 전화국에서 그 번호에 사용 중지 처리를 했다는 얘기야. 예를 들면 그 사람이 전화요금을 몇 달간 안 내거나 하면 그렇게 해."

"그러니까 네 말대로 그 사람, 정말 사기꾼이란 말이지." 페터가 기운 없는 목소리로 말했다.

"그럴 거야. 틀림없이 우리 돈을 가지고 줄행랑을 쳤을걸."

"나쁜 놈." 페터가 중얼거렸다.

"피치 못할 사정이 있는 건 아닐까? 어쩌면 내일이라도 랍케 씨가 연락을 해서 자초지종을 얘기해 줄지도 몰라." 펠릭스는 마지막까지 희망을 버릴 수 없었다.

"말도 안 되는 소리 하지 마. 우리 돈이 몽땅 사라진 거야. 부자가 된다는 꿈은 이제 물거품이 된 거라고."

"나쁜 놈!" 페터가 이번에는 큰 소리로 욕을 했다.

"이제 어쩌지?" 펠릭스가 물었다.

"지금은 뭐라고 할 말이 없어." 잔나가 대답했다.

"너 우리 끝장을 내놓겠다며?"

"포르카 미제리아. 너희들은 나한테 혼나지 않아도 벌써 벌을 받은 셈이야."

잔나의 말을 듣고 나서야 비로소 펠릭스는 자기네한테 어떤 일이 일어났는지 실감할 수 있었다. 테스타로싸를 몰고 다니던 랍케 씨는 사기꾼이었다. 그 점은 더 이상 의심할 여지가 없었다. 그리고 자기가 발견한 금화는 이제 사라져버렸다. 그야말로 흔적도 없이 사라져버린 것이다. 하인첼 꼬마들 회사는 여름에 처음 사업을 시작할 때와 마찬가지 처지가 되고 말았다. 부자가 되겠다는 계획은 허사로 돌아가 버렸다. 사기꾼의 꼬임에 넘어가 완전히 일을 그르치고 만 셈이었다. 펠릭스는 눈앞이 캄캄해졌다. 발저 씨가 아이들에게 다가오더니 물었다.

"너희들 대체 무슨 일이냐? 안 좋은 일이라도 생겼느냐?"

"별거 아니에요. 학교에서 조금 문제가 있었던 것뿐이에요." 페터가 얼른 대답했다.

"항상 말썽이라니까."

발저 씨는 다행히도 자세히 캐묻지 않고 다시 자기 일하던 곳으로 되돌아갔다. 세 아이는 한참 동안을 멍하니 허공을 응시한 채 가만히 앉아 있었다. 마침내 잔나가 일어서더니 펠릭스의 어깨에 팔을 두르더니 말을 꺼냈다.

"이번 일이 우리한테 뭔가 유익한 경험이 될 수도 있을 거야."

펠릭스는 당장이라도 터져 나올 것 같은 울음을 겨우 참았다.

"뭔가 방법이 있나 찾아봐야겠어. 이대로 넘어갈 순 없다고!" 페터가 강경한 어조로 말했다.

"어쩌면 이게 모두 착오인지도 몰라." 펠릭스가 중얼거렸다.

"착오가 아니란 건 너도 잘 알잖아. 아무리 인정하고 싶지 않아도 어쩔 수 없어. 우리 돈을 날려버린 거야. 슈미츠 아저씨한테 뭐라고 얘기해야 할지나 생각해보자." 잔나가 말했다.

"어휴, 그러고 보니 그것도 있었네. 잔나 말이 맞아. 아저씨한테 말씀드려야 해. 그러지 않으면 너무 비겁한 거야." 페터가 한숨을 쉬며 말했다.

"그래, 알았어. 어쨌든 다이아몬드라도 남아 있으니 다행이다. 그건 적어도 안전하겠지." 펠릭스가 말했다.

*

슈미츠 아저씨는 악기점을 찾아온 세 아이를 호들갑스럽게 맞았다.

"아이고, 귀하신 분들이 이 누추한 곳을 다 찾아주다니 이거 영

393

광이로구나. 정말 반갑다. 너희들 드디어 새로 투자를 하기로 하고 의논하러 온 거냐, 아니면 겨울에 닭을 어떻게 할 건지 알려주려고 왔느냐? 그런데 잠깐만, 왜 다들 이렇게 잔뜩 찌푸린 얼굴을 하고 있지? 너희들 다투기라도 했느냐? 아니면 학교에서 무슨 안 좋은 일이라도 있는 거냐?" 아저씨는 세 아이를 번갈아 쳐다보며 질문을 퍼부었다.

"아저씨한테 말씀드릴 게 있어요." 펠릭스가 머뭇거리며 말을 꺼냈다.

"말해보렴, 막지 않을 테니."

"가게 뒷방으로 가도 되나요?"

"물론이지. 너희들 무슨 일인지는 몰라도 사람 참 긴장하게 만드는구나."

슈미츠 아저씨는 아이들을 데리고 가게 뒷방으로 갔다. 방 안은 여느 때와 다름없이 어질러져 있었다. 아저씨는 의자에 놓여 있던 색소폰을 치우면서 아이들에게 말했다.

"아무 데나 편한 데 앉아라. 그리고 도대체 문제가 뭔지 어서 말해보렴. 너희들 무슨 일을 저지른 거냐?"

"그런 셈이에요."

펠릭스는 아저씨에게 그사이에 일어났던 일을 하나도 숨김없이 얘기했다. 랍케 씨를 알게 된 일, 다이아몬드를 사게 된 것, 선물거래에 발을 들여놓게 되었는데 어쩔 수 없이 자꾸만 추가로 투자를 하는 바람에 막대한 금액을 손해 보았다는 이야기, 그리고 랍케 씨 전화가 불통이라는 것까지 모두 털어놓았다. 마지막으로는 이렇게 덧붙였다.

"이제 어떻게 해야 할지 모르겠어요."

슈미츠 아저씨는 놀라서 휘둥그레진 눈으로 펠릭스를 바라보았다. 잠시 후 아저씨의 얼굴 근육이 경련을 일으키기 시작했다. 마치 억지로 눈물을 참고 있는 것처럼 보였다. 그러더니 갑자기 웃음을 터뜨리는 게 아닌가! 아저씨는 펠릭스가 이제까지 그렇게 웃는 사람을 본 적이 없을 정도로 요란하게 웃었다. 그리고 너무 웃어서 배가 아픈 나머지 배를 움켜잡기까지 했다. 웃느라고 한마디도 제대로 하지 못할 지경이었다.

"얘들아, 미안하구나. 웃을 일이 아닌 줄은 알고 있지만, 너무나 웃겨서……."

그러고는 다시 웃음을 터뜨렸다. 아이들은 아저씨한테 감히 왜 그렇게 웃느냐고 묻지도 못한 채, 어리둥절한 표정으로 아저씨를 쳐다볼 수밖에 없었다. 몇 분이 지나자 아저씨는 조금 진정이 된 모양이었다.

"정말 미안하다. 너희들로서는 아주 심각한 일일 텐데. 그러니까 그 랍케라는 사람이 너희들한테 다이아몬드가 단단하다는 이유로 그걸 사라고 권했단 말이지?"

"네, 그랬어요."

"그러고 나서는 이익이 70퍼센트나 된다고 하면서 선물거래를 권했고?"

"맞아요."

"사실 너희가 그 일에 관해서 나한테 한마디도 안 했다는 걸 생각하면 화를 내야 마땅한데, 화는 안 났으니 걱정 말아라. 진작부터 너희한테 경제의 어두운 비밀을 알려주려고 했었는데, 랍케라는 사람이 내 대신 그 일을 해주었구나. 내가 가르쳐주었더라면 그만큼 잘 알려주지는 못했을 거다. 그걸 생각하니 도저히 웃음을 참을 수가 없었다. 직접 투자를 해보아야만 사업이라는 것에 대해서 제대로 배울 수 있단다. 너희들은 이번에 아주 흔해 빠진 투자 사기에 걸려든 거다."

"하지만 저희가 당한 걸 가지고 그렇게 웃으시다니 너무해요." 잔나가 성난 얼굴로 말했다.

"그래? 내가 너무하단 말이지? 너희가 나한테는 한마디 상의도 없이 그렇게 엄청난 투자를 한 건 너무한 것 아니고?"

"저희들만의 힘으로 무언가 해보고 싶었어요. 뭐든지 어른들이 시키는 대로 하는 데 진력이 났단 말이에요. 그리고 아저씨가 아시면 선물거래에 반대하실 거라고 생각했어요." 페터가 변명했다.

"아마 그랬을 거다. 하지만 그랬더라면 이런 일은 없었을 테니 훨씬 나았겠지?"

"그렇지만 뭔가 착오가 생긴 걸지도 몰라요. 어쩌면 저희가 괜한 걱정을 한 걸로 밝혀질 수도 있잖아요."

슈미츠 아저씨는 펠릭스를 바라보며 고개를 저었다.

"소용없는 생각이다. 돈을 몽땅 사기 당한 게 분명해."

"무슨 근거로 그렇게 확신하실 수 있죠?"

"70퍼센트의 이익을 볼 수 있다는 얘기, 첫 번째 투자액의 규모가 컸던 것, 그리고 처음에는 이익을 보다가 갑자기 크게 손해를 보게 된 일과 너희들한테 추가 투자를 요구했던 것들이 모두 의심할 여지가 없다. 회색 자본시장*에서 사기꾼들이 사용하는 전형적인 수법이란다. 그런 일을 다룬 기사를 여러 번 읽은 적이 있다. 너희들에게 사기를 친 그 사람 이름이 뭐라고 했지?"

"빌리 랍케요."

"그런 이름은 들은 적이 없구나."

"회색 자본시장이라는 건 뭔가요? 랍케 씨라는 사람이 저희 돈을 훔친 건가요?"

"그렇다고 할 수도 있고 아니라고도 할 수 있지. 그 사람이 너희를 속인 건 분명하다. 은행이나 보험회사, 투자신탁회사 또는 신용금고와 같은 정식 투자기관에 속하지 않으면서도 남의 돈을 맡아 대신 투자하는 회사들을 통틀어 회색 자본시장이라고 한단다. 전부 다 사기꾼들이라고는 할 수 없지. 양심적으로 사업을 하는 사람들도 있으니까. 하지만 아무래도 거기에는 교묘한 수법으로 사기를 치려는 사람들이 많이 있게 마련이다. 무엇보다도 국가에서 그런 회사들은 은행처럼 엄중하게 감시를 안 하기 때문이지. 그리

---

* 회색 자본시장: 은행의 감독 없이 증권 거래나 투자가 이루어지는 시장을 말한다. 회색 자본시장에서는 투자 대상이 되는 상품을 팔 사람이 살 가능성이 있는 고객에게 직접 전화를 하거나 선전용 책자를 보내 상품을 판매한다. 사기꾼들이 판을 칠 가능성이 높다.

고 투자 경험이 없고 돈에 눈이 어두운 사람들이 회색 자본시장에 몰리기 때문이기도 하고. 그런 사람들은 이익이 자그마치 70퍼센트나 된다는 말을 들으면 앞뒤 가릴 것 없이 덤벼들거든!"

"하지만 왜……."

"잘 생각해보렴. 도대체 어떻게 70퍼센트나 되는 이익이 생긴단 말이냐? 그게 말처럼 그렇게 쉬운 일이라면 그렇게 하지 않을 사람이 어디 있겠니?"

"텔레키드 주식에 투자했을 때에는 이익이 100퍼센트도 넘었잖아요."

"그건 너희가 기막히게 운이 좋았던 거지. 사실 아주 위험부담이 컸었단다. 잘못되었더라면 막대한 손해를 볼 뻔하지 않았니. 굳이 말하자면 그때 너희가 얻은 이익은 너희가 위험한 게임을 치른 데 대한 대가라고 할 수 있다. 주식시장의 거래인이나 중개인 중에서 제정신을 가진 사람이라면 너희가 그렇게 큰 이익을 보게 될 거라고 너희한테 미리 약속할 사람은 한 명도 없을 테니까. 그런데 그 랍케 씨라는 사람은 너희한테 엄청난 이익을 약속하지 않았니?"

"그 사람이 저희들에게 선물거래에는 위험부담이 약간 따른다고 말하기는 했는데……."

"위험부담이 약간이라고! 그렇다면 그 사람이 자기가 너희들한테 사전에 경고했다고 우길 수도 있겠구나. 그 사람이 범죄행위를 했다고 비난하기가 어렵겠는데. 설사 그 사람을 잡는다 해도 말이다."

"대체 누가 그 사람을 잡는단 말씀이세요?"

"물론 경찰이지. 우리가 고소를 하면 경찰이 그 사람을 잡기 위한 활동을 시작하는 거다."

"경찰에 가실 생각이세요?"

"당연하지. 말이라고 하느냐? 너희들 설마 전 재산을 사기 당해 놓고 그냥 가만히 있겠다는 얘기는 아니겠지?"

"하지만 그러면 엄마랑 아빠가……. 저희가 전 재산을 잃어버렸다는 걸 엄마 아빠는 모르시거든요."

"우리 아빠가 알게 되면 난리가 날 거야." 페터가 걱정스러운 표정으로 말했다.

"우리 엄마도 분명히 그럴걸." 펠릭스가 페터의 말을 받았다.

"뭐가 더 괴로울지 잘 생각해 보렴. 27,000 마르크를 잃어버리는 거냐 아니면 부모님한테 혼나는 거냐?"

"어차피 돈을 되찾을 가능성은 희박한 것 아닌가요?"

"만약에 돈을 되찾을 가능성이 1퍼센트라도 있는데, 그냥 그걸 놓치겠단 말이냐?"

"그건 아니지만……. 그런데 랍케 씨는 저희 돈을 도대체 어떻게 한 거죠?"

"그건 나도 모른다. 아마도 경찰이 알아내겠지. 너희 돈을 아무 데도 투자 안 하고 그냥 꿀꺽했을 가능성이 높아. 어디 너희가 프로그레스 투자회사에서 받았다는 편지 좀 보자."

페터는 숫자로 가득찬 편지를 슈미츠 아저씨한테 내밀었다.

"이 숫자들이 대체 무얼 뜻하는지 알 수가 없구나. 어쩌면 전부 아무렇게나 지어낸 건지도 모르지. 70퍼센트 이익이라니, 정말 말도 안 된다! 투자한 돈에 이익이 생기는 건 돈을 맡겨놓고 기다린 대가란다. 가지고 있는 돈을 바로 쓰지 않고 다른 사람한테 빌려주는 데 대한 보상이라고 할 수 있지. 자기가 빌려준 돈을 돌려받는다는 게 확실히 보장되기를 원하는 경우에 돈을 빌려준 대가로 받는 이익은 최근 금리로 환산해서 대략 6퍼센트 정도 된다. 예를 들어, 국가에서 발행한 채권을 사는 경우처럼 말이다. 독일이 생긴 이래, 국가가 진 빚을 갚지 않았던 독일 정부는 이제까지 한 번도 없었다. 그러니까 국채의 금리인 7퍼센트보다 높은 이익이라는 건, 말하자면 국채와는 달리 위험부담이 있는 데 투자를 할 경우 그 위험부담에 대해서 치러지는 일종의 보상인 셈이지. 예를 들어 주식을 사는 경우 주식 투자자는 자기가 산 주식을 발행한 회사의 사업이 잘 안 되거나 아니면 다른 이유로 그 주식값이 떨어질 가능성을 위험부담으로 안고 있기 때문에, 주식 투자로 얻는 이익이 7퍼센트를 훨씬 넘는 거란다. 하지만 70퍼센트라니, 그렇게 많은 이익을 대가로 제공할 만큼 큰 위험부담을 진다는 건 불가능하다. 그런 약속에 넘어갈 정도면 돈 벌 욕심에 완전히 눈이 먼 사람이지."

"알았어요. 경찰서에 가요." 잔나가 단호한 어조로 말했다.

"경찰관 아저씨한테 이 일을 비밀에 붙여달라고 부탁하면 돼.

그럼 우리 부모님들이 당분간은 아무것도 눈치채지 못하실 거야."
펠릭스가 말했다.

"프리드만 씨에게는 뭐라고 하지?" 페터가 생각났다는 듯이 물었다.

"그렇구나. 며칠만 있으면 프리드만 씨가 미국에서 온다는 걸 깜빡했어." 펠릭스가 낙담한 표정으로 말했다.

"너무 그러지 마. 어쨌든 다이아몬드는 아직 남아 있잖아." 잔나가 펠릭스를 위로했다. 그러고는 주머니에서 단어장을 꺼내더니 슈미츠 아저씨를 향해 물었다.

"손익계산서표 만들 때 손해 본 건 어디에 써요?"

"오른쪽에 쓰지." 아저씨가 알려주었다.

잔나는 화가 난 얼굴로 단어장에 표를 그린

〈여름 방학 이후 손익계산서〉

지출		수입	
랍케(사기!!!)	27,000.00	달걀 판매	350.40
		기타 잡일 일당	38.20
		손해	26,611.40
	27,000.00		27,000.00

후 친구들에게 보여주었다.

잠시 후 잔나는 표를 하나 더 그렸다.

"대차대조표에서는 손해 본 금액을 왼쪽에 쓰니까 왼쪽과 오른쪽이 딱 맞아떨어지네요." 페터가 표를 들여다보고 나서 말했다.

"그걸 통해 잔나가 계산을 제대로 했다는 걸 알 수 있지."

"다행이에요. 저희가 적어도 한 가지는 잘하고 있는 셈이니……."

"다음에 대차대조표를 만들 때에는 지금 오른쪽에 적힌 자기자본에서 손해 본 금액을 뺀 나머지가 자기자본

〈9월 9일 대차대조표〉

차변		대변	
랍케		자기자본	28,628.30
닭	110.00		
다이아몬드	998.00		
지로 통장	705.70		
손해	26,611.40		
	28,628.30		28,628.30

이 되는 거란다. 그리고 다음에 대차대조표를 그릴 때 고칠 게 한 가지 더 있다. 너희가 키우는 닭들은 나이로 치면 이제 반 살 정도 된 셈이지. 닭이 달걀을 낳는 게 보통 일 년 정도니까 그 닭들의 값을 처음 샀을 때와 똑같다고 쳐주기는 어렵단다. 내 생각에 닭들의 값을 처음 가격의 절반 정도로 계산하는 게 적당할 것 같구나. 그러고 보니 값을 다시 계산해야 할 게 한 가지 더 있다. 나 같으면 다이아몬드값을 너희가 지불한 금액의 절반으로 내려서 평가하겠다. 그게 진짜라는 건 사실인지 몰라도 분명히 너희가 치른 값만큼 나가는 건 아닐 거다. 이렇게 애초에 쳐주었던 값을 고쳐서 다시 계산하는 걸 '가격수정'이라고 한단다."

"나쁜 놈." 페터가 목소리를 낮춰 욕을 했다.

"뭐라고?" 슈미츠 아저씨가 물었다.

"랍케 씨 말이에요." 페터가 말했다.

＊

402

경찰서를 찾아간 아이들은 담당형사인 만프레드 올젠 씨를 만나 사기꾼에게 당했다고 신고했다. 올젠 형사는 자기 귀를 믿을 수 없다는 표정으로 눈앞에 서 있는 세 아이를 쳐다보았다.

"아이들에게 투자 사기를 치다니! 너희 설마 나한테 장난을 치는 건 아니겠지? 이제까지 별별 사건을 다루어 봤지만 애들의 돈을 가지고 투자 사기를 쳤다는 얘기는 처음 듣는다."

"순전히 애들만의 돈이라고 말하긴 어렵고 어느 정도는 제 돈이기도 합니다." 슈미츠 아저씨가 끼어들었다.

"점점 더 복잡해지는군요. 사기 당한 돈이 애들 거면 애들 거고 슈미츠 씨 거면 슈미츠 씨 거지 어느 정도 슈미츠 씨 거라니 어떻게 그럴 수가 있단 말입니까? 이해가 안 가긴 하지만 상관없습니다. 그래, 통장에 돈이 얼마나 있었지?"

"통장에 있는 돈을 사기 당한 게 아니고요 선물거래에 투자한 돈을 사기 당했어요. 사기 당한 액수는 27,000마르크고요." 페터가 말했다.

"뭐, 27,000마르크나 된다고? 처음부터 끝까지 좀 더 자세하게 얘기해봐. 안 그러면 너희들 말을 도저히 믿을 수 없구나."

세 아이가 자초지종을 털어놓았다. 올젠 형사는 열심히 아이들의 말을 들으면서 수첩에 기록을 했다. 그리고 가끔 믿어지지 않는다는 듯 고개를 흔들거나 궁금한 점이 있으면 질문을 하기도 했다. 아이들의 얘기를 다 듣고 나서 올젠 형사는 한숨을 쉬었다.

"정말 희한한 사건이다. 사기꾼들이 이제는 아이들까지 등쳐 먹는구나. 양심이라곤 손톱만큼도 없는 작자들 같으니. 그런데 미안하지만 너희를 실망시킬 수밖에 없겠구나. 나는 너희들한테 별로 도움이 되지 못할 거다. 이런 사기꾼들만 전담하는 수사팀이 있는데, 운이 좋다면 너희가 말한 랍케라는 작자가 어쩌면 그 쪽에는 이미 알려져 있는지도 모르지. 우리 같은 사람은 이런 경제사범 문제는 그쪽으로 넘긴단다. 나는 은행에서 보내는 입출금 거래내역 이해하는 것만으로도 다행으로 여길 정도로 경제 문제에는 깜깜하거든. 어쨌든 뭔가 알게 되는 대로 연락해주마."

"올젠 형사님, 부탁을 하나 드려도 좋겠습니까?" 슈미츠 아저씨가 조심스럽게 말을 꺼냈다.

"무슨 일인지 말씀하시죠."

"이 일이 쇤슈타트에 사는 사람들 입에 오르내리지 않도록 조처해주셨으면 합니다. 당분간 말입니다."

"이 일 때문에 너희들 입장이 곤란한가 보구나." 올젠 형사는 펠릭스와 페터를 보며 물었다. 두 아이는 고개를 끄덕였다.

"그렇게 되도록 힘 닿는 대로 애써보마. 나도 너희들한테 한 가지 부탁이 있다."

"무슨 부탁인데요?" 펠릭스가 의아한 표정으로 물었다.

"언제 시간 있을 때 나한테 선물거래가 도대체 무언지 자세히 설명 좀 해주면 좋겠다."

"알겠어요. 하지만 우선 그 사기꾼부터 잡아주세요." 페터가 말했다.

"너희들 말처럼 쉬우면 얼마나 좋겠니?" 올젠 형사는 한숨을 내쉬었다.

*

펠릭스의 신경은 조금만 건드리면 끊어질 것처럼 날카롭게 곤두서 있었다. 금화 주인인지도 모를 마틴 프리드만 씨가 쉰슈타트에 도착하기로 한 날짜가 점점 다가오고 있었기 때문이다. 경찰이 사기 당한 돈을 되찾아줄 가능성은 거의 없었다. 이런 속타는 심정을 엄마 아빠한테 한마디도 털어놓을 수 없다는 게 이루 말할수 없이 답답했다. 지금 같은 상황에서 크리스마스 연주회에 나가야 하다니, 아무리 생각해도 자신이 없었다. 다른 아이들과 함께 연주하는 것만이라면 그래도 괜찮았을 것이다. 하지만 음악 선생님이 클라리넷 독주를 위해 특별히 편집한 조곡에서 독주를 맡아야 한다니, 정말 미칠 노릇이었다. 도저히 제대로 해낼 것 같지가 않았다.

일요일 아침 펠릭스는 첫 번째 대림절이면 으레 그랬던 것처럼 식탁의 자기 자리에 놓여 있는 선물을 발견했다. 과자와 사탕, 그리고 초콜릿 등 단것이 잔뜩 든 봉지와 '쉬운 경제 이야기'라는 제목이 달린 책 한 권이었다.

"놀라운 일이로구나. 네가 요즘 돈 버는 일에 관심이 있다는 걸 산타클로스가 눈치챈 모양이지?" 아빠가 빙그레 웃으며 말했다. 펠릭스는 아빠를 향해 자기가 어린앤 줄 아냐는 표정을 짓고는 말했다.

"엄마 아빠, 고맙습니다."

"그 책이 네가 부자가 되는 데 조금이라도 도움이 되길 바란다."

펠릭스는 아무것도 모르는 엄마 아빠한테 너무 미안했다.

오후가 되자, 펠릭스는 입고 있던 옷을 벗고 연주회 복장인 짙은 색 바지와 흰 셔츠로 갈아입었다. 펠릭스는 옷을 다 갈아입고 아래층으로 내려온 자기를 보고 엄마가 왜 금방이라도 눈물을 흘릴 것 같은 표정을 짓는지 알 수가 없었다. 엄마는 눈물이 글썽거리는 두 눈으로 펠릭스를 쳐다보더니 아빠한테 말했다.

"우리 펠릭스가 벌써 이렇게 컸네요!"

펠릭스는 그렇지 않아도 신경이 날카로운데 엄마가 감격스러워하는 모습을 보자 더욱 긴장되었다.

학교에 도착했다. 축제 분위기에 휩싸여 있는 대강당에 들어서자 펠릭스는 기분이 좀 나아지는 느낌이었다. 대강당 뒤쪽에 있는 연습실에는 벌써 바이올린과 첼로 연주자들이 모여서 각자 자기가 연주하는 악기의 음을 맞추고 있었다. 펠릭스도 자기가 가져온 클라리넷을 불면서 음을 맞추었다. 이윽고 페터가 낑낑대며 콘트라베이스를 들고 들어왔다. 여느 때나 마찬가지로 지각이었다. 하지만 많이 늦은 건 아니었기 때문에 뵘-베바르크 선생님한테 야단 맞는 건 면할 수 있었다.

교내 교향악단의 단원들이 무대에 집합했을 때 대강당 안의 좌석은 빈 자리 하나 없이 청중들로 꽉 메워져 있었다. 무대 오른쪽 구석에는 멋지게 장식된 크리스마스트리가 서 있었다. 청중들 가운데 엄마 아빠와 페터네 부모님, 그리고 잔나와 잔나 할머니가 앉아 있는 것이 보였다. 사람들이 소곤거리는 소리와 연주자들이 악기의 음을 고르는 소리가 한데 어울려 대강당은 축제 분위기와 기대감으로 가득 차 있었다. 교장 선생님의 짤막한 연설이 끝나자, 단원들은 코렐리의 크리스마스 콘서트를 연주하기 시작했다. 연주가 끝나자 중학교 2학년 학생들의 연극이 뒤를 이었고, 그다음에는 바흐의 플루트 소나타 연주가 있었다. 그리고 나서 휴식 시간이 되었다.

휴식 시간이 시작되자마자, 펠릭스는 페터가 급하다는 표정으로 손짓하는 것을 보았다. 페터는 자기가 연주하는 콘트라베이스의 거대한 몸통에 기대어 서서 속삭였다.

"임원회의를 해야겠어. 지금 당장. 여기서 말이야."

"무슨 일이 일어났니?"

"잠깐 기다려."

페터는 콘트라베이스의 활을 들고 강당 안을 향해 한참 동안 요란한 동작으로 휘저었다. 마침내 잔나가 페터의 신호를 눈치챈 모양이었다. 잔나는 자기 할머니한테 뭐라고 귀엣말을 한 다음 무대 쪽으로 걸어오더니 무대 위로 팔짝 뛰어 올라왔다.

"왜 그러니? 또 무슨 나쁜 일이라도 생겼니?"

"지금 당장 여기서 임원회의를 하는 거야."

"좋아. 회의를 시작해."

"우리가 랍케를 찾자."

"뭘 하자고?" 잔나가 어리둥절한 얼굴로 물었다.

"우리 돈을 훔쳐간 사람을 우리 힘으로 찾자는 말이야. 경찰은 아무것도 몰라. 올젠 형사가 이런 일만 전담하는 부서에 이 사건을 넘긴다고 말한 것을 너희도 들었잖아. 그 사람은 어떻게 해야 할지 전혀 모르는 거야. 선물거래가 뭔지도 모르던걸."

"그래서 어떻게 하자는 얘기니?"

"프랑크푸르트에 가서 프로그레스 투자회사를 찾아보는 거야. 편지에 주소가 적혀 있으니까 찾을 수 있을 거라고."

"그 회사를 찾으면 어쩔 건데?"

"그건 그때 가서 생각하기로 하고 일단 그 회사를 찾아야겠어. 어쩌면 그 랍케라는 사람이 자기네가 우리한테 사기 친 게 들통났다는 걸 알게 되면 우리 돈을 순순히 내줄지도 모르지."

"언제 프랑크푸르트에 가자는 말이니?"

"내일!"

"너 미쳤니? 내일은 학교 수업이 있는 날이잖아. 그리고 우리 엄마 아빠가 아시면 절대로 허락하지 않으실 거야. 너희 부모님도 마찬가지고." 펠릭스가 말도 안 된다는 듯 고개를 저었다.

"부모님한테 물어보지 않으면 돼. 그럼 안 된다고 하실 일도 없잖아. 그리고 학교 수업은 어쩔 수 없이 빼먹는 거지, 뭐."

펠릭스는 대답할 말이 선뜻 떠오르지 않았다. 그러나 잔나는 두 눈을 빛내면서 흥분한 어조로 페터에게 말했다.

"그러니까 내일 학교 수업을 빼먹고 사기꾼을 잡으러 가자는 말이지? 포르카 미제리아, 그거 괜찮은데. 근사해! 나도 갈게!"

"하지만……." 펠릭스가 망설이는 표정으로 이의를 제기했다.

"너는 너무 착실한 게 흠이라니까. 이번 한 번쯤은 평소의 착실한 태도를 접어둘 순 없니?"

펠릭스는 자기만 비겁하게 빠지고 싶지 않았다. 게다가 내일 아빠가 베를린에 있는 신문사의 면접을 보기 위해 사흘간 집을 비울 거라는 사실이 생각났다. 그리고 27,000마르크나 되는 돈을 사기당했다는 사실이 떠올랐다. 그래서 꺼림칙한 기분을 억지로 떨쳐버리고 페터에게 말했다.

"알았어. 그렇게 하자."

페터는 잔나와 펠릭스를 번갈아가며 바라보았다.

"좋아. 잘 들어. 내일 학교 가는 것처럼 하고 집에서 나온 다음에 학교에 가는 대신 기차를 타고 프랑크푸르트에 가는 거야. 프랑크푸르트행 기차가 떠나는 시간이……."

"아침 8시 38분이야." 펠릭스가 얼른 페터의 말을 받았다.

"그래, 그 기차를 타자. 그리고 나올 때 부모님한테 편지를 남기고 와야 돼. 안 그러면 걱정하실 테니까. 그리고 그래야 학교에 우리 결석 사유서를 제출할 수 있어."

"프랑크푸르트행 기차표 값은 어떻게 치르지?"

잔나는 항상 현실적인 질문을 던졌다.

"잔나야, 우리가 엄청난 돈을 잃어버리긴 했지만 땡전 한 푼 없는 빈털터리는 아니잖아. 네 단어장을 꺼내 확인해봐. 구두 상자 안에 현금이 300마르크 가량 남아 있어. 그 정도면 충분할 거야."

"너 정말 천재다."

잔나는 페터의 뺨에 입맞춤을 해주었다. 페터는 얼굴 가득 미소를 띠고 의기양양한 표정으로 펠릭스를 바라보았다. 하지만 펠릭스는 상관하지 않았다. 내일 프랑크푸르트에 가면 사라를 만나게 될지도 모른다는 생각에 마음이 설레었기 때문이다.

임원회의를 하는 동안 세 아이는 내내 페터의 콘트라베이스 위로 고개를 숙이고 소리를 낮추어 속삭였다. 그런데 갑자기 뵘-베바르크 선생님의 목소리가 들려오는 바람에 소스라치게 놀라고 말았다.

"너희들 아주 중요한 얘기를 하느라 정신이 없는 모양이로구나. 번스타인 곡 연주할 때도 지금처럼 열중하기 바란다. 어서 자기 자리로 가렴!"

맞아, 번스타인 곡을 연주할 차례였지! 펠릭스가 드디어 클라리넷 독주를 해야 할 때가 된 것이다. 펠릭스는 두근거리는 가슴으로 자기 자리에 앉았다. 클라리넷을 집어 들고 혀로 입술을 축인 다음 연주를 시작할 준비를 했다. 그러고는 마음속으로 내기를 했다. 만일 자기가 맡은 부분을 실수하지 않고 해 낸다면 프랑크푸르트에 가서 하는 일도 잘될 거라고.

뵘-베바르크 선생님이 지휘봉을 들자 단원들은 일제히 연주를 시작했다. 웅장한 화음이 강당 전체에 울려 퍼졌다. 그러고는 갑자기 조용해지는가 싶더니 번스타인 조곡의 첫 번째 주제가 흘러나오기 시작했다. 펠릭스는 자기 차례를 기다렸다. 클라리넷 독주는 여덟 번째 소절에 들어 있었다. 펠릭스는 페터가 신들린 듯이 콘트라베이스를 켜는 것을 바라보았다. 페터는 연주에 온통 정신이 팔린 것처럼 보였지만 그래도 아주 잠깐 악보에서 눈을 들더니 펠릭스를 향해 윙크를 했다. 펠릭스의 가슴은 더욱더 두근거렸다. 하지만 용기를 내어 클라리넷을 입에 대고 자기가 맡은 경과구를 연주하기 시작했다. 그것은 1점음의 도에서 격렬한 연주를 거쳐 2점음의 도로 넘어가는 부분이었다. 흠잡을 데 없는 시작이었다. 펠릭스의 귀에도 아름답고 선명한 클라리넷 소리가 강당 안에 울려 퍼지는 것이 들렸다. 조금 전까지 가졌던 불안감은 씻은 듯이 사라지고 펠릭스는 정신없이 클라리넷 연주에 빠져들었다. 클라리넷의 독주 부분이 끝나자 다른 악기들이 정해진 시점에 정확하게 연주를 시작했고 클라리넷 소리는 다시 전체 화음에 부드럽게 파묻혔다.

연주가 끝났을 때 강당 안은 박수와 환호성으로 떠나갈 것 같았다. 펠릭스는 벅찬 감동과 자랑스러움으로 어찌할 바를 몰랐다. 많은 사람들이 발을 구르며 브라보를 외치고 페터는 계속해서 윙크를 보냈다. 이렇게 성공적으로 독주를 끝냈으니 잃어버린 돈을 찾는 일도 잘될 것이다.

크리스마스 연주회는 매년처럼 마지막 순서를 장식하는 "문을 활짝 열어라, 주님이 오신다"라는 노래를 끝으로 막을 내렸다. 사람들이 자리에서 일어나 강당을 떠나기 시작할 때 펠릭스는 엄마 아빠한테 가서 친구들과 함께 집으로 가겠다고 말했다. 세 아이는 학교 앞에 있는 광장에 모여 다음 날 할 일을 다시 한번 상세하게 의논했다. 의논을 마치고 나서 페터가 말했다.

"필기도구도 챙겨야 해. 그리고 용돈 모아 놓은 것 있으면 다 가져와."

"프로그레스 투자회사에서 온 편지도 잊지 마." 잔나가 덧붙였다.

아이들은 이런저런 이야기를 나누며 감자시장 쪽으로 걸어갔다. 갑자기 페터가 소리쳤다.

"저기 좀 봐, 누가 앉아 있어!"

"어디?" 펠릭스가 물었다.

"저기 보리수나무 아래 있는 벤치에 말이야." 페터가 손가락으로 멀리 있는 벤치 하나를 가리키며 말했다.

정말 페터가 말하는 곳에 누군가가 추위에 몸을 웅크린 채 어둠에 파묻혀 있었다. 그 아이는 모자 달린 까만색 스웨터를 입고 머리 위에 모자를 푹 뒤집어쓰고 있었다. 아래쪽에는 하얗게 빛나는 운동화가 보였다. 가슴에는 무언가 껴안고 있었는데 자세히 보니 곰 인형이었다. 그 아이는 다름 아닌 카이였다.

"거참 우연이로구나. 너 잘 만났다."

페터는 카이 앞에 떡 버티고 섰다.

"나 내버려두고 어서 꺼져."

"누구 맘대로? 그렇지 않아도 너한테 따질 게 있었는데 마침 잘 됐어. 너 한판 붙어볼래 아니면 그냥 조용히 맞을래?"

페터는 카이의 멱살을 잡고 자기보다 한 뼘이나 더 큰 카이를 벤치에서 일으켜 세웠다. 카이가 껴안고 있던 곰 인형이 바닥에 떨어졌다.

"나 좀 가만 놔두라니까!" 카이가 울먹이는 목소리로 외쳤다. 페터는 깜짝 놀라 카이를 놓아주었다.

"울고 있잖아! 건드리기만 해도 울 정도로 겁이 많은 녀석이 왜 그사이 얌전하게 굴지 않았지?"

"너희들이 겁나서 그러는 거 아니야. 멋대로 넘겨짚지 마." 카이는 코를 훌쩍거리며 말했다. 그러더니 갑자기 몸을 떨면서 흐느끼기 시작했다.

"나…… 나 더 이상은 참을 수 없어. 어떻게 해야 할지 모르겠어. 모든 게 엉망이야. 아무도 날 도와줄 사람이 없는걸."

"대체 무슨 일이니?" 펠릭스가 자기도 모르게 마음이 약해져서 친절한 목소리로 물었다.

"나는 너무나 외로워."

카이는 세 아이에게 자기 고민을 털어놓았다. 집에서의 생활이 견딜 수 없이 싫다는 것, 엄마 아빠가 헤어졌는데 사실 자기 아빠는 진짜 아빠도 아니라는 것, 그리고 자기도 얼마 전에야 우연히 그 사실을 알았다는 것과 이제 집안 분위기는 더 참기 어려워질 것이라는 얘기를 했다. 그러더니 마지막으로 세 아이를 애원하는 눈길로 바라보며 물었다.

"나도 너희 하인첼 꼬마들 회사에 좀 끼워주면 안 되니? 제발 부탁이야."

"이제까지 네가 우리한테 어떻게 했는데 지금 그런 소리를 하는 거야? 당치도 않은 소리 하지 마." 페터가 단호하게 거절했다.

"너희가 돈을 번다고 해도 나한테 나누어달라고 하지 않을게. 그냥 너희 하는 일에 끼워주기만 해."

"하인첼 꼬마들 회사는 이제 가난해. 예전처럼 부자가 아니라고. 그리고 난 아직도 너희 집에 잔디 깎으러 갔을 때 네가 한 행동을 잊어버리지 않았단 말이야." 펠릭스도 거절했다.

"그때 일은 미안해. 정말이야!"

"다 지난 다음에 미안하다고만 하면 되는 줄 알아? 어차피 한 번 붙어야 한다고. 하지만 이번에는 정정당당하게 싸우자."

"난 싸우기 싫어! 주먹질은 질색이란 말이야. 난 그냥 너희들 하는 일에 끼고 싶다니까."

"생각해볼게."

펠릭스는 눈짓으로 페터와 잔나에게 어떻게 생각하느냐고 물었다. 두 아이는 말없이 고개를 끄덕였다. 펠릭스는 카이를 향해 말했다.

"너한테 기회를 한번 주기로 결정했어. 하지만 그 전에 시험에 통과해야 돼. 네가 얼마나 용기가 있는지 우리한테 증명하는 시험이야. 네가 우리 회사에 들어올 자격이 있는지 시험해보는 거야."

414

"싸우는 거니?"

"아니야. 내일 아침 일찍 기차역으로 나와. 8시 38분에 크라이스 시로 떠나는 기차를 놓치지 않게 시간을 지켜야 해. 기차 타기 전에 기차표 살 시간이 필요하다는 것 잊으면 안 돼."

"도대체 왜 그러는데?" 카이는 의아해하는 얼굴로 물었다.

"어디 좀 갈 생각이야. 언제 돌아오게 될지는 아직 잘 몰라. 그러니까 누군가가 학교에 네 결석 사유서를 제출할 수 있도록 해놓고 와. 그리고 부모님한테는 학교를 빠지고 어디에 가는지 적당히 둘러대는 게 좋을 거야." 페터가 카이에게 대답했다.

"너희 지금 가출하자는 얘기니? 학교 수업을 빼먹자고? 그건 용기를 증명하는 시험이 아니잖아. 크라이스 시에는 무슨 일로 가는데?" 카이는 여전히 이해가 안 간다는 표정이었다.

"우리가 정확히 어디에 가는지 그리고 거기서 무얼 할 생각인지는 내일 나와 보면 알게 될 거야. 돈 가져오는 것도 잊으면 안 돼. 기차표 살 돈 말고도 더 필요하니까 넉넉하게 가져와. 먹을 것도 좀 싸오면 좋고."

"너희들 설마 나 골탕 먹이려는 건 아니지?"

"우리 말을 믿든지 말든지 네 맘대로 해. 함께 일하려면 서로간의 신뢰가 중요한 거니까. 그럼 내일 보자. 그리고 아무한테도 지금 들은 걸 얘기하면 안 돼. 알았지?"

"알았어."

"한 가지 더 있어, 꼬마야." 잔나가 끼어들었다.

"뭔데?"

"네 곰 인형 잃어버리지 마."

20. 잃어버린 금화를 찾아서

다음 날 아침은 흐리고 안개가 자욱했다. 쉰슈타트 숲에서 까마귀 떼가 날아와 까옥거리며 도시의 하늘 위로 지나갔다. 정각 아침 8시가 되자, 가장 먼저 펠릭스와 페터가 기차역에 나타났고 뒤이어 잔나, 그리고 나서 카이가 왔다. 펠릭스는 평상시와 다름없이 책가방을 메고 집에서 나오면서 우체통에 편지 한 통을 살짝 집어넣었다. 편지에는 이렇게 적혀 있었다.

> 사랑하는 엄마 아빠, 저는 오늘 페터하고 같이 아주 급하게 조사해야 할 일이 있어서 학교에 갈 수가 없었어요. 담임 선생님께 연락 좀 해주시겠어요? 나중에 다 말씀드릴게요.
>
> 펠릭스 드림.

펠릭스는 엄마 아빠 걱정을 덜어드리기에는 편지 내용이 너무 막연하다는 걸 잘 알고 있었다. 그렇지만 편지에 쓴 것 말고는 다른 할 말이 떠오르지 않았다.

카이는 전날 저녁과 마찬가지로 까만색의 모자 달린 옷을 입고 책가방을 멘 채 약간 처량한 표정으로 서 있었다.

"너, 프랑크푸르트에 갈 차비는 있니?" 페터가 물었다.

"당연하지. 그런데 프랑크푸르트에는 뭐 하러 가는 거니?"

"곧 알게 될 거야. 우선 차표부터 사자."

크라이스 시로 떠나는 기차는 정시에 도착했다. 아이들은 열차에 올라탔다. 드디어 여행이 시작된 것이다. 펠릭스는 집을 떠나 기차를 타고 혼자 어디론가 가는 일이 이렇게 간단하다는 사실에 그저 놀랍기만 했다.

"너희들이 프랑크푸르트에서 무얼 하려는지 이제 가르쳐줘." 카이가 졸랐다.

"나쁜 죄를 저지른 사람을 잡으러 가는 거야." 페터가 대답했다.

"뭐라고?"

"어떤 범죄자를 찾아내려고 간다니까. 믿든지 말든지 맘대로 해."

"아냐, 난 너희들 믿어. 그 사람이 무슨 일을 저질렀는데?"

"사기를 쳤어. 우리 돈을 꿀꺽해 버렸단 말이야."

"얼마나?"

잔나가 얼른 끼어들었다.

"돈 액수는 몰라도 돼. 어쩌면 나중에 너한테 말해줄지도 모르지만. 그런데 너 왜 그렇게 펠릭스를 못살게 굴었는지 그 이유나 좀 듣자!"

"나도 잘 모르겠어. 너희들이 너무 잘난 척하고 또 너무 친해서 그랬나봐. 처음부터 나도 끼고 싶었거든. 몇 번이나 나도 끼워달라고 말하고 싶었지만 그때마다 너희들이 보나마나 싫다고 말할 거라는 생각이 들었어. 그래서 너희들이 미웠어."

"네가 생각을 너무 많이 한 거야. 아니면 너무 적게 한 건지도 모르지. 그런데 빵 배달 일로 도대체 얼마나 벌었니?"

"별로 많이 못 벌었어. 너희들이 빵 배달 그만두고 나서 금방 나도 그 일 관두었거든."

"나 참 기가 막혀서. 너랑 펠릭스랑 싸운 일 때문에 우리는 빵 배달 일거리를 잃었는데 너도 그만두었단 말이야? 하여튼 남자들이란 어쩔 수가 없어." 잔나가 한숨을 쉬며 말했다.

크라이스 시에서 아이들은 열차를 갈아타야 했다. 프랑크푸르트행 열차에 앉자마자 펠릭스가 느닷없이 말을 꺼냈다.

"프랑크푸르트 지도가 있어야겠어."

"그래? 지도가 필요하단 말이지."

페터가 펠릭스의 말을 받더니 히죽 웃었다. 그러고는 책가방을 뒤지더니 그 안에서 빨간색과 노란색으로 프랑크푸르트 지도라고 씌어진 빳빳한 책자를 꺼냈다.

"너는 자기 친구가 주유소랑 각별한 관계에 있다는 사실을 항상 까먹더라. 자동차를 운전하는 사람들 때문에 주유소에서는 전국 어느 곳의 지도든지 늘 준비해놓고 있잖아. 나 없으면 넌 정말 아무 일도 못 할 거야."

아이들은 프랑크푸르트 지도를 눈앞에 펼쳐놓았다. 페터가 주머니에서 랍케 씨가 마지막으로 보낸 편지를 꺼내 프로그레스 투자회사의 주소를 읽었다.

"귀르틀러 거리 37번지야. 여기 있다. 프랑크푸르트 증권거래소
에서 별로 멀지 않은걸. 거기는 우리가 잘 알고 있잖아."

"그렇다면 범인을 잡을 준비는 다 된 셈이야."

"아, 그리고 또 한 가지! 내가 더 가지고 온 게 있다는 말씀."

페터는 자기 가방을 뒤지더니 검정색 주머니를 내보였다. 카이
가 놀란 얼굴로 소리를 질렀다.

"기절하겠군, 휴대폰이잖아! 너 그거 도대체 어디서 난 거니?"

"우리 형한테서."

"너희 형이 너한테 그걸 쓰라고 주었단 말이야?"

"굳이 말하자면 내가 그걸 잠시 빌렸다고 해야 되겠지." 페터가
멋쩍은 웃음을 띠며 대답했다.

"너 그걸로 프랑크푸르트에서 뭐 하려고 그러니?" 잔나가 물었
다.

"너 전화기 없이 범인 잡는다는 말 들어본 적 있니?"

펠릭스는 랍케의 전화번호를 다시 한번 돌려보자고 제안했다.

"그냥 만약의 경우를 위해서 말이야."

페터가 번호를 돌리고는 기다렸다. 그러고는 펠릭스의 귀에 휴
대폰을 대주었다.

"아직도 의심스럽니?"

"아니, 의심할 여지가 없어. 랍케는 사기꾼이야."

기차의 소음에도 불구하고 전화기에서는 귀에 익은 목소리가
또렷하게 들렸다.

"지금 거신 전화번호는 당분간 연결이 불가능합니다."

아이들은 프랑크푸르트의 중앙역에서 내린 다음 지난번과 마찬가지로 시내로 가는 지하철을 타고 하웁트바헤까지 갔다. 거기에서 내려 대략 15분 정도 걸으니 귀르틀러 거리가 나타났다. 37번지에 있는 것은 아주 평범한 4층짜리 건물이었다. 하지만 겉보기에도 주거용이 아니라 순전히 사무용 건물임이 분명했다. 각 층에 켜 있는 네온사인, 그리고 창문을 통해 보이는 방 안쪽의 컴퓨터 화면을 통해서 건물 전체를 사무실로 쓰고 있다는 사실을 알 수 있었다.

아래층 문 옆에는 누가 어떤 층을 쓰고 있는지 알려주는 놋쇠판 여덟 개가 일렬로 붙어 있었는데 모두 회사 이름들뿐이었다. 아이들은 맨 위에 있는 오리엔트 무역회사부터 시작해서 그 밑에 있는 피렌체 은행 프랑크푸르트 지점 등 회사 이름들을 차례로 쭉 훑어보았다. 그러나 프로그레스 투자회사는 보이지 않았다.

"우리가 잘못 짚었나봐." 펠릭스가 낙심하여 말했다.

카이가 친구들을 둘러보며 말을 꺼냈다.

"하지만 이 놋쇠판들을 한번 자세히 봐. 여기 맨 아래에 있는 건 아주 새것처럼 보이지 않니? 다른 것들에 비해서 훨씬 깨끗하잖아. 설치한지 얼마 안 된 것 같아."

카이 말이 맞았다. 가장 아래 왼쪽에 "파이낸셜 투자신탁회사 – 투자 및 재산 관리 전문"이라는 글자가 새겨진 새 놋쇠판이 반짝이고 있었다.

"새로 들어온 친구가 제법 똑똑한데!" 페터가 카이를 쳐다보며 말했다. 카이를 칭찬하느라고 한 말인 것 같았다.

"혹시 프로그레스 투자회사가 이사가고 새로 들어온 회사가 아닐까? 만약 그렇다면 이 회사 사람들이 프로그레스 투자회사가 어디로 이사했는지 알고 있을지도 몰라." 펠릭스가 말했다.

"이사를 갔다고? 너는 항상 사람들을 좋게만 보려는 경향이 있더라. 그 사람들 우리 돈을 갖고 벌써 어디론가 잠적해버렸어. 너도 곧 알게 될 거야." 페터는 이렇게 말하면서 새 놋쇠판 옆에 붙어 있는 초인종을 눌렀다.

자동문이 윙 소리를 내며 열리자 아이들은 안으로 들어가 계단을 올라갔다. 계단 위에 있는 유리문을 통과하니 커다란 책상이 눈에 들어왔다. 책상 뒤편에는 금발을 길게 늘어뜨린 아주 우아한 여자가 앉아 있었다.

"안녕! 무슨 일로 여길 왔지? 너희들 길을 잃었니?"

"아니요. 저희는 프로그레스 투자회사를 찾고 있어요. 그 회사 주소가 귀르틀러 거리 37번지거든요. 그런데 그 회사가 여기 없어서 그러는데 혹시 그 회사가 어디로 이사했는지 알고 계세요?"

"프로그레스 투자회사를 찾는다고? 엉뚱한 아이들이로구나. 너희들 나이에는 축구나 그런 것들에 관심이 있는 줄 알았는데…….맞아. 지난 주까지만 해도 프로그레스 투자회사가 이 사무실을 쓰고 있었단다. 그런데 그 회사가 나가는 바람에 우리가 지금 이 사무실을 빌릴 수 있게 된 거야. 운이 좋았던 셈이지. 프랑크푸르트에서 이 정도 집세로 이만한 사무실을 구하기는 쉽지 않거든."

"그 회사가 지금 어디에 있는지 알고 계세요?"

"아니, 나는 모르는데. 그렇지만 우리 뮐러 사장님한테 물어보마. 사장님이 이 사무실을 얻으셨거든. 어쩌면 너희가 그 회사를 찾는 데 도움이 될 만한 걸 알고 계실지도 몰라."

그 여자는 자리에서 일어나 사무실 안을 가로질러 사장실로 들어갔다.

"너 저 아줌마 다리 봤니?" 페터가 펠릭스에게 속삭였다.

"미친 녀석!" 잔나가 한심하다는 듯이 말했다.

펠릭스는 사무실 안을 둘러보았다. 쇤슈타트의 게네랄 - 안차이거 신문사에 있던 아빠 사무실과는 비교도 되지 않을 정도로 아주 근사한 사무실이었다. 책상들은 전부 밝은 갈색과 검은색 나무로 되어 있었고 책상마다 새것으로 보이는 컴퓨터가 설치돼 있었다. 젊은 남녀 직원 여러 명이 컴퓨터를 켜 놓고 열심히 일을 하고 있었다. 바닥에는 곤색 카펫이 깔려 있었다. 그리고 아이들이 앉아 있는 입구 쪽에는 커다란 크리스마스트리가 세워져 있었다.

몇 분 지나지 않아 사장실에 들어갔던 젊은 여자가 사장과 같이 아이들이 기다리고 있는 곳으로 왔다. 뮐러라는 성을 가진 그 사장은 가는 금테 안경을 끼고 새파란 와이셔츠에 빨간 멜빵을 하고 있었다.

뮐러 씨는 아이들에게 다가오더니 친절한 표정을 지으며 인사를 했다.

"안녕! 프로그레스 투자회사를 찾고 있다면서? 참 안됐구나, 그 회사는 이사를 했는데. 어디로 갔는지는 나도 모른단다. 아직 프랑크푸르트에 있는지조차 모르는걸. 그 사람들도 우리와 비슷하게 투자상담 분야의 일을 하고 있기는 하지만 말이야. 너희들이 설마 투자에 관심이 있는 건 아닐 텐데, 도대체 무슨 일 때문에 그 회사를 찾는 거지?"

"그 회사에 다니는 어떤 사람을 저희가 알고 있거든요." 펠릭스가 짤막하게 대답했다.

"그 사람이 누군지 물어도 되겠니? 그 회사 사람들 몇 명하고는 인사를 나누었거든."

"빌리 랍케라고 해요."

"랍케, 랍케라…… 모르겠는데. 내가 만난 사람 중에 그런 사람은 없었어. 안됐구나. 그렇지만 너희가 그 사람과 서로 아는 사이라면 그 사람이 조만간 연락을 하겠지. 행운을 빈다!"

아이들은 인사를 하고 나서 다시 거리로 나왔다.

"정말 속상한 일이야. 프랑크푸르트까지 왔는데 얻은 게 없잖아. 이제 별 수 없이 집으로 돌아가야지, 뭐." 잔나가 말했다.

"아니, 잠깐만 기다려 봐. 이렇게 쉽게 포기해서는 안 돼. 얼마 전까지만 해도 이 자리에 있었던 회사가 하루아침에 사라질 수는 없어. 말도 안 된다고." 페터가 단호하게 말했다.

"그렇지 않아, 그런 일이 실제로는 얼마나 자주 일어나는데. 회사라는 게 원래 서류상으로만 존재하는 거야. 우리 하인첼 꼬마들 회사처럼 말이야. 누군가가 그 종이를 찢어버리면 회사도 없어지고 말아. 그리고 사무실도 마찬가지야. 얼마든지 갑자기 문을 닫아버릴 수 있잖아." 펠릭스가 페터에게 말했다.

아이들은 특별한 목적지도 없이 이런저런 얘기를 하면서 귀르틀러 거리를 여기저기 돌아다녔다. 걷다 보면 어떻게 해야 할지 좋은 생각이 떠오를지도 모른다고 막연하게 기대하면서. 갑자기 잔나가 펠릭스의 팔을 꽉 움켜잡더니 속삭였다.

"쉬! 저 뒤 좀 쳐다봐!"

무작정 걸어다니던 아이들은 어쩌다 보니 귀르틀러 거리 37번지의 뒷마당이 보이는 위치에 와 있었다. 그런데 거기 주차장에 빨간 테스타로싸 한 대가 서 있는 것이 아닌가!

"이럴 수가! 랍케가 이 근처 어딘가에 있다는 증거야. 여기서 기다리면 분명히 나타날 거야." 페터가 말했다.

"너희들이 아는 자동차니?" 카이가 물었다.

"저건 랍케가 몰고 다니는 테스타로싸인데 마력이 390이나 되는 굉장한 차야."

"대단한데! 하지만 저 자동차가 그 사람 것이고 그 사람이 정말 범죄자라면 너희가 그 사람 눈에 띄면 안 되잖아. 너희를 보면 자기가 한 짓이 들통난 걸 눈치채고 도망칠 거야. 그러니까 너희들은 숨어 있는 게 좋겠어. 그 사람이 나는 모르니까 내가 기다릴게."

펠릭스와 잔나, 그리고 페터는 카이의 말이 옳다고 생각했다.

귀르틀러 거리 37번지의 주차장과 그 옆에 있는 빈터 사이에는 높은 담이 있었다. 세 아이는 카이만 남겨 놓고 그 담 뒤쪽에 몸을 숨겼다. 카이는 웃깃에 달린 모자를 머리에 쓰고 교통 표지판에 몸을 기대고는 팔짱을 긴 채 따분하다는 표정을 짓고 서 있었다. 진짜 그럴 듯해 보였다.

아이들은 기다리고 또 기다렸다. 펠릭스와 페터는 가끔씩 담 뒤쪽에서 살며시 고개를 내밀어 카이가 교통 표지판에 몸을 기대고 서 있는 걸 쳐다보았다. 하염없이 기다리는 일밖에는 달리 방법이 없었다. 그야말로 한없이 기다린 것처럼 여겨졌을 때 갑자기 출입문이 여닫히는 소리가 들렸다. 펠릭스가 한쪽 눈을 지그시 감고 쳐다보니 카이는 그 자리에 꼼짝 않고 서 있었다. 잠시 후 차에 시동이 걸리는 소리가 나더니 테스타로싸가 출발했다. 테스타로싸는 주차장 입구에서 잠깐 멈추었다가 바로 속력을 내서 귀르틀러 거리를 빠져 나갔다. 펠릭스는 얼른 차 뒤에 붙어 있는 번호판을 확인했다. F-ZZ 1234였다.

자동차가 사라지고 나서 카이는 아주 따분하다는 표정을 지은 채 친구들이 숨어 있는 담 뒤로 어슬렁거리며 걸어왔다. 펠릭스는 카이의 행동이 꼭 텔레비전에 나오는 탐정 같다고 생각했다.

"그래, 뭐 좀 알아낸 거 있니?"

"너희들 테스타로싸에 누가 타고 있었는지 알아?"

"모르겠어. 설마 랍케는 아닐 테고."

"분명히 랍케는 아냐. 그 사람이라면 내가 본 적이 없는데 운전석에 있던 사람은 나도 알고 있으니까."

"그래?"

"그건 뮐러였어."

"우리가 갔었던 그 새로 이사 온 회사 사장 말이니?"

"맞아, 바로 그 사람이야."

"그럴 수가! 랍케하고 그 사장은 서로 아는 사이라는 뜻이잖아." 페터가 말했다.

"그렇다면 그 사장은 왜 우리한테 랍케를 모른다고 했지? 랍케하고 자동차를 같이 사용하고 있는 걸 보면 랍케를 모를 리가 없는데 말이야."

"둘이 한 통속이니까 그랬겠지. 이제 어떻게 하지?"

"계속 감시해야지. 어떻게든 그 뮐러라는 사람이 어디로 갔는지 알아내야 해. 그래야 랍케를 찾을 수 있어. 이럴 때 프랑크푸르트 지리에 밝은 사람이 있으면 좋겠는데⋯⋯." 카이가 말했다.

"사라가 있잖아!" 펠릭스가 말했다.

페터가 코웃음을 쳤다.

"고작 생각해낸 사람이 사라니? 다른 사람이라면 몰라도 사라가 우리를 도와줄 것 같아? 어림도 없어. 그 애는 돈과 관련된 거라면 뭐든지 멍청한 짓이라고 생각하는걸."

"그래도 한번 물어봐서 손해 볼 건 없잖아⋯⋯." 펠릭스가 머뭇거리며 제안했다. 잔나가 시계를 보더니 말했다.

"지금이 두시 반이니까 사라가 지금쯤은 학교에서 돌아왔겠다."

펠릭스는 페터가 내미는 휴대폰을 받아 사라의 전화번호를 눌렀다. 사라가 직접 전화를 받았다.

"펠릭스로구나! 웬일이니, 전화를 다 하고? 너희들 아직도 돈 버느라 바쁘니?"

"우리 지금 프랑크푸르트에 와 있어."

"그래? 나 만나러 온 거니? 아니면 다른 볼일이 있니?"

"지금은 말할 수가 없어. 네 도움이 필요한데 너, 이리 좀 나올 수 있겠니?"

"당연하지. 너희 지금 어디에 있는데?"

"귀르틀러 거리 37번지 앞에 있어."

"은행가 중심부에 있구나. 30분 정도면 거기 도착할 거야."

사라의 곱슬머리가 귀르틀러 거리의 모퉁이에 나타난 것을 보자 펠릭스는 가슴이 두근거렸다.

"너희들 오늘 학교 수업 없니?" 인사를 마친 사라가 의아해하는 표정으로 물었다.

"아니, 있어. 그렇지만 학교 수업보다 더 중요한 일이 있어서 어쩔 수가 없었어." 페터가 말했다.

펠릭스는 사라에게 카이를 소개하고 나서 자기들이 왜 프랑크푸르트에 왔는지를 대충 설명해주었다.

"내가 말했잖아. 돈을 벌겠다는 게 한심한 생각이라고. 돈 버는 일에 관련된 사람 중에 나쁜 사람이 얼마나 많은데."

"알아, 알고 있다고. 하지만 우리한테 지금 그런 얘기를 하는 건 아무 도움이 안 돼." 페터가 답답하다는 듯 말했다.

"그건 그렇고 날더러 무얼 도와달라는 말이니?"

"네가 프랑크푸르트 지리를 잘 알고 있잖아. 그 테스타로싸가 어디로 갔는지 알아내야 해. 그걸 알아내면 랍케가 어디 숨어 있는지 알 수 있을지도 몰라."

"프랑크푸르트에서 테스타로싸 한 대를 찾겠다고? 너희 둘 정말 어지간히 낙천적이로구나. 프랑크푸르트가 쉰슈타트보다 얼마나 큰지 잊어버렸니? 이 건물 입구를 지키는 방법밖에는 다른 수가 없어. 그것도 24시간 내내 감시해야 해. 그러고 보니 생각났는데 너희들 오늘 밤에 도대체 어디서 잘 거니?"

"어디서 잘 거냐고? 오늘 저녁에는 쉰슈타트로 돌아갈 예정이었는걸."

"너희들이 정말 범인을 잡으려면 저녁이 되었다고 해서 얌전히 집으로 돌아갈 수는 없는 노릇이잖아."

"여기서 하루 저녁을 보내게 될지도 모른다는 생각은 전혀 못 했어. 너희 집에서 신세 좀 지면 안 되겠니?"

"너희들이랑 같이 우리 집에 가면 재미있겠지만 그러면 너희가 어디 있는지 부모님들에게 바로 말씀드려야 하잖아. 우리 엄마가 아빠한테 전화를 걸 테니까 말이야. 그건 안 되겠어. 다른 방법을 찾아야 해."

"태권도복 아줌마한테 물어보면 안 될까?" 잔나가 제안했다.

"태권도복 아줌마? 너 미쳤니? 잘 알지도 못하는 사람한테 무작정 들이닥쳐 하룻밤만 재워달라고 부탁을 한다는 게 도대체 말이 되니? 그것도 네 명씩이나." 페터가 반대하고 나섰다.

"그러면 어떻게 하자는 얘기니? 이제 겨우 범인의 꼬리를 잡으려는 참인데 그냥 집으로 돌아가자는 말이니? 그리고 마르타 아줌마가 아주 모르는 사람도 아니잖아." 잔나가 뾰로통한 얼굴로 말했다.

"그렇긴 하지. 그렇지만 부모님들에게 뭐라고 말을 하니? 오늘 저녁에 우리가 집에 가지 않으면 분명히 경찰에 신고하실 거야." 페터가 걱정스러운 표정으로 대꾸했다.

"펠릭스가 집에 전화를 걸어서 우리가 여기저기 볼일이 있어서 내일 아침에나 돌아갈 수 있을 거라고 말씀드리면 어떨까?"

"그렇게 말하면 우리 부모님이 행여나 아무 걱정 말고 볼일 다 보고 오라고 말씀이라도 하실 것 같니?"

"네 전화를 받고 부모님이 뭐라고 말씀하실 때까지 기다리면 안 돼. 그냥 우리 부모님들에게 연락을 해달라는 말만 하고 바로 전화를 끊으란 말이야." 잔나가 펠릭스에게 대답했다.

"우리 엄마는 아마 어쩔 줄 몰라 하실걸."

"우리가 27,000마르크나 사기 당했다는 걸 너희 엄마가 아시게 되면 진짜로 기절초풍하실 거야."

펠릭스는 잔나 말이 맞다고 인정했다. 그래서 휴대폰을 집어 들고는 무거운 마음으로 자기 집 전화번호를 눌렀다. 전화벨이 울리자마자 펠릭스 엄마가 전화를 받았다.

"펠릭스, 너 지금 제정신이니? 도대체 지금 어디 있는 거냐?"

펠릭스는 잔나가 시킨 대로 자기가 할 말만 하고는 얼른 전화를 끊었다. 지금으로서는 나중에 집으로 돌아가면 엄마 아빠가 어떤 반응을 보일지 생각하고 싶지도 않았다.

"그것 봐. 생각보다 간단하잖아. 그러면 이제 마르타 아줌마한테 전화를 해보자."

잔나는 태권도복 아줌마하고 잠깐 통화를 하고 나서는 안심한 표정으로 친구들을 보며 말했다.

"잘 됐어. 30분 뒤에 증권거래소 앞에 있는 '황소와 곰' 동상이 있는 데서 만나기로 했는데 아줌마네 집에서 자도 된다고 했어. 도대체 어떻게 된 일인지 아주 궁금하다고 빨리 우리 얘기를 듣고 싶대. 내 생각에 테스타로싸가 언제 다시 나타날지 모르니까 한 사람은 여기 남아서 망을 보는 게 좋겠어."

"내가 할게. 나중에 나 데리러올 거지?" 카이가 말했다.

"당연하지. 그렇게 할게." 잔나가 대답했다.

아이들은 카이를 그 자리에 남겨둔 채 증권거래소 쪽으로 걸어 갔다. 얼마 지나지 않아 태권도 아줌마가 도착해 아이들과 반갑게 악수를 나누었다.

"너희들 프랑크푸르트에 자주 오는구나. 공휴일도 아닌데 학교 엔 가지 않고 여기까지 온 이유가 뭔지 한번 말해보렴!"

마르타 아줌마는 잔나와 펠릭스, 페터가 번갈아가며 하는 이야 기를 귀담아 들었다. 그리고 이야기를 듣는 동안 가끔 안타깝다는 듯이 고개를 흔들기도 했다. 아이들이 이야기를 마치자 아줌마는 한숨을 쉬며 말했다.

"이 말만은 안 할 수가 없구나. 돈을 쓰는 방법도 가지가지이지만 사기꾼한테 넘어가 그렇게 많은 돈을 순식간에 날리다니! 그러니까 너희들 지금 잃어버린 돈을 다시 찾으려고 집에서 나온 거란 말이지? 정말 용기가 대단하다."

아줌마는 오늘은 지난번에 입었던 태권도복과 비슷한 옷 대신 짧은 원피스 위에 긴 코트를 걸치고 있었다. 그리고 증권거래인 명찰을 달고 있었다.

"미쳤군, 미쳤어. 그렇지만 너희가 그 랍케라는 사기꾼을 찾는 데에 어쩌면 내가 정말로 도움이 될 수 있을지도 모르겠다. 물론 그 사람을 찾았다고 해서 너희 돈을 찾게 될 거라는 보장은 없지만 말이야. 내 생각에 큰 기대는 안 하는 게 좋을 것 같구나. 돈은 어딘가 감추었을 가능성이 많으니까."

태권도복 아줌마는 아이들과 헤어지기 전에 쪽지에 뭔가를 적어 주었다.

"이게 내 주소야. 오늘 저녁 7시에 오렴. 그때 다시 얘기하자. 사실 너희들 모두 집으로 돌려보내는 게 도리겠지만 사정을 듣고 보니 차마 그렇게 할 수는 없구나."

＊

마르타 아줌마는 버스 종점에 있는 아파트에 살고 있었다. 잔나

432

는 초인종을 눌렀다. 아파트 입구의 정문으로 들어간 펠릭스와 페터, 잔나와 사라, 그리고 카이는 엘리베이터를 타고 아파트 24층으로 올라갔다. 집 앞에서 마르타 아줌마가 기다리고 있었다.

"어서들 들어오렴. 집처럼 편하게 생각하기 바란다. 우리 집은 어린이 손님을 맞을 준비가 안 돼 있어서 조금 불편하겠지만 말이야."

펠릭스는 아줌마네 집이 아주 품위가 있다고 생각했다. 바닥에는 부드러운 카펫이 깔려 있었는데 밟으면 발바닥이 쑥 들어갈 만큼 폭신폭신했다. 벽에는 무얼 그린 건지 알 수 없는 커다란 유화가 한 점 걸려 있었다. 커튼이 없는 창문으로는 시내의 불빛이 반짝이는 것을 볼 수 있었다. 소파에는 한 젊은 남자가 앉아 있다가 아이들이 들어가자 일어서서 악수를 청했다.

"내 친구 소개할게. 막스 페르버 씨야. 내 생각에 아저씨가 너희들 문제를 해결하는 데 도움이 될 것 같아서 오시라고 했어. 탐정으로 일하시고 계시거든. 회색 자본시장에서 생기는 사건을 주로 맡고 있지."

"탐정이라고요? 권총이랑 그런 것도 가지고 다니는 진짜 탐정이란 말인가요?" 페터가 놀라서 물었다.

페르버 아저씨가 웃으면서 말했다.

"권총은 안 가지고 있다. 지금까지 그런 게 필요한 적도 없었고 말이야. 내가 상대하는 범인들은 다행히도 거의 무기를 가지고 다니는 사람들은 아니거든. 주로 교활한 술책이나 잔꾀를 써서 어리

433

숙한 사람들을 등쳐 먹으려는 작자들이지. 너희들 사건은 어떻게 된 건지 한번 들어보자."

페르버 아저씨는 아이들이 랍케에게 사기 당한 이야기를 하는 동안 아무런 감정의 동요를 보이지 않은 채 묵묵히 듣고만 있었다. 아이들의 얘기가 끝나자 아저씨는 말했다.

"아주 전형적인 수법에 당했구나. 항상 그런 식이지. 하지만 아이들을 상대로 해서까지 사기를 쳤다는 얘기는 처음 듣는다."

그러더니 페터가 가지고 온 랍케의 편지를 훑어보았다.

"이럴 줄 알았다. 항상 똑같은 수법이야. 너희들은 사기꾼에게 걸려든 거야. 그것도 아주 악질적인 사기꾼에게. 그리고 이 랍케라는 사람이 이 일을 꾸민 진짜 장본인은 아닐 거다. 대개의 경우 이런 일을 뒤에서 조종하는 배후 인물이 따로 있게 마련이지. 모든 게 각본대로군. 그 회사가 갑자기 사라져 버린 것도 다 미리 정해진 일이란다."

"우리 돈을 다시 찾게 될 가능성이 있나요?" 펠릭스가 물었다.

"그렇게 될 거라고 장담할 수는 없어. 일단은 최악의 경우를 가정하는 게 나을 거다."

"그 사람들이 우리 돈을 그냥 꿀꺽 삼켜버린 건가요?"

"아니, 요즘엔 그렇게 바보같이 행동하는 사람들은 없어. 그 사람들이 사용한 수법을 전문 용어로 '교란'이라고 하지. 그 사람들은 실제로 거래를 하기는 했단다. 다만 너무 많이 그리고 아무 필요도 없는 거래를 했을 뿐이지. 그 거래가 필요한가 아닌가는 그 사람들에게는 중요한 문제가 아니야. 거래를 했다는 사실이 자료로 남아 있기만 하면 되거든. 그래야 거래를 했다는 핑계로 돈을 챙길 수가 있기 때문이지."

"무슨 말인지 잘 모르겠어요." 펠릭스가 말했다.

"간단한 얘기야. 프로그레스 투자회사 사람들은 선물거래를 하기 위해서 선물거래 중개소를 통해야 한단다. 최근에는 독일에도 함부르크에 하나 생겼지. 하지만 가장 중요한 선물거래 중개소는 시카고에 있다. 프로그레스 투자회사 사람들은 예를 들어 이쪽 시간으로는 오후고 시카고 시간으로는 아침 9시쯤 될 때 거기에 있는 중개인, 그러니까 브로커에게 전화를 걸지. 그러고는 그 중개인에게 예를 들면 4월 1일자로 구리 1톤을 사겠다는 주문을 하는 거야. 그러면 그 중개인은 자기가 받은 주문대로 거래를 성립시키지. 물론 그냥 해주는 건 아니고 수수료를 받는단다. 거래 한 건에 대해서 25달러 정도 받는 걸로 나는 알고 있어. 그런데 프로그레스 투자회사에서 너희들에게 보낸 편지를 검토해 보니 중개인에 대한 수수료로 한 건당 150달러를 계산했더구나. 그러니까 사기꾼들은 거래 주문을 아주 많이 하는 것만으로도 너희들이 맡긴 돈에서 상당 부분을 자기들 몫으로 챙길 수가 있었지. 그렇게 되니까 너희들이 선물거래에 투자한 돈은 순식간에 바닥이 나게 된 거란다. 순전히 수수료 내는 데만 말이다. 이건 랍케가 너희들에게 보낸 거래 계산서만 보아도 알 수 있어. 그 자들은 심지어는 하루에 세 차례까지 거래를 한 적도 있단다. 완전히 미친 짓이지."

"그건 정말 용서할 수 없는 일이네요. 그런 건 법으로 금지되어 있지 않은가요?" 펠릭스가 따지듯이 말했다.

"중개인이 수수료를 받는 건 법적으로 허용돼 있긴 하지만 이렇게 많은 액수를 받을 수 있는 건 아니지. 이건 범죄 행위나 다름없다. 하지만 고객들 대부분은 너희들과 마찬가지로 이런 투자 전문 사기꾼들의 수법에 넘어가고 만단다."

"왜 이런 일들에 관한 기사가 신문에 실리지 않죠? 이런 사기꾼들에게 걸려들지 말라고 사람들한테 경고라도 해주어야 하잖아요!"

막스 페르버 아저씨는 웃으며 말했다.

"투자에 관심 있는 사람들이 사기꾼을 조심하라는 얘기를 못 들었을 리가 있겠느냐. 그런 말을 듣고도 믿지 않으려는 게 문제지. 투자한 돈의 70내지 100퍼센트 이익이 생긴다는 말만 들으면 앞뒤 가리지 않고 덤벼들고 말지. 일확천금을 할 욕심에 사로잡히면 사람들은 정말 어처구니없을 정도로 바보 같은 행동을 하거든."

"그것 봐. 돈은 바보 같아. 사람을 바보로 만든다고!" 사라가 보란 듯이 끼어들었다.

"항상 그런 것은 아니지만 그럴 때가 아주 많지." 페르버 아저씨가 사라의 말에 맞장구를 쳤다.

"그런데 지금 프로그레스 투자회사는 어떻게 된 거지요? 그 회사가 왜 갑자기 없어졌을까요? 그리고 프로그레스 투자회사 자리에 새로 생긴 회사의 사장이 어째서 랍케의 차를 타고 다니는 거죠?"펠릭스가 물었다.

"프로그레스 투자회사하고 새 회사는 보나마나 한통속일 거야. 그리고 내 생각에 새 회사의 사장도 랍케와 마찬가지로 피라미에 불과해. 프로그레스 투자회사 사람들은 너무나 많은 사람들한테 사기를 친 바람에 자칫하면 자기네가 한 일이 들통나게 생기자 회사를 없애 버린 거야. 그러니 지금 피해자 중 누군가가 항의를 하려 해도 항의를 할 대상이 없는 셈이지. 프로그레스 투자회사가 사라지고 대신에 아무도 아는 사람이 없는 완전히 새로운 회사가 생긴 거야. 그리고 이제 새로 생긴 회사의 이름 아래 사기극은 처음부터 다시 시작되는 거란다. 투자 전문 사기꾼들의 수법이라는 게 항상 그런 식이지."

"그러니까 결국 이 모든 걸 뒤에서 조종하는 배후 인물을 찾아내야 한다는 말씀인가요?"

"바로 그거다."

"그러려면 어떻게 하는 게 가장 좋을까요?"

"내일 아침에 그 건물 주위에서 망을 보는 거야. 테스타로싸가 다시 나타날 때까지 계속해서 그 건물을 감시하는 거지. 어떻게 할 건지는 일단 테스타로싸가 나타난 다음에 생각해 보자. 어쨌든 지금으로서는 테스타로싸가 우리한테 이 모든 사기극의 배후 조종자를 찾게 해 줄 유일한 단서라는 건 확실하니까."

그 순간 문 밖에서 초인종 소리가 들렸다. 마르타 아줌마가 문을 열자 피자 가게 배달원이 마르타 아줌마에게 층층이 쌓인 피자

일곱 판을 건네주었다.

"저녁 식사가 도착했으니 다들 식사하러 부엌으로 오렴! 막스 아저씨는 피자를 먹을 때 항상 주위에 지저분하게 흘리기 때문에 거실에서는 먹을 수 없어. 그렇지만 부엌에서는 괜찮아."

부엌은 아주 작았고 의자도 두 개밖에 없었다. 그래서 모두들 바닥에 앉아서 피자를 먹었다.

"두 분은 결혼하신 건가요?" 잔나가 마르타 아줌마에게 물었다.

"결혼이라……. 그 생각은 아직 전혀 못 해봤는걸. 결혼이라는 게 요즘 같은 때에는 시대에 뒤떨어진 생각 아니니?"

"저는 나중에 크면 결혼을 할 거예요. 아이도 많이 낳고요." 잔나가 좌중을 둘러보며 선언하듯이 말했다.

"거기에 대해서는 우리 나중에 의논하기로 하지, 귀여운 내 사랑 잔나!" 페터가 짓궂게 말을 받았다. 잔나는 화가 난 표정을 지으며 페터를 노려보았다. 하지만 정말로 화가 난 게 아니라 괜히 장난으로 그래 보는 게 분명했다. 펠릭스는 잔나와 페터가 그 정도로 서로 친하다는 게 놀라울 따름이었다. 페르버 아저씨는 냉장고에 기대 서서 입을 닦고는 말했다.

"결혼을 하는 게 좋은 점도 있기는 하지. 결혼을 하면 부양가족이 생기니까 세금을 덜 내도 되고……."

페르버 아저씨는 더 이상 말을 계속할 수가 없었다. 마르타 아줌마가 아저씨 얼굴에 행주를 집어던졌기 때문이다. 그러나 마르타 아줌마도 화가 난 것처럼 보이지는 않았다.

"너희들 내일 하루는 단단히 고생할 각오를 해야 할 거다. 범인을 잡으려는 사람은 잠을 충분히 자두어야 해."

마르타 아줌마는 거실의 푹신푹신한 양탄자 위에 담요와 베개를 가져다 잠자리를 마련했다. 페르버 아저씨는 차로 사라를 집에 데려다주었다. 펠릭스는 사라가 같이 있을 수 없는 게 못내 섭섭했다. 페터와 잔나처럼 펠릭스도 사라와 나란히 누워서 이런저런 얘기를 하고 싶었기 때문이다. 하지만 그런 생각도 잠깐, 펠릭스는 카이 옆에 드러눕기가 무섭게 잠이 들고 말았다.

21. 붙잡힌 사기꾼

귀르툴러 거리에 있는 그 건물은 겉보기에는 수상쩍은 데라곤 전혀 없었다. 사람들이 끊임없이 들락거렸다. 불이 환히 켜진 창문 너머로 사람들이 컴퓨터 앞에 앉아서 일을 하고 있는 것이 보였다. 불이 꺼져 있는 창문에는 크리스마스 장식의 전구가 반짝반짝 빛나고 있었다. 날이 아주 흐려서 오전 9시가 되어도 어두웠기 때문에 자동차들은 라이트를 켜고 다녔다. 카이가 건물 근처를 살피면서 확인해 보았는데 테스타로싸는 아직 나타나지 않았다.

펠릭스와 페터, 잔나, 그리고 카이는 막스 아저씨와 함께 아저씨 차 안에 서로 바짝 붙어 앉아 있었다. 사라는 학교에 가느라고 아이들과 행동을 같이 할 수가 없었다. 막스 아저씨의 차는 상당히 큰 차였는데 난방시설이 돼 있었다. 운전석과 옆자리 사이에 있는 받침대 위 쟁반에는 콜라 깡통 하나가 놓여 있었다. 아이들과 막스 아저씨는 따뜻한 차 안에 앉아 테스타로싸가 나타나기를 기다리면서 건물 입구를 주시했다. 길거리에는 우중충한 색깔의 옷차림을 한 사람들이 알록달록한 쇼핑백이나 검정색 서류가방을 든 채 종종걸음을 치는 것이 보였다. 길거리에 늘어서 있는 가로수 위에는 쉰슈타트 숲과 마찬가지로 까마귀 떼가 앉아 있었다. 펠릭스는 테스타로싸가 나타나기를 기다리는 일에 조바심이 나서 견딜 수가 없었다. 갑자기 막스 아저씨가 나지막이 휘파람 소리를 냈다.

"얘들아, 저기 누가 오는지 보렴!"

앞쪽에 있는 보행자용 신호등의 신호가 초록색이 되자, 할머니 한 분이 지팡이에 몸을 의지한 채 횡단보도를 건너기 시작했다. 그리고 횡단보도 건너편에는 빨간색 테스타로싸 한 대가 멈춰 서서 신호가 바뀌기를 기다리고 있는 게 아닌가! 신호가 바뀌자 테스타로싸는 우회전을 하더니 건물 앞에 있는 정문으로 들어갔다. 시각은 정확히 9시 35분이었다.

"운전하는 사람이 너희가 말하던 랍케라는 사람이냐?" 막스 아저씨가 아이들을 돌아보며 물었다.

"잘 모르겠어요. 하지만 얼른 봐서는 새로 생긴 회사의 사장인 뮐러 씨처럼 보이던데요." 펠릭스가 대답했다.

"그럼 본격적으로 조사에 착수해볼까. 내가 위에 올라가서 새로 생긴 회사에 들어가 이것저것 좀 물어보고 오마. 내 얼굴을 아는 사람은 없을 테니까 말이다. 괜찮으면 너희 휴대폰을 내가 좀 빌려야겠다. 너희들은 여기서 기다리면서 건물 입구를 감시하고 있어라. 혹시 테스타로싸가 건물을 떠나면 이 차에 있는 전화기로 나한테 즉시 전화를 걸어라. 사용 방법은 휴대폰과 같다. 알겠지?"

"알았어요." 펠릭스가 대답했다. 다른 아이들은 대답 대신 고개를 끄덕였다.

막스 아저씨는 자동차에서 내린 다음 옷깃을 세우더니 길거리를 가로질러 건물의 출입문을 열고 안으로 들어갔다.

"정말 긴장되는데." 잔나가 중얼거렸다.

펠릭스는 가슴이 두근거렸다. 느닷없이 원래는 지금 학교에 있어야 한다는 생각, 이 시간이 뢰벤슈타인 선생님의 수학 수업 시간이라는 생각, 그리고 엄마 아빠가 지금쯤 굉장히 걱정을 하실 거라는 생각들이 머리를 스쳐 지나갔다.

"너희 생각에는 우리 부모님들이 경찰에 신고를 하셨을 것 같니?" 펠릭스가 물었다.

"우리 엄마는 절대로 그랬을 리 없어." 카이가 대답했다.

"우리 아빠는 분명히 노발대발하실 거야. 하지만 당장 경찰에 알린다거나 하시진 않았을걸." 페터가 대답했다.

"우리 할머니가 어떻게 나오실지 짐작이 안 가. 정말 엉뚱한 행동도 얼마든지 하실 수 있는 분이거든. 너희 엄마가 우리 할머니한테 적당히 잘 말씀해주셨으면 좋을 텐데." 잔나가 약간 걱정스러운 표정을 지었다.

"어쨌거나 집에 돌아가면 적당히 넘어가기는 틀린 노릇이야. 단단히 혼이 날 각오를 해야 할걸." 펠릭스가 한숨을 쉬며 말했다.

아이들은 다시 입을 다물고 창밖에 보이는 어둑어둑한 길거리와 창문마다 환하게 불이 환히 켜진 건물 쪽으로 시선을 돌렸다. 그리고 계속해서 건물 입구를 주의 깊게 지켜 보았다.

"이런 제기랄!"

갑자기 페터가 소리를 지르더니 차 안에 설치된 전화기를 낚아

챘다. 그제야 펠릭스도 테스타로싸의 요란한 엔진 소리를 들을 수 있었다. 테스타로싸는 건물 모퉁이를 휙 돌더니 건물 앞쪽에 있는 정문에서 멈추어 섰다. 페터는 재빨리 막스 아저씨가 가져간 휴대폰 번호를 누르면서 소리를 낮춰 말했다.

"어휴, 제발 빨리 좀 걸려라!"

아이들은 막스 아저씨가 전화를 빨리 받지 않자 애가 타서 죽을 지경이었다. 테스타로싸가 어느새 정문을 통과해서 부웅 소리와 함께 출발하는 것이 아닌가! 펠릭스는 속으로 '눈앞에서 놓치다니, 여태 헛고생만 실컷 한 셈이잖아!' 하는 생각이 들자 분한 마음이 들었다. 그런데 천만다행으로 때마침 신호등이 빨간색으로 바뀌었다. 유치원생으로 보이는 꼬마들 여러 명이 두 줄로 나란히 서서 선생님의 뒤를 따라 아장아장 횡단보도를 건너기 시작했다. 테스타로싸는 횡단보도 앞에 멈춰 선 채 신호등이 다시 초록색으로 바뀌기를 기다리는 수밖에 없었다. 바로 그때 건물 출입문이 열리더니 막스 아저씨가 잽싸게 길을 건너 아이들이 기다리고 있는 곳으로 성큼성큼 걸어오는 것이 보였다. 펠릭스와 페터는 아저씨를 향해서 미친 듯이 손짓을 하며 테스타로싸를 가리켰다. 아저씨는 금세 상황을 파악했는지 서두르는 걸음으로 자동차 있는 곳에 도착해서는 차 문을 벌컥 열어 젖히더니 운전석에 앉자마자 시동을 걸었다. 그러고는 아이들에게 말했다.

"무언가 눈치를 챈 모양이다. 뒤를 쫓아야겠다."

아저씨가 차를 몰고 주차장을 빠져나오는 순간 신호등이 초록색으로 바뀌더니 테스타로싸가 출발했다. 이제 아이들이 탄 차와 테스타로싸 사이에는 다른 차 두 대만이 더 있을 뿐이었다.

"저 차에 탄 사람이 아저씨가 차에 타는 걸 보았을까요?" 펠릭스가 걱정스러운 얼굴로 물었다.

"아니, 그런 것 같진 않구나. 운이 좋다면 저 차가 우리를 랍케라는 사람이 있는 곳으로 데려갈 거다. 아니면 이 사기극을 배후에서 조종한 사람이 있는 곳으로 데려가든지. 내가 안에 들어가서 너희가 만났던 새 회사 사장한테 랍케라는 사람이 어디 있는지 아느냐고 물었더니 너희한테 했던 대답과 똑같은 대답을 하더라. 아주 시치미를 뚝 떼면서 자기는 전혀 모른다는 거야. 하지만 그 사람이 내 질문 때문에 속으로는 굉장히 당황스러운데 억지로 태연한 표정을 꾸미고 있다는 걸 분명히 느낄 수 있었단다. 하긴 이틀씩이나 연달아서 랍케라는 사람을 아느냐고 묻는 사람들이 찾아왔으니 이상하게 여길 만도 하지."

"그 사람은 자기가 랍케와 무언가 관련이 있다는 사실을 숨기고 싶은 모양이네요. 그렇다면 도대체 왜 랍케가 몰던 차를 타고 돌아다니는 거죠?" 펠릭스가 이해할 수 없다는 듯이 물었다.

"실수는 누구든지 하는 법이다. 더군다나 투자 사기꾼들은 특히 돈을 밝히고 사치스러운 걸 좋아하기 때문에 아주 멍청한 실수를 저지르는 일이 종종 있지. 그 바람에 경찰에 덜미를 잡히게 되는 거란다. 하지만 아직 속단하기엔 이르다. 저 차를 쫓아간다고 해도 과연 랍케를 찾게 될지는 아직 미지수니까."

밀러 씨는 자기 차가 미행을 당하고 있다는 사실을 전혀 눈치채지 못한 모양이었다. 테스타로싸는 여느 차와 조금도 다름없이 차량 행렬에 섞여 운행을 계속하고 있었다. 잠시 후 막스 아저씨는 앞차에서 시선을 떼지 않은 채 아이들을 보면서 말했다.

"시속 50킬로미터 속도 제한도 지키고 있는걸. 행여 교통경찰 눈에라도 띌까 조심하는가 보다."

아이들이 탄 차량은 한참 동안 큰 도로를 달려 프랑크푸르트 시내를 가로질렀다. 어느새 시내 중심가를 벗어난 모양이었다. 차는 잠시 고속도로를 달린 후 국도로 들어섰다. 펠릭스는 막스 아저씨가 테스타로싸를 미행하는 솜씨를 보고 감탄하지 않을 수 없었다. 아저씨는 절대로 상대방이 의심을 품을 수 있을 만큼 바짝 따라가지 않고 반드시 앞차와의 사이에 다른 차가 적어도 한 대쯤은 끼어 있도록 했다. 그러면서도 결코 앞차가 시야에서 벗어나지 않도록 운전을 했다.

갑자기 테스타로싸가 정지 신호등을 깜빡이면서 속도를 줄이더니 대형 쇼핑센터 옆쪽에 있는 주차장을 향해 커브를 틀었다. 그러고는 주차장 입구를 지나 서서히 지하 주차장으로 미끄러져 들어갔다. 막스 아저씨가 긴장한 표정으로 아이들에게 말했다.

"다들 정신 바짝 차려야 한다. 놓치면 안 돼. 카이, 너는 차에 남아 있거라. 그리고 펠릭스랑 페터, 잔나는 쇼핑센터 안으로 따라 들어가 봐라. 밀러 씨가 어쩌면 잠깐 무얼 사려고 여길 들른 건지도 모르니까. 나는 저 차를 자세히 좀 살펴봐야겠다. 휴대폰은 펠릭스가 가져가는 게 좋겠다. 조금이라도 수상쩍은 일이 있으면 즉시 전화를 해야 한다. 그러면 카이가 자동차 경적을 울려서 경고를 하는 거야. 다들 잘 알았지? 그리고 너희는 감시만 해야지, 절대로 다른 행동은 하면 안 된다. 섣불리 영웅 행세를 하는 건 금물이야. 너희는 경찰이 아니라 탐정이라는 걸 명심해야 한다. 내 말 알아듣겠니?"

"알았어요!" 아이들은 입을 모아 소리쳤다.

막스 아저씨는 성큼성큼 주차장을 가로질러 지하 주차장 입구로 사라졌다. 펠릭스와 페터, 잔나는 쇼핑센터 안으로 들어갔다. 하지만 어디서부터 시작한단 말인가!

"우리, 나누어서 찾아보자. 잔나는 여기 왼쪽 매장들을 살펴보고 나는 슈퍼마켓을 맡는 게 좋겠어. 그리고 펠릭스 너는 저기 뒤쪽의 옷가게들 있는 쪽으로 가봐." 페터가 제안했다.

펠릭스는 남성복 판매장으로 갔다. 그 곳은 한 층이 아니라 두 층으로 되어 있었는데 옷걸이에 걸린 양복과 외투로 사방이 꽉 차 있었다. 옷들이 너무 많이 걸려 있어서 매장을 훑어보는 일이 아주 힘들었다. 펠릭스는 조심스럽게 매장 안에 있는 남자들의 얼굴을 하나씩 살펴보았다. 구석구석 주의 깊게 살펴보고 2층에도 올라가 보았다. 심지어는 탈의실까지도 빼놓지 않았다. 하지만 어디에도 뮐러 씨는 보이지 않았다.

펠릭스가 뮐러 씨 찾는 일을 포기하고 친구들 있는 곳으로 돌아가려는 순간 탈의실 옆 승강기가 눈에 띄었다. 승강기 문에는 1부터 6까지 적힌 번호판이 붙어 있었다. 어쩌면 뮐러 씨는 뭘 사려고 여기에 들어온 게 아니라 쇼핑센터 건물 안에 살고 있는지도 몰랐다! 펠릭스는 잠깐 망설이다가 승강기 옆에 있는 단추를 눌렀다. 그러고는 승강기를 타고 6층까지 올라갔다. 문이 열리자 허름한 복도가 나타났다.

복도 양옆에는 사무실 문으로 보이는 문들이 세 개 있었다. 펠릭스는 거기에 적혀 있는 사무실 이름들을 읽어 보았다. 첫 번째와 두 번째 문에는 각각 롤프 쉘러와 한스 자이델 박사 변호사 사무실, 마를리스 메르커 정신과 의사, 그리고 마지막 문에는 칼 바르트 세무사 사무실이라는 팻말이 걸려 있었다. 뮐러 씨가 변호사를 만나러 온 걸까? 아니면 세무사랑 뭔가 의논하러 왔나?

펠릭스는 잠시 생각하다가 한 층 아래에는 어떤 사무실들이 있는지 알아보기로 했다. 5층에도 사무실이 세 개 있었는데 하나는 치과였고 다른 하나는 안과였다. 그리고 마지막 문에는 트랜스 애틀랜틱 무역회사라는 팻말이 붙어 있었는데 어떤 회사인지 전혀 짐작이 안 갔다.

펠릭스가 한 층 더 내려가 보기로 결심하고 막 계단 있는 쪽으로 옮기려 할 때 사무실 문 하나가 열리는 소리가 났다. 뒤를 돌아보니 트랜스 애틀랜틱 무역회사의 문 밖으로 세 남자가 나오는 것이 보였다. 펠릭스는 깜짝 놀라서 그 자리에 우뚝 섰다. 세 사람 중 두 사람은 펠릭스도 아는 사람이었기 때문이었다. 한 사람은 다름 아닌 랍케였고 다른 한 사람은 랍케의 사무실 자리에 새로 들어온 회사의 사장인 뮐러 씨였다. 세 번째 남자는 펠릭스가 처음 보는 사람이었는데 마지막으로 나온 그 아저씨는 문을 닫으면서 랍케와 뮐러 씨에게 다짐하는 어조로 말을 했다.

"AX1749라고. 잘 알아들었지? 잊으면 안 돼."

"예스." 랍케가 영어로 대답했다. 그러고는 몸을 돌리다가 펠릭스를 보더니 놀란 표정으로 소리쳤다.

"너 대체 여긴 웬일이냐?"

펠릭스가 뭐라고 대꾸할 사이도 없이 세번째 남자가 랍케에게 버럭 소리를 질렀다.

"이 꼬만 도대체 누구야?"

"저, 쇤슈타트에 사는 펠릭스라고……."

"일하는 꼴 하곤! 빌어먹을, 꼬마들 따윈 건드리지 말라고 하지 않았어. 두고 보라고."

눈 깜짝할 사이에 벌어진 일어었다. 세 번째 남자는 말을 채 끝내기도 전에 펠릭스가 서 있는 쪽으로 달려오더니 주먹을 힘껏 내둘렀다. 갑자기 펠릭스는 눈앞이 캄캄해졌다.

*

펠릭스가 정신을 차려 보니 사방은 온통 어둡고 머리는 깨질 듯이 아팠다. 펠릭스는 손으로 이마를 만져 보려고 하다가 그제야 양손이 등 뒤로 묶여 있다는 걸 알았다. 그뿐만이 아니었다. 입은 두꺼운 셀로판 테이프로 꼭 붙여놓아서 구해달라는 고함은커녕 신음 소리조차 낼 수가 없었다. 이런 끔찍한 봉변을 당하다니! 사기 당한 돈을 되찾겠다는 생각뿐이었는데 사기꾼을 잡기는커녕 오히려 사기꾼들에게 붙잡히는 신세가 되다니! 진짜 범죄자들을 만난 셈이었다. 이런 일은 범죄 드라마에서나 일어나는 줄 알았는데…….

잠시 후 펠릭스는 자기가 갇혀 있는 장소가 이리저리 흔들리는 걸 느꼈다. 그리고 바깥에서는 자동차가 달리면서 내는 여러 가지 소음이 들려왔다. 펠릭스는 지금 자동차 짐칸에 갇혀 어디론가 실려가고 있었던 것이다! 펠릭스의 머릿속에는 온갖 생각이 떠올랐다. 날 어디로 데려가는 걸까? 아마도 한적한 숲속으로 끌고 가서 총으로 쏘려는 걸지도 모른다. 영화에서 그런 걸 본 적이 있었다. 하지만 막스 아저씨가 이런 사기꾼들은 총 같은 건 갖고 다니지 않는다고 했는데. 분명히 총으로 쏘는 대신 다른 방법을 쓸 테지. 하지만 그렇게 생각을 해도 무섭기는 마찬가지였다. 펠릭스는 절망감에 사로잡혀 생각했다. 차라리 금화를 발견하지 않았더라면 얼마나 좋았을까!

손목이 너무나 아팠다. 펠릭스는 어떻게든 몸을 돌려보려고 애썼다. 발목도 묶여 있긴 했지만 옴짝달싹 못 할 정도는 아니었기 때문에 몸을 이리저리 뒤척이다 보니 약간은 편안한 자세로 누울 수 있었다. 펠릭스는 밖에서 들려오는 소리에 귀를 기울였다. 펠릭스가 탄 자동차는 거의 소리를 내지 않고 움직였다. 아마도 고속도로에 들어선 것 같았다. 다른 애들은 내가 없어진 걸 눈치챘을까? 분명히 눈치챘을 거야. 하지만 그렇다 해도 날 무슨 수로 찾는단 말인가! 펠릭스는 휴대폰이 아직 점퍼 주머니에 들어 있는지 확인해 보고 싶었지만 두 손이 꽁꽁 묶여 있어 어쩔 수가 없었다.

펠릭스는 억지로 마음을 가라앉히고 다시 한번 밖에서 무슨 소리가 나는지 들어보았다. 사람 소리는 전혀 들리지 않았다. 어쩌면 자동차 안에는 운전하는 사람 빼고는 아무도 안 탔는지도 모른다. 아니면 차에 타고 있는 사람들이 서로 할 말이 없거나. 갑자기 몸이 한 쪽 구석으로 휙 굴러갔다. 자동차가 속도를 줄이고 커브 길로 들어섰다는 걸 짐작할 수 있었다. 잠시 후 자동차는 다시 커브를 틀더니 오르막길로 가기 시작했다. 그리고 얼마 지나지 않아 갑자기 멈추어 서더니 엔진이 꺼지고 자동차 문이 여닫히는 소리가 들려왔다. 그러고 나서는 사방이 조용해졌다. 펠릭스의 머릿속에 '죽음과 같은 정적'이라는 표현이 떠오르면서 온몸에 오싹 소름이 끼쳤다.

'이제 어떻게 하지? 짐칸에 나를 가둔 사람들이 내가 여기에 있다는 사실을 잊어버린 건 아닐까? 아니면 날 굶겨 죽이려고 작정하고 일부러 두고 내렸나?'

펠릭스는 두 손을 묶고 있는 끈에 힘을 주고 바깥쪽으로 벌려보았다. 처음에 생각했던 것처럼 꼭 묶인 것은 아닌 모양이었다. 애초에 날 죽일 생각은 없었기 때문에 일부러 느슨하게 묶은 걸까? 펠릭스는 팔목에 더 힘을 주고 세게 벌려보았다. 두 손을 묶고 있던 끈이 조금씩 느슨해지면서 등 뒤에 있는 팔을 약간 움직일 수 있게 되었다. 펠릭스는 용기가 생겼다. 그래서 팔목에 더 힘을 주어 벌려보기도 하고 흔들어보기도 했다. 하지만 좀 지나자 너무 힘이 들어서 계속할 수가 없었다.

몇 분 후에 펠릭스는 다시 한번 온몸에 남아 있는 마지막 힘을 끌어모아 두 팔을 세게 움직여보았다. 그랬더니 정말로 묶고 있던 끈에서 한 쪽 팔을 빼낼 수 있었다! 나머지는 식은 죽 먹기였다. 펠릭스는 다른 쪽 손목도 마저 빼낸 다음, 입을 덮고 있던 셀로판 테이프를 뜯어냈다. 마지막으로 발목을 묶고 있던 끈을 풀고 나자 드디어 자유로운 몸이 되었다. 물론 아직 자동차 짐칸을 빠져나가지는 못했지만.

펠릭스는 주먹으로 짐칸 뚜껑을 힘껏 두드렸다. 쾅쾅 소리가 귓전을 때렸다. 하지만 밖에서는 아무 소리도 들리지 않았다. '정말로 차를 숲속으로 몰고 와 세워놓고 갔나?' 도무지 영문을 모를 일이었다. '참, 휴대폰이 있었지!' 펠릭스는 몸을 더듬어보았다. 다행히 점퍼 주머니에 휴대폰이 들어 있었다. 어쩌면 휴대폰이 여기서 빠져 나가는 데 도움이 될지도 모를 일이었다. 휴대폰 덮개를 열고 통화 버튼을 누르자마자 휴대폰 위쪽에 불이 들어왔다. 펠릭스는 막스 아저씨의 자동차에 설치돼 있는 전화의 번호를 눌렀다. 신호가 두 번 울리자 누군가 전화를 받았다.

"여보세요. 누구십니까?"

전화기에서 막스 아저씨의 음성이 흘러 나왔다.

"저 펠릭스예요. 저 좀 데리러와주실 수 있으세요?"

"펠릭스야, 너 도대체 어디 있는 거냐? 우리가 널 얼마나 찾았는 줄 아니? 설마 무슨 일이 생긴 건 아니지?"

"별일 아니에요. 이제 손발을 묶고 있던 끈을 풀었으니까 걱정하실 필요 없어요."

"끈이라니, 대체 무슨 소리냐?" 막스 아저씨가 놀란 소리로 물었다.

"저 지금 자동차 짐칸에 갇혀 있어요. 조금 전까지만 해도 손발이 끈에 묶여 있었는데 끈을 풀어서 지금은 움직일 수 있어요. 그런데 어떻게 해야 여기서 빠져나갈 수 있을지 모르겠어요."

"너 붙잡혔니? 자동차는 어디 있는데?"

페터가 막스 아저씨 옆에서 묻는 소리가 희미하게 들려왔다.

"그걸 내가 무슨 수로 아니? 그 사람들이 날 여기에 두고 내리면서 가르쳐준 것도 아닌데." 펠릭스는 페터의 질문에 퉁명스럽게 대꾸했다.

"짐칸 앞을 가로막고 있는 뒷좌석을 어떻게든 앞으로 제쳐봐라. 그 방법밖에는 없을 것 같다. 그리고 무슨 일이 있어도 휴대폰은 끄면 안 된다. 절대로 안 돼." 막스 아저씨가 펠릭스에게 일렀다.

"하지만 휴대폰은 전화 요금이 엄청 비싼데……."

"전화 요금 걱정은 잠시 접어두고 일단 너희 돈을 찾을 궁리나 하자."

펠릭스는 뒷좌석을 두 발로 힘껏 찼더니 정말로 조금 움직이는 것 같았다. 그 동안에도 귀에서 휴대폰을 떼지 않았다. 귓가에 페터의 목소리가 들려왔다.

"하지만 테스타로싸는 짐칸이 뒷좌석에 붙어 있지 않잖아요."

"왜 내가 진작에 그 생각을 못 했지? 우리가 자기네를 감시하는 낌새를 눈치채고 그 작자들이 테스타로싸 대신에 다른 차를 타고 도망친 거야. 펠릭스야, 너 이제 빠져나왔니?"

"아니요, 아직."

펠릭스는 말을 마치자 다시 한번 두 발로 뒷좌석을 세게 찼다. 뒷좌석의 등받이가 약간 고개를 숙이면서 틈이 생기더니 캄캄했던 짐칸 안으로 밝은 햇살이 한 줄기 흘러 들어왔다.

"이젠 빠져나갈 수 있을 것 같아요." 펠릭스는 전화기에 대고 소리를 쳤다. 그러고 나서 발로 다시 한번 뒷좌석의 등받이를 밀었더니 뒷좌석이 앞으로 넘어갔다. 펠릭스는 짐칸에서 기어나왔다. 캄캄한 곳에 있다가 갑자기 밝은 곳으로 나와서인지 눈이 부셨다. 펠릭스는 몇 번이나 눈을 깜빡거렸다. 그런데 이상하게도 눈이 어느 정도 밝은 곳에 익숙해졌을 만큼 시간이 흘렀는데도 주위가 흐릿하게 보였다. 펠릭스는 그제야 자기가 안경을 쓰고 있지 않다는 사실을 알아차렸다. 그래서 휴대폰을 옆에 놓아둔 채 손으로 짐칸 바닥을 여기저기 더듬었다. 안경은 짐칸 구석에 떨어져 있었다. 펠릭스는 안경을 쓰고 나서 주위를 둘러보았다. 왼쪽 눈앞에 두꺼운 줄 하나가 있는 것이 맨 처음으로 눈에 들어왔다. 짐칸에 실려오는 동안에 안경이 떨어지면서 금이 간 모양이었다.

"제 생각에 제가 지금 있는 곳이 주차장 같아요." 펠릭스는 전화기에 대고 말했다.

"어디에 있는 주차장인 것 같으냐? 근처에 누구 물어볼 사람 안 보이니?" 막스 아저씨가 걱정스러운 목소리로 물었다.

"아무도 안 보여요. 여기 주차장 안에 저밖에 없나 봐요." 펠릭스는 기운 없는 목소리로 대꾸했다.

"그럼 혹시 근처에 뭔가 단서가 될 만한 게 있나 잘 살펴봐라. 팻말이나 그런 거 말이다. 그리고 너를 태우고 온 차종이 뭔지 그리고 번호판에 뭐라고 쓰여 있는지 말해봐라."

"한번 볼게요."

펠릭스는 말을 마치자 뒷좌석 옆에 있는 문을 열고 차에서 내렸다. 주차장 안에는 엄청나게 많은 차들이 주차돼 있었는데 사람은 한 명도 눈에 띄지 않았다. 펠릭스는 손에 휴대폰을 든 채 자동차 주변을 한 바퀴 빙 돌면서 살펴보았다.

"자동차 등록번호가 F-ZZ 1984예요. 어디선가 이것처럼 F-ZZ로 시작하는 번호를 꼭 본 것 같은데요."

"테스타로싸 등록번호와 아주 비슷하구나. 도대체 무슨 생각으로 차 번호를 그렇게 비슷하게 붙였는지 모르겠는걸. 하지만 지금은 어떻게든 네가 있는 곳이 어딘지 알아내는 게 급선무다."

"여기 주차장에는 빈 자리가 하나도 없을 정도로 차들이 꽉 들어차 있어요. 그런데 저기에 팻말이 하나 있어요. 제1터미널이라고 적혀 있는데요." 펠릭스는 전화기에 대고 말했다.

"공항이다! 그 작자들이 공항으로 갔구나!" 막스 아저씨가 흥분한 어조로 소리쳤다.

"비행기로 도망칠 작정이야. 그런데 너한테 들키니까 널 자동차 짐칸에 가둔 거다. 자기네가 도망친 다음에 네가 거기서 빠져나올 수 있도록 일부러 느슨하게 결박을 한 모양이다. 널 없애려고 한 게 아니라 단지 도망칠 시간을 벌려고 한 거지."

"그 사람들이 어디로 가는 비행기를 탔는지 알아내야 해요."

"우리가 그 쇼핑센터에서 너랑 헤어진 게 길게 잡아도 한 시간 정도밖에 안 되었으니 그 사람들이 탄 비행기가 아직 이륙을 안 했을 게다. 내가 여기저기 전화로 알아보마. 그 사람들 잡을 가능성이 전혀 없지는 않구나. 어쨌든 지금 당장 제1공항터미널로 가마. 거기서 만나자. 그런데 참 널 결박한 사람이 대체 누구냐?"

"세 사람이었어요. 랍케 씨랑 뮐러 씨, 그리고 세번째 남자는 처음 보는 사람이었고요."

"그 사람은 어떻게 생겼는지 아니? 뭔가 눈에 띄는 특징이라도 있었니?"

"제대로 눈여겨볼 시간도 없었어요. 그냥 평범하게 생겼던데요. 나이도 다른 두 사람이랑 비슷하게 보였고요. 아, 참! 그리고 보니 그 사람 한쪽 눈썹이 다른 눈썹보다 훨씬 두꺼웠던 것 같은데 확실하진 않아요."

"양쪽 눈썹이 두께가 서로 다르다고? 내가 아는 사람들 중에는 그런 사람이 없는데. 나중에 알게 되겠지. 그럼 잠시 후에 보자. 조심해라."

"알았어요. 제1터미널에 있을게요."

펠릭스는 휴대폰의 뚜껑을 닫아 주머니에 집어넣은 다음 주차장을 가로질러 제1터미널로 나가는 출구 쪽으로 걸어갔다. 언젠가 엄마 아빠랑 비행기를 타고 여행한 적이 있었기 때문에 공항 사정을 조금은 알고 있었다. 주차장을 빠져나오자 보행자를 위한 육교가 나왔다. 육교 아래에는 4차선 도로가 있었다. 육교를 건너가니 커다란 대합실이 나타났는데 믿을 수 없을 만큼 많은 사람들로 북적대고 있었다. 출국하는 사람들을 위한 대합실임이 분명했다. 이렇게 많은 사람들 가운데에서 어떻게 그 세 사람을 찾는단 말인가!

펠릭스는 어떻게 해야 할지 몰라 답답한 심정으로 바쁘게 오가는 사람들 틈 사이를 어슬렁거렸다. 커다란 짐 가방을 든 사람들이 있는가 하면 작은 손가방을 든 사람들도 있었고 어떤 사람들은 짐수레를 밀고 있었다. 이런 북새통에서 누굴 찾는다는 것 자체가 불가능한 일이었다.

펠릭스는 안쪽에 있는 출국자 대기실로 가기 위해서 여행객들의 짐을 검사하는 장소로 갔다. 검사원이 삐 소리가 나는 도구를 펠릭스의 몸 위로 스치면서 펠릭스에게 물었다.

"이런, 꼬마 신사가 혼자 여행을 하니?"

펠릭스는 점퍼를 벗어 옆에 있는 검사대 위에 올려놓았다. 검사원은 펠릭스가 가지고 있는 휴대폰을 보더니 두 눈을 크게 떴다.

"이런, 너 같은 꼬마가 휴대폰으로 무얼 하는 거지?"

"아빠 거예요. 아빠는 먼저 들어가셨어요." 펠릭스는 얼른 거짓 말을 했다.

"그래? 난 네가 벌써 휴대폰을 들고 다니면서 사업이라도 하는 줄 알았다." 검사원은 빙그레 웃으면서 펠릭스를 통과시켜 주었다.

출국자 대기실 안에 있는 스피커에서 안내방송이 흘러 나왔다. 바르셀로나로 떠나는 빈트 뮐러 씨 가족은 이 방송을 듣는 즉시 B31번 출구로 오시기 바랍니다. 잠시 후 같은 음성이 영어와 스페인어로 방송을 되풀이했다. 펠릭스는 대기실 안쪽으로 들어가보았다. 조바심 때문에 가슴이 두근거렸다. 무슨 수를 쓰더라도 그 세 사람이 비행기를 타고 도망치지 못하도록 막아야 했다. 하지만 아무런 방법도 떠오르지 않았다. 펠릭스는 대기실 안에 있는 사람들을 찬찬히 둘러보았다. 대기실은 키가 큰 사람과 작은 사람, 피부색이 흰 사람과 검은 사람, 그리고 머리에 터번을 쓴 남자와 긴 드레스를 걸친 여자에 이르기까지 온갖 사람들로 붐볐다. 그 중에서도 프랑크푸르트 증권거래소에서 보았던 주식 중개인들과 같은 옷차림을 한 남자들이 많이 눈에 띄었다. 그 사람들은 한결같이 회색 외투 아래 짙은 색 양복을 걸치고 있었으며 손에 든 휴대폰으로 통화를 하고 있었다. 가끔씩 자리에 앉아 신문을 읽거나 잇따라 놓인 의자 세 개 위에 누워 자는 사람도 눈에 띄었다.

북적거리는 사람들 위쪽에 커다란 전광판이 있었는데 증권거래소에서 주식시세를 알려주었던 전광판과 흡사하게 보였다. 전광판에는 비행기의 출발 시각이 표시돼 있었다.

바르셀로나행 오후 2시 30분, 로마행 오후 2시 30분, 드레스덴행 오후 2시 40분 등……. 가끔 각 비행기의 출발 시각이 적혀 있는 줄 맨 끝에 초록색 불빛이 깜빡이면서 '탑승'이라는 글자가 나타났다. 아마도 그 비행기가 곧 이륙한다는 신호인 것 같았다. 펠릭스는 계속해서 대기실 안을 돌아다녔다. 그러다가 몸을 돌려 다시 한번 전광판을 올려다보았다. 갑자기 자기가 무언가 중요한 걸 지나친 것 같은 기분이 들었기 때문이다. 펠릭스는 전광판에 적혀 있는 숫자와 글자를 주의 깊게 읽어보다가 무엇 때문에 자기가 전광판을 다시 쳐다보게 되었는지 알았다. 비행기의 도착지가 적혀 있는 앞쪽에 각 비행기의 번호가 나와 있었다.

LH345, LH8921, BA7865, AX7634……. AX? AX라는 기호를 어디선가 들은 적이 있었는데. 펠릭스는 계속 읽어보았다. AX1749. 그제야 펠릭스는 자기를 짐칸에 가둔 그 세 사람이 자기를 발견하기 직전에 나누었던 대화 중 AX1749라는 말이 있었다는 사실을 기억해냈다. 전광판에는 AX1749기 킹스톤행 B37번 출구라고 적혀 있었다. 펠릭스가 자기가 발견한 사실에 놀라 멍하니 전광판을 지켜 보고 있는 그 순간, AX1749기 킹스톤행 B37번 출구 뒤쪽에 초록색 불빛이 깜빡거리면서 탑승 글자가 나타났다.

펠릭스의 머릿속에 그 사기꾼들을 지금 여기서 놓치면 영영 끝장이라는 생각이 들었다. 펠릭스는 정신없이 달리기 시작했다. 그렇게 빨리 달리기는 난생처음이었다. 대기실에 서 있는 사람들 사이를 제치고 이리저리 부딪치면서 길다란 통로에 들어서자 양옆에 출구가 쭉 늘어서 있었다. 출구마다 B30, B31 하는 식으로 번호가 붙어 있었다. 통로는 끝이 없는 것 같았다. 한참을 달렸는데도 겨우 B34, B35였다. 펠릭스가 숨이 차서 헐떡거리면서 B37이라고 적힌 유리문 앞에 도착하니 유리문 위쪽에는 AX1749기 킹스톤행이라는 글자가 적혀 있었고, 그 옆에 붙어 있는 초록색 불빛이 깜빡이고 있었다. 유리문 앞에는 비행기 승무원 복장을 한 젊은 여자 한 명이 탑승객들의 비행기표를 검사하고 있었다. 유리문 안쪽에 탑승객들이 비행기에 오르기를 기다리고 있는 모습이 눈에 들어왔다. 가만히 앉아 있는 사람, 커피를 마시고 있는 사람, 벌써 출입문 앞에 줄을 서 있는 사람도 있었다. 출입문은 거대한 점보 항공기와 연결돼 있었다. 비행기 날개 뒤쪽에 '올 아일랜드 항공사'라는 이름이 씌어 있었다. 펠릭스는 탑승객들 하나하나를 날카롭게 훑어보았다. 찾고 있던 세 사람이 드디어 눈에 들어왔다! 출입문 앞에 줄을 서 있는 사람들 중에 랍케 씨와 밀러 씨, 그리고 한쪽 눈썹이 유난히 두꺼운 그 남자가 섞여 있었던 것이다. 펠릭스는 더 이상 망설이지 않고 유리문 안으로 냅다 달렸다.

"이봐, 꼬마 양반. 그냥 통과하려고 하면 어떡해? 먼저 비행기표를 보여줘야지." 유리문을 지키고 있던 승무원이 펠릭스를 막았다.

"비행기표 없어요. 하지만 저기 들어가야 해요. 우리 돈을 훔쳐간 사람들이 저기에 있단 말예요." 펠릭스는 다급하게 소리쳤다.

"잠깐 기다려. 여기선 그런 장난을 치면 안 되지." 승무원이 여전히 친절한 음성으로 말했다.

"장난이 아니에요. 저기에 꼭 들어가야 한다고요. 저기 있는 사람들이 돈을 아주 많이 훔쳐 가지고 지금 도망치려고 한단 말이에요." 펠릭스는 답답하다는 듯이 큰 소리로 말했다.

"무슨 소리니? 우리 비행기를 타려는 손님들을 그런 식으로 다 짜고짜 도둑으로 몰아붙이다니……."

"저를 붙잡아서 손발을 묶기도 했다고요."

"이제 그만하고 얼른 부모님이 계신 곳으로 돌아가라. 난 지금 이 문을 닫아야 하니까." 승무원은 단호한 표정으로 펠릭스를 밀었다.

비행기로 연결된 출입문 앞에 서 있던 사람들이 서서히 움직이기 시작하면서 사람들이 하나하나 비행기 안으로 사라졌다. 랍케와 그 일행도 앞쪽으로 움직이기 시작했다. 세 사람은 서로 이야기를 나누고 있었는데, 펠릭스가 있다는 걸 전혀 눈치채지 못한 것 같았다. 무언가 해야 했다! 그것도 지금 당장! 하지만 펠릭스가 어떻게 해야 할지 우물쭈물하고 있는 사이에 승무원이 근처에 있던 경관에게 소리를 질렀다.

"여보세요! 이쪽으로 오셔서 좀 도와 주시겠어요!"

초록색 제복을 입고 허리에는 권총을 두른 경관 두 사람이 다가왔다.

"여기 있는 꼬마가 우리 탑승객 중에 범죄자들이 있다면서 비행기 출발을 지연시키라고 고집을 부리네요. 이 아이 얘기를 좀 들어보시겠어요? 저는 1분 안으로 비행기 출입문을 닫아야 해요."

경관들은 친절한 표정으로 펠릭스를 바라보았다. 한 사람이 펠릭스에게 말을 걸었다.

"범죄자들이라고? 그 사람들 이름이 뭐냐?"

"한 사람은 랍케고 다른 사람은 뮐러라고 해요. 나머지 한 사람은 저도 몰라요. 그 사람들이 비행기를 타고 도망치지 못하게 빨리 막아야 해요."

펠릭스가 다급한 심정으로 대기실 안을 바라보니 비행기로 들어가는 출입문 앞에 서 있던 사람들이 모두 비행기에 탔는지 남아 있는 사람이 하나도 없었다.

"잠깐 진정하고 차근차근 설명해보렴. 우리가 알아서 처리할 테니. 그 사람들이 너한테 무슨 짓을 했다는 거냐?"경관 한 사람이 펠릭스에게 달래는 어조로 물었다.

"저를 때리고 손발을 묶었어요. 그리고 사기를 쳐서 제 돈을 몽땅 가로챘다고요."

경관은 심각한 표정으로 고개를 끄덕이더니 다시 물었다.

"그래, 너를 결박했단 말이지. 도대체 네 돈을 얼마나 사기 쳤단 말이냐?"

"27,000마르크나요! 제발 저 사람들이 도망치지 못하게 막아주세요!"

조바심이 난 펠릭스는 큰 소리로 외쳤다. B37 출구 위에 켜 있던 초록색 불빛은 더 이상 깜빡이지 않았다. AX1749기 킹스톤행이라는 글자도 사라지고 없었다. 다른 한 경관이 무전기를 꺼내더니 무전기에 대고 말을 했다.

"여기에 한 남자아이가 AX1749기 안에 사기꾼 세 명이 타고 있다고 주장을 하는데요. 그 중 한 명 이름이 랍케라고 합니다. 혹시 지명 수배자 중에 랍케라는 이름이 있습니까?…… 아, 예. 그럴 줄 알았습니다……. 예, 남자아이인데요. 맞습니다, 안경을 끼고 있습니다." 경관은 잠시 말을 멈추더니 펠릭스를 향해 물었다.

"너, 이름이 뭐냐? 그리고 몇 살이지?"

"쉰슈타트에 사는 펠릭스 블룸이라고 해요. 그리고 조금만 있으면 열세 살이 돼요."

펠릭스의 대답을 들은 경관은 다시 무전기에 대고 말을 했다.

"예, 알겠습니다. 그 쪽으로 데려가지요."

말을 마친 경관은 미소를 지으면서 무전기를 집어넣더니 펠릭스를 쳐다보았다.

"우리가 가출 소년 한 명을 찾은 셈이로군. 혼자서 범죄자들을 상대하려고 하다니, 요즘 애들은 참 못 말린단 말이야. 펠릭스, 부모님이 얼마나 걱정을 하셨다고!"

부모님이라니! 엄마 아빠가 정말로 경찰에 신고를 하셨구나! 사기꾼들을 잡기 일보 직전인데 엄마 아빠 때문에 일이 이렇게 꼬이다니! 사기 당한 돈을 영영 못 찾게 된다면 그건 순전히 엄마 아빠 탓이야.

"이제 비행기 문을 닫아도 될까요? 벌써 출발 예정 시각에서 10분이나 지났는데요." 승무원이 경관들에게 물었다.

"예, 물론이지요. 비행기를 출발시켜도 됩니다."

경관은 승무원에게 대답을 하더니 다시 펠릭스에게 고개를 돌렸다.

"그런데 너랑 같이 온 친구들 세 명은 어디 있니?"

바로 그때 뒤에서 누군가 큰 소리로 펠릭스의 이름을 불렀다.

"페에엘릭스!"

잔나의 목소리였다. 통로 저쪽에서 잔나가 마구 손짓을 하면서 달려오고 있었다. 그 옆에 막스 아저씨와 페터, 카이, 그리고 사라가 뛰어오는 것이 보였다.

"비행기를 출발하지 못하게 하십시오!"

막스 아저씨가 펠릭스를 향해 헐레벌떡 달려오면서 경관들에게 숨찬 목소리로 외쳤다.

"비행기 안에 지명 수배범 한 명이 타고 있습니다."

"이 아이들이 쉰슈타트에서 온 아이들인가요? 이 아이들을 데리고 대체 무얼 하시는 건지 설명을 좀 해주시겠습니까?" 경관 한 명이 막스 아저씨에게 딱딱한 음성으로 물었다.

"나중에요. 제 말 좀 들어보십시오. 저 비행기 안에 독일 최대의 투자 전문 사기꾼 요한 체이가 타고 있단 말입니다. 그 작자가 지금 비행기로 독일을 빠져나가려고 하고 있다니까요. 빨리 손을 쓰세요. 안 그러면 나중에 골치 아프게 될 겁니다."

"나중에 골치 아프게 될 사람이 있다면 그건 제가 아니라 선생입니다. 부모 허락도 없이 애들을 끌고 다녔으니 유괴나 마찬가지라고요."

경관은 말을 마치자 주머니에서 무전기를 꺼냈다. 막스 아저씨와 아이들이 애를 태우건 말건 전혀 상관이 없다는 듯이 아주 천천히.

펠릭스는 승무원이 대기실에서 비행기로 연결되는 문 앞에 체인을 내리고 나서 비행기 안으로 사라지는 것을 보았다. 지금이 아니면 다시는 기회가 없다는 생각이 머릿속을 스쳤다. 펠릭스는 한 걸음 뒤로 물러서면서 페터에게 눈을 찡긋해 보인 다음, 얼른 몸을 숙여 체인 아래를 통과했다. 그러고는 비행기를 향해 쏜살같이 달려가기 시작했다. 등 뒤에서 사람들이 잔뜩 흥분한 목소리로 고함을 치는 것이 들려왔다. 펠릭스는 비행기로 연결된 통로를 달려갔다. 승무원이 막 커다란 빗장을 젖힌 후 비행기 문을 닫으려는 참이었다.

"도대체 또 무슨 일이지?" 승무원이 놀라서 소리쳤다.

펠릭스는 승무원의 옆을 지나 비행기 내부로 뛰어 들어갔다. 기내에는 안내 방송이 울려 퍼지고 있었다.

"저희 킹스톤행 비행기에 탑승하신 것을 환영합니다. 이 비행기는 7시간 40분간 비행할 예정입니다. 탑승객께서는……."

"이런 못된 녀석 같으니! 빨리 여기서 내리지 못하겠니?"

승무원이 화가 나서 빨갛게 상기한 얼굴로 쏘아붙였다. 얼마 전까지 펠릭스를 향해 지어보였던 상냥한 표정은 온데간데없었다. 난데없는 소동에 놀란 탑승객들의 시선이 모두 펠릭스를 향했다.

하지만 펠릭스는 승무원의 항의에 전혀 아랑곳하지 않고 자기를 쳐다보는 탑승객들의 얼굴을 맨 앞줄부터 하나하나 훑어가기 시작했다. 오래 찾을 필요도 없었다. 앞에서부터 몇 줄 지나지 않아 찾고 있던 세 사람의 얼굴이 보였다. 랍케 씨는 통로 쪽에, 뮐러 씨는 가운데에, 그리고 이름을 모르는 짙은 눈썹의 세 번째 남자는 창가에 앉아 있었다. 펠릭스는 다짜고짜 세 사람을 향해 소리를 질렀다.

"제 돈을 돌려주세요!"

랍케는 정말로 깜짝 놀란 모양이었다. 하지만 얼른 아무렇지도 않은 표정을 지었다. 그러고는 무릎 위에 펼쳐 놓고 읽던 신문을 반듯하게 접더니 아주 공손한 태도로 물었다.

"네 돈이라니? 누구 다른 사람으로 잘못 본 모양이로구나. 난 널 오늘 처음 보는데."

바로 그때 누군가 뒤에서 펠릭스의 팔을 움켜잡았다. 머리 위에서 남자 목소리가 나직하게 들렸다.

"자, 이제 이 비행기에서 나가시지. 조금도 지체하지 말고 지금 당장! 그렇지 않으면 너희 부모님께서 이 일 때문에 아주 비싼 대가를 치르게 될 거다."

푸른색 제복을 입은 남자가 펠릭스를 비행기 밖으로 끌고 나갔다. 팔을 어찌나 꽉 붙잡았던지 반항해보았자 아무 소용이 없었다. 비행기 조종사이거나 아니면 부조종사인 것 같았다. 이제 사기꾼들을 붙잡기는 영 틀린 노릇이었다.

465

비행기 밖으로 나오자 통로 맞은편에서 무장을 한 경관 두 명이 다가오는 것이 보였다. 그런데 어찌된 영문일까? 경관들은 펠릭스의 예상과는 달리 펠릭스를 데려가려고 온 것이 아니었는지 빠른 걸음으로 펠릭스의 곁을 지나가면서 펠릭스를 붙잡고 있던 남자에게 "그 아이를 놓아주십시오!" 하고 소리를 치더니 비행기 안으로 사라졌다.

일 분도 채 지나지 않아 경관들은 다시 비행기 밖으로 나왔다. 두 경관 사이에 랍케 씨와 뮐러 씨, 그리고 세 번째 남자가 손목에 수갑을 찬 채 끌려오고 있었다. 펠릭스는 세 번째 남자가 랍케에게 잔뜩 화가 난 목소리로 투덜대는 것을 들었다.

"네가 건드린 저 빌어먹을 꼬마들 때문에 이 지경이 됐잖아!"

그다음 말은 더 이상 들리지가 않았다. 사라와 페터, 잔나와 카이, 그리고 막스 아저씨가 한꺼번에 펠릭스에게 달려들었기 때문이다. 페터가 소리쳤다.

"너 진짜 대단했어. 평소에 그렇게 얌전하던 애가……."

"포르카 미제리아, 진짜 아슬아슬했어!" 잔나가 페터의 말을 가로챘다.

카이는 손바닥으로 펠릭스의 어깨를 쳤다. 카이 옆에 있던 막스 아저씨가 걱정스러운 표정으로 펠릭스에게 물었다.

"너 정말 괜찮은 거냐?"

다들 펠릭스를 에워싸고 소란을 피우는 동안 가만히 서 있던 사라가 펠릭스에게 한 걸음 다가오더니 말했다.

"무사해서 다행이야." 그러고는 펠릭스에게 입을 맞추었다. 펠릭스는 얼굴이 확 달아올랐다.

"자, 다들 경찰서로 가자. 거기서 자초지종을 보고해야 하거든." 막스 아저씨가 아이들을 둘러보며 말했다.

펠릭스와 친구들은 아저씨를 따라 움직이기 시작했다. 펠릭스는 사라와 나란히 걸어갔다. 사라에게 무언가 말을 걸고 싶은데 무슨 말을 해야 할지 몰랐다. 펠릭스는 한참 동안 말없이 걷다가 드디어 용기를 내 말을 꺼냈다.

"너 왜 학교 빼 먹었니?"

좀 더 근사한 말을 하고 싶었지만 다른 말이 떠오르지 않았다.

"참 별 쓸데없는 걸 다 물어보는구나."

사라는 피식 웃으며 대꾸를 하더니 펠릭스의 손을 잡았다. 펠릭스가 당황해서 움찔하자 사라는 미소를 지으며 속삭였다.

"너처럼 용감한 애가 왜 이렇게 수줍어하니?"

펠릭스와 사라는 손을 잡고 나란히 걸었다. 펠릭스의 왼쪽 옆에서 걸어가던 페터가 펠릭스의 귓전에 대고 속삭였다.

"거봐, 내 말이 맞지. 여자 애들은 돈 많은 남자를 좋아한다고."

∗

펠릭스 일행이 경찰서에 도착하니 무장한 경관 두 명이 안으로 안내했다. 펠릭스 일행은 친절한 인상을 한 사복 차림의 형사 맞은편에 자리를 잡고 앉았다. 형사는 막스 아저씨에게 손을 내밀며 자기는 수사반장인 사무엘이라고 밝혔다. 사무엘 형사가 미처 말을 꺼내기도 전에 펠릭스가 궁금증을 이기지 못하고 물었다.

"어떻게 마지막 순간에 그 사기꾼들을 붙잡을 수 있었어요?"

"참, 그야말로 운이 좋았던 셈이지. 세 번째 남자의 눈썹이 좌우가 짝짝이라는 네 정보와 Z가 잔뜩 들어간 희한한 자동차 번호가 결정적인 단서가 되었단다."

"그걸 어떻게 다 아셨어요?" 펠릭스는 두 눈이 휘둥그레져서 물었다.

"여기 계신 페르버 씨한테서 들었다. 처음에는 우리가 아는 용의자들 중에 눈썹이 짝짝인 사람은 없었기 때문에 별 생각을 못했단다. 그런데 우리 동료 한 사람이 문득 한쪽 눈썹이 다른 쪽보다 두꺼운 게 아니라 한 쪽 눈썹 바로 아래 검은 반점이 있어서 얼핏 보면 그 눈썹이 두꺼운 것처럼 보였을지도 모른다는 생각을 한 거지. 그리고 그런 반점이 있는 사람은 우리가 알기론 단 한 사람, 독일 최대의 투자 전문 사기꾼인 요한 체이란다."

"그래서 자동차 번호에 Z가 잔뜩 들어 있었군요."

"그렇단다. 범죄자라면 모름지기 꼬리를 잡힐까 두려워 아주 조심하기 마련인데 이 체이란 작자는 조심성보다는 허영심이 더 많았던 모양이다. 그러니 자동차에 자기 성의 첫 자인 Z를 넣어서 등록을 했지. 우리는 그 사람이 범죄자라는 사실은 진작에 알고 있었단다. 그 사람한테 사기를 당한 사람이 한둘이 아니고 피해액도 수백만 마르크나 되거든. 그런데 지금까지 아주 교묘한 방법으

468

로 사기를 쳐왔기 때문에 그 사람의 범죄를 입증할 증거를 못 잡았었지. 가장 최근에는 다단계 판매 시스템이라는 수법을 써서……."

막스 아저씨가 사무엘 형사의 말을 가로막았다.

"그게 어떤 수법인지 애들에게 설명을 좀 해주시는 게 낫겠군요."

"너희들 행운의 편지가 뭔지 알지? 편지를 받으면 반드시 편지 몇 통을 써야 하는 것 말이다. 다단계 판매 시스템이라고 하는 건 그것과 비슷한 거다. 예를 들어 어떤 사람 X가 Y에게 자기한테 1,000마르크 투자할 사람을 소개해주면 200마르크를 주겠다고 약속을 하는 거야. 그러면 Y는 Z에게 또 똑같은 약속을 한다. 이런 식으로 계속되는 동안 맨 처음에 이 시스템을 작동시킨 사람은 손 하나 까딱 않고도 엄청난 돈을 차지하게 되는 거지."

"하지만 그렇게 되기 위해선 새로운 사람들이 계속 투자를 해야만 하는 것 아닌가요?"

"그렇단다. 그러니까 사기라는 거지. 그런데 사기를 당한 사람들은 어리석게도 언젠가는 자기 돈을 되찾을 욕심에 체이의 범죄를 신고하지 않았단다. 체이가 붙잡히면 사기 당한 돈을 영영 되찾지 못하게 될까봐 두려웠던 거다. 그러니 체이의 소행이라는 걸 뻔히 알고도 증거가 없어서 지금까지는 손을 쓸 수가 없었지. 하지만 이제는 체이가 프로그레스 투자회사 배후 인물이라는 걸 알았으니 문제가 달라졌다. 유죄 판결을 받고 감옥에 가게 될 게 확실하지."

"그럼 저희 돈은 언제 찾게 되나요?" 잔나가 물었다.

"글쎄다. 프로그레스 투자회사에 맡긴 돈이 얼마나 되냐?"

"27,000마르크예요."

"27,000마르크라고? 너희들 날 놀릴 작정이냐? 도대체 아이들한테 무슨 돈이 27,000마르크나 있단 말이냐?"

"저희가 보물을 발견했거든요."

"보물이라니? 어디 처음부터 들어보자. 하지만 행여라도 날 속였다는 게 드러나면 당장 체포할 테니 그리 알아라."

펠릭스와 페터, 그리고 잔나는 사무엘 형사에게 하인첼 꼬마들 회사를 만든 일에서부터 클라리넷 케이스에서 금화를 발견한 일, 텔레키드 주식을 사고 판 일을 통해 돈을 번 일에 이르기까지 설명을 했다. 이야기가 랍케에 이르자 사무엘 형사는 고개를 절레절레 흔들면서 말했다.

"어떻게 그런 바보 같은 일을 했지? 그런 사람한테 돈을 맡기다니……."

펠릭스가 이야기를 끝내면서 마지막으로 덧붙였다.

"그래서 랍케를 찾으려고 프랑크푸르트에 온 거예요."

"언제 저희 돈을 다시 찾게 되나요?" 페터가 갑갑하다는 듯 큰 소리로 물었다.

"글쎄다. 너희 돈을 되찾는다는 게 그렇게 간단하진 않을 것 같구나. 지금 우리 수사팀이 너희가 말한 그 백화점 건물 안의 사무실을 수색하고 있단다. 하지만 체이와 그 일당으로부터 되찾을 수 있는 돈은 그다지 많지 않을 것 같다."

"왜요? 그 사람을 체포하셨잖아요. 그럼 그 사람이 갖고 있는 돈도 압수할 수 있지 않나요?" 페터가 물었다.

"물론이지. 하지만 그 사람 수중에 돈이 한 푼도 남아 있지 않다면 어쩌겠냐?"

"그럼 저희한테 받은 돈은 다 어디에 있는 거죠? 그 사람이 설마 그 돈을 벌써 다 썼을 거라고 생각하시는 건 아니죠?"

"충분히 그럴 수도 있지. 그런 사람들은 씀씀이가 헤프단다. 너희도 그 사람들이 테스타로싸처럼 고급 스포츠카를 몰고 다니는 걸 보지 않았느냐. 게다가 그 사람들이 카리브해 연안으로 도피하려고 한 걸로 보아서 그 쪽의 비밀 은행 어딘가에 그 동안 자기네가 사기 행각으로 번 돈을 넣어놓았을 가능성이 크다. 감옥에서 형을 마치고 나올 때까지 돈을 안전하게 모셔 놓는 거지. 그런 은행에는 우리 손이 미치지 않는단다."

"그건 너무 억울하잖아요!" 잔나가 외쳤다.

"그래. 하지만 어쩔 수가 없단다."

"잠깐만요. 테스타로싸가 있잖아요! 팔면 분명히 돈을 꽤 받을 걸요." 페터가 말했다.

"물론 그 차는 압류할 예정이다. 하지만 그런다 해도 별 소용이 없을 거다. 체이와 그 일당에게 사기를 당한 피해자가 워낙 많고 또 피해 액수가 엄청난데 다들 자기네가 사기 당한 돈의 일부라도 찾으려고 할거야. 내가 너희들 입장이라면 펠릭스가 이렇게 무사

한 것만으로도 다행이라고 여기겠다. 하마터면 몹쓸 일을 당할 수
도 있었는데.”

사무엘 형사가 실망한 아이들을 달랬다. 그때까지 잠자코 듣고
있던 막스 아저씨가 대화에 끼어들었다.

“부모님께 연락을 드려야겠는데 너희들 대신 내가 부모님과 통
화를 하는 게 어떻겠니?”

펠릭스는 몰래 안도의 한숨을 내쉬었다. 엄마 아빠한테 어떻게
말씀을 드려야 할지 걱정이 태산 같았는데 어쨌든 한시름 놓게 된
셈이었다. 전화가 연결되자 막스 아저씨가 수화기에 대고 말했다.

“안녕하세요, 블룸 씨. 저는 프랑크푸르트에 사는 막스 페르버라
고 합니다. 아이들이 여기 있다고 알려드리려고 전화 드렸습니다.
다들 무사합니다. 아이들이 여기서 무얼 했느냐고요? 투자 전문
사기단을 쫓고 있었지요. 모두 경찰에 체포되었습니다. …… 아니
요, 사기꾼들이 경찰에 붙잡혔단 말입니다. 아이들이 아니고요. …
… 지금 당장요? 제 생각에는 오늘 저녁은 여기서 푹 자게 하고 내
일 집으로 가는 게 좋을 것 같은데요. …… 펠릭스요? 여기 제 옆
에 앉아 있습니다. 네, 바꿔드리지요.”

막스 아저씨는 펠릭스에게 수화기를 건넸다.

“아빠, 저예요.” 펠릭스는 조그맣게 기어들어가는 목소리로 전화
를 받았다.

“펠릭스야!”

블룸 씨는 감정에 복받친 음성으로 펠릭스의 이름을 불렀다. 그

러고는 마음을 가라앉히려는 듯 헛기침을 몇 번 하고 나서 말을
이었다.

"너 정말로 괜찮은 거냐?"

"네, 정말로 괜찮아요. 걱정 마세요."

"그래 이제 걱정은 안 하마. 페르버 씨가 너희가 푹 잘 수 있도
록 잘 챙겨주기 바란다. 자세한 얘기는 내일 하자."

"네."

펠릭스가 수화기를 내려놓자 막스 아저씨가 제안을 했다.

"이제 일을 다 끝냈으니 우리 모두 그야말로 근사한 저녁을 먹을
자격이 있는 것 같구나. 마르타 아줌마랑 황소와 곰 레스토랑에서
만나는 게 어떻겠니?"

＊

레스토랑에 도착한 펠릭스 일행은 길다란 식탁에 자리를 잡고
앉았다. 식탁에는 하얀 식탁보가 덮여 있었고 한가운데에는 은촛
대 두 개가 놓여 있었다. 또 자리마다 빳빳하게 접힌 냅킨이 보기
좋게 세워져 있었다. 마르타 아줌마가 아이들을 빙 둘러보며 말했
다.

"다들 자기가 먹고 싶은 걸로 골라 봐, 뭐든지 상관없으니까. 오
늘 저녁은 막스 아저씨랑 내가 한턱 낼게."

펠릭스는 너무나 배가 고파서 이제는 오히려 허기가 느껴지지
않았다. 게다가 다른 일에 신경이 쓰여서 배고픔을 느낄 겨를이

없었다. 바로 옆에 사라가 앉아서 식탁 밑으로 펠릭스의 손을 잡고 있었기 때문이다.

"너 그 랍케라는 사람 찾으러 여기에 오지 않았으면 나한테 전화 안 했을 거야. 왜 그동안 전화를 한 번도 안 했니?" 사라가 물었다.

"나는 네가 나를 한심하다고 생각하는 줄 알았어. 돈 버는 일에 관심이 있는 사람들은 다 한심하다고 했잖아."

"하지만 네 경우는 달라." 사라가 부드럽게 웃으면서 대꾸했다.

펠릭스는 뭐라고 말을 이어야 할지 몰랐다. 그래서 그냥 말없이 식탁 아래로 사라의 손을 가볍게 쥐었다. 마르타 아줌마가 포크로 자기 앞에 놓은 잔을 통통 두들겼다. 다들 주목하라는 뜻이었다.

"친애하는 펠릭스 그리고 하인첼 꼬마들! 어떤 사람이 훌륭한 행동을 하면 그에 따른 찬사를 듣게 마련이야. 그래서 내가 너희들에게 한마디 하고 싶어. 길게 끌지는 않겠다고 약속할게. 너희는 한번 결심한 것을 밀고 나가는 용기와 끈기를 가지고 독일 최대의 사기단을 체포하는 공을 세웠어. 그건 결코 아무나 할 수 있는 일이 아니야. 너희는 서로 힘을 합해 이 어려운 일을 해냈고, 나는 그게 무엇보다도 중요하다고 생각해. 그리고 또 한 가지 중요한 게 있다면 그건 너희가 이 사건을 통해서 돈과 경제에 관해 보통 어른들이라면 몇 년이 걸려야 배울 만큼 중요한 사실들을 알게 되었다는 일이야. 항상 명심하기 바란다. 이 세상에는 절대로 거저 생기는 건 없다는 것을. 어떤 사람이 너희한테 일확천금을 할 수 있다고 약속한다면 그건 거짓말이야. 부자가 되려면 열심히 일해야만 해. 우리들 증권 거래인들도 주식 투자를 성공적으로 하기 위해서 얼마나 열심히 일을 하는데. 돈을 투자하기만 하면 하루아침에 저절로 백만장자가 되는 일은 절대로 없거든."

"마르타, 당신이 그런 말 할 자격이 있는지 의심스러운데. 텔레키드에 투자해서 운 좋게 돈을 많이 벌었잖아. 그 주식 이틀만 늦게 팔았더라도 여기 있는 애들이 사기 당한 돈보다 더 많은 돈을 날렸을걸."

"항상 그렇게 다 털어놔야 속이 시원해요? 알았어요, 그땐 나도 모험을 한 셈이죠. 하지만 세상에 완전한 사람은 없잖아요. 그리고 나라고 해서 뜻밖의 행운이 찾아오지 말라는 법이 어디 있어요?"

다들 웃음을 터뜨렸다. 그리고 서로 잔을 부딪히며 건배했다.

"우리 모두의 앞날을 위하여!" 막스 아저씨가 소리쳤다.

"하인첼 꼬마들을 위하여!" 마르타 아줌마가 말을 받았다.

22. 랩소디 인 블루

　기차가 드디어 쉰슈타트 역에 멈추어 섰다. 펠릭스는 기차에서 내리기도 전에 벌써 창밖으로 자기네를 마중 나온 사람들을 볼 수 있었다. 펠릭스의 부모님, 페터의 부모님, 그리고 잔나의 할머니와 슈미츠 아저씨가 12월의 추위에도 불구하고 마치 환영단인 양 서 있었다.

　펠릭스는 부모님 허락도 안 받고 프랑크푸르트에 갔던 일 때문에 몹시 마음이 불편했다. 하지만 기차에서 내려 엄마가 보이자 엄마한테 달려가 엄마를 꼭 껴안았다.

　"왜 경찰을 부르셨어요? 정말로 저희가 가출한 줄 아셨어요?"

　"그럼 어쩌니? 네가 건 그 이상한 전화를 받고 나니 별 생각이 다 들더라."

　"이제는 제 일은 제가 알아서 해결할 만한 나이가 되었다고요. 절 좀 믿어주시면 좋겠어요."

　"그래? 너는 우리한테 선물거래에 관해서는 일언반구도 없었으면서, 너야말로 우리를 믿고 의논을 하지 그랬냐?" 펠릭스의 아빠가 말했다.

　"저한테 주식거래로 번 돈을 다 통장에 저금하라고 하실까봐 그랬단 말이에요."

"그랬더라면 적어도 사기꾼들한테 속아서 그런 큰 돈을 날리는 일은 없었을 것 아니냐? 세상에, 자그마치 27,000마르크나 되는 돈을 사기 당하다니!"

"벌써 다 알고 계셨어요?"

"그래, 슈미츠 씨한테서 들었다. 내가 너한테 한 가지만 말하겠는데, 돈을 은행에 저축했으면 지금보다 돈이 훨씬 더 많았을 거다."

"만약 돈을 처음부터 은행에만 넣어두었더라면 그렇게 많아지지도 않았을 거라고요." 펠릭스의 엄마가 끼어들었다.

"어쩌면 경찰이 돈을 다시 찾을지도 모르잖아요." 펠릭스가 말했다.

"나 같으면 큰 기대는 않겠다. 어쨌든 어서 집에 들어가서 손님이 오시기 전까지 조금이라도 쉬는 게 좋겠다."

"손님? 무슨 손님이요?"

"그 마틴 프리드만이라는 사람 말이다. 너 지난번에 그사람이 클라리넷 안에서 나온 금화와 관계가 있다고 말하지 않았니?"

펠릭스는 마틴 프리드만 씨의 일을 까맣게 잊고 있었다. 그 사이에 일어난 일들을 어떻게 설명하지? 다이아몬드가 남아 있다는 사실이 그나마 다행이었다.

친구들과 헤어지기 전에 펠릭스는 카이에게 말했다.

"너는 하인첼 꼬마들의 신입회원이 되는 테스트를 통과했어. 이제 우리 모임의 일원이 된 거야."

＊

오후 5시쯤 아이들은 다시 역에 나와서 마틴 프리드만 씨를 기다리고 있었다. 크라이스 시에서 온 기차가 도착하고 사람들이 내리기 시작했다. 펠릭스는 승객들을 하나하나 살펴보았다. 대부분 일이 끝나고 집에 돌아오는 회사원들이었다. 마틴 프리드만 씨로 보기에는 다들 너무나 젊었다. 그들은 서둘러 출구로 향했다.

도착한 승객이 거의 다 빠져 나갔을 무렵, 펠릭스는 일등 칸에 탔던 손님 한 명이 역무원의 도움을 받으며 기차에서 내리는 것을 보았다. 역무원은 우선 가방을 하나 받아서 땅에 내려놓더니 어떤 노인을 부축하고 기차에서 내렸다. 그 노인은 지팡이를 짚고 몸을 구부정하게 숙이고 있었지만 키가 꽤 컸다. 베이지색 외투를 입은 그 노인은 큰 가방을 들고는 펠릭스 일행이 서 있는 쪽으로 천천히 걸어왔다. 무엇보다도 눈에 띄는 건 노인이 쓰고 있는 크고 넓은 검은색 모자였다. 쇤슈타트에는 그런 모자를 쓴 사람이 한 사람도 없었다. 펠릭스와 친구들이 있는 쪽으로 다가온 노인은 아이들에게 인사를 하더니 물었다.

"혹시 너희들 여기서 택시를 잡으려면 어디로 가야 되는지 아니?" 노인은 이상한 악센트로 말했다. 특히 R을 아주 희한하게 굴려서 발음했다.

"혹시 프리드만 씨인가요?"

"그래, 그렇단다. 그런데 너희들이 그걸 어떻게 알지? 혹시 너희들이……."

"애들은 잔나, 페터, 카이고요. 저는 펠릭스예요."

"너희들은 아이들이 아니냐?"

"네. 그걸 모르셨단 말씀이세요?"

"그걸 내가 어떻게 알고 있었겠니? 편지엔 그런 말이 전혀 없었는데."

"환영합니다, 프리드만 씨." 펠릭스가 악수를 청하며 말했다. 다른 아이들도 펠릭스를 따라 차례로 프리드만 씨와 악수를 했다.

"기차를 오래 탔더니 아주 피곤하다. 지금은 일단 바이세스 크레우스로 가서 쉬고 내일 아침 그 클라리넷을 보고 싶구나. 그래도 되겠지?"

"물론이죠." 페터가 얼른 대답하고 나서 펠릭스에게 조그맣게 말했다.

"프리드만 씨에게 모든 걸 말씀 드리는 건 내일로 미루자."

펠릭스는 속으로 프리드만 씨가 클라리넷에서 나온 금화가 어떻게 되었는지 듣고 나면 저렇게 친절하지 않을 거라고 생각했다.

다음 날 아침 아이들은 바이세스 크레우스 호텔에 가서 프리드만 씨를 모시고 나와 시내를 여기저기 돌아다녔다. 일행이 슈미츠 아저씨의 가게에 도착했을 때, 프리드만 씨가 말했다.

"정말 믿어지지 않는구나. 여기는 예전과 달라진 게 하나도 없어. 전에는 이 자리에 지물포가 있었는데. 이름이 아마 '뮐러 지물포'인가 그랬을 거야. 아직도 이 가게 뒤뜰에 맛있는 자두가 열리는 자두나무가 있는지 모르겠구나."

"지금은 버찌가 있어요." 페터가 말했다.

"버찌라고? 하긴 그사이에 세월이 이렇게 흘렀으니……."

"그리고 거기 저희들 닭장도 있어요." 잔나가 말했다.

"닭을 키운다고? 너희들 참 별난 아이들이로구나."

문이 열리고 슈미츠 아저씨가 가게 밖으로 나왔다.

"프리드만 씨 맞죠? 반갑습니다."

아저씨는 프리드만 씨와 아이들을 뒷방으로 안내했다. 방은 몰라볼 정도로 깨끗이 정돈돼 있었고 방 한가운데에 세워져 있는 악보대 위에는 클라리넷이 놓여 있었다. 프리드만 씨는 아무 말도 하지 않고 지팡이를 책상에 기대놓은 후 악보대에 다가가 클라리넷을 조심스럽게 집어 들었다. 마치 그것이 조금만 잘못 만지면 깨지는 얇은 유리로 돼 있기나 한 듯. 그리고는 클라리넷의 음조 절판인 음전을 손끝으로 가만히 쓰다듬었다. 잠시 후 프리드만 씨는 클라리넷의 리드 부분을 묶고 있는 까만 실을 풀더니 리드 부분을 혀로 살며시 건드려본 다음 다시 단단히 묶었다. 그리고 나서 클라리넷의 구멍을 입에 대고 두 번 후후 불더니 연주를 시작했다.

처음엔 거의 아무 소리도 들리지 않다가 곧 깊은 저음이 조용히 울려퍼졌다. 그 소리는 점점 커지면서 고음으로 옮겨가더니 같은 음이 빠르게 반복되어 떨리듯이 들렸다. 그리고는 펠릭스가 이제까지 한번도 들어본 적이 없는 요란하고 정열적인 가락이 마치 폭

죽이 터지듯 펠릭스의 귓전을 때렸다. 귀에 설긴 하지만 재즈곡인 것 같았다.

프리드만 씨가 마침내 클라리넷 연주를 끝냈을 때, 방 안에 있던 사람들은 감동에 젖어 잠시 아무 말도 하지 못했다.

이윽고 슈미츠 아저씨가 한숨을 쉬며 말했다.

"랩소디 인 블루로군요. 그 연세에 아직도 그걸 연주하실 수 있다니, 정말 대단하십니다!"

프리드만 씨는 칭찬을 듣지 못한 모양이었다. 그는 다시 한번 손끝으로 클라리넷의 음전 위를 쓰다듬었다.

"이 클라리넷을 다시 갖고 싶은데, 얼마나 드려야 될까요?"

"제 생각에 그 문제라면 금방 해결될 것 같군요. 하지만 그 얘기를 하기 전에 선생님께 드릴 말씀이 있습니다. 참, 그런데 팝콘 좋아하십니까?"

"팝콘이라고요? 당연하죠! 쇤슈타트에 그런 게 있을 거라곤 정말 상상도 못했습니다." 프리드만 씨는 놀란 표정이었다.

"선생님께서 쇤슈타트를 떠나신 이후로 여러 가지 변화가 있었죠." 슈미츠 아저씨가 웃으며 대꾸했다.

아저씨는 밖에서 큼지막한 종이 봉투 두 개에 팝콘을 가득 담아 들고 왔다. 그러고는 프리드만 씨에게 방 안에 유일하게 하나 있는 의자에 앉도록 권했다. 다른 사람들은 책상에 걸터앉거나 방바닥에 널려 있는 신문지나 악보 위에 앉았다. 잠시 후 슈미츠 아저씨는 책상 서랍 속에서 남독 기계공업 주식회사의 주식을 꺼냈다.

"이 주식을 알아보시겠습니까?"

"남독 기계공업 주식회사라……. 이상하군요. 언젠가 한번 들어
본 것 같은데. 돌아가신 제 아버님께서 이 회사의 주식을 일부 가
지고 계셨던 것 같아요. 그런데 이 주식이 어디서 나셨죠?"

"이중으로 된 클라리넷 케이스 바닥에 숨겨져 있던 걸 저희가
우연히 발견했습니다."

"클라리넷 케이스 안에서요? 믿기질 않는군요!"

슈미츠 아저씨와 아이들은 프리드만 씨에게 그동안 일어났던
일들을 두서없이 늘어놓기 시작했다. 금화를 발견한 일, 하인첼 꼬
마 회사 이야기, 주식 투자로 돈을 번 일과 랍케에게 사기 당한
일, 그리고 사기꾼들을 잡은 일과 그래도 돈은 되찾지 못했다는
일 등을 모두 말했다.

"브레넬리 금화가 잔뜩 들어 있었단 말이지, 클라리넷 케이스
안에. 난 상상도 못 했는데. 아버지가 유산을 숨겨둔 곳이 바로 거
기였다니……." 프리드만 씨가 마치 혼잣말을 하듯 중얼거렸다.

"저희가 원망스러우시죠?" 잔나가 물었다.

"원망? 아니, 내가 왜 너희를 원망하겠니?"

"그러니까……. 저희 때문에 프리드만 씨 아버지께서 남겨놓으
신 금화가 없어졌잖아요."

"아냐, 아냐. 난 너희들한테 전혀 화 안 났단다. 오히려 그 반대
란다. 지금은 나한테 그 돈이 있다고 해도 별 필요가 없단다. 그
당시였으면 상당히 유용했겠지만 말이다. 그런데 너희들 지금 시

간 좀 있느냐? 그때 무슨 일이 있었는지 얘기를 해줄까 하는데. 금방은 안 끝나는데 들을 생각 있느냐?"

"물론이죠, 빨리 해주세요." 펠릭스가 말했다.

프리드만 씨는 한참 동안 말없이 생각에 잠겨 있다가 서서히 작은 음성으로 이야기를 시작했다.

"너희들 나에 관해서 몇 가지는 벌써 알고 있지? 내가 쉰슈타트 댄스악단에서 클라리넷을 연주했다는 사실, 그리고 우리 아버지가 치과 의사였다는 사실 말이다."

"네." 펠릭스가 고개를 끄덕였다.

"그리고 사람들이 전부 거기서 치료를 받았다는 것도 알고 있어요."

"어쨌건 우리 아버지는 치과 의사로 일하신 덕분에 돈을 상당히 버셨지. 그리고 그 돈으로 주식거래를 하셨단다. 나랑 어머니한테는 별로 말씀을 안 해주셨는데 아마 애들이나 여자는 그런 일은 알 필요가 없다고 생각하셨는지도 모르지. 그래도 몇 가지는 어쩌다 보니 저절로 알게 되었어. 한번은 어떤 기업체 하나가 파산하는 바람에 아버지께서 상당히 큰 피해를 보신 적이 있었는데 내 기억엔 그게 아마 남독 기계공업 주식회사였던 것 같다. 그래서 아까 그 이름이 생소하지 않았던 모양이다. 그런데 아무리 생각해 봐도 아버지께서 왜 그 회사 주식을 보관하셨는지는 알 수가 없다. 어쩌면 약간은 감상적인 이유에서가 아니었을까 싶구나.

히틀러가 정권을 잡았을 때 아버지께서는 처음에는 별로 걱정을 안 하셨단다. 나치들을 마치 바이세스 크레우스의 술집에 앉아 혀 꼬부라진 소리로 유대인의 험담이나 해대는 주정꾼들이나 다름없는 멍청하고 무식한 작자들로 생각하셨지. 그 주정뱅이들은 술이 깨면 아무 일도 없었다는 듯 아버지의 치과에 와서 치료를 받았지. 아버지께서는 나치에 대해서 늘 이렇게 말씀하셨어. '그 놈들은 그저 상놈들이야. 반 년도 채 못 갈 거다. 독일에서 그런 놈들이 반 년 이상 정권을 잡는다는 건 불가능해.' 그런데 예상과는 달리 나치들이 정권을 반 년 이상 유지하자 아버지는 걱정을 하기 시작하셨지. 특히 우리 재산에 대해서 걱정을 하셨단다. 유대인들은 예전에도 재산을 몰수당한 적이 여러 번 있었거든. 나중에 실제로 얼마나 끔찍한 일들이 벌어졌는지 돌이켜 보면 아마도 누군가가 아버지께 그런 일이 일어날 거라고 미리 얘기를 해 드렸더라도 절대로 믿지 못하셨을 거야.

어느 날 아버지는 만족스러운 미소를 지어 보이시면서 어머니께 말씀하셨어. '내가 대비책을 다 세워놓았소. 우리 재산은 이제 안전해.' 그때 부엌 식탁에 앉아서 그 말씀을 하시던 아버지의 모습이 아직도 눈에 선하구나. 아버지가 이렇게 꿈에도 상상하지 못할 장소에 재산을 숨기셨을지는 짐작도 못 했다. 나치들이 집권을 하기 직전에 아버지께서는 내게 새 클라리넷 케이스 안에 든 클라리넷을 선물하셨어. 당신은 비록 우리가 연주하는 음악을 별로 마음에 들어하지 않으셨지만 말이야. 우리가 연주하는 곡들은 너무 빠르다고 말씀하시곤 하셨지. 하지만 아버지께서는 젊을 때는 하고 싶은 걸 실컷 하게 해야 말썽을 일으키지 않는다고 생각하셨기 때문에 나를 내 마음대로 하게 내버려두셨단다. 그리고 나중에 내가 쉰슈타트 댄스악단에 들어가 사람들 앞에서 연주를 하게 되었을 때에는 아버지께서도 약간 흐뭇해하시는 것 같았어. 내 클라리넷 케이스 안에 재산을 숨겼다는 건 한 번도 말씀하신 적이 없었는데 아마도 나한테 부담을 주지 않으시려는 뜻에서였는지도 몰라. 아버지께서 늘 '클라리넷 간수 잘 해라. 아무 데나 두고 다니면 안 된다.' 하고 말씀하셨던 기억이 난다. 지금 생각해보니 그냥 하신 말씀이 아니었는데 그때는 전혀 별다른 눈치를 못 챘단다. 그러고 나서 얼마 지나지 않아 아버지께서 갑자기 돌아가셨다. 심장마비였어. 아침에 깨어보니 침대에 누우신 그대로 돌아가셨지. 우리에게 작별인사도 못 하고 재산이 어디에 있는지 알려주지도 못한 채로 말이다. 장례식을 치르고 나서 어머니께서는 미국으로 이민을 가야겠다는 생각을 하시게 되었지. 어머니께서는 아버지가 어딘가에 재산을 잘 보관해두셨다는 건 거짓말이고 사실은 남은 게 없다고 생각하셨어. 그리고 사람들이 점점 이상해져가는 독일에서 하루라도 빨리 벗어나고 싶어하셨어. 그때 독일을 떠난 건 정말 운이 좋았지. 우리가 나간 지 얼마 지나지 않아 유대인들의 출국이 금지되었거든. 아버지의 사촌 한 분이 필라델피아에 살고 있어서 우리는 우선 머물 곳이 있었단다."

"그런데 왜 클라리넷을 독일에 두고 가셨죠?" 펠릭스가 의아해하며 물었다.

"그래, 클라리넷 말이지. 그걸 얘기하려면 다시 한번 댄스악단 이야기로 돌아가야 한단다. 우리 악단의 연주 솜씨는 상당했지. 그리고 반응도 좋았었어."

"네, 그건 뵈메 아저씨한테서 벌써 들었어요." 페터가 말했다.

"뭐라고? 프랑크가 아직도 살아 있단 말이냐?"

"당연하죠. 그 분한테서 아저씨의 성함을 알아냈는걸요."

"하필이면 그 친구가……. 너희들에게 내 이름을 알려줬단 말이지?"

"쉽지는 않았었죠." 슈미츠 아저씨가 말했다.

"뭐 그런 건 이제 상관없다. 어쨌건 그 당시 나한테는 특별히 친한 여자 친구가 한 명 있었지. 파울라라고 했는데 나에게는 친구이상의 존재였어. 우린 서로에게 푹 빠져 있었단다. 하지만 공적인 자리에선 우리 사이를 비밀로 해야만 했지. 파울라는 유대인이 아니었거든. 나치들이 말하는 소위 '아리안계 여자'였어. 그리고 아리안과 유대인 사이의 사랑은 '아리안의 치욕'이라고 해서 강력하게 금지되었었지. 그래서 우리는 언제나 몰래 만나야 했었다. 우리는 나치들이 정권에서 물러나면 결혼을 하기로 약속했단다. 그런데 내가 어머니와 함께 미국으로 이민을 가게 된 거지. 하지만 우리 두 사람의 약속은 달라지지 않았어. 그리고 나는 약속의 징표로 파울라에게 내가 그 당시 가지고 있던 가장 소중한 물건을 주었지. 그게 바로 내 클라리넷이었단다. 파울라는 그걸 더 나은 세월을 위해서 보관하기로 했어. 거기에는 아주 현실적인 이유도 있

486

었지. 당시에 독일을 떠나는 사람들은 경찰에게 모든 귀중품들을 빼앗길 각오를 해야만 했거든. 자, 이제 내 이야기는 거의 끝난 셈이다. 우리는 미국에 도착했고 나는 대학에 입학했어. 그리고 전쟁이 시작되었지. 나치들은 전쟁에서 패했고 나는 다시 쇤슈타트로 돌아왔단다."

"다시 돌아오셨다고요? 제가 알기로는……." 슈미츠 아저씨가 이해할 수 없다는 표정으로 중얼거렸다.

"다시 돌아왔죠, 미군 상사가 되어서 말입니다. 독일에서 얼마나 잔혹한 범죄가 자행되었는지를 두 눈으로 확인하는 일은 정말 끔찍했지요. 하지만 쇤슈타트가 프랑크푸르트나 뉘른베르크, 뮌헨처럼 그렇게 처참하게 부셔지지 않은 걸 보고는 나는 뛸 듯이 기뻤답니다. 나는 파울라를 다시 만났어요. 하지만 그녀는 나를 만난 것을 전혀 기뻐하지 않았습니다. 오히려 눈물을 흘리면서 자기는 그사이에 결혼을 했노라고 고백을 하더군요. 그녀는 나치들이 전쟁에서 이길 거라고 생각했답니다. 그리고 평생 노처녀로 남긴 싫었답니다. 그래서 결국……."

"베버 씨랑 결혼을 했나 보지요?" 잔나가 물었다.

"그래, 아마 그런 이름이었던 것 같다. 어쨌든 나는 더 이상 아무것도 알고 싶지 않았단다. 파울라에 관해서도, 쇤슈타트에 관해서도, 그리고 독일에 관해서도 말이야. 클라리넷이 기억난 것은 이미 미국에 돌아온 다음이었어. 하지만 그때는 더 이상 관심도 없었지. 그냥 새것을 하나 샀단다. 그러고 나서 은행에 취직해 일을 하다가 적당한 아가씨와 결혼을 하고 작은 회사를 하나 차렸지. 애들도 둘이나 된단다. 그 애들이 벌써 너희들 부모님 나이 정도 가 되었지. 난 몇 년 전에 회사 일을 그만둔 다음부터 뉴저지에서 은퇴 생활을 즐기고 있던 중이었다. 너희들의 편지가 도착하기 전 까지만 해도 말이야. 이제 나는 여기에 이렇게 왔는데 파울라는 묘지나 찾아볼 수밖에 없다니, 인생이란 참 허무하구나."

프리드만 씨는 말을 멈추었다. 펠릭스는 자신이 방금 들은 이야 기에 감동하여 아무 말도 할 수 없었다. 참으로 가슴 아픈 사랑 이 야기였다.

페터가 말을 꺼냈다.

"프리드만 씨, 그런데요……."

"그래, 말해보렴."

"저……." 페터는 선뜻 말을 계속하지 못하고 망설이다가 용기 를 내 물었다.

"제가 묻고 싶은 건 다름이 아니라…… 혹시 부자세요?"

프리드만 씨는 페터의 질문이 무슨 뜻인지 몰라 약간 당황한 얼 굴로 멍하니 허공을 바라보았다.

"내가 부자냐고? 무슨 의미지?"

"그러니까 돈이 많냐고요."

"그건 기준에 따라서 다르겠지. 미국에는 나랑은 비교도 안 될 정도의 갑부가 꽤 된단다. 그런 사람들 눈으로 보면 나는 알거지 나 다름없다. 하지만 또 어떤 사람들이 보기에는 내가 엄청난 부자로 보이겠지. 내 미국 생활은 비교적 성공한 편이라고 말하는 게 맞겠구나. 나는 작은 브로커 회사를 하나 차렸는데 꽤 괜찮았 단다. 그런데 그건 왜 묻니?"

"클라리넷에서 나온 금화 때문이에요. 지금은 그 금화를 잃어버 린 셈이잖아요."

"금화? 너는 내가 지금 그 금화가 필요한지를 묻는 거냐?"

"네. 금화를 판 돈은 이제 없어졌잖아요. 하지만 저희들이 조금 이라도 보상해 드릴 수 있을지도 몰라요. 어쨌든 아직 다이아몬드 는 남아 있으니까 그걸 팔 수도 있으니까요."

"금화라!"

프리드만 씨는 두 눈을 지그시 감았다. 그러더니 미소를 짓다가 눈을 감은 채 웃기 시작했다. 웃음소리가 밖으로 새어 나오지 않 는 웃음이었다. 프리드만 씨의 눈가에 눈물이 번졌다. 펠릭스는 프 리드만 씨가 우는 건지 웃는 건지 알 수가 없었다. 잠시 후 프리드 만 씨는 눈물을 닦고 말을 꺼냈다.

"아니, 금화는 정말로 필요 없단다. 회사가 그럭저럭 잘 돌아가 서 앞으로 돈 걱정 없이 말년을 보내도 될 만큼은 되지. 지금 생각 하니 처음 미국 생활을 시작할 때 그 금화가 없었던 것이 오히려 다행이었어. 왜냐 하면 그렇기 때문에 지금 내가 가진 건 모두 순 전히 내 혼자 힘으로 번 거라고 자신 있게 말할 수 있으니까 말이 다. 인생을 출발할 때 좀 고생스럽게 시작하는 것도 그다지 나쁘 진 않은 것 같다. 그래야만 나중에 어려운 일을 겪을 때 좌절하지

489

않고 잘 헤쳐 나갈 수 있거든. 너희들이 돈을 많이 벌었다가 잃게 된 것도 이다음에 너희들의 인생에 있어서 좋은 경험이 될지도 모르겠구나."

"그나마 다이아몬드가 남아 있다는 게 다행이에요."

"아, 그래. 다이아몬드가 있다고 했지. 그게 몇 캐럿짜리냐? 그리고 그걸 사는 데 얼마나 냈지?"

"약 천 마르크 정도요. 그리고 6캐럿짜린데요."

"내 생각에 너희들이 바가지 쓴 것 같구나."

"하지만 정말로 진짜 다이아몬드인걸요!" 잔나가 외쳤다.

"그래, 하지만 너희들은 그걸 사는 데 소매가를 주었다. 그러니까 너희들이 가게에서 살 때 내는 가격 말이야. 그런데 너희들이 그걸 다시 팔 때에는 도매가로밖에는 받질 못한단다. 다시 말해서 보석상들이 내는 가격을 받게 되는 거지. 6캐럿이면 아마 600마르크 정도 할 거야. 나머지는 그 랍케라는 사람이 가로챘을 거야. 투자 전문 사기꾼들이 흔히 쓰는 수법이지."

"하지만 다이아몬드에는 가격 변동이 없잖아요."

"가격 변동이 없다는 게 무슨 뜻이냐? 아무런 의미도 없다. 그런 말에 넘어가는 사람이 많은데 결국은 랍케 같은 사기꾼에게 속는 거지. 다이아몬드의 경우에도 일단 가격이 형성되면 그 가격에 거래가 된다는 의미 이상은 없단다. 너희들이 가지고 있는 다이아몬드는 팔지 말고 큰 모험을 겪은 기념으로 그냥 간직하도록 해라. 마침 모험 얘기가 나와서 말인데 크렙스강에 아직도 가재가 있는지 모르겠구나."

페터가 갑자기 몸을 움찔했다.

"가재는 아직 한 번도 본 적이 없어요. 하지만 송어는 봤어요. 벽돌 공장 아래쪽 수양버들이 있는 데에는 항상 송어가 아주 많아요. 물 속에 손을 집어넣고……"

잔나가 페터의 옆구리를 팔꿈치로 쿡 찌르자 페터가 말을 멈췄다. 프리드만 씨는 또 한번 속으로 조용히 웃었다.

"그러니까 너도 맨손으로 송어를 잡을 수 있다는 거냐?"

"물론이죠." 페터가 의기양양하게 말했다.

"손을 물속에 조용히 담그고 반대편에서 다른 사람이 송어를 몰고 오는 걸 기다리기만 하면 되는걸요."

"맨손으로 물속에서……. 내가 예전에 썼던 방법이랑 똑같구나. 하지만 거기 벽돌 공장 쪽에는 사람들이 많지 않니? 넌 거기서 송어 잡다가 들킨 적 없느냐?"

"왜요? 거기에는 아무도 없어요. 가끔씩 늙은 빵집 주인이 지나갈 때를 빼고요."

"벽돌 공장이 문을 닫았다는 말이냐?"

"네. 거기가 저희들의 비밀 장소예요. 중요한 일을 의논할 때는 매번 거기서 해요."

프리드만 씨는 잠시 동안 무언가 곰곰이 생각하는 눈치더니 아이들에게 물었다.

"크렙스강에 가고 싶은데 같이 가겠느냐? 난 내일 프랑크 뵈메를 만나고 나서 파울라의 묘에 들러 볼 예정인데, 그다음에 가는 게 어떠냐?"

"거긴 요새 아주 추울 텐데요." 페터가 말했다.

"잠깐 추운 것 정도는 아직 얼마든지 견딜 수 있단다. 내가 아무리 나이가 들어 보인다 해도 말이다."

"아직도 그런 데 관심이 있으시다니, 정말 멋있어요." 페터의 눈이 빛났다.

"그게 무슨 뜻이지?"

"그러니까 프리드만 씨 연세쯤 되면……."

"내 나이가 어쨌다고 자꾸 들먹거리는 거냐? 내가 무슨 산 송장이라도 된단 말이냐?"

프리드만 씨는 순간 정말로 화가 난 것처럼 보였다. 페터에게 버럭 호통을 치더니 한쪽에 기대 놓았던 지팡이를 찾아 짚고는 방을 나갔다.

23. 젊은 사업가

"프리드만 씨가 벽돌 공장을 보러 가신다고? 그럼 나도 함께 가마."

"아빠가요?" 펠릭스는 아빠의 말에 정말로 놀랐다. 아빠는 펠릭스의 놀란 얼굴을 보며 빙그레 웃었다.

"너희가 모여서 온갖 별난 생각들을 짜내는 장소가 어딘지 나도 이제는 좀 보아야겠다. 더군다나 연세가 여든다섯이나 되는 양반을 걸어서 거기까지 가시게 할 수는 없는 일 아니냐? 그러니 내가 운전 기사 노릇을 할 수밖에."

그래서 펠릭스는 오후에 아빠와 함께 덜그덕거리는 낡은 차를 타고 바이세스 크레우스 호텔에 가서 프리드만 씨를 모시고 나왔다. 그들은 땅거미가 깔리기 시작하는 숲을 지나 벽돌 공장으로 향했다. 차 안에는 페터도 앉아 있었다. 벽돌 공장 근처에 도착했을 때 프리드만 씨가 입을 열었다.

"예전과 달라진 게 거의 없군요. 이렇게 겉으로 보면 공장 문이 닫혔다는 걸 전혀 모르겠어요. 여기 라일락 덤불이 있는 이 자리에 예전엔 다 구워진 벽돌이 차곡차곡 쌓여 있었답니다. 그리고 저기 뒤의 강가에서는 벽돌 굽는 데 필요한 점토를 캐냈지요. 가끔 여기 쌓여 있던 벽돌을 몇 장씩 몰래 집으로 가져가곤 했어요.

쉬운 일은 아니었답니다. 늘 경비원 한 명이 개를 데리고 순찰을 돌곤 했으니까요."

"아니, 벽돌을 도둑질하셨단 말입니까?" 펠릭스 아빠의 눈이 휘둥그레졌다.

"도둑질이라는 말은 좀 심하군요. 그 당시에 우리는 사유재산을 갖는 게 도둑질이라고 말하곤 했지요."

"그런 말은 저희도 요즘 쓰는데요." 페터가 얼른 끼어들었다.

"그래? 그렇다면 네 송어가 많이 있다는 곳으로 가보자꾸나."

"제 송어요? 알았어요."

페터는 입을 크게 벌리며 싱긋 웃더니 프리드만 씨와 함께 어둑어둑한 강변으로 사라졌다.

펠릭스는 아빠와 함께 벽돌 공장 안으로 들어가 하인첼 꼬마들의 비밀 장소인 사장실로 올라갔다. 펠릭스가 사장실 문을 열고 들어가 촛불을 켜자 블룸 씨는 재미있다는 표정을 지으며 사방을 둘러보았다.

"여기가 너희들이 모여서 시간을 보내는 장소란 말이지. 상당히 아늑한 곳이로구나. 복숭아 궤짝이랑 매트리스가 있으니 가구도 갖춘 셈이고. 이만하면 아쉬울 게 없겠다. 벽난로도 있구나. 벽난로에 불을 좀 피우는 게 어떠냐? 프리드만 씨랑 페터가 오기 전에 방 안을 따뜻하게 해놓는 게 좋을 것 같은데."

펠릭스가 생각하기에도 그게 좋을 것 같았다. 그래서 두 사람은 불을 피울 만한 나뭇가지를 찾으러 다시 밖으로 나갔다. 얼마 후 사장실 안은 매캐한 연기 냄새로 가득 찼다. 펠릭스와 아빠는 벽난로 앞에 서서 추위로 뻣뻣해진 손가락을 녹였다.

"그런데, 아빠." 펠릭스가 조심스럽게 말을 꺼냈다.

"왜, 뭐 궁금한 게 있니?"

"아빠가 지난번에 말씀하신 그 일자리 때문에 그러는데요. 우리 이제 베를린으로 이사가야 하나요?"

"네가 집에서 안 물어보고 여기서 물어본 게 차라리 잘되었다. 아직 엄마랑 제대로 얘기도 못 해보았거든. 하지만 베를린으로 이사가는 방법 외엔 별 뾰족한 수가 없을 것 같다. 베를린에 있는 신문사에서 일자리를 주겠다고 연락이 왔다. 지방 신문이 아니라 독일 전국에 배포되는 신문이란다. 돈도 게네랄 - 안차이거 신문사에서 일할 때보다 더 많이 받게 된다. 뭘 더 바라겠니?"

"하지만 우리 집은요. 전 쉰슈타트 아닌 데서 살기 싫어요."

"그 마음은 아빠도 잘 안다. 하지만 어쩌겠니, 언제까지나 이렇게 실업자 신세로 있을 수 없는 노릇 아니냐? 네가 이해를 해야지. 아직 최종적인 답은 안 했으니 며칠 더 생각해보마."

그때 사장실로 이어지는 철제계단에서 말소리와 발소리가 들려왔다. 페터와 프리드만 씨가 온 모양이었다. 사장실 문을 열고 들어온 프리드만 씨는 숨을 가쁘게 쉬면서 말했다.

"계단이 아주 가팔라서 올라오기가 상당히 힘들구나. 이 복숭아 궤짝에 좀 앉아도 되겠지? 매트리스는 너무 얇아서 불편할 것 같다. 그런데 누가 나 좀 도와줘야겠다."

펠릭스는 프리드만 씨에게 얼른 팔을 내밀었다. 그러면서 페터를 쳐다보자 페터가 두 손을 뒤로 한 채 펠릭스를 향해 장난기 가득한 웃음을 지어 보였다.

"어쩌면 여기 배가 고픈 사람이 있을지도 모르니까……."

말을 마친 페터는 등 뒤에 감추었던 손을 내밀었다. 페터의 한 손에는 은백색으로 빛나는 커다란 송어 한 마리의 꼬리가 들려 있었다.

펠릭스는 놀라지 않을 수 없었다. 여든다섯 살이나 되는 노인을 부추겨서 송어 도둑질을 하다니……. 펠릭스 아빠는 난처한 표정으로 말을 더듬거렸다.

"프리드만 씨, 어쩌자고 이걸……. 참, 제가 무슨 말을 해야 할지 모르겠군요."

"사유재산은 도둑질한 것입니다." 프리드만 씨는 장난스러운 말투로 대꾸했다. 그러고는 멋적게 웃으며 덧붙였다.

"나이가 들면 어린애 같아지는 법이지요. 다만 이런 장난을 하기에는 이제 몸이 말을 잘 듣지 않는군요."

그제야 펠릭스는 프리드만 씨의 외투에 흙과 이끼 그리고 솔잎이 잔뜩 묻어 있는 걸 보았다. 외투 소매에서는 물이 뚝뚝 떨어지고 있었다.

"세상에, 프리드만 씨. 이러다가 폐렴에라도 걸리시겠어요. 어서 이리 불가로 와서 몸을 녹이세요."

프리드만 씨는 몸을 약간 떨더니 벽난로 앞으로 다가왔다.

"마음은 아직도 청춘인데 나이가 어느새 열여덟이 아니라 여든이 훌쩍 넘었네요. 그런데 블룸 씨, 경제부 신문기자로 계신다고 들었는데, 맞습니까?"

"예, 맞습니다. 경제란 편집장으로 일했었다는 게 더 정확한 표현이지요. 게네랄 – 안차이거 신문사에서 일했습니다."

"아니, 게네랄 – 안차이거 신문사가 아직도 있습니까? 1930년대에도 반응이 썩 좋은 신문은 아니었는데. 그런데 어째서 그 신문에서 일했었다고 말씀하시는 거죠? 그 신문사에서 해고되셨나요?"

"그렇게 볼 수도 있지요. 게네랄 – 안차이거 신문이 지난 여름에 다른 신문사에 합병 인수되었답니다."

블룸 씨는 프리드만 씨에게 게네랄 – 안차이거 신문이 알게마이네지에 팔리게 된 경위를 설명했다.

"그런 멍청한 작자들이 있나! 쉰슈타트 시를 독점하는 유일한 신문이었는데 그것도 제대로 운영하지 못하다니! 지속적인 투자에 필요한 여유 자금 정도는 쉽게 벌 수 있었을 텐데."

"신문 구독료를 좀 더 자주 인상했어야만 했다는 말씀인가요?" 블룸 씨가 물었다.

"아니, 그런 뜻이 아닙니다. 경쟁 신문사가 없으니까 자기 신문사 선전에 필요한 경비가 적게 들 테고 또 별로 힘들이지 않고도 지역 광고를 따 낼 수 있다는 말이지요. 다시 말해서 게네랄 – 안차이거 신문이 쉰슈타트를 독점하고 있었으니까 마케팅* 비용이 별로 안 들었을 거라는 얘깁니다."

"마케팅이라고요? 그게 뭔가요?" 펠릭스가 의아한 표정으로 물었다.

"미안하구나, 너무 어려운 용어를 써서. 마케팅은 원래 시장 관리라는 뜻이란다. 말하자면 고객이 원하는 게 뭐고 또 그걸 어떻게 만족시킬 수 있는지 탐지하는 기술이라고나 할까."

"꼭 신문사 운영 경험이 있으신 것처럼 말씀하시네요." 페터가 프리드만 씨를 쳐다보며 말했다.

"아니, 그런 건 아니지만 사업을 하다 보면 다른 분야의 사정도 어느 정도 파악해야 할 필요가 있기 마련이란다. 더군다나 그 정도는 당연한 일이지. 어쨌든 게네랄 – 안차이거 신문사 일을 보면 옛말이 그른 게 하나도 없구나. 사업이 너무 잘 돌아가면 게을러지고 그러다 보면 망하는 거지. 하지만 이제 와서 이런 말을 한들 무슨 소용이 있겠느냐? 어떻게 생각하면 게네랄-안차이거 신문처럼 시대 변화에 적응하지 못한 신문사는 다른 신문사에 파는 길 외에는 달리 방법이 없었던 셈이지."

"하지만 생각하면 할수록 불공평한 일이에요. 신문사 경영주들은 신문사를 판 돈을 챙겼잖아요. 그 사람들이 부실 경영을 하는 바람에 신문사에서 일하던 사람들만 실업자가 되었고요." 펠릭스가 투덜거렸다.

"네 말이 맞다. 사업을 하는 사람들이 저지른 멍청한 짓 때문에

---

*마케팅: 생산품을 파는 데 도움을 주는 모든 종류의 노력을 의미한다. 고객의 취향을 조사하는 일이나 광고 선전, 판매 활동 등을 말한다.

피해를 보는 건 그 사람들이 아니라 엉뚱한 다른 사람들이지. 따지고 보면 정말 불공평한 일이긴 해. 그건 그렇고 블룸 씨, 새 일자리는 잡았습니까?"

"베를린에서 오라는 데가 한 군데 있기는 한데……."

펠릭스는 아무 말도 하지 않고 나무 한 토막을 집어 벽난로 안에 던졌다. 페터는 주머니 속에 항상 은박지를 가지고 다니는 모양인지 송어를 은박지로 돌돌 만 다음 뜨겁게 달구어진 벽난로 윗부분에 올려놓았다.

창밖은 어느새 깜깜해졌다. 갑자기 벽돌 공장 앞의 빈터에 자동차가 멈추어 서더니 차 문이 여닫히는 소리가 들려왔다.

"말도 안 돼! 송어를 이제 막 굽기 시작했는데 베커 씨가 또 나타났나 봐. 정말 재수 없네." 페터가 잔뜩 실망한 얼굴로 툴툴거렸다.

펠릭스는 사장실 문을 살짝 열고 문 틈으로 밖을 내다보았다.

"베커 씨가 아니야. 사람들이 아주 많은걸."

"그럼 베커 씨가 경찰이라도 데려온 거란 말이야? 이까짓 송어 한 마리 때문에……."

"아니라니까. 슈미츠 아저씨도 보이는걸."

펠릭스는 문을 활짝 열어젖혔다. 도착한 사람들이 사장실 안으로 들이닥쳤다. 슈미츠 아저씨와 펠릭스의 엄마, 잔나와 카이, 그리고 프랑크푸르트에서 온 막스 아저씨였다. 그뿐만이 아니었다. 맨 마지막으로 태권도복 아줌마와 사라까지 들어오는 게 아닌가!

499

펠릭스는 놀라서 입을 딱 벌린 채 한 마디도 할 수 없었다.

"이렇게 빨리 다시 보게 될 줄 몰랐지? 너 정말 놀랐을 거야." 사라가 펠릭스의 손을 잡으며 말했다. 막스 아저씨가 싱글벙글 웃는 얼굴로 펠릭스와 페터를 보며 말했다.

"너희들한테 알려줄 게 있다."

"직접 알려주는 게 더 나을 것 같아서 이렇게 왔어." 마르타 아줌마가 옆에서 막스 아저씨의 말을 가로챘다. 아줌마는 겨드랑이에 커다란 샴페인 병을 끼고 있었다.

"축하할 일이라서 아예 마실 것도 가져왔단다."

펠릭스는 프리드만 씨와 아빠에게 새로 온 사람들을 소개했다.

"이렇게 뵙게 되어서 정말 반갑습니다. 펠릭스한테서 말씀 많이 들었습니다." 펠릭스 아빠는 막스 아저씨와 악수를 하면서 말했다. 그러고는 마르타 아줌마와도 악수를 했다.

"아이들이 태권도복 아줌마라고 부르는 분이시로군요. 죄송합니다. 아들 녀석이 정식 성함은 한 번도 말한 적이 없어서 어떻게 불러야 할지……."

마르타 아줌마는 웃으며 대꾸했다.

"괜찮아요. 이제 그 이름에 익숙해졌는걸요."

프리드만 씨가 대화에 끼어들었다.

"보아하니 근사한 샴페인을 가져오셨는데 정말 축하할 일이 있는 모양이로군요."

"그렇답니다. 막스, 빨리 얘기해요!"

막스 아저씨는 조끼 주머니에서 종이 한 장을 꺼냈다. 그러고는 벽난로 앞으로 조금 다가섰다.

"체이가 체포되었을 때 어디선가 체이에 관련된 기사를 읽은 기억이 났단다. 체이가 워낙 악명이 높았기 때문에, 어떤 단체에서 투자자들을 체이의 마수로부터 보호하기 위해서 체이의 체포에 결정적인 단서를 제공한 사람에게 상금을 지급하기로 했다는 내용의 기사였지. 그래서 그 단체에 편지를 보냈더니 답장을 보냈더구나. 이게 그 편지다. 내가 읽어줄 테니 잘 들어보렴."

막스 아저씨는 편지를 촛불 가까이에 대고 읽기 시작했다.

친애하는 페르버 씨,

요한 체이의 체포에 관한 소식을 전해주셔서 감사합니다. 체이가 체포되었다는 것은 신문 기사를 통해 이미 알고 있었습니다. 저희 단체가 체이의 체포에 결정적인 단서를 제공한 사람에게 상금을 지급하기로 했다는 것은 사실입니다. 보내주신 편지를 받고 프랑크푸르트 시의 경찰국에 조회한 결과 페르버 씨가 말씀하신 대로 쇤슈타트에 사는 그 아이들과 페르버 씨가 체이를 체포하는 데 지대한 공을 세웠음이 증명되었습니다. 그에 따라 저희는 정한 액수인 상금 20,000마르크를 페르버 씨가 제안하신 대로 쇤슈타트의 용감한 아이들에게 보내기로 했다는 소식을 알려드리게 돼 정말 기쁘게 생각합니다. 은행 계좌 번호를 알려주시면 즉시 송금하겠습니다. 그리고 체이의 체포와 관련된 자세한 사정을 저희 단체의 회원들에게 통보해도 된다면 영광이겠습니다.

　안녕히 계십시오.

　막스 아저씨는 편지를 다 읽고 나서 말없이 주위를 둘러보았다. 아무도 입을 열지 않았다. 잠시 후 펠릭스가 침묵을 깨고 중얼거렸다.

　"잃어버린 돈을 찾았어."

　"잃어버린 돈을 찾았어." 페터가 한숨을 쉬며 펠릭스의 말을 되풀이했다. 잔나는 바닥에 놓여 있는 매트리스에 털썩 주저앉으며 중얼거렸다.

　"나는 도저히 못 참겠어." 그러더니 갑자기 방 안에 있는 사람들 모두가 깜짝 놀랄 만큼 큰 소리로 비명을 질렀다. 막스 아저씨가 빙그레 웃으며 말했다.

　"맞아. 잔나의 반응이 당연한 거야. 그래서 너희들과 축하를 하려고 이렇게 샴페인을 들고 온 거란다."

　말을 마친 막스 아저씨는 마르타 아줌마한테서 샴페인 병을 건네 받더니 코르크 마개를 땄다. 펑 소리를 내면서 코르크 마개가 공중으로 튀었고 샴페인 거품이 막스 아저씨의 손등을 적셨다. 아저씨는 샴페인을 펠릭스에게 넘겼다. 펠릭스가 아빠를 쳐다보자 아빠는 마셔도 된다는 뜻으로 짧게 고개를 끄덕였다. 펠릭스는 샴페인 병을 입에 대고 한 모금 마신 다음 샴페인 병을 다시 막스 아저씨에게 건넸다. 방 안에 모인 사람들이 모두 돌아가면서 샴페인을 한 모금씩 마셨다.

펠릭스는 아빠가 어깨에 손을 얹는 걸 느꼈다. 펠릭스 아빠가 나직하게 말했다.

"네가 자랑스럽구나. 너희들은 정말 대단한 일을 해낸 거야. 나도 좀 배워야겠다."

펠릭스는 그 말을 듣자 마음이 이상해졌다. 그래서 얼른 아무렇지도 않은 척하면서 태연한 표정을 지었다.

"하지만 따지고 보면 저희 돈도 아닌데요, 뭘. 원래 프리드만 씨 금화잖아요."

옆에서 듣고 있던 프리드만 씨가 못마땅한 표정으로 펠릭스에게 말했다.

"말도 안 되는 소리 하지 말아라. 그 얘기는 아까 끝내지 않았느냐. 더 이상 딴 소리는 듣고 싶지 않다. 알겠지? 지금 막 나한테 떠오른 생각인데, 쉰슈타트에 지역 광고지가 있느냐?"

"모르겠는데요. 그게 도대체 뭔가요?" 펠릭스가 어리둥절한 얼굴로 물었다.

펠릭스의 아빠가 프리드만 씨 대신 설명을 해 주었다.

"지역 광고지라는 건 공짜로 나누어 주는 신문이란다. 신문 판매대에서 팔거나 정기구독자로부터 구독료를 받는 게 아니라 순전히 광고 수입에만 의존해서 꾸려 나가는 신문이지. 사람들에게 돈을 받고 파는 게 아니기 때문에 신문 배부에 따르는 비용이 아주 조금밖에 안 든다. 구독료가 제대로 걷힐까 하는 걱정도 필요 없고 구독자 확보에 신경을 쓸 일도 없고 그냥 우편함에 꽂아 넣기만 하면 되니까 말이다."

"매일 그렇게 공짜로 나누어준단 말이에요?"펠릭스가 물었다.

"매일은 아니지만 적어도 매주 한 번씩은 그렇게 해야겠지. 하지만 쇤슈타트에선 이제까지 아무도 그런 신문을 만들어보려고 한 적이 없단다. 게네랄 - 안차이거 신문이 워낙 막강했으니까."

"이제 더 이상은 아니지요. 게네랄-안차이거 신문이 망한 지금 쇤슈타트에 지역 광고지가 하나 꼭 필요할 것 같군요."프리드만 씨가 말했다.

펠릭스 아빠가 고개를 끄덕이며 프리드만 씨의 말에 동감을 표시했다.

"맞습니다. 지역 광고지가 있으면 쇤슈타트 발전에 큰 도움이 될 겁니다. 시청의 보고서 내용 중에는 지금 현재 여기 신문사에서는 외부의 압력 때문에 감히 싣지 못하는 내용도 있는데, 그런 지역 광고지라면 기사화 할 수 있겠지요. 시에서 열리는 온갖 행사도 알릴 수 있고 또 스포츠란도 좀 더 알차게 꾸밀 수 있겠지요. 하지만 대체 누가 그런 신문을 만드는 모험에 뛰어 들겠습니까?"

"바로 당신이요!"프리드만 씨가 목소리에 힘을 주어 대답했다.

"뭐라고요?"펠릭스 아빠는 방금 자기가 들은 걸 의심하는 표정을 지었다.

"당신은 언론인이고 쇤슈타트 시를 잘 알고 있어요. 쇤슈타트 지역 광고지를 만드는 데 적임자지요."

"하지만 저는 돈이 없는데요."

"당신은 없지만 저는 있지요."

"선생님께서 돈을 대겠다는 말씀이신가요?" 펠릭스 아빠는 당황한 기색을 감추지 못했다.

"그래요. 그런 지역 광고지를 발행하는 신문사를 하나 차리려면 초기 투자가 얼마나 필요할 것 같습니까?"

"적어도 200만 마르크 내지는 300만 마르크 정도 들 겁니다."

"좋습니다."

"좋다니, 무슨 뜻이죠?" 펠릭스 아빠는 완전히 혼란스러웠다.

"300만 마르크 정도 마련하는 건 아무 문제없습니다. 블룸 씨는 편집국장직을 맡아 주시고 필요한 사람들을 뽑으십시오."

"지금 저한테 일자리를 제안하시는 겁니까?"

"맡기 싫으신가요?"

"하지만 지역 광고지를 낸다는 게 그렇게 간단한 문제가 아닙니다. 얼마나 복잡한 일들이 많은데요. 신문 찍을 장소도 물색해야 하고……."

"이봐요, 블룸 씨. 이런 일자리 제안을 받으면 일단 수락하고 보는 겁니다. 복잡한 문제들은 천천히 얘기해도 되는 거니까. 어때요, 이 일을 맡으시는 거지요?"

프리드만 씨의 어조에서 프리드만 씨가 명령을 내리는 데 익숙한 사람이라는 걸 알 수 있었다.

그때까지 잠자코 듣고만 있던 펠릭스 엄마가 갑자기 팔꿈치로 남편의 옆구리를 쿡쿡 찌르면서 말했다.

"생각하고 자시고 할 게 어디 있어요? 얼른 하겠다고 해요!"

"그래요, 아빠! 그러면 쇤슈타트에서 살아도 되잖아요. 베를린으로 이사가기 싫단 말이에요." 펠릭스도 옆에서 졸랐다.

"알았어, 다들 그렇다면 좋아."

"저희 돈도 새로 만드는 신문사에 투자할 수도 있잖아요." 펠릭스가 신이 난 목소리로 덧붙였다.

"거, 괜찮은 생각이로구나. 새로 창립할 쇤슈타트 지역 광고지의 투자자로 참여하는 거야. 그러면 행여라도 이다음에 랍케 같은 사기꾼한테 걸려들 걱정은 없지. 블룸과 프리드만 신문사라, 그럴 듯하게 들리는데." 프리드만 씨는 만족스러운 표정으로 말했다.

"저도 조금 낼 수 있어요. 저금해 놓은 돈이 1,200마르크쯤 있거든요. 새 신문사를 세우는 데 보태고 싶어요." 카이가 말했다.

"우리 하인첼 꼬마들 회사가 투자를 하면 너도 투자를 하는 셈이야. 너도 우리 회사 사원이잖아. 그러니까 따로 돈을 낼 필요 없어." 펠릭스가 말했다.

"알아. 하지만 내가 너희들한테 심술궂게 행동했던 데 대한 사과의 표시로라도 그렇게 하고 싶어."

"그건 너희들끼리 나중에 의논하렴. 지금은 우선 블룸 씨가 과연 새로 만들 쇤슈타트 지역 광고지의 편집국장직을 맡을 의향이 있는지 확인하는 게 순서일 것 같구나." 프리드만 씨가 아이들의 대화에 끼어들었다.

펠릭스는 당황한 얼굴로 엉거주춤하며 서 있는 아빠가 꼭 학생처럼 보인다고 생각했다. 펠릭스의 아빠가 헛기침을 하더니 말을 꺼냈다.

"제가 과연 그 일을 제대로 해낼 수 있을지 모르겠습니다. 이제까지 편집국장 일은 해 본 적이 없는데."

프리드만 씨가 블룸 씨의 말을 잘랐다.

"이제 그만하면 됐습니다! 펠릭스야, 네 아빠가 승낙을 하신 거다. 새로운 편집국장님을 위해 건배를 해야겠다. 샴페인 병 좀 이리 주세요!"

프리드만 씨는 막스 아저씨한테서 샴페인 병을 건네 받더니 한 모금 들이켰다.

"모든 일이 잘 풀렸으니 그야말로 해피 엔드네요. 쇤슈타트 지역 광고지가 주식회사로 등록을 하면 저한테 바로 알려주세요. 그런 유망한 회사의 주식이라면 기꺼이 투자할 용의가 있어요." 마르타 아줌마가 활짝 웃으며 말했다.

"하지만 주가조작은 절대로 안 돼." 막스 아저씨가 엄한 표정으로 말했다.

"그럴 일은 없으니까 안심하셔도 돼요." 펠릭스가 막스 아저씨의 말을 받았다.

"그런데 저희가 쇤슈타트 지역 광고지에 투자를 하면 그 신문사의 일부는 저희 소유가 되니까 어떤 의미에서는 펠릭스가 자기 아빠의 고용주가 되는 셈이네요. 그러면 펠릭스 아빠가 펠릭스한테 이래라저래라 하지 못하겠네요." 페터가 짓궂은 미소를 띠며 말했다.

"그건 두고 봐야 알 일이지." 펠릭스 아빠가 대꾸했다.

잠시 후 페터가 은박지를 벗겨 내고 주머니칼로 송어를 잘라 방 안에 있는 사람들에게 한 도막씩 건넸다. 특별히 맛이 있었다고 말하기는 어려웠다. 소금 대신 모래와 이끼가 묻어 있었으니 당연한 일이었다. 펠릭스는 누군가 자기를 한 쪽 옆으로 잡아끄는 걸 느꼈다. 사라였다.

"너한테 이 말을 꼭 하고 싶었어. 너희들 다들 괜찮은 애들인 것 같아. 돈 버는 일에 관심이 있다고 해서 반드시 한심한 애들은 아니라는 걸 알았어."

"그렇게 생각해주니 고마워. 나도 이번 일에서 돈 번다는 게 상당히 위험한 일이 될 수 있다는 걸 깨달았어." 펠릭스가 말했다.

"어쩌면 돈이라는 건 저절로 생기도록 놔두는 게 가장 좋은 것 같아."

"맞아. 돈은 약속이니까."

"그게 무슨 소리니?" 사라가 의아한 표정으로 물었다.

"얘기하자면 길어. 이다음에 시간 있을 때 얘기해줄게."

벽난로의 불길이 차츰 사그라들었다. 방 안에 있던 사람들은 다함께 사장실을 떠났다. 밖에는 어느 새 희끗희끗 눈발이 휘날리고 있었다. 차가운 눈송이가 사람들의 옷깃에 내려앉았다.

"눈 쏟아지는 것 좀 보세요. 어서 집으로 출발합시다. 잘못하다 간 길이 막혀 쉰슈타트까지 걸어가야 할 판이군요." 프리드만 씨가 하얗게 덮여 가는 숲을 바라보며 말했다. 펠릭스는 엄마 아빠와 함께 차를 타고 집으로 향했다. 아빠가 운전을 하고 프리드만 씨가 그 옆자리에 앉아 있었다.

"쉰슈타트 지역 광고지의 편집국장이라, 아직도 믿어지지가 않는군요." 펠릭스 아빠가 중얼거렸다.

"막상 일을 추진하다 보면 차츰 익숙해질 겁니다." 프리드만 씨가 펠릭스 아빠의 말을 받았다.

"이제 조만간 일자리가 생길 테니까 빨리 새 차 하나 장만할 생각부터 해야겠어요." 펠릭스의 엄마가 아빠에게 말했다.

"말도 안 되는 소리! 일단 일을 시작하고 나서 어떻게 되어가는지 기다려 봐야지, 아직 돈을 얼마나 벌게 될지 알 수도 없는데 벌써부터 무슨 돈 쓸 궁리를 해?" 펠릭스의 아빠는 퉁명스럽게 대꾸했다.

"기다려보자, 기다려보자! 그러다가 차를 타고 가는 동안 갑자기 멈춰 서기라도 하는 날에는 어쩔 거예요? 우리라고 늘 이렇게 지내……."

펠릭스 엄마는 약간 화가 난 음성으로 잔소리를 하다가 느닷없이 말을 멈추더니 운전석 앞에 붙어 있는 거울을 통해 남편을 쳐다보았다. 펠릭스 아빠도 어리둥절한 얼굴로 거울에 비치는 아내의 얼굴을 쳐다보았다. 그러더니 갑자기 두 사람이 함께 폭소를 터뜨리는 게 아닌가! 엄마 아빠가 싸우는 건 아닐까 불안해서 몸을 곧추세우고 두 사람을 지켜 보던 펠릭스는 안도의 한숨을 내쉬며 좌석에 등을 기대고 편안히 앉았다. 이렇게 해서 결국 마지막에는 모든 일이 근사하게 끝이 났다.

<하인첼 꼬마들 & Co 회사>
12월 손익계산서

지출			수입	
프랑크푸르트 여행	102.00	자기자본	20,000.00
닭(감가상각)	55.00	달걀 판매	16.00
다이아몬드(감가상각)	499.00		
이윤	19,360.00		
	20,016.00		20,016.00

<12월 대차대조표>

차변			대변	
지역 광고지	20,000.00	자기자본	2,116.90
현금	217.20		
닭	55.00		
다이아몬드	499.00		
지로 통장	705.70	이윤	19,360.00
	21,476.90		21,476.90

부록

돈에 관한 명언

○ 돈에 관한 명언

- 돈이 세상을 지배한다.
- 돈에서는 나쁜 냄새가 나지 않는다.
- 시간은 돈이다.
- 부자가 돈을 더 아낀다.
- 돈이 개입되면 우정에 금이 간다.
- 돈을 벌 방법은 얼마든지 있다. 단지 사람들이 그것을 모를 뿐이다.
- 어떤 사람은 돈을 지배하고 어떤 사람은 돈의 노예가 된다.
- 부자를 흉본다고 해서 그 사람이 가난해지는 것은 아니다.
- 잔돈도 돈이다.
- 누구나 돈을 좋아한다.
- 돈은 잘 쓰면 유익하지만 그것의 노예가 되면 나쁜 주인이 된다.
- 돈은 쓰는 사람에 따라 좋은 것도, 나쁜 것도 될 수 있다.
- 돈이 있다고 해서 행복한 것은 아니지만 돈이 있으면 안심이 된다.
- 돈이 있는 곳에 돈이 들어온다.
- 사람들은 부자에게는 돈을 주면서 가난한 사람에게서는 오히려 돈을 뺏는다.
- 쉽게 생긴 돈은 쉽게 없어진다.
- 돈이 있어야 친구도 있다.
- 매일 부지런히 일하는 사람은 매일 조금씩 부자가 된다.

· 어떤 물건이나 다 제 값어치가 있는 법이다.

· 일은 가난한 사람이 하고 돈은 부자가 번다.

· 돈이 많으면 근심도 많다.

· 갑자기 돈이 생기면 없던 근심이 생긴다.

· 돈이 많다고 해서 마음까지 부자가 되는 것은 아니다.

○ 위인들의 명언

· 돈은 쓰레기다. 골고루 나눌 때만 좋은 것이다. — 프란시스 베이컨

· 돈은 발행된 자유이다. — 표도르 도스토예프스키

· 많은 돈은 끓는 물에 넣은 달걀보다도 더 빨리 마음을 딱딱하게 만든다.
  — 루드비히 뵈르너

· 돈이란 결국 인생에 필요한 모든 안락함의 상징이다. — 요한 볼프강 괴테

○ 감사의 말

이 책이 나오기까지에는 많은 분들의 격려와 비판이 큰 도움이 되었다. 그 중에서도 특히 발트라우트 베를레-피퍼 박사, 베네딕트 부르크하르트, 메다르트 푹스그루버, 바바라 겔버크, 프랑크 그리스하이머, 볼프강 후프(서독 연합은행), 한스-요하임 킨(함부르크 경찰국), 다비트 피퍼, 안토넬라 로메오, 잔 루브너 박사, 그리고 남독신문사 편집국 문서실 직원 여러분께 감사를 드린다.

이 책에 나오는 인물과 회사의 이름은 모두 지어낸 것이다. 만일 실재하는 인물이나 회사와 유사성이 있다면 순전히 우연일 뿐이다.

 **시리즈**

수학 귀신 한스 엔첸스베르거 글·로트라우트 수잔네 베르너 그림/ 고영아 옮김

어린이도서연구회 권장 도서, 열린어린이 선정 좋은 어린이책, 전교조 권장 도서, 중앙독서교육 추천 도서,
쥬니버 오늘의 책, 책교실 권장 도서

펠릭스는 돈을 사랑해 니콜라우스 피퍼 글/ 고영아 옮김

아침햇살 선정 좋은 어린이책, 어린이도서연구회 권장 도서, 책교실 권장 도서

청소년을 위한 경제의 역사 니콜라우스 피퍼 글·알요샤 블라우 그림/ 유혜자 옮김

2003년 독일 청소년 문학상 논픽션 부문 수상작, 한국간행물윤리위원회 청소년 권장 도서, 대한출판문화협회 선정
올해의 청소년 도서, 책따세 추천 도서, 전국독서새물결모임, 한우리독서운동본부 추천 도서

거짓말을 하면 얼굴이 빨개진다 라이너 에를링어 글/ 박민수 옮김

한국간행물윤리위원회 청소년 권장 도서, 책따세 추천 도서

왜 학교에 가야 하나요? 하르트무트 폰 헨티히 글/ 강혜경 옮김

어린이도서연구회 권장 도서, 책교실 권장 도서

음악에 미쳐서 울리히 룰레 글/ 강혜경·이헌석 옮김

네이버 오늘의 책, 열린어린이 선정 좋은 어린이책, 책교실 권장 도서

회계사 아빠가 딸에게 보내는 32+1통의 편지 야마다 유 글/ 오유리 옮김

대통령이 된 통나무집 소년 링컨 러셀 프리드먼 글/ 손정숙 옮김

뉴베리 상 수상작, 경기도학교도서관사서협의회 추천 도서

세상에서 가장 쉬운 철학책 우에무라 미츠오 글그림/ 고선윤 옮김

한국간행물윤리위원회 청소년 권장 도서, 아침독서 추천 도서

달의 뒤편으로 간 사람 베아 우스마 쉬페르트 글그림/ 이원경 옮김

어린이도서연구회 권장 도서, 학교도서관저널 추천 도서

청소년을 위한 뇌과학 니콜라우스 뉘첼·위르겐 안드리히 글/ 김완균 옮김

아침독서 추천 도서, 학교도서관저널 추천 도서

클래식 음악의 괴짜들 스티븐 이설리스 글·애덤 스토어 그림/ 고정아 옮김

학교도서관저널 추천 도서

곰브리치 세계사 에른스트 H. 곰브리치 글·클리퍼드 하퍼 그림/ 박민수 옮김

《가디언》 선정 2010 청소년을 위한 좋은 책, 《로스앤젤레스 타임스》 선정 2005 올해의 책, 미국 대학 출판부 협회
(AAUP) 선정 도서, 학교도서관사서협의회 추천 도서, 학교도서관저널 추천 도서, 어린이문화진흥회 추천 도서

가르쳐 주세요!-성이 궁금한 사춘기 아이들이 던진 진짜 질문 99개

카타리나 폰 데어 가텐 글·앙케 쿨 그림/ 전은경 옮김

이것이 완전한 국가다 만프레트 마이 글·아메바피쉬 그림/ 박민수 옮김

한국간행물윤리위원회 청소년 권장 도서